임파워드
Empowered

임파워드

1쇄 발행 2021년 10월 28일

지은이 마티 케이건, 크리스 존스
옮긴이 이승희, 신창민
펴낸이 장성두
펴낸곳 주식회사 제이펍

출판신고 2009년 11월 10일 제406-2009-000087호
주소 경기도 파주시 회동길 159 3층 / **전화** 070-8201-9010 / **팩스** 02-6280-0405
홈페이지 www.jpub.kr / **원고투고** submit@jpub.kr / **독자문의** help@jpub.kr / **교재문의** textbook@jpub.kr

편집부 김정준, 이민숙, 최병찬, 이주원, 송영화
소통기획부 이상복, 송찬수, 배인혜 / **소통지원부** 민지환, 김수연 / **총무부** 김유미
진행 장성두 / **교정·교열** 한홍 / **내지디자인 및 편집** 최병찬 / **표지디자인** 미디어픽스
용지 에스에이치페이퍼 / **인쇄** 한승문화 / **제본** 보경문화사

ISBN 979-11-91600-37-7 (03320)
값 25,000원

제이펍은 독자 여러분의 아이디어와 원고 투고를 기다리고 있습니다. 책으로 펴내고자 하는 아이디어나 원고가 있는
분께서는 책의 간단한 개요와 차례, 구성과 저(역)자 약력 등을 메일(submit@jpub.kr)로 보내 주세요.

임파워드
Empowered

평범한 사람들이 만드는 특별한 제품

마티 케이건, 크리스 존스 지음 / 이승희, 신창민 옮김

Jpub
제이펍

실리콘밸리 프로덕트 그룹 Silicon Valley Product Group의 웹 사이트(https://svpg.com/)는 기술 기반 제품 세계로부터 얻은 최신 사상과 학습을 공유할 수 있도록 무료로 개방되어 있습니다.

SVPG는 또한 프로덕트 매니저, 제품팀 및 제품 리더를 위해 온라인과 대면(일반적으로 샌프란시스코, 뉴욕, 런던에서) 워크숍을 운영하고 있습니다. SVPG의 목표는 가장 최근의 학습 내용을 공유하고 현재 하고 있는 일 혹은 경력에 도움이 되는 경험을 제공하는 것입니다(https://svpg.com/workshops/ 참고).

기술 기반 제품을 경쟁력 있게 만들고자 기술 및 제품 조직 전반에 걸쳐 극적이고 의미 있는 변화가 필요하다고 생각하는 기업을 위해 맞춤형 현장 서비스도 하고 있습니다.

※ 드리는 말씀

- 이 책에 등장하는 각 회사명, 제품명은 일반적으로 각 회사의 등록 상표 또는 상표입니다.
  본문 중에는 ™, ©, ® 마크 등이 표시되어 있지 않습니다.
- 이 책에서 소개한 URL 등은 시간이 지나면 변경될 수 있습니다.
- 이 책에서는 영어 product의 번역을 '제품'과 '프로덕트'로 문맥이나 업계 용어에 따라 적절히 혼용하고 있음을 알립니다.
- 책의 내용과 관련된 문의 사항은 옮긴이나 출판사로 연락해 주시기 바랍니다.
  - 옮긴이: silhouette303@gmail.com
  - 출판사: help@jpub.kr

이 책을 실리콘밸리의 다정다감한 코치로 알려진
빌 캠벨(Bill Campbell)(1940~2016)에게 바칩니다.

그동안 빌을 몇 번 만났지만, 그에게 코칭을 받을 만큼 운이 좋지는 않았습니다.
그러나 저는 빌의 코칭을 받은 여러 리더를 매니저로 만났고
그들에게서 코칭을 받은 것을 행운으로 여깁니다.

시간이 지날수록 빌이 일깨워 준 리더십, 임파워먼트, 팀워크 및
훌륭한 제품을 만드는 회사에 대한 교훈이
얼마나 중요한지 깨닫고 있습니다.

나는 그가 이 책에서 그의 가르침이 지속되고 있음을
자랑스럽게 여기길 바랍니다.

차례

옮긴이 머리말

지금 시대의 IT 산업은 그 어느 때보다 빠르게 변화하고 있습니다. 하루가 다르게 출시되는 새로운 애플리케이션과 서비스 사이에서 사용자의 선택권이 느는 만큼 IT 제품을 만드는 회사들의 고민도 함께 늘고 있습니다. 고객들이 원하는 것을 적절한 시기에 빠르게 제공할 수 없다면, 회사들은 수많은 대체재에 밀려날 수밖에 없기 때문입니다. 그렇다면 어떻게 고객이 원하는 좋은 제품을 만들고 시장에서 살아남을 수 있을까요? 이 질문에 대한 답은 바로 이 책《임파워드》에서 찾을 수 있습니다. 좋은 제품을 만들기 위해서는 기본적으로 제품을 만드는 동기가 부여되고, 업무에 대한 권한이 주어진 임파워드팀을 구성하는 것으로부터 시작된다는 것을 업계 최고의 혁신적인 기업의 사례를 통해 차근차근 설명해 줍니다. 이 책은 혁신적인 제품을 만들 수 있는 임파워드팀을 어떻게 구성하고, 코칭하며, 이어서 이들을 이끌어 줄 제품 비전과 원칙 그리고 전략과 목표를 부여할 수 있는 가이드를 제공합니다. 직접 실행해 볼 수 있는 가이드 형식으로 구성되어 있으므로 실질적인 변화의 실행을 고민하는 분들께 분명 좋은 시작점이 될 것입니다.

저는 프로덕트 매니저로 일하게 되면서 어떻게 하면 멋진 제품을 만들지, 그리고 좋은 프로덕트 매니저가 될 수 있을지에 대한 고민을 시작했습니다. 같은 부서의 헤드 프로덕트 매니저인 신창민 선배님과 함께 'ProductTank'라는 세계적 제품 관리 관련 밋업을 알게 되었고, 이런 고민을 국내 프로덕트 매니저들과 함께 나눌 수 있으면 좋겠다고 막연히 생각했습니다. 나아가, 이 염원을 담아 동료 프로덕트 매니저들과 함께 ProductTank의 '서울' 밋업을 시작하기로 했고, 밋업을 진행하면서 많은 것을 배우고 좋은 인연을 만날 수 있었습니다. 모임을 진행하던 와중 팬데믹 이전 밋업에서 ProductTank의 수장인 마틴 에릭슨Martin Eriksson을 통해 이 책과《인스파이어드》의 저자인 마티 케이건Marty Cagan을 우리 ProductTank Seoul

밋업의 연사로 초청하는 행운을 얻었습니다. 저는 프로덕트 매니저에게는 교과서 같은 《인스파이어드》와 더불어 열정적인 마티의 강연을 듣고 깊은 감명을 받았습니다. 이 이벤트를 진행하며 마티와 제이펍과 인연을 맺게 되었고, 마티의 다음 책인 이 《임파워드》의 번역을 제안받았을 때 흥분을 감출 수 없었습니다. 첫 번역서인 만큼 부담도 되었지만, 프로덕트 매니저들에게 꼭 필요한 이야기를 해 주는 이 책을 번역하여 저와 같은 고민을 하는 업계 동료들과 나눌 수 있다는 사실에 자부심과 뿌듯함을 느꼈습니다. 완벽하진 않겠지만, 제가 IT 제품 업계 종사자로서 저자인 마티와 크리스 존스Chris Jones의 이야기에서 느낀 인사이트를 전달하고자 노력했습니다. 이 책이 저와 같은 고민을 하는 프로덕트 매니저 및 IT 제품 업계 동료들에게 울림을 줄 수 있는 책이 된다면 좋겠습니다.

저를 믿고 책의 번역을 맡기고, 처음부터 끝까지 책이 나올 수 있게 꼼꼼하게 챙겨 주신 제이펍의 장성두 대표님께 제일 먼저 감사 인사를 드리고 싶습니다. 부족한 문장을 깔끔하게 정리해 주고 틀을 잡아 준 한홍 편집자님께도 감사 인사를 드립니다. 제가 제품팀의 일원으로서 성장할 수 있도록 함께 해 준 모든 리더와 동료들(특히 우리 초코머핀팀)에게도 감사합니다. 또한, 팀이 임파워드되어 일할 수 있는 환경을 만들어 주시고 애자일하게 일하는 방식과 문화를 가르쳐 준 이명교 선배님, 신황규 선배님에게도 감사합니다. 그리고 진정한 프로덕트 매니저가 어떤 모습인지 몸소 보여 주고 프로덕트 매니저의 길을 갈 수 있도록 이끌어 준 저의 멘토이자 공동 역자인 신창민 선배님께도 진심을 담아 감사의 인사를 전합니다. 마지막으로, 항상 믿어 주고 든든하게 지원해 주는 가족과 친구들에게도 고맙고 사랑한다는 말을 전하고 싶습니다.

— **이승희**

최근 1~2년 사이에 국내 IT 환경은 개발자에 대한 수요가 더 높아졌고, 이에 따라 개발자의 연봉도 급격한 상승곡선을 그리고 있습니다. 하지만 IT 제품을 만드는 이면에는 숨은 조력자 역할을 하며 이들을 한 방향으로 나아가게 만드는 사람들이 있습니다. 일에 의미를 부여하고, 팀으로 합심해서 모두에게 자랑스러운 결과물을 만들고 싶은 사람들, 이런 사람들이 간과되고 있는 현실이 안타깝기만 합니다.

국내 IT 업계에서는 아직 프로덕트 매니저(제품 관리자)라는 역할이 생소합니다. 큰 IT 회사의 채용 공고를 보더라도 프로젝트 매니저, 개발팀장, 제품 기획자, 도메인 전문가는 있지만, 프로덕트 매니저로 공고가 나오는 경우가 별로 없습니다. 아직 프로덕트 매니지먼트라는 영역에 대한 인식이 낮거나, 프로덕트 매니저라는 역할을 중요하게 여기지 않음을 알 수 있습니다.

한편, 누구나 경력이 쌓이면서 후배가 생기고 리더가 되어 후배나 팀을 대표해야 하는 상황이 옵니다. 개발자라면 개발 능력이 뛰어나고 리더십이 상대적으로 뛰어나다면 이 상황이 더 빨리 다가올 것입니다. 그렇지만 누구도 올바른 선배가 되는 법, 리더로서 팀을 꾸려 나가는 법을 쉽게 가르쳐 주지는 않습니다. 그저 앞서간 선배들과의 경험을 바탕으로 자기 생각을 담는 수밖에 없었습니다. 그래서 이 책이 더 소중할 것 같습니다. 《임파워드》는 보통의 프로덕트 매니저, 프로덕트 디자이너, 엔지니어가 합심해서 놀라운 성과를 만들 수 있는 원칙을 알려 주면서 리더가 나가야 할 방향을 제시하고 있습니다.

번역을 위해 꼼꼼히 읽는 동안 나를 되돌아보는 계기가 되기도 했습니다. 우리 부서, 우리 회사는 어떻게 일하고 있는지, 리더로서 어떻게 사람과 일을 꾸려 나가야 하는지를 생각하며 모든 문장을 가슴에 담았습니다. 마치 회사의 개발 문화를 바꾸는 사명을 가진 조직의 한 리더로서 나 스스로에 대한 평가 체크리스트를 읽은 느낌입니다.

여러분은 지금까지의 직장 생활에서 가장 큰 성과를 내거나 의미 있었다고 여기는 순간이 언제인가요? 그 순간이 있기까지 무엇을 했으며, 특히 누구와 함께했었나요? 나는 이 책이 IT팀이 일하는 방식을 설명하기보다는 사람에 대해서 말해 준다고 느꼈습니다. 그렇습니다. 함께 일하는 사람에 집중해야 합니다. 책은 내가 사랑하는 사람들, 함께 하고 싶은 사람들, 이들과 어떻게 의미 있는 것들을 만들어 나갈지를 알려 줍니다.

번역을 하면서 임파워드empowered, 크로스펑셔널cross-functional과 같은 핵심적이고 큰 의미를 내포한 영어 단어를 한글로 대체할 수 없어 아쉬웠습니다. 억지로 바꿨다가는 의미가 퇴색될 것 같아 그대로 실었습니다. 이 개념이 외국에서부터 시작된 탓일까요? 우리 대부분은 아직 이렇게 일하지 않아서일까요? 이런 용어에 익숙해짐을 넘어 새로운 한글 용어가 탄생할 수 있도록, 책이 알려 주는 길을 참고해서 함께 우리만의 좋은 문화를 만들어 나가기를 희망합니다.

우리에게 번역을 제안해서 새로운 세계를 맛보게 해 준 제이펍의 장성두 대표님, 그리고 초보 번역가의 문장을 전문가의 글로 변신시켜 준 한홍 편집자님께 감사의 인사를 드립니다.

이 책을 읽으면서 계속 떠오르는 리더나 동료가 있다면 당신은 직장 생활에서 사람 복이 많은 사람일 것입니다. 저에게도 그런 사람들이 있습니다. 케빈(홍충주), 몽크(이명교) 형님들을 정말 존경하고 그분들께 감사합니다. 일 중심이 아니라 사람 중심으로 우리를 이끌어 놀라운 일을 할 수 있게 해 주었습니다. 궂은일을 마다하지 않는 딥다이버(ACT 코칭팀) 여러

분들께도 감사 인사를 드립니다. 특히, 후배임에도 게으른 나에게 채찍질을 마다하지 않는, 장래가 촉망되는 프로덕트 매니저 애나(이승희) 덕분에 좋은 선배가 되어 감을 느낍니다.

저와 함께 힘든 프로젝트들을 이겨내 온 모든 분께 감사의 말씀과 함께 이 책을 추천합니다.

마지막으로, 번역을 맡았다는 소식에 제일 먼저 기뻐하고, 무슨 일을 하든 믿어 주고 의지가 되어 주는 가족, 진용, 지윤, 나윤, 사랑합니다!

— **신창민**

감사의 글

이 책은 40년에 걸친 경력에서 얻은 교훈을 바탕으로, IT 기술 중심 제품과 서비스에 대해 다루고 있다. 이에 무수히 많은 사람이 나에게 영향을 주었다.

많은 관리자와 리더가 시간을 할애하여 내 역량을 향상시키고 코칭을 하며 강력한 리더십이 어떤 모습인지 보여 주려 노력했다.

엔지니어링, 디자인 및 제품 분야의 수많은 동료가 강력한 제품팀에서 일한다는 것이 어떤 의미인지 보여 주었다.

그리고 많은 기업이 나를 자기네 사무실로 초대하여 팀과 함께 배운 것을 공유하게 하여, 훌륭한 팀과 회사에 대한 지식을 쌓는 데 도움을 주었다.

이 책은 특히 내가 숭배하고 존경하는 검증된 제품 리더, 제품 발굴 코치의 통찰력에 의해 도움을 받았다. 홀리 헤스터 라일리Holly Hester-Reilly, 테레사 토레스Teresa Torres, 가브리엘 버프렘Gabrielle Buffrem, 페트라 윌Petra Wille, 펠리페 카스트로Felipe Castro는 나를 돕기 위해 매순간 헌신적이었다. 또한 이 책이 그 주제에 맞는 가치를 갖도록 도와주었다.

이 책에 자신의 프로필과 이야기를 실을 수 있도록 해 준 리더에게도 진심으로 감사를 표한다. 뛰어난 리더가 되는 것 외에도 그들은 공통적으로 자신보다 다른 사람에게 빛을 비춘다. 데비 메러디스Debby Meredith, 오드리 크레인Audrey Crane, 크리스티나 워드케Christina Wodtke, 에이프릴 언더우드April Underwood, 주디 기번스Judy Gibbons, 아비드 라리자데 더건Avid Larizadeh Duggan, 리사 캐배노Lisa Kavanaugh, 샌-린 마Shan-Lyn Ma 등 여러 사람이 리더십 스타일을 엿볼 수 있도록 허락해 주었다.

그리고 나의 오랜 편집자인 피터 이코노미Peter Economy와 와일리John Wiley & Sons 출판사, 특히 리처드 내러모어Richard Narramore에게도 감사를 전한다.

마지막으로, 나의 SVPG 파트너, 공동 저자인 크리스 존스를 비롯하여 마르티나 로첸코Martina Lauchengco, 리아 히크먼Lea Hickman, 크리스티안 이디오디Christian Idiodi, 존 무어Jon Moore에게 감사를 표한다. 이들은 그들이 하는 일에 있어서 세계 최고라고 믿기 때문에 나의 파트너이며, 각자 이 책에 실질적으로 기여했다. 나는 그들을 알게 되고 함께 일하게 되어 자랑스럽다.

— 마티 케이건

이 책에서 다룬 여러 주제에 대한 나의 견해는 본투Vontu의 리더인 조지프 안사넬리Joseph Ansanelli, 마이클 울프Michael Wolfe, 더그 캠플존Doug Camplejohn, 스티브 루프Steve Roop, 존 도넬리John Donnelly, 켄 킴Ken Kim, 마지 마더-클라크Margie Mader-Clark 및 기타 많은 사람에 의해 만들어졌다. 이들은 말한 것을 실천하며 진정한 리더십과 팀에 대한 집중으로 무엇을 할 수 있는지 보여 주었다. 마이클 울프가 나에게 했던 "내 말을 명심해. 너는 이제 남은 인생을 이 것을 재창조하기 위해 보낼 거야"라는 말을 아직도 기억한다. 명심할게요, 마이클.

나는 또한 내가 수년 동안 함께했던 팀에 감사하고 싶다. 이 팀에 놀라운 사람이 너무 많아서 운이 좋았다. 모든 사람을 나열할 방법은 없지만, 리치 댄들리커Rich Dandliker, 브루노 버거Bruno Bergher, 존 스툴Jon Stull, 데릭 할리데이Derek Halliday, 알렉스 보비Alex Bovee, 에이엔 만델Ayan Mandel, 슌 첸Shun Chen, 코널 오라갈레이Conall O'Raghallaigh를 꼽고 싶다. 모두 자신의 방식으로 밀어붙였다. 여러분과의 협업은 나의 직장 생활에서 가장 소중한 추억이다.

모든 SVPG 파트너인 마르티나, 리아, 크리스티안, 조너선에게도 감사한다. 정말 놀랍고 다채로운 동료들! 나는 매일 그들에게서 배운다. SVPG 파트너이자 내 인생의 파트너인 마르티나 로첸코Martina Lauchengco에게는 특별히 한마디 하고 싶다. 마르티나는 나를 지지해 주고 최선의 방법으로 내 생각을 자극하고 문제를 던져 주었다.

마지막으로 나를 믿고 SVPG 파트너십에 참여하게 해 준 마티에게 진심으로 감사한다. 앞으로도 당신에게서 많은 것을 배우고, SVPG의 모든 측면에서 우리의 협력을 소중히 여길 것이다. 진심으로 감사한다!

— 크리스 존스

지은이 소개

마티 케이건Marty Cagan

글쓰기, 말하기, 조언 및 코칭 활동으로 다른 사람들이 성공적인 제품을 만들 수 있도록 돕는 것에 대한 그의 관심을 실현하기 위해 실리콘밸리 프로덕트 그룹Silicon Valley Product Group을 설립했고, 그 이전에는 휴렛 팩커드Hewlett-Packard, 넷스케이프 커뮤니케이션즈Netscape Communications 및 이베이eBay를 포함한 세계에서 가장 성공적인 회사의 제품을 정의하고 구축하는 책임을 맡았다.

마티는 HP 연구소Hewlett-Packard Laboratories에서 10년 동안 소프트웨어 개발자로 경력을 시작하여 소프트웨어 기술에 대한 연구를 수행하고 다른 소프트웨어 개발자를 위한 여러 소프트웨어 제품을 개발했다.

HP 이후 마티는 당시 초창기 넷스케이프 커뮤니케이션즈에 입사하여 인터넷 산업의 탄생에 참여할 기회를 가졌다.

마티는 가장 최근에 이베이의 제품 및 디자인 부문 수석 부사장으로 회사의 글로벌 전자 상거래 거래 사이트를 위한 제품 및 서비스를 정의하는 일을 담당했다.

경력 동안 마티는 제품 관리, 소프트웨어 개발, 제품 마케팅, 사용자 경험 설계, 소프트웨어 테스트, 엔지니어링 관리 및 일반 관리를 포함하여 현대 소프트웨어 제품 조직의 대부분의 역할을 직접 수행하고 관리했다.

SVPG에서의 업무의 일환으로 마티는 전 세계 주요 컨퍼런스 및 최고 기업의 초청 연사로 활동하고 있다.

마티는 산타크루스Santa Cruz에 있는 캘리포니아 대학(컴퓨터 과학, 응용 경제학 학사 학위)과 스탠퍼드 대학교 경영 연구소Stanford University Executive Institute를 졸업했다.

또한, 관련 분야 최고의 책 《인스파이어드》의 저자이기도 하다.

크리스 존스_{Chris Jones}

크리스는 룩아웃_{Lookout}, 시맨텍_{Symantec} 및 본투_{Vontu}를 포함한 신생 기업에서 《포춘_{Fortune}》 500대 소프트웨어 기업의 신제품 범주를 정의하는 제품팀을 구축하고 이끌며 25년 이상을 보냈다. 여러 특허를 보유한 그는 소비자 및 기업 모바일, 웹, 데이터 및 플랫폼 서비스에서 새로운 제품을 발굴하고 개발했다.

SVPG에 합류한 이후, 크리스는 다양한 기술, 비즈니스 모델 및 산업 분야에서 신생 기업부터 대기업에 이르기까지 100개 이상의 회사와 직접 협력했다. 크리스는 이러한 회사의 리더십 및 운영팀과 직접 협력하여 최신 제품 모범 사례에 맞게 조직, 프로세스, 도구 및 문화를 개선했다.

실리콘밸리 프로덕트 그룹_{Silicon Valley Product Group}에 합류하기 전에 크리스는 룩아웃의 제품, 디자인 및 분석 담당 부사장이자 본투(시맨텍에 인수됨)의 제품 책임자였다. 두 회사 모두에서 크리스는 아무것도 없는 시작부터 제품 조직을 구축하고 여러 영역에서 최고의 제품을 발굴하고 출시하기 위한 노력을 이끌었다.

크리스는 스탠퍼드 대학교에서 컴퓨터과학 학사 학위를 받았다.

추천사

"나는 만나는 모든 기업가와 제품 담당자에게 《인스파이어드》를 반드시 읽어야 할
추천 도서로 소개해 왔고, 이제 《임파워드》가 새로 추가되었다.
이 책은 분명 제품 담당자들에게 고전이 될 것이다."
— **숀 보이어**Shawn Boyer, GoHappy 및 Snagajob의 설립자

"《임파워드》는 현재 내가 함께 일하는 대부분의 회사에서 겪고 있는
조직의 문제에 대해 자세히 설명한다. 이 책에서 다루는 경험과 조언은
진정 내가 기다려 오던 이야기다."
— **제프 패튼**Jeff Patton, 제품 프로세스 및 디자인 코치

"크리스를 안 지 10년이 넘었다. 그는 내가 아는 최고의 제품 리더 중 한 명이다.
그와 함께 일한 프로덕트 매니저들은 최고의 IT 회사에서
훌륭한 제품 리더가 되었다. 최고로부터 배우고 싶다면 이 책을 읽어라."
— **더그 캠플존**Doug Camplejohn, Salesforce의 EVP 겸 GM

"다시 한번 마티의 지혜와 독특한 관점은 최고의 기업, 문화, 리더의 공통점을 변혁
적인 이론과 원칙으로 통합했다. 《임파워드》에 담긴 이해하고 적용하기 쉬운 이론
들은 더 나은 제품 리더와 더 나은 방법이 있어야 한다고 확신하는
모든 리더가 반드시 읽어야 하는 책이다."
— **척 가이거**Chuck Geiger, Chegg, IAC, PayPal, eBay, Wine.com, Travelocity의 전 CTO

"당신이 제품 담당자이거나 회사의 전체 제품 조직을 이끌고 있다면 이 책은 바로 당신을 위한 책이다. 이 책은 리더의 관점에서 뛰어난 제품 조직의 기본 철학을 설명하는 업계 최초의 책이며, 이러한 개념을 이해하고 회사 환경에 적용할 수 있도록 많은 사례를 통해 쉽게 전달해 준다."

— 페트라 월Petra Wille, 제품 리더십 코치

"세계적으로 가장 존경받는 제품 리더 중 한 명인 마티는 당신이 더 나은 제품 리더로 성장하는 길을 안내한다. 이를 통해 당신은 사용자와 고객을 위한 만족스럽고 매력적인 경험을 제공할 수 있을 것이다."

— 사이먼 장Simon Zhang, GrowingIO의 CEO

"지속적인 혼란의 시대에서 성공하려면 기업은 혁신을 가속화하고 고객이 만족하는 제품을 꾸준히 제공해야 한다. 더 높은 수준의 지속적인 혁신은 진정한 임파워드팀으로부터 얻을 수 있다. 지난 몇 년 동안 마티의 통찰력, 실용적인 조언 및 지혜는 우리 조직이 강력한 제품 조직으로 전환하는 데 굉장한 기여를 해왔다. 이 책에서 마티는 임파워드팀을 구축하기 위한 필수적인 청사진을 제공한다. 뛰어난 비즈니스 성과를 달성하고 진정으로 자랑스러워할 수 있는 제품 혁신의 문화를 개발하는 데 진지한 당신이라면, 이 책을 강력히 추천한다!"

— 샤밈 모하마드Shamim Mohammad, CarMax의 SVP 및 최고 정보 기술 책임자

"나는 운 좋게도 마티와 수년 동안 함께 일하고 있지만, 그가 새 책이나 기사를 내놓을 때마다 나는 흥분과 두려움으로 가득 찬다. 우리가 놓치고 있는, 경쟁자들이 사용하는 새로운 제품 개발 기법은 무엇일까?《임파워드》는 훌륭한 제품을 만들기 위한 획기적인 레시피를 제공한다. 마티는 어려운 제품 개발 기법의 필요성을 일깨워 주는 요령을 가지고 있다. 이 책을 읽고 당신의 회사에 활력을 불어넣기를!"

— 제프 트롬Jeff Trom, Workiva의 CTO

"오늘날 모든 IT 기업의 핵심 과제는 꾸준한 제품 혁신을 통해 지속 가능한 경쟁 우위를 가져오는 진정한 제품 주도 조직을 만드는 것이다. 《임파워드》는 경영진과 리더가 생존하고 번영하기 위해 회사를 어떻게 변화시켜야 하는지 이해할 수 있는 열쇠를 제공한다."

— **프러크 말테 펠러**Frerk-Malte Feller, Afterpay의 COO

"무엇이 회사의 생존을 보장하는지, 또는 당신의 제품이 실패하는 이유가 궁금하다면 이 책을 읽어 보라. 이 책은 훌륭한 제품 회사를 구축하고 유지하기 위한 방법이자 매뉴얼이다."

— **아만다 리처드슨**Amanda Richardson, CoderPad의 CEO

"우리 회사의 제품 개발팀원들의 필독서에 《인스파이어드》가 있었고, 이제 목록에 《임파워드》가 추가됐다."

— **호카 토레스**Joca Torres, Gympass의 CPO

"《인스파이어드》는 더 나은 제품을 만들기 위한 우리 팀의 매뉴얼이다. 이와 더불어 《임파워드》는 더 강력한 팀을 구축하기 위한 매뉴얼이다. SVPG에서 발행한 모든 정보는 항상 큰 도움이 되었으며, 대부분 바로 사용해 볼 수 있는 실질적인 내용이다."

— **이언 케언스**Ian Cairns, Twitter의 개발자 및 플랫폼 제품 책임자

"《임파워드》는 무엇보다도 권한에 대한 책이다. 회사는 제품 중심의 문화를 지향할 수 있는 권한을 스스로 부여해야 한다. 조직 구조에서 기술, 문화 및 코칭에 이르기까지 모든 것이 권한에서 비롯된다. 그리고 마티의 글은 이것을 가장 구체적으로 설명해 준다."

— **푸닛 소니**Punit Soni, Suki의 설립자이자 CEO

베타리더 후기

 이용진(SAP Labs Korea)

제품을 만들어야 하는 모든 팀원(PO, PM, 개발자, 디자이너 등)이 같이 한번 읽어 보면 좋겠다는 생각이 들었습니다. 프로젝트를 진행하면서 고민했던 부분들에 대한 해결책을 찾을 수도 있었고, 여러 사람의 실제 사례에 관한 이야기에는 많이 공감했습니다. 다양한 방식으로 해결해 나가지만 그들의 공통점에 대해 생각하며 팀원들과 같이 다시 읽고 싶은 생각도 들었습니다.

 정욱재

내용 자체는 《인스파이어드》와 비슷할 수도 있지만 조금 다른 결을 보여 주는 책입니다. 리더/관리자 위치에 있는 분들에게 많은 도움이 될 책이라는 생각이 들었고, 꼭 리더/관리자가 아닌 분들이 보더라도 프로덕트 자체와 팀, 리더/관리자 위치에 대한 기존 시선이 많이 바뀌게 되지 않을까 싶습니다. 장별로 끊어가며 실제 리더들의 사례와 같이 설명해 주는 방식이라 읽기도 편했습니다. 《인스파이어드》보다 개인적으로 더 와 닿는 말이 많았던 책이었습니다.

 정태일(삼성SDS)

최고의 제품을 만드는 리더는 어떤 코치를 받고, 어떻게 팀을 꾸리고, 문제 해결을 위해 무엇에 집중하는지를 배울 수 있었습니다. 혁신을 끌어내고 구성원을 성장시키는 리더가 되고 싶은 이들에게 좋은 가이드가 될 것이라고 생각합니다. 개인적으로 회사와 팀, 구성원 모두를 성장시키는 진정한 리더는 어떻게 될 수 있을지에 대해 중간관리자가 되었을 때부터 고민해 왔는데, 이번 베타리딩을 통해 어느 정도 지침을 얻은 것 같아 뿌듯합니다.

 차준성(서울아산병원)

기술 중심의 제품과 서비스를 어떻게 운영해야 하는지를 실리콘밸리에서의 경험을 기반으로 한 저자들의 조언을 들을 수 있습니다. 제품 책임자뿐만 아니라 엔지니어, 프로젝트 매니저, 경영자 등 기술 중심의 제품을 다루는 모든 실무자에게 도움이 되는 책이었습니다.

제이펍은 책에 대한 애정과 기술에 대한 열정이 뜨거운 베타리더의 도움으로
출간되는 모든 IT 전문서에 사전 검증을 시행하고 있습니다.

I

업계 최고의 IT 기업에서 배운 교훈

나의 첫 책 《인스파이어드》[1]에서 성공한 기업들의 IT 제품팀[2]이 '최신 제품 발굴 기법'을 사용하여 고객이 좋아하면서도 비즈니스에도 유효한 방식으로 어떻게 어려운 문제들을 해결하고 놀라운 성과를 낼 수 있었는지 설명했다.

《인스파이어드》 덕분에 나와 실리콘밸리 프로덕트 그룹 동료들은 실리콘밸리를 넘어 전 세계에 걸쳐 다양한 조직을 만났다. 여러 기업과 조직을 만나며 알게 된 가장 놀라운 사실은, 기술 기반 제품과 서비스를 만들고자 함에도 실제 제품을 만드는 제품팀 스스로가 자신들의 업무 수행 방식과 기법을 정할 수 없다는 사실이었다.

성공적인 제품을 발굴하고 개발하는 훌륭한 제품팀의 강점은 단순히 특정 기법만은 아니며, 최고의 제품을 만드는 기업과 그 외의 기업 사이의 진정한 차이는 다른 곳에 있었다.

최고의 제품을 만들지 못하는 기업에서는 다음과 같은 좋지 않은 요소들이 눈에 띄었다.

---

1 옮긴이 《인스파이어드: 감동을 주는 IT 제품은 어떻게 만들어지는가(제2판)》(마티 케이건 저 / 황진수 역 / 제이펍 / 2018년)
2 옮긴이 이 책에서 다루는 '제품 및 '제품팀'은 물리적인 제품(물건) 생산/제작이 아닌, IT 제품(서비스, 프로그램, 애플리케이션 등)과 이를 기획/디자인/개발하는 팀을 가리킨다.

IT팀의 역할

대다수 기업은 IT 기술에 대해 여전히 구시대적 마인드셋(사고방식)을 갖고 있다. IT 기술을 비즈니스의 핵심적인 원동력으로 보지 않고 단순한 필요 비용으로 여긴다. IT팀원을 비즈니스를 '위해' 일하는 사람으로, IT 부서의 관리자와 리더를 단순히 비즈니스를 '지원하는' 인력으로 여긴다. IT팀은 실제 고객과 단절되어 있으며, 회사에서는 제품을 직접 사용하는 사람이 아닌, 회사 내의 이해관계자들을 고객으로 여기도록 독려되는 것이 현실이다.

코칭

IT팀에 현실적으로 도움이 되는 능동적인 코칭active coaching이 제공되는 경우는 매우 드물다. 팀이 코칭을 원하고 요구한다고 해도, 대부분의 관리자는 스스로 코칭을 수행해 본 경험이 없으므로 이 문제는 계속 해결되지 않은 채로 지속된다.

팀원 구성

대부분의 기업은 회사에 꼭 필요한 직원이 없다고 생각한다. 하지만 그들은 이 문제를 어떻게 해결해야 할지 모르기 때문에, 제품팀의 구성원을 채용할 때 고려해야 할 사항을 잘못 이해하고 있다. 그래서 이 문제 또한 해결할 수 없다.

제품 비전

이 기업들은 영감을 주거나 주위를 매료시킬 만한 제품 비전이 없다. 기업의 초창기에는 비전이 있었는지도 모르지만, 설립자가 떠나고 나면 비전은 흐지부지된다. IT팀의 직원들은 그저 기능을 찍어 내는 공장에서 일한다고 느낀다.

팀 구조

IT팀은 책임감과 오너십을 갖기에는 너무 세분화되어 있어서 다른 팀에 의존하지 않고는 할 수 있는 일이 없다. 그래서 자신을 그저 거대한 톱니바퀴 안의 작은 톱니 정도라고 여긴다.

제품 전략

제품팀을 운영하는 기업은 취약하나마 제품 전략을 가지고 있다고 주장하지만, 실제로는 어떤 전략도 없이 그저 최대한 많은 이해관계자들을 만족시키는 데에만 모든 역량을 집중한다.

팀의 목표

구글 등 선진 기업에서 업무 관리에 OKRobjectives and key results[3] 방법론을 사용한다는 것을 듣고, 대부분의 기업의 CEO는 OKR에 대해 책에서 읽었거나 유튜브에서 보고는 조직에 쉽게 적용할 수 있다고 생각한다. 그렇게 OKR이 기업의 기존 제품 로드맵이나 문화는 고려하지 않은 채 갑작스럽게 적용되면, 직원들은 분기마다 OKR 계획을 세우는 데 몇 주씩이나 시간을 들이지만 결국은 해당 분기 동안 목표는 잊힌 채 지나간다. 이런 식으로 적용된 OKR 기법은 직원들에게 큰 의미가 없다.

사업팀과의 관계

전반적으로 IT팀과 다른 사업팀과의 관계는 썩 좋지 않다. 이해관계자와 임원은 IT팀을 믿어주지 않는다. 이러한 기업 분위기에서 IT팀원은 기업에서 인정받지 못한다고 느끼고, 스스로를 사업팀보다 못한 임직원, 다시 말해 (돈을 받고 고용된) 용병처럼 여긴다.

임파워드[4]팀

가장 안타까운 점은, 현실적으로 임파워드되지 않은 IT팀(권한이 주어지지 않은 IT팀)은 고객을 만족시키거나 기업에 기여할 만한 제안이나 업무를 결정할 권한이 없다는 사실이다. 권한이 부여되지 않았기 때문에 팀은 결과에 대해 책임을 질 필요도 없다.

프로덕트 매니저는 사실 **프로젝트**project 매니저의 역할을 수행하며, 제품(프로덕트)을 관리하는 게 아니라 프로세스에 맞춰 일감 목록backlog에 있는 항목을 기계적으로 처리할 뿐이다. 디자이너와 엔지니어 또한 로드맵에 이미 명시되어 있는 기능을 그대로 디자인하고 코딩할 뿐이다. 동기 부여가 되지 않으니 당연히 오너십도 없고, 결과적으로 혁신은 이루어질 수 없는 구조다.

이런 식으로 일하는 기업은 쉽사리 파국으로 치닫는다. 이들은 훌륭한 제품을 만드는

---

3 (옮긴이) 목표 및 핵심 결과 지표(objectives and key results, OKR). 1970년대 앤디 그로브(Andy Grove)가 고안해 낸 경영 방식으로, 조직적 차원에서 목표를 설정하고 그 결과를 추적할 수 있도록 도와주는 목표 설정 프레임워크를 말한다. 구글의 초기 투자자 중 한 명이었던 존 도어(John Doerr)가 구글의 경영 방식에 도입함으로써 널리 알려졌다.

4 (옮긴이) 임파워드/임파워먼트(Empowered/Empowerment)를 정확하게 대체할 한글 단어가 없어 영문 그대로 표현하고자 한다. 임파워먼트는 '어떤 일을 할 수 있도록 주어진 권한이나 힘'을 뜻한다. 이 책에서 말하고자 하는 '임파워드팀'은 팀 스스로 그들의 일/업무를 관리하고 결정할 수 있는 권한이 부여되어 있어 팀 활동을 더 강하고 더 자신감 있게 하여 동기 부여되어 있는 경우를 가리킨다. 즉, 권한이 부여되어 동기 부여도 자연스럽게 되어 있는 팀을 말한다.

기업과는 확연히 다른 방식으로 일을 하고 있다.[5]

경험에 의하면, 기업이 변화를 원하지 않는 것이 아니다. 다만, 변화는 너무 어렵고, 변화의 방식을 모르거나 변화한다는 것이 어떤 의미인지 잘 모를 뿐이다. 변화를 원하는 기업은 **임파워드 제품팀**을 만드는 것을 지향해야 한다.

기업 내에서 이 용어(임파워드 제품팀)를 사용하지 않을 수도 있고, 단순하게 기능만 개발하는 기존의 팀과는 다른 방식으로 일하는 IT팀이 세상에 존재한다는 사실조차 모를 수도 있다. 하지만 앞에서의 묘사가 당신이 속한 조직 상황과 유사하다면, 받아들이기 힘들겠지만 다음과 같은 사실을 상기시켜 줄 수밖에 없다.

- 첫째, 일하는 방식의 혁신은 말할 것도 없고, 의미 있는 비즈니스 결과를 얻기 매우 힘들 것이다.
- 둘째, 당신은 앞에서 제시한 나쁜 방식으로 일하지 않는, 즉 사용자가 원하는 것을 너무나 잘 만들어 내는 아마존 같은 경쟁 업체에 고객을 뺏기게 될 것이다.
- 셋째, 고용된 직원들은 재능과 능력을 낭비 중이며, 성공에 꼭 필요한 핵심 인재는 높은 확률로 곧 떠날 것이다.
- 마지막으로, 혹시 애자일Agile 전환을 추진함으로써 스스로 디지털 전환digital transformation을 진행하고 있다고 생각한다면, 미안한 이야기이지만 그것만으로는 아직 시작이라고 할 수도 없다. 큰 착각이다.

당신이 이 책을 읽는 이유가 조직을 좀 더 좋게 바꿀 방법이 있다고 확신해서이길 바란다. 그렇다, 더 좋은 방법은 있다.

---

5   확실하게 짚고 넘어가고 싶은 부분이. 우리는 실리콘밸리 너머 많은 도시(상해, 멜버른, 텔아비브, 런던, 베를린, 방갈로르 등)에서 매우 경쟁력 있는 기업을 만났고, 샌프란시스코의 중심에 있으면서도 너무나 경쟁력 없는 기업도 만났다. 이 책에서 다루고 싶은 것은 가장 경쟁력 있는 기업과 그 외 기업의 차이점이다.

훌륭한 기업의 이면에 있는
근본적인 가치

나는 이 책에서 **훌륭한 기업**과 **그렇지 않은 기업**이 IT 기술을 기반으로 한 제품을 만들기 위해 사용하는 방법의 차이점을 알리고 강조하고 싶다. 둘 사이의 차이점은 근본적이면서도 놀랍다.

많은 사람들이 생각하는 것처럼 '제품 문화product culture'에서도 확실한 차이가 있지만, 경쟁력 있는 제품을 만드는 기업들도 서로 매우 다른 문화를 가지고 있기 때문에 문화 그 이상의 무언가가 있음이 분명하다. 예를 들어, 아마존과 구글, 애플과 넷플릭스를 살펴보자. 이 기업들은 모두 업계 최고의 제품을 만들지만, 각각 매우 다른 조직문화를 가지고 있다.

물론, 문화는 매우 중요하다. 하지만 훌륭한 제품을 만드는 기업에는 더 근본적인 요소가 있다. 이는 기업 IT팀의 역할에 대한 견해, IT팀원의 업무 목표, 그리고 IT팀원이 서로 협력하며 함께 문제를 해결하는 방식 같은 것들이다. 덧붙이자면, 서로 다른 조직문화를 가지고 있는 여러 기업이 이와 같은 몇몇 중요한 요소를 공통적으로 갖추고 있다는 것은 절대 우연이 아니다.

이 책에서는 훌륭한 기업이 가진 문화에서 창립자의 개성이 반영된 부분은 제외하고, 지속적인 혁신에 필수적인 핵심만 보여 주려고 한다. 실리콘밸리를 넘어 여러 기업을 만나며 배운, 훌륭한 기업과 그렇지 않은 기업을 구분 짓는 핵심 요소를 독자들과 공유하고 싶다.

최고의 제품을 가진 기업들이 공유하는 놀라운 공통점 하나는, 전설적인 코치인 빌 캠벨Bill Campbell의 코칭이다. 애플, 아마존, 구글 등 많은 기업의 창립자들은 회사 초창기에 빌 캠벨에게서 코칭을 받았다.

캠벨이 중요하게 생각하는 가치와 견해에 대한 이해를 돕기 위해, 경쟁력 있는 제품을 만드는 기업에서 리더십의 역할에 대한 인용문을 소개한다.

> "리더십은 모든 사람의 내면에 위대함이 있음을 알아봐 주는 것이고,
> 리더의 임무는 그 위대함을 펼칠 수 있는 환경을 만들어 주는 것이다."

이 책은 어떤 요소들이 이런 환경을 만들 수 있는지 다룬다. 훌륭한 기업을 만들고 싶어 하는 독자들이라면 중요 활동과 행동 양식을 적용해 보기를 권한다.

그렇다고 이런 경쟁력 있는 제품을 만드는 기업이 절대적으로 옳다고 주장하는 것은 아님을 기억하길 바란다. 이런 기업도 일부 정책과 관행에 대해서는 세간의 비판을 받아 왔다.[1] 하지만 이 네 기업의 지속적인 혁신 능력은 인정받고 있고, 이 부분에서는 분명히 배울 점이 많다.

핵심만 말하자면, 경쟁력 있는 제품을 만드는 기업에는 세 가지 중요한 차이점이 있다.

- 첫째, IT팀의 역할에 대한 기업의 관점
- 둘째, 제품 리더의 역할
- 셋째, 제품팀의 목적에 대한 기업의 관점. 즉, 프로덕트 매니저와 프로덕트 디자이너 그리고 엔지니어를 바라보는 시각을 말한다.

이제, 세 가지 차이점을 하나씩 살펴보자.

---

[1] 이 회사들의 정책을 단호하게 비판한 스콧 갤러웨이(Scott Galloway) 교수의 저술을 참고하라(www.profgalloway.com).

IT팀의 역할

다시 말하지만, 훌륭한 기업과 그렇지 않은 기업이 IT팀의 역할과 목적을 바라보는 관점에는 근본적인 차이가 있다.

가장 기본적인 점은, 대다수의 기업은 IT팀을 그저 필수적인 지출 비용으로만 여긴다는 것이다. IT 기술이 중요하다는 것은 알지만 비즈니스 운영에 드는 비용 정도로만 생각하기 때문에, 만약 IT팀을 아웃소싱할 수 있다면 그 편이 더 낫다고 여긴다. 근본적으로, 대다수의 기업은 스스로를 IT 기술에 기반한 비즈니스라고 생각하지 않는다. 그보다는 보험업, 은행업, 운송사업 등으로 생각한다. 당연히 비즈니스를 운영하는 데 부분적으로 IT 기술이 필요하긴 하지만, '진짜 비즈니스'의 보조적인 역할로만 여긴다.

이러한 이유로 대부분의 기업에서 IT팀은 **비즈니스를 지원하기 위해 존재**한다. 실제로 그런 기업과 이야기해 보면 정확히 이렇게 말한다. 만약 명확하게 그런 식으로 말하지 않더라도, 이런 기업에서는 '비즈니스'가 IT 제품팀의 할 일을 결정한다.

대조적으로, 경쟁력 있는 제품 기업의 IT팀은 단순한 비용이 아니라 비즈니스 그 자체다. IT 기술은 고객에게 제공하는 제품과 서비스를 가능하게 하고 강화한다. IT 기술을 통해 최신 기술을 반영하여 고객의 문제를 해결해 줄 수 있다.

보험 정책이건, 은행 계좌이건, 당일배송 택배이건 간에, 이러한 제품이나 서비스의 핵심에는 이를 가능하게 하는 IT 기술이 있다. 따라서 **경쟁력 있는 제품 기업의 제품팀의 목적은 고객을 만족시키는 동시에 비즈니스에도 적합한 제품을 만드는 것이다.**

IT팀에 대한 관점이 기업의 전반적인 모습 및 일하는 방식에 큰 영향을 미치고, 궁극적으로는 매우 높은 동기와 사기를 부여한다. 그리고 가장 중요한 것은 이를 통해 훨씬 더 높은 수준의 혁신과 가치를 비즈니스와 고객에게 제공할 수 있다는 점이다.

강력한 제품 리더십

대부분의 제품 기업에서는 진정한 제품 리더십을 찾아보기가 힘들다. 대신, 그들은 주로 조력자facilitator로서 내부(또는 더 나쁘게는 아웃소싱된) 개발팀의 사람 관리나 기능 개발에 관련된 일정 관리만을 맡고 있다.

대부분의 제품 기업은 제품 전략이 없다. 제품 전략이 좋지 않다는 것이 아니라, 말 그대로 제품 전략이 존재하지 않는다. 기능 개발팀은 '비즈니스를 지원하기 위해' 존재할 뿐이다.

비즈니스 측면에서 그들이 요청하거나 로드맵에 추가한 기능에는 분명 이유가 있겠지만, 제품 전략을 가지고 있는 경우는 아주 드물고, 제품 전략을 만드는 데 필요한 기술이나 데이터도 없다.

의사결정자는 결국 제품팀에 이번 분기나 올해 안에 개발해야 할 우선적인 기능 목록을 건네준다. 그렇게 '제품 전략'은(이 명칭이 옳은지는 모르겠지만) 최대한 많은 사업팀을(비즈니스를) 만족시키는 것이 되어 버린다.

기술 기반 제품 기업들이 지난 10~20년간 애자일 방식으로 전환해 왔고, 애자일에서는 팀 내의 각 팀원이 훨씬 더 적극적이고 능동적인 역할을 한다. 그래서 많은 관리자와 리더는 그들이 이런 팀 구조에서 여전히 필요한 존재인지 의심스러워한다.

이 말이 모순처럼 느껴질 수 있다. 그러나 진정한 임파워드팀으로 전환하려면 기존의 방식처럼 명령과 제어로 이루어진 관리 모델command-and-control model of management에서 벗어나야 하지만, 리더와 관리자의 숫자를 줄여야 한다는 뜻은 아니다. **더 나은 리더와 관리자**가 필요하다는 뜻이다.

사실, 관리자 입장에서는 기존의 명령과 제어로 이루어진 모델이 훨씬 관리(세세하게 통제micromanage)하기가 쉽다. 특정 팀에 할일 목록이나 구축할 기능 목록을 전달하거나 작업을 빨리 진행하라고 독촉하기만 하는 것이 어렵지는 않기 때문이다. 이런 방식이 관리자들에게는 쉬울 수 있지만, 팀은 임파워먼트(권한 및 동기 부여) 없이 일하는 단순한 용병이 되고 만다.

이와 대조적으로, **경쟁력 있는** 제품 기업의 제품 담당 리더는 기업 내부에서 가장 영향력 있는 리더다. 제품 리더는 제품팀의 인사와 코칭을 담당하고, 제품 전략, 전략의 실행, 결과를 관리하는 책임까지 있다.

임파워드 제품팀은 프로덕트 매니저, 프로덕트 디자이너와 엔지니어의 역량에 달렸고, 리더와 관리자는 이런 역량 있는 팀원을 선발하고, 채용하고, 코칭할 책임이 있다. 더 나아가서는 정량적이면서 정성적인quantitative and qualitative 통찰력으로 팀을 한 방향으로 이끌고 설득력 있는 제품 전략을 제시하는 것 또한 제품 리더십의 중요한 역할이다.

임파워드 제품팀

대부분의 기업에서 IT팀은 **임파워드 제품팀이 아닌 기능 개발팀**이다. 기능 개발팀은 표면적으로는 제품팀처럼 보인다. 크로스펑셔널cross-functional[2]하며, 프로덕트 매니저, 프로덕트 디자이너 그리고 엔지니어 몇 명으로 구성되어 있다. 다른 점은 이 팀은 기능 구현이나 프로젝트 수행(산출물)에 집중하기 때문에, 권한 및 결정권이나 결과에 대한 책임은 없다.

기능 개발팀은 기능 설계를 하여 로드맵을 만들거나 사용성 테스트를 하고, 실제 구현, QA 테스팅 그리고 기능 배포까지 수행한다(이 일련의 개발~배포 과정을 '딜리버리'라고 표현한다). 어떤 기능 개발팀은 스스로가 제품 발굴을 진행한다고 주장하지만, 대부분은 그렇지 않다. 그들은 해결 방안이 무엇인지 미리 전달받은 상태이며, 문제에 대한 해결 방안을 팀 스스로 찾을 수 있는 권한(임파워먼트)이 없다. 통보받은 솔루션을 디자인하고 구현할 뿐이다.

이런 기능 개발팀에는 일반적으로 프로덕트 매니저라는 직함을 가진 사람이 있지만, 실제로는 프로젝트를 관리한다. 기능이 잘 개발되고 배포되는지를 관리하고 팀에 필요한 역할을 수행하고 있지만, 이것은 명백히 제품 관리 영역은 아니다.

기능 개발팀은 기능 및 프로젝트의 로드맵을 제공받거나 스스로 만들어서 제공해야 하기 때문에, 팀의 목표는 이 로드맵에 있는 기능을 성공적으로 딜리버리하는 것이며 개발되는 기능 자체가 결과물이다. 만들어진 결과물을 통한 실제 사업 성과가 낮다고 불평해도 누구에게 책임을 물을 수 있을까?

대조적으로, 경쟁력 있는 제품을 만드는 기업에서는 제품(개발)팀에 구현해야 할 기능 목록을 주는 대신, 풀어야 할 문제를 준다. 여기서 가장 중요한 부분은, **제품팀은 스스로 생각하는 가장 좋은 방식으로 주어진 문제를 해결할 수 있는 결정권과 권한을 부여받는다**는 것이다(임파워먼트가 있다). 그리고 결과에 대한 책임 또한 진다.

임파워드 제품팀 모델에서 프로덕트 매니저는 제품을 **가치 있고**valuable(고객이 제품을 구매하거나 고객으로부터 선택받는 것) **실용적**viable(비즈니스적인 니즈를 만족시키는)으로 만들어야 한다는 아주 명확한 책임이 있다. 제품의 **사용성**usable을 책임지는 프로덕트 디자이너, 제품을 **구현 가능**feasible하게 구현하는 기술 리더tech lead와 함께, 팀은 이러한 위험 요소(가치, 실행 가능성, 사용성, 구현 가능성)를 헤쳐나가기 위해 협업한다. 이와 함께, 임파워드팀은 문제 해결에

2 　옮긴이　cross-functional: 개발자, 디자이너, 기획자 등이 하나의 팀에 모인 것처럼 다양한 역할을 수행하는 사람들을 하나로 모은 팀을 일컫는다.

대한 주체적인 주인 의식이 있고, 결과에 대한 의무와 책임이 있다.[3]

요약하자면, **기능 개발팀**은 크로스펑셔널하고, 풀어야 할 문제를 전달받기보다는 구현할 기능과 프로젝트를 통보받기 때문에 산출물을 내는 것이 중요하며, 사업의 성과는 중요하지 않다.

임파워드 제품팀도 기능 개발팀처럼 크로스펑셔널하지만 기능 개발팀과는 대조적으로 구현할 기능이 아니라 풀어야 할 문제가 주어지고, 이에 대한 해결 방안을 스스로 생각하여 결과물을 구현할 수 있는 권한이 있으며, 이를 통해 성과가 측정되고 결과에 대한 책임을 진다.[4]

---

3 분명히 말하자면, 디자이너와 기술 리더는 단순히 사용성과 실현 가능성을 보장하는 것 이상으로 기여한다. 여기서 언급하는 것은 각 부분의 리스크에 대한 책임자다.

4 실제로는 제3의 기술팀이 있는데, 이를 딜리버리팀(또는 '스크럼팀' 또는 '개발팀')이라고 부른다. 딜리버리팀은 진정한 제품팀의 흉내조차 내지 않는다. 딜리버리팀은 크로스펑셔널하지 않고, 임파워먼트도 없으며, 프로덕트 오너(제품 백로그 관리 담당자)와 일부 엔지니어로 이루어져 있는 팀이다. 이 팀은 순전히 산출물을 개발하는 데만 집중한다(코딩을 하고 출시를 한다). 만약 여러분이 SAFe와 같은 프로세스를 수행하고 있다면 불행하게도 이것이 당신 회사의 모습일 것이고, 그렇다면 이 책이 그리 큰 도움이 되지 않을 것이다. 내가 이 책에서 설명하려는 것은 실질적으로, 또 철학적으로 이런 딜리버리 팀과는 완전히 반대의 이야기다.

제품 발굴[5]

《인스파이어드》를 읽지 않은 독자라면 지금쯤 이런 의문을 가지고 있을 수 있다.

비즈니스 오너와 이해관계자가 로드맵을 결정하고, 엔지니어들에게 무엇을 만들지 정해 주는 것이 **무엇이 잘못**된 걸까?

제품 발굴에서 명심해야 할 가장 중요한 사실은, **고객과 이해관계자는 우리가 무엇을 구현할지 알려 줄 수 없다**는 점이다. 고객과 이해관계자가 지식이 없어서가 아니다.

고객과 이해관계자가 무엇을 구현할지 우리에게 알려 줄 수 없는 두 가지 근본적인 이유가 있다.

첫 번째, 고객과 이해관계자는 지금 당장 구현 가능한 범위를 알지 못한다. 그들은 최신 기술 전문가가 아니기에 문제에 대한 가장 좋은 해결 방법을 모른다. 또한, 특정 문제가 해결 가능한지 판단조차 할 수 없다. 고객과 이해관계자가 전혀 상상할 수 없는 혁신적인 신기술을 적용해서 문제가 해결되는 경우가 많다.

두 번째, IT 제품은 어떤 솔루션이 해답일지 예측하기가 매우 어렵다. 제품에 대한 아이디어들이 예상했던 결과로 나오지 않는 이유는 여러 가지다. 팀은 어떠한 아이디어에 흥분하곤 하지만 고객들은 그렇지 않고, 결국 고객들이 신나게 구매하리라 예상했던 것은 팔리지 않는다. 또는 좋다고 생각한 아이디어에 해결되지 않는 개인정보 문제나 보안 문제가 있거나, 구현하는 데 예상보다 훨씬 오래 걸린다는 사실을 알게 되기도 한다.

임파워드 제품팀은 이러한 문제를 이해하며, **제품 발굴이 고객을 만족시키면서 비즈니스적으로도 현실적인 제품을 찾아가는 과정이라는 것**을 알고 있다.

아이디어가 실제로 구현되기 전까지는 구현 가능한지 알 수 없기 때문에, 팀은 가치 있고, 사용성 있고, 구현 가능하며, 실용적인 솔루션을 발굴하는 일을 지속해야 한다.

---

5 옮긴이 《인스파이어드》에서는 '제품 발견'이라고 언급했다.

IT팀의 역할

이 책에는 실용적인 이야기들을 주로 담으려 노력했다. 그래서 여기서 얘기하는 것을 바로 실행해 볼 수 있다고 약속한다. 하지만 2장에서만큼은 다소 철학적인 개념을 다루게 되니 지루해도 조금만 참아 주길 바란다.

기능 개발팀과 임파워드 제품팀의 차이점은 한눈에 보인다. 기업이 개발팀을 비즈니스의 보조적인 존재로 볼 때, 그리고 개발팀을 고객의 만족과 비즈니스 실현을 위해 일하는 존재로 여길 때의 차이점도 명확하다. 기업이 최대한 많은 이해관계자를 만족시키려고만 할 때, 그리고 투명하고 의도된 제품 전략을 가지고 있을 때의 차이점도 쉽게 알 수 있다.

이런 차이점이 한눈에 보이긴 하지만, 그렇다고 해서 왜 이런 차이점이 생겨나는지는 설명되지 않는다. 훌륭한 기업과 그렇지 않은 기업의 격차를 좁히려면, 그런 격차가 생기는 근본적인 원인을 살펴봐야 한다.

10여 년 전쯤, 마크 앤드리슨Marc Andreessen이 내 기준으로는 현 시대의 가장 중요한 에세이라고 생각하는 〈Why Software Is Eating the World(왜 소프트웨어가 세상을 집어삼키고 있나)〉[1]를 발간했다. 저자는 왜 IT 기술이 대부분의 산업군에 큰 혼란을 일으킬 거라고 생각하는지

---

1 https://a16z.com/2011/08/20/why-software-is-eating-the-world/

서술했다. 그의 주장은 내가 현장에서 확인한 분열 현상과 분열의 위험을 받고 있는 것에 대한 나의 가설에 확신을 줬다.

10년이 지난 지금, 그가 매우 현명했다는 것은 명백해졌다. 하지만 대부분의 기업은 그의 경고를 제대로 이해하지 못했던 것 같다. 물론, 기업은 소프트웨어에 더 많이 투자하고 있다. 그렇다, 대부분의 기업은 애자일 방법론을 채택하고 있다. 하지만 대부분의 회사는 의미 있는 변화를 이루지 못했고, 특히 IT 기술을 비즈니스 원동력으로 받아들이지 않았다.

안타깝게도, 이런 사례는 어디에서나 찾아볼 수 있다. 가장 명확하고도 끔찍한 최근의 사례 중 하나는 항공기 제조업체 보잉Boeing이 일으킨 충격적인 737 MAX 사태다. 이 사건의 핵심이 소프트웨어에 있었다는 데서 보잉사 리더십의 무능함이 드러났다.[2]

보잉 사의 근본적인 실수는 가장 안전하고 연료 효율성이 높으며 비용 효율적인 항공기를 만드는 데 필요한 핵심 역량으로 IT 기술을 보지 않고, 그저 필요 비용으로만 여긴 데 있다. (가장 안전하고, 연료 효율성이 높고, 핵심적인 제품을 만들기 위해 지속적인 노력을 기울일 수 있는) 임파워드 제품팀을 채용하고 운영하는 대신, 겨우 몇 푼의 지출을 줄이기 위해 IT팀을 아웃소싱하기로 결정했다.[3]

항공 산업에만 국한된 이야기가 아니다. 자동차 산업 또한 테슬라Tesla가 나타나서 IT 기술을 부가적인 필요 비용이 아닌, 자동차의 핵심 기술로 인정하고 받아들였을 때 무엇이 가능한지 입증하기 전까지는 이러한 사고방식 때문에 수십 년 동안 고통받았다.[4] 내비게이션이나 엔터테인먼트 시스템을 훨씬 뛰어넘어 핵심 기술과 무선 업데이트를 통해, 테슬라 자동차는 단순히 감가 상각이 되는 게 아니라 시간이 지나며 기능이 향상된다. 이런 IT 기술의 가능성에 대해 생각해 봐야 한다.

픽사Pixar는 IT 기술이 단순 필요 비용이 아닌 애니메이션 영화의 핵심이 됐을 때 무엇이 가능한지 영화 산업에서 증명했다. 픽사는 전통적인 영화 제작에 쓰이는 기술을 훨씬 뛰어넘는 방식으로 IT 기술을 사용하였고, 픽사에서 IT 기술팀은 크리에이티브 팀과 동등한 대접을 받고 있다.

---

2 https://www.bloomberg.com/news/articles/2019-06-28/boeing-s-737-max-software-outsourced-to-9-an-hour-engineers

3 [옮긴이] 보잉의 정직원이 아닌 저렴하게 아웃소싱한 개발팀이 항공기의 핵심 프로그램을 개발하게 됐고, 이는 심각한 버그를 낳아서 큰 사고로 이어졌다.

4 Bob Lutz, 《Car Guys vs. Bean Counters: The Battle for the Soul of American Business》(New York: Portfolio/Penguin, 2013)

알다시피, 픽사는 디즈니Disney와 합병했다. 그리고 디즈니가 기존의 비즈니스를 완전히 재구성하기 위해 어떻게 IT 기술을 도입했는지 살펴보라. 이 변화는 디즈니의 유산인 테마파크부터 최근 디즈니플러스Disney+ 동영상 스트리밍 서비스까지 포함하고 있다.

이와 비슷한 이야기는 보험, 은행, 의료, 통신, 교육, 농업, 운송 및 방위 산업에도 있다. 계속 얘기하면 지루할 테니 여기까지만 하겠다.

앞서 얘기한 비즈니스에서 IT 기술의 중요성을 이해하지 못하는 CEO와 저녁 식사를 하면, 그들은 한결같이 본인의 기업은 IT 기업이 아니며, 주업은 보험이나 헬스케어나 농업이라고 어떻게든 설명하려 한다. 그러면 나는 다음과 같이 말한다. "만약 제가 아마존이나 애플의 제품 개발 리더로서 당신의 사업을 분석해 봤을 때, 사업이 규모가 큰 데 비해 제공하는 서비스가 부족해서 우리의 기술력을 가지고 그 사업에 뛰어들 가치가 있다고 판단하고 있고, 더불어 우리가 가진 기술력으로 고객에게 훨씬 더 나은 해결책을 제공할 수 있다고 생각한다면 어떻게 하실래요?"

그리고 실제로 나였다면 어떤 식으로 진정한 혁신을 위해 구현 가능한 IT 기술을 제공할 수 있는 팀을 꾸렸을 것인지 설명해 주고, 아마도 그 기업은 이런 경쟁자가 나타났을 때 기존의 사업을 지키는 데 정신이 팔려서 경쟁사의 혁신적인 서비스에 대응하지 못할 것이라고 얘기한다.

위와 같은 사례의 CEO가 아마존이나 넷플릭스 같은 기업을 동경하지 않는다는 말은 아니다. 대부분 그런 기업을 동경하지만 IT 기업과 본인의 기업이 다르다고 믿으며, 이런 사례가 자신의 기업에 어떻게 적용되는지 이해하지 못한다. 마크 앤드리슨이 기업에 경고하려 했던 메시지를 이해하지 못한 것이다.

물론 이런 회사의 CEO가 문제를 이해하지 못하는 데는 여러 가지 이유가 있다. 그들은 기존 방식의 비즈니스를 너무 오래했기 때문에 변화를 받아들이는 데 많은 시간이 걸린다. 때때로 그들은 IT 기술을 두려워한다. 종종 그들은 변화에 저항하는 것처럼 보이기도 한다. 하지만 결국 모두 다 변명일 뿐이다. 기업의 이사진은 CEO가 기업을 효율적으로 이끌 수 있도록 조언을 주고 도와야 한다.

특히 아이러니한 부분은 이런 기업 대부분이 필요한 것보다 훨씬 더 많은 비용을 IT 기술에 지출하고 있다는 점이다. 안타깝지만 IT팀의 진정한 역할을 이해하지 못한 기업의 IT 기술 투자는 큰 낭비다.

수백 명 혹은 수천 명의 아웃소싱된 엔지니어에게 이해관계자가 제공하는 기능 로드맵(실질적인 사업 결과를 내기 힘든 업무)을 개발하게 하는 것보다, 수는 훨씬 적더라도 **꼭 필요한** 직원을 채용함으로써 훨씬 더 훌륭한 사업 결과를 낼 수 있다. 비즈니스와 고객의 실질적인 문제를 전담할 수 있고, 결과에 대해 책임질 수 있는 직원을 채용해야 한다.

오늘날 최고의 기업이 되기 위해서 기업의 리더는 진정한 IT팀의 역할을 이해해야 한다.

기술 리더

기업이 IT팀의 역할을 어떻게 보는지에 대한 일반적인 지표 중 하나는 기업의 제품을 개발하는 엔지니어가 업무를 보고하는 최종적인 책임자가 CIO(최고 정보 책임자, Chief Information Officer=IT 팀장)인지, CTO(최고 기술 책임자, Chief Technology Officer=기술팀 팀장)인지 여부다.

별일 아닌 것처럼 보일 수 있지만, 이것은 대부분의 기업이 인식하는 것보다 훨씬 더 중요하다. 중요한 변수를 무심히 지나치는 것은 변화와 혁신을 가로막는 장애물이 된다.

각각의 CIO는 모두 다른 사람이기 때문에, 이는 절대적이지는 않지만 진지하고 정직하게 고려해 볼 만한 사항이라고 말하고 싶다. 또한 CIO의 핵심 직무(IT 기능 관리)는 매우 중요하면서도 어렵다는 것을 이해해야 한다.

여기에서 문제는, CIO는 사실 **비즈니스를 위해 존재**한다는 점이다. 강력한 CIO는 바로 그 특성 때문에 기업의 혁신에 걸림돌이 되기 쉽다.

CIO에게는 비즈니스가 우선이기 때문에, 제품 엔지니어링 조직의 사고방식, 방법과 프랙티스를 인정하고 채택하기가 어려울 수밖에 없다는 게 나의 지론이다.

특히 더 문제가 되는 부분은 회사의 미래를 책임지는 정말 중요한 인재인 제품 개발 엔지니어는 CIO가 IT팀의 역할에 대해 다른 사고방식을 지니고 있다는 것을 알기 때문에 CIO를 위해 일하는 것을 꺼린다는 점이다.

CIO 조직의 엔지니어는 CTO 조직의 엔지니어와 확연하게 다른 역할을 하는데, 이것은 앞서 말한 기능 개발팀과 임파워드 제품팀의 차이이기도 하다.

어떤 경우에는 CIO에게 CTO로 확장하여 일하기를 권장하기도 하고(더 큰 역할에 도전할 만큼 의지가 있는 사람으로 보인다는 이유로), CEO에게 기업의 제품 엔지니어링을 전담할 만한 CTO를 채용하라고 조언하기도 한다.

CHAPTER

03

강력한 제품 리더십

이 책의 핵심은 강력한 제품 리더십의 중요성이다. 명확하게 말하자면, '제품 리더십product leadership'이란 제품 관리 부문의 리더와 관리자, 제품 디자인의 리더와 관리자,[1] 엔지니어링의 리더와 관리자를 의미한다.

논의를 위해 리더와 관리자를 구별할 것이다. 많은 리더는 관리자이기도 하고 많은 관리자 역시 리더이기도 하지만, 한 사람이 두 역할을 모두 수행하더라도 각 역할의 책임은 다르다.

전반적으로, 팀은 업무에 대한 영감inspiration을 리더십으로부터 부여받고, 업무의 실행은 관리자로부터 부여받는다.

---

1 이 책에서는 제품 디자이너의 '역할'과 '직함'을 언급한다. 많은 회사에서 UX디자인(user experience design, 사용자 경험 설계) 혹은 CX디자인(customer experience design, 고객 경험 설계)이라는 용어를 쓴다. 여기서 말하는 제품 디자인은 서비스 디자인, 인터랙션(interaction, 상호작용) 디자인, 비주얼 디자인을 말하며, 기기의 경우라면 산업 디자인도 포함하고 있다.

리더십의 역할-영감/열의 부여

강력한 리더십은 아주 중요한 주제이고, **경쟁력 있는** 제품을 개발하는 기업과 그렇지 못한 나머지 기업 간의 분명하고 가시적인 차이를 보여 주는 부분이기도 하다. 강력한 리더십의 목적은 조직에 영감/열의inspiration를 주고 동기를 부여하는 것이다.

제품팀이 권한을 부여받아 올바른 결정을 내릴 수 있으려면, 이런 중요한 결정을 내리는 데 있어 전략적 콘텍스트가 필요하다.

비즈니스의 목표(미션)와 목적 같은 전략적 콘텍스트는 기업의 고위 리더가 정할 수 있지만, 제품 리더십은 제품팀을 움직이는 전반적인 전략적 콘텍스트를 제공하는데, 다음과 같은 네 가지 주요 책임이 있다.

제품 비전과 원칙

제품의 비전은 우리가 만들고 싶어 하는 미래와 더불어 어떻게 이 제품을 통해 고객의 삶을 개선할지에 대해 설명한다. 대개 3년에서 10년 사이의 비전을 수립하고, 이 제품 비전은 조직의 공통된 목표가 된다.

스타트업부터 대기업에는 다양한 기능을 하는 임파워드 제품팀이 존재하지만, 모든 제품팀은 주어진 문제를 각자의 방식으로 해결한다. 일부 기업은 제품 비전을 '북극성'이라고 부르는데, 어떤 제품팀에 속해 있고 어떤 문제가 주어졌든지 간에 '북극성'을 향해야 한다는 의미가 있다. 항상 각자의 노력은 전체적인 제품 비전이라는 큰 그림에 어떻게 기여하는지 우리는 안다.

조금 더 일반적으로 설명하자면, 제품 비전은 직원이 매일 일하는 데 동기 부여가 되고 흥분하게 하는 원동력이 된다. 기업의 핵심 제품 분야에 인재를 채용하기 위해서는 제품 비전이 가장 강력한 요소라는 것을 꼭 기억하길 바란다.

제품 원칙은 조직에서 만들려는 제품의 특성을 설명하여 제품 비전을 보완한다. 이 원칙은 조직의 가치를 반영하고, 팀이 어려운 결정을 내려야 하는 상황에서 중심을 잡을 수 있게 해 준다.

팀 구조

팀 구조team topology는 최상의 결과를 낼 수 있도록 여러 제품팀을 적절하게 배치하고 팀 간 업무 범위를 나누는 방법이다. 이는 팀의 구성과 업무 범위, 팀 간의 관계를 포함한다.

제품 전략

제품 전략은 사업적 필요를 충족시키면서 제품 비전을 달성할 수 있는 방법을 알려 준다. 전략은 선택과 **집중**focus을 통해 도출된 다음 **통찰력**insights을 거쳐 만들어진다. 이러한 통찰력을 **실행**action으로 옮긴 후 마지막으로 일이 완성되도록 **관리**manage한다.

제품 에반젤리즘

리더의 또 다른 중요한 역할은 제품 비전, 제품 원칙, 제품 전략을 내부 제품 조직뿐만 아니라 기업 전체에서 광범위하게 커뮤니케이션하는 것이다.

유명한 벤처 캐피털리스트인 존 도어John Doerr는 기업에는 '용병mercenaries팀[2]이 아닌 미션missionaries팀[3]이 필요하다'고 설명한다. 미션팀을 원한다면, 조직의 모든 구성원은 기업의 비전과 전략을 이해하며 확신을 가지고 조직을 전적으로 신뢰해야 한다. 그러려면 채용, 주간 1:1 코칭, 회의, 팀 점심 등, 기업의 전반적인 활동에서 지속적이고 끈질긴 에반젤리즘evangelism(전도)이 필요하다.

조직이 클수록 에반젤리즘을 매우 잘하는 게 필수다. 에반젤리즘은 끝이 없고 지속적으로 해야 하는 일이라는 사실을 리더가 이해하는 것은 아주 중요하다. 어느 정도 전도했다고 조직원 모두에게 기업에 대한 믿음이 생기는 것은 아니므로, 지속적으로 일깨워 주고 전달해야 한다. 제품 조직의 모든 구성원이 기업의 비전과 목적을 진심으로 믿고 함께 향할 수 있도록 그 비전을 확인하고 또 확인해야 한다.

대개 직원이 기업을 선택할 때 제품 비전을 확인하기는 하지만, 팀원이 진심으로 조직의 가치를 믿고 있는지 항상 분명히 해야 한다. 예를 들어, 기업의 비전이 '대량 판매가 가능한 전기차 생산'이라면, 이 비전이 가능하며 가치 있다고 믿는 직원이 필요하다. 전기차 생산 방식에 대해 다른 견해를 가지고 있는 사람을 채용하는 것은 문제가 되지 않지만, 내연 엔진에 대한 열정을 가지고 있는 사람을 채용하는 것은 도움이 되지 않는다.

---

2 옮긴이 권한 부여나 책임에 대한 실질적인 이해가 없으며, 해결해야 할 문제에 대한 열정이나 공감도 없이 할당된 기능을 구현하는 팀.

3 옮긴이 비즈니스 상황에 대한 깊은 이해와 고객에 대한 공감을 바탕으로 문제 해결을 위해 스스로 고민하여 실행하는 팀.

관리의 역할-실행

기업에는 다양한 유형의 '관리자'가 있다. 여기서는 크로스펑셔널한 제품팀의 구성원을 채용하고 결정하는 피플 매니저people manager에 주목한다.

일반적으로 제품팀의 채용과 인사는 제품 관리 책임자, 제품 디자인 책임자, 제품 엔지니어링 책임자가 주로 맡는다. 여기서는 고위 관리자(관리자의 관리자)나 인력 운영과 관련 없는 관리자(프로덕트 매니저나 프로덕트 마케팅 매니저)를 다루지 않는다.

진정으로 역량 있는 임파워드 제품팀을 만들기를 원한다면, 성공적인 조직 구성은 이러한 일선 피플 매니저에게 직접적으로 달려 있다.

세상에 왜 이렇게 경쟁력 없는 제품을 만드는 기업이 많은지 궁금하다면, 조직의 피플 매니저가 1차적 원인일 것이다. 이 부분이 바로잡히지 않는 이상, 변화할 희망은 거의 없다고 봐야 한다.

조직의 피플 매니저가 고위 리더의 제품 비전, 원칙, 제품 전략을 이해하고 효과적으로 전달하는 것은 매우 중요하다. 그 밖에도 조직의 피플 매니저는 다음과 같은 세 가지 중대한 책임이 있다.

팀원 구성

피플 매니저는 제품팀 구성staffing을 책임져야 한다. 이는 인력 소싱, 모집, 인터뷰, 신입 직원 교육, 평가, 승진, 그리고 필요한 경우 팀원 교체까지도 포함한다.

기업에 HR 부서가 있다면 일선 피플 매니저가 위와 같은 업무를 수행할 때 도움을 줄 수는 있지만, 제품팀 구성에 대한 책임을 대신할 수는 없다.

코칭

아마도 가장 중요하면서도 가장 많이 간과하게 되는 관리의 요소가 코칭일 것이다. 코칭은 일선 피플 매니저로서 본인에게 보고하는 팀원과 적어도 매주 1:1 면담을 하는 것을 포함한다.

관리하고 있는 팀원이 성장할 수 있도록 도와주는 것은 일선 피플 매니저로서 가장 중요한 책임이다. 이것은 팀원을 세부적으로 관리micromanaging하라는 뜻이 아니다. 이는 '단편적인 사실에서 결론 도출하기connecting the dots'라고 표현하는, 팀원의 약점을 이해하고 이를 개선하도록 도우며, 배운 것에 대한 지침을 제공하고, 성장을 가로막는 장애물을 제거해 주라는 의미다.

예를 들어, 당신이 제품 디자인 관리자이고 관리하고 있는 여섯 개의 제품팀에 속해 있는 여섯 명의 프로덕트 디자이너와 일주일에 한 시간씩 1:1 미팅을 한다고 가정해 보자. 여섯 명의 프로덕트 디자이너는 각각 그들이 속한 크로스펑셔널한 제품팀에서는 없어서는 안 된다(디자인은 필수 업무이고, 팀에 주어진 어려운 문제를 해결할 때 프로덕트 매니저 및 엔지니어와 긴밀히 협력해야 하기 때문이다). 하지만 어떤 디자이너가 매우 뛰어난 능력을 가지고 있다고 해도 다른 제품팀에서 진행되는 일을 모두 관리할 수는 없지 않은가? 현재 작업 중인 디자인이 타 팀에서 진행 중인 솔루션과 호환되지 않거나 일관성이 없다면 어떻게 될까? 이때, 제품 디자인 관리자는 이렇게 상충하는 부분을 확인하고 공유하여 디자이너들끼리 함께 협의하고 수정할 수 있도록 도와줘야 한다.

조금 더 일반적으로 말하면, 제품팀의 모든 구성원은 본인의 성장을 도와줄 수 있는 관리자를 요구할 권리가 있다. 이것이 바로 대다수의 경쟁력 있는 IT 제품을 만드는 조직에서 엔지니어가 더 숙련된 엔지니어링 관리자에게 보고하고, 디자이너는 더 숙련된 디자인 관리자에게 보고하고, 프로덕트 매니저는 검증된 제품 관리자에게 보고하는 체계가 갖춰져 있는 이유다.

팀 목표

일선 피플 매니저의 세 번째 책임은 각각의 제품팀에 풀어야 할 문제를 내포하고 있는 한두 가지 명확한 목표(일반적으로 분기별로)를 부여하는 것이다. 이 목표는 제품 전략에서 직접 도출되어야 하며, 이 단계에서 통찰이 실행으로 바뀐다. 이것은 또한 임파워먼트가 그저 듣기 좋은 단어가 아니라 현실이 되는 부분이기도 하다. 팀이 해결해야 할 의미 있는 문제가 부여되는 것이다(팀의 목표objective).

팀은 문제에 대해 생각한 뒤 명확한 성공 방법(핵심 결과key results)을 제안하고, 이것을 관리자와 논의한다. 관리자는 고차원적인 조직의 목표를 가능한 한 많이 다루기 위해 팀원과 여러 번에 걸쳐 목표를 조정할 수 있다.

권한을 부여받았는지를 확인할 수 있는 명확한 기준은 팀이 문제(목표)를 해결하는 방법을 스스로 결정할 수 있는지를 보면 된다.

임파워드팀을 만들 수 있는 강력한 관리자는 자신감 있고 안정적이라서, 팀원에게 권한을 부여하고 한발 물러서서 팀이 공로를 인정받을 수 있게 하는 사람이다.

CHAPTER

04

임파워드 제품팀

내가 가장 놀라는 점은 진정한 임파워드 제품팀의 덕목이 비밀이 아니라는 점이다. 정말로 많은 책과 글에서 왜 이런 팀들이 혁신에 있어서, 또 어려운 문제를 푸는 데 효율적인지 알려 준다. 이런 책과 글 중 상당수가 영감을 주고 읽을 만한 가치가 있지만, 대부분의 기업들은 이를 통해 임파워드팀을 만들어야겠다는 확신을 가지지는 못했다. 왜 그럴까?

이런 기업의 CEO와 주요 리더들에게 이 질문을 했을 때, 대답은 궁극적으로 신뢰라는 단어로 요약된다. 이런 기업의 리더는 팀을 신뢰하지 않는다. 특히, 팀에 스스로 결정할 권한을 주기에는 팀원의 수준이 낮다고 생각한다. 신뢰하지 못하고 수준이 낮다고 생각하기 때문에 기업의 주요 사업 리더들은 자신이 팀을 매우 분명하게 지휘해야 한다고 생각한다. 이를 '명령 및 제어' 관리 모델이라고 한다.

이런 리더들에게 왜 신뢰할 만한 사람들을 배치하지 않느냐고 물으면 그들은 구글, 아마존, 애플과 넷플릭스가 채용하는 수준의 인재를 본인의 기업에서는 찾을 수 없거나, 재정적으로 감당할 수 없거나, 끌어올 수 없다고 주장한다.

하지만 나는 이렇게 주장하는 리더들이 속한 기업에서 구글, 아마존과 같은 업계 최고의 기업으로 이직한 사람들이 이직한 후 얼마나 극적으로 성과를 향상시켰는지 지적한다. 또한 업계 최고 기업의 직원과 많이 일해 본 결과, 대다수의 직원들은 매우 평범하다. 그렇다면 중요한 차이점은 다른 데 있지 않을까?

경쟁력 있는 기업은 평범한 사람이 진정한 잠재력을 발휘하여 훌륭한 제품을 만들게끔 일깨우는 방법에 대해 남들과 다른 노하우를 가지고 있는지도 모른다.

05

실행 면에서의 리더십

이 책에서는 경쟁력 있는 제품 기업을 만드는 핵심 요소는 강한 제품 리더라고 주장한다. 무엇보다도 제품 리더는 팀 구성원을 배치하고 팀원을 코칭해야 하며, 제품팀이 해결해야 할 문제를 결정하는 제품 비전, 원칙, 제품 전략에 대해 책임이 있기 때문이다.

그렇다면 경쟁력 있는 제품을 생산하는 기업을 만드는 강한 제품 리더는 어떤 사람일까? 이런 강한 제품 리더와 함께 일을 한다는 것은 어떠할까?

《인스파이어드》에서는 대중적으로 알려지지 않았지만, 상징적인 제품을 담당한 여섯 명의 프로덕트 매니저가 어떤 문제에 직면했고 이를 어떻게 극복했는지를 공유했다. 《임파워드》에서는 프로덕트 매니저가 아닌 제품 리더의 경험을 공유하려고 한다. 상징적인 제품 기업에서 훌륭한 경력을 가지고 있지만 대중적으로 알려지지 않은 여덟 명의 제품 리더를 소개하겠다.

제품 관리, 제품 디자인, 엔지니어링, 기업 분야에서 각각 두 명의 리더를 소개하고, 그들의 경험을 나누려 한다. 이들의 이력을 줄줄이 읊는 것이 아니라, 각 리더에게 그들만의 리더십 여정에 대해 이야기해 달라고 부탁했다. 자신의 언어로 공유해 준 이야기를 읽고, 강력한 리더의 리더십 접근 방식과 강력하고 경험 많은 제품 리더와 함께 일하는 것이 어떠한지 생생하게 느낄 수 있기를 바란다.

06

《임파워드》를 잘 읽는 안내서

누구를 위한 책인가?

이 책은 스타트업 대표부터 IT 대기업의 CEO까지, 경쟁력 있는 제품 조직을 만들고 싶은 사람을 위한 책이다. 특히 **제품 리더**와 **제품 리더로서 성장하고 싶은 담당자**가 읽으면 좋다. 프로덕트 매니저와 리더, 프로덕트 디자이너, 엔지니어도 꼭 읽어 보길 바란다.

이 책에서 '프로덕트 피플product people'이라는 말은 보통 제품 관리, 제품 디자인 혹은 엔지니어링에 속한 사람 모두를 뜻한다. 이런 역할 중 하나일 수도 있고, 이들의 관리자일 수도 있다.

이 밖에도 특정 제품팀에는 출시 관리자delivery manager, 사용자 연구원user researcher, 데이터 분석가, 데이터 과학자 및 제품 마케팅 관리자 등 많은 역할이 있다. 이 책은 프로덕트 매니저PM, 프로덕트 디자이너(디자이너)와 엔지니어링 기술 담당자(기술 리더)의 세 가지 핵심적인 역할에 집중한다.

'제품 리더'는 일반적으로 제품 관리 관리자/디렉터/부사장/CPO, 제품 디자인 관리자/디렉터/부사장/CDO, 엔지니어링 관리자/디렉터/부사장/CTO를 말한다. 따로 명시하지 않은 이상, 이 책에서 전달하는 조언은 **제품 리더**를 위한 것이다. 전하려는 조언이 특정 역할, 즉 프로덕트 매니저, 프로덕트 디자이너, 기술 리더나 데이터 과학자 등을 위한 것이라면 명확하게 언급해 놓았다.

프로덕트 디자이너와 리더, 엔지니어와 리더를 위한 조언도 있지만, 프로덕트 매니저와 리더를 위한 조언을 주로 많이 담았다. 이는 임파워드 제품팀으로 변화하려면 대개 프로덕트 매니저와 제품 관리 리더십이 가장 많이 변화해야 하기 때문이다.

화자는 누구인가?

따로 명시하지 않았다면, 저자인 마티 케이건 혹은 크리스 존스가 화자다. 두 사람 다 실리콘밸리 프로덕트 그룹Silicon Valley Product Group의 파트너다. 두 사람은 여기에 기록된 모든 내용에 동의했을 뿐 아니라, 각 장의 첫 초안부터 결과물인 책에 이르기까지 전체적인 작업에 함께 참여했기 때문에 각 장을 작성한 사람이 누구인지는 명시하지 않았다.

또한 이 책에서 공유하는 교훈은 광범위한 SVPG 파트너에게서 도출되었다. 모두 최고의 IT 기술 회사 여러 곳에서 제품 조직을 주도하였고, 모두 합하면 100년 이상 경험한 셈이다.

우리의 유일한 목표는 당신이 훌륭한 제품 리더가 되게끔 돕는 것으로, 독자 옆에 앉아서 1:1로 코칭하는 것과 같은 느낌을 주기 위해 일부러 1인칭으로 얘기하고 있다.

책의 구성

앞으로 이야기할 주제의 범위를 알게끔, 책의 전체 구조를 소개한다.

II부에서는 강력한 제품 리더의 가장 중요한 책임, 즉 제품팀을 **코칭**하고 역량을 개발하는 데 중점을 둔다.

III부에서는 제품팀의 **인력을 구성**하는 방법을 논의한다. 기업에 알맞은 직원을 알아보고, 채용하고, 이들이 조직에 잘 적응하도록 돕는Onboarding[1] 방법과 기업에서 좋은 성과를 낼 수 있도록 지원하는 방법을 살펴본다.

IV부에서는 우리가 만들려는 미래를 정의하는 **제품 비전과 원칙**에 대해 논의한다.

V부에서는 제품팀을 회사의 요구에 가장 잘 어울리는 **팀 구성**으로 배치하는 방법을 살펴본다.

VI부에서는 **제품 전략**에 대해 논의한다. 이는 제품팀이 해결해야 할 가장 중요한 문제를 결정하는 방법이기도 하다.

---

1 옮긴이 Onboarding(온보딩): 조직 안에 새로 합류한 사람이 빠르게 조직 문화를 익히고, 적응하도록 돕는 과정. 국내에서 많이 사용하는 OJT(on the job training)와 비슷하게 쓰임.

VII부에서는 각 제품팀의 **팀 목표**(해결해야 할 문제)를 통해 제품 전략을 실행에 옮긴다.

VIII부에서는 이러한 각 개념이 복잡한 실제 상황에서 어떻게 작동하는지 보여 주는 자세한 **사례 연구**를 제공한다.

IX부에서는 제품 조직과 나머지 비즈니스 간에 필요한 **협업**을 진행하는 방법에 대해 논의한다.

X부에서는 모든 것을 하나로 묶고 최고의 팀과 기업이 일하고 있는 방식으로 일할 수 있도록 **조직을 변화**시킬 계획을 제시한다.

기업이 필요한 방향으로 변화하는 것은 결코 쉽지는 않지만 분명 가능한 일이다. 이 책은 당신이 성공할 수 있도록 필요한 지식과 기술을 제공하기 위해 쓰였다.

코칭

> "코칭은 더 이상 특수한 전문 분야가 아니다.
> 코칭 능력 없이 좋은 관리자가 될 수 없다."
>
> — 빌 캠벨(Bill Campbell)

빌이 이 문장을 얘기한 것은 몇 년 전이지만, 우리 산업에 있어서 중요한 팬데믹 이후의 Post-pandemic 교훈 중 하나는 코칭이 그 어느 때보다도 필수적이라는 것이다. 큰 규모에 맞는 혁신을 원한다면, 코칭은 선택이 아닌 필수다. 큰 조직에서는 문제점이 더 빠르게 확대되고, 관계는 더 쉽게 손상되며, 협업은 더 힘들기 때문이다. 그러므로 이 책에서 가장 길게 얘기하는 부분은 코칭이며, 이는 우연이 아니다.

IT업계에서는 프로덕트 매니저, 디자이너, 엔지니어가 사용하는 핵심 기술과 역량에는 온전히 집중하지만, 팀이 효율적으로 움직이도록 만들어야 하는 관리자와 리더의 자질은 그다지 신경 쓰지 않는다.

간단한 논리로, 회사의 성공은 제품에 달려 있고, 성공적인 제품은 훌륭한 제품 개발팀만이 만들 수 있다.

"코칭은 평범한ordinary 사람들을 모아 비범한extraordinary 제품팀으로
변화하게 하는 활동이다."

효율적이지 못한 팀이라면, 팀원들을 주의 깊게 살펴서 개인적으로, 특히 한 사람의 팀원으로서 성장하는 데 도움을 줄 수 있는 지점을 찾아봐야 한다.

이번 장에서는 제품팀의 구성원에게 가장 중요한 코칭과 역량 개발에 중점을 둔다. 경험 많은 관리자에게서 개인적으로 코칭을 받아 본 경험이 없다면, 여기서 다루는 주제가 생소할 수 있다. 코칭과 역량 개발에 대해 직접적인 경험을 말할 수 있다면 더 좋겠지만, 그렇지 않다고 해도 함께 토론하는 것만으로도 가치 있다. 같이 배우고 성장할 수 있기 때문이다.

좋은 코칭은 직원의 잠재력을 이끌어 내기 위해 지속적으로 행해야 하는 필수적인 요소다. 무엇보다도, 직원 개개인의 잠재력을 끌어내려면 좋은 코칭이 지속되어야 한다.

코칭 마인드셋

> "코칭은 경력이나 팀의 측면에서 멘토링mentoring보다 훨씬 필수적인 것일지도 모른다.
> 멘토mentor는 지혜의 말을 조금씩 나눠 줄 뿐이지만,
> 코치coach는 소매를 걷어붙이고 손을 더럽혀 가며 직접 가르쳐 준다.
> 그들은 단지 우리의 잠재력을 믿는 데 그치는 것이 아니라,
> 현장에서 그 잠재력을 스스로 깨닫도록 도와준다.
> 그들은 우리를 비추는 거울과 같아서,
> 우리가 보지 못하는 모습을 보게 해 주고,
> 약점을 극복할 책임이 자신에게 있음을 알려 준다.
> 그들은 우리의 성취에 자신을 내세우지 않으며,
> 온전히 우리를 성장시키는 일에 대해 책임을 진다."
>
> — 빌 캠벨(Bill Campbell)

이 장에서는 코칭하려는 대상이 아닌, 코치 스스로 갖추어야 할 마인드셋mindset(사고방식)에 초점을 맞추려 한다. 코치가 잘못된 마음가짐을 가지고 있으면, 목적과 의도와는 다르게 코칭 도구(기법/방법)를 사용할 위험이 있다. 예를 들어, 코치가 팀의 각 멤버와 정기적으로

개인 면담을 갖기로 약속했는데 이 시간에 주로 업무를 할당하고 업무의 우선순위를 정하는 일을 한다면, 코칭 도구로서 이런 개인 면담은 도움이 되지 않을뿐더러 오히려 해로울 수도 있다.

코칭 마인드셋은 코칭하려는 의도의 기반이 된다. 팀의 성장을 돕는 조치와 의사 결정을 하는 기본 원칙, 코칭 기법의 적용 방향을 정하는 중요한 틀이다.

경험 있는 코치 혹은 관리자라면 이미 개발해 놓은 자신만의 원칙이 있을지도 모른다. 그러나 그런 원칙이 없거나 관리 업무가 처음이라면, 혹은 새로운 관리자를 양성할 책임을 맡고 있다면, 이 장에서 코칭과 관리에서 가장 중요한 가이드라인을 살펴보자.

최우선 업무는 인재 양성이다

인재 양성이 코치의 가장 최우선 업무라는 말에 동의하는 관리자가 많지 않다는 사실은 놀랍고도 슬프다. 대부분의 관리자는 말로는 팀의 중요성에 대해 그럴듯하게 이야기하지만, 눈에 보이는 행동은 그렇지 않다. 그들은 전체적인 제품 성과를 가장 중요한 업무로 여기고, 팀은 그 성과를 이끌어 내기 위한 수단으로 여긴다.

관리자는 팀을 코칭하는 데 대부분의 시간과 열정을 쏟아야 한다. 다시 말해, 팀을 평가하고, 코칭 계획을 세우고, 팀의 성장과 발전을 위해 적극적으로 도움을 주는 일에 실질적인 노력을 기울이는 것을 의미한다. 관리자라면 제품의 성공보다는 팀원의 성공으로 자신의 업무 성과를 측정해야 한다.

동기 부여는 최상의 결과를 만든다

관리자가 되면, 대개 자신의 업무가 팀의 업무 목록을 관리하는 것이라고 여긴다. 그렇게 하면 단기간에 전술적인 성공을 맛볼 수는 있지만, 팀이 관리자의 아이디어와 계획을 따르기만 해서는 결코 최고의 제품을 만들어 내지 못한다. 더 중요한 것은, 뛰어난 역량을 가진 사람은 자신이 일에 대한 오너십ownership이 없거나 부족할 때 팀에 남으려 하지 않는다는 점이다. 오너십이 없는 인재는 쉽게 떠난다.

직원들에게 동기 부여empowering를 한다는 것은 제품을 만드는 사람들이 단순히 주어진 업무만 하는 것이 아니라, 그 결과와 성과를 온전히 자신의 것으로 삼을 수 있는 환경을 만들어 준다는 뜻이다. 이것은 관리하지 않는다는 의미가 아니라, 더 잘 관리해야 한다는 말이다. 이런 좋은 환경을 만들기 위해 관리자는 한발 물러서서, 장애물을 제거하고 상황과 일의 맥락context을 명확하게 하고 적절한 가이드를 제공해야 한다.

돈을 받고 고용된 용병팀이 아니라, 오너십을 가지고 열정적으로 스스로 일하는 **미션팀**이 필요하다는 것을 명심해야 한다.

심리적 불안정을 경계하라

불안정한 관리자는 팀원에게 동기를 부여하고 성장시키는 것을 특히 어려워한다. 그들은 본인의 성과를 인정받지 못할까 봐 지나치게 걱정하며, 팀이 성과를 올렸을 때 오히려 자신이 주목받지 못할까 봐 걱정한다. 그래서 팀의 업적을 성과로 인정하기보다는 자신에 대한 위협으로 여긴다. 그래서 팀의 업무를 세세하게 통제micromanaging하거나, 팀을 리더십의 시야에서 통제하여 자신의 성과만 드러낸다. 정말로 불안정한 관리자는 실질적으로 팀을 망가뜨릴 수도 있다. 그러므로 불안정을 스스로 깨닫고 이런 행동이 팀에 대한 동기 부여에 어떻게 방해가 되는지 이해해야 한다.

이것이 오만함의 문제가 아님을 분명히 하고 싶다. 오히려 오만함은 불안정함이 발현된 결과인 경우가 많다. 대부분의 훌륭한 경영자들은 건전한 겸손함을 지니고 있으며, 항상 자신의 성과와 성장을 향상시키기 위해 끊임없이 탐구하고 노력한다. 관리자로서의 겸손함과 성장 마인드셋은 세세하게 통제하거나 팀을 방해하지 않고도 충분히 갖출 수 있다.

조직의 리더로서 직접 팀원을 코칭하고 성장시키는 데 필요한 경험이 없다면 어떻게 해야 할지 고민스러울 것이다. 자신이 현재 그 일에 적합하지 않다는 사실을 깨달은 것이므로, 즉시 당신을 가르쳐 줄 제품 리더 코치를 찾아야 한다. 경쟁력 있는 제품을 만드는 기업에서 일하며 코칭을 해 본 사람을 찾아 직접 코칭을 받고, 코칭 업무를 돕게끔 하라.

다양한 관점을 길러라

불안정한 관리자는 반대되는 의견을 억압하기 쉽다. 이는 명백히 팀의 발전을 저해할 뿐만 아니라, 리더로서의 영향력을 제한한다. 훌륭한 리더는 다양한 관점을 고려해야 최고의 결과를 얻을 수 있음을 안다. 또한, 자신만이 좋은 아이디어를 가지고 있다고 생각하지 않으며, 다른 사람에게서도 훌륭한 아이디어가 나올 수 있다고 생각한다. 다양한 관점을 허용하는 팀을 만들기 위해서는 다양한 강점과 배경을 가진 인재를 채용하는 것부터 시작해야 한다.

또한, 새롭고 다양한 생각이 넘쳐나는 공간을 만들어야 한다. 경우에 따라, 이것은 제품 담당자가 당신과는 다른 방식으로 일에 접근할 수 있도록 동기를 부여한다는 뜻이다. 다른 의미로는, 당신이 최선의 결정을 내릴 수 있도록 다양한 관점의 의견을 모으는 것을 뜻한다.

팀 내에서 의견이 일치하게끔 장려하라는 말이 아니다. 그보다 관리자는 개인이 각자의 기술과 전문 지식을 활용하여 서로 협력해서 올바른 의사 결정을 내리는 방법을 배우게끔 도와야 한다.

가르침의 순간을 찾아내라

대부분은 아니지만, 많은 사람들이 자신의 잠재력을 인식하지 못한다. 코치는 개인이 자신의 잠재력을 제대로 이해할 수 있도록 돕는 독특한 위치에 있다.

잠재력에 도달하려면 어려운 역경을 극복해야 한다. 코치는 항상 팀원이 편안함을 느끼는 영역을 넘어서 다음 단계로 뻗어 나가도록 격려할 만한 기회를 찾아야 한다. 판단력을 발휘하여 그 사람에게 딱 맞는 성장 기회를 찾아 줘야 한다는 말이다. 한편, 도전할 준비가 되지 않은 사람에게는 무슨 일이든 시도해 보라고 강요하지 말아야 하며, 대신 무엇이 그들을 불편하게 만드는지 찾아야 한다. 두려움을 극복하고 스스로의 가치를 깨달으려면, 불편함을 이겨 내야만 한다.

잠재력에 도달하는 것은 역량 격차를 해소하는 것만이 아니다. 이는 자신에게 내재된 강점을 인식하고, 그것을 더욱 발전시킨다는 의미다. 이는 업무를 잘 이해하는 성숙한 제품팀에 있어서 특히 중요하다.

끊임없이 팀의 신뢰를 얻어라

코칭은 신뢰 없이는 절대 효과를 볼 수 없다. 신뢰는 요구한다고 해서 생겨나거나, 저절로 생겨나는 것이 아니다. 팀 구성원의 성공과 발전에 진심으로 헌신하는 모습을 지속적으로 보여줄 때 신뢰가 생긴다.

물론, 개인적으로든 공개적으로든 팀을 격려하는 일은 중요하다. 그보다 중요한 것은 칭찬과 비판에 솔직해지는 것이다. 누군가가 특별히 잘하고 있다면 주저하지 말고 칭찬하라. 마찬가지로, 개선이 필요한 부분에 대해서 사탕발림하지 마라. 항상 공개적으로 칭찬하되, 비판은 개인적으로 해야 한다는 사실을 명심하라.

나는 개인적인 도전을 공유함으로써 유대감과 신뢰를 형성할 수 있다는 것을 배웠다. 또한 신뢰는 팀의 일원으로서가 아니라 한 사람으로서 상대에게 진정한 관심을 표현해야 얻을 수 있다.

물론 여기서 판단력을 발휘하여, 관계를 원하지 않는데 억지로 비집고 들어가려고 해서는 안 된다. 무엇보다도 업무적 관계가 인간적 관계로 변화되는 순간 더욱 신뢰하게 된다는 것을 깨달았다.

실수를 바로잡을 용기를 가져라

최선의 노력에도 불구하고 팀원이 성공하도록 만드는 방법을 찾지 못할 수도 있다. 이런 경우에는 단호하게 행동할 필요가 있다. 이 부분이 많은 관리자에게는 가장 따르기 어려운 원칙이다. 코칭은 성장에 관한 것이기 때문에 문제를 성장하기 위한 기회로 볼 필요가 있다. 성장을 위한 기회라고는 해도, 누군가에게 문제가 있다고 말하는 것은 정말로 고통스럽다. 그저 모든 것을 회피하고 임시방편으로 넘기는 편이 더 쉽게 느껴질 것이다.

하지만 회피는 당신과 팀, 그리고 그 당사자에게 상처를 준다. 우선, 당신은 팀원들의 시간을 희생하여 다른 사람보다 훨씬 많은 시간을 그 직원에게 할애할 것이다. 그러면서 당신은 다른 사람들에게는 열심히 일하기를 요구하는 한편, 성과를 내지 못한 당사자를 감내하려는 것처럼 보인다. 이는 신뢰를 무너뜨리고 동기를 없애는 확실한 방법이다. 결국, 성과를 내지 못하던 그 직원은 어쩌면 그가 성공할 더 좋은 기회를 얻을 수 있는 또 다른 상황으로 옮길 기회를 얻지 못한다.

사람들을 자르거나 다른 직무로 바꾸는 것에 무신경해지라는 말은 아니다. 당신은 이러한 결정을 내릴 때 항상 진지해야 한다. 이런 상황을 알게 되면, 기다리거나 방치하지 말라는 뜻이다. 아무것도 하지 않는 것은 그 누구에게도 도움이 되지 않는다.

나(크리스)는 운이 좋게도 직장 생활 초반에 코칭의 가치를 진지하게 받아들이고 신경을 쓰는 회사에서 일하면서 좋은 경험을 했다. 그 당시에 회사의 리더는 팀의 발전에 대해 번지

르르한 말만 하는 게 아니라, 자신들이 생각하는 이상에 대해 진정성을 느낄 만한 실질적인 조치를 매일 실행했다. 리더가 보여 주는 행동을 통해 직원은 회사의 문화에 확고하게 동화되었다.

이러한 경험은 내가 관리와 리더십 책임감이 크게 따르는 위치/역할로 점점 성장함에 따라, 맡은 일을 수행하는 데 확고한 기준이 되었다. 그리고 말과 행동으로써 생각을 전달하기 위해 노력하는 리더가 되었다.

불행하게도 오늘날 대부분의 회사는 사람들을 코칭하고 발전시키는 데 그다지 신경 쓰지 않는다. 당신이 이런 코칭에 대한 접근 방식의 모범 사례가 될 수도 있겠다. 이것은 강한 코칭 마인드셋을 가지고 이에 헌신하는 것에서 시작된다.

코치로서 관리자의 대안

IT 기술 기업의 조직 구조는 대부분 기능별 조직 모델이 매우 일반적이다. 즉, 프로덕트 매니저는 관리자 또는 제품 관리 책임자, 디자이너는 관리자 또는 디자인 책임자, 엔지니어는 관리자 또는 엔지니어링 책임자에게 보고한다. 이런 조직 모델에서는 보고받는 관리자가 팀원의 코치가 되리라고 예상된다.

그러나 이러한 조직 구조에는 몇 가지 대안이 있는데, 이 대안 구조에서 관리자는 효과적인 코치로서의 역할에 필요한 경험을 하지 못했을 수도 있다.

예를 들어, 소규모 사업부의 총괄 관리자 같은 제품팀 리더를 살펴보자. 총괄 관리자는 다양한 분야의 출신일 수 있는데, 여기서는 사업 개발(영업)이라고 가정해 보자.

여러 역할을 하는 사람이 모여서 일하는 크로스펑셔널 제품팀(cross-functional product team)의 모든 팀원은 영업 출신의 총괄 관리자에게 보고할 것이다. 그런데 이 관리자는 프로덕트 매니저나 디자이너, 엔지니어의 역할을 해 본 적이 없다. 어떻게 맡고 있는 팀원을 코칭할 수 있을까?

관리자가 코치가 되는 것이 우선적인 선택이지만, 그것이 불가능하다고 해도 효과적인 코칭을 팀원에게 제공할 수 있다. 핵심은 조직 내의 누군가가 코칭을 제공해야 한다는 것이다. 그래야만 조직의 다른 분야에서 일하는 디자인 관리자는 디자이너에게 필요한 코칭을 제공해 달라고 요청받을 수 있으며, 프로덕트 매니저와 엔지니어도 마찬가지다.

중요한 것은 어떤 식으로든 코칭이 최우선순위가 되는 것이다. 제품팀의 모든 사람이 자신의 잠재력을 발전시켜 최대한으로 끌어내도록 돕는, 특별히 배정된 사람이 있다는 것을 팀원 모두가 아는 것이다.

평가

이 장에서는 팀원의 성과 수준을 높이기 위해 관리자가 사용할 수 있는 코칭 도구를 설명하겠다. 모든 제품 리더가 팀원의 성장에 투자하는 일의 가치와 중요성을 느끼기를 바란다.

임파워드 제품팀은 팀을 구성하는 유능한 팀원에 의해 좌우된다. 관리자가 팀원을 발전시키거나 성장의 기회를 주지 않으면, 직원은 그런 기회를 주는 다른 회사로 이직할 것이다. 나는 "회사가 싫어서 떠나는 것이 아니라, 관리자가 싫어서 떠난다"라는 옛 격언이 옳다고 믿는다.

이 장에서 내가 사용하고 지지하는, 프로덕트 매니저를 평가하는 기법에 대해 알아보겠다. 이 기법은 프로덕트 디자이너와 기술 리더의 평가에도 쉽게 적용될 수 있다. 적절한 평가는 한 사람을 성공적으로 코칭하는 계획을 세우는 기초가 될 것이다(코칭 계획은 다음 장에서 논의할 것이다).

이 평가 기법은 격차gap 분석의 형태로 구성된다. 제품팀원의 업무 중에 몇 가지 필수적인 부분의 역량 수준을 평가하고, 맡고 있는 역할에서 필요로 하는 역량 수준과 비교하는 것이다. 주의해야 할 부분은 모든 상황에서 각각의 기술이 동일한 중요성을 가지고 있지 않다는 것, 격차의 수준 또한 상황에 따라 의미가 달라진다는 것, 그리고 역할별 기대치는 개인의 책임 수준에 따라 다르다는 것을 인지하고 절대적인 평가보다는 상대적으로 분석해야 한다. 이 도구는 가장 필요한 역량에 집중할 수 있게 도움을 준다.

사람, 프로세스, 제품

《인스파이어드》를 읽어 본 독자들은 알겠지만, 나는 '사람, 프로세스, 제품'이라는 세 가지 특징으로 분류하여 설명하는 것을 좋아한다. 평가 도구라는 목적을 위해, 세 가지 관점 중 제품을 제일 먼저 다루고자 한다. 제품에 대한 지식이 다른 모든 것의 기초이기 때문이다. 제품 지식에 대한 역량이 없다면 나머지는 그다지 의미가 없다.

제품 지식

- **사용자 및 고객 지식** — 프로덕트 매니저가 대상 사용자/고객에 대해 잘 알고 있다고 인정받는 전문가인가?
- **데이터 지식** — 프로덕트 매니저가 데이터 관련 다양한 도구를 능숙하게 다루고 사용자가 제품을 어떻게 사용하는지 잘 이해하고 있음을 제품팀과 이해관계자에게 인정받는가?
- **산업 및 도메인 지식** — 프로덕트 매니저가 산업 및 도메인에 대해 잘 알고 있는가? 경쟁 환경과 관련된 산업의 동향을 이해하고 있는가?
- **비즈니스 및 회사 지식** — 프로덕트 매니저가 마케팅, 영업, 재무(수익과 비용 모두), 서비스, 법률, 규정 준수, 개인정보보호 등 회사의 다양한 비즈니스 차원의 업무와 정보를 이해하고 있는가? 그리고 이해관계자는 프로덕트 매니저가 자신의 우려와 제약 조건을 이해한다고 믿는가?
- **제품 운영 지식** — 프로덕트 매니저가 제품이 실제로 어떻게 작동하는지 잘 알고 있는 전문가로 인정받는가? 잠재 고객에게 효과적으로 시연하고, 새로운 고객에게 제품을 사용하는 방법을 교육하고, 실시간으로 고객 지원 사항을 처리할 수 있는가?

제품 지식은 실제로 중요한 문제다. 일반적으로 신규 프로덕트 매니저가 하루에 서너 시간씩 제품 학습을 위해 투자하여 적극적으로 몰두한다면, 제품 지식을 습득하여 일정 궤도에 오르는 데 2~3개월이 걸린다.

프로세스 기술과 기법

- **제품 발굴**discovery **기법** — 프로덕트 매니저가 제품에 내재된 위험과 이를 해결할 방법을 잘 이해하고 있는가? 엔지니어에게 개발을 요청하기 전에 위험을 사전에 해결하는 방법을 이해하고 있는가? 혼자가 아니라 함께, 문제를 해결하는 방법을 알고 있는가? 결과에 집중하는가? 정량적, 정성적 기법을 모두 이해하고 활용하는가?

- **제품 최적화 기법** — 제품 또는 새로운 기능이 배포된 다음에는, 프로덕트 매니저가 제품을 빠르게 발전하고 개선하기 위한 최적화 기술의 활용법을 알고 있는가?

- **제품 제공**delivery **기법** — 프로덕트 매니저의 주된 업무는 시장에 통할 만한 제품을 찾아내는 것이지만, 제품을 시장에 선보이려 제작하는 과정에서 중요한 지원자 역할을 하기도 한다. 엔지니어에 대한 지원 및 제품 마케팅 측면에서 자신의 책임이 무엇인지 이해하고 있는가?

- **제품 개발 프로세스** — 프로덕트 매니저는 제품을 발굴하는 것부터 제공하기까지 광범위한 제품 개발 프로세스는 물론, 팀의 제품 책임자product owner로서 전체적으로 관리해야 하는 책임을 이해하고 있는가?

신규 프로덕트 매니저는 기본적인 기법만 알고 있어도 되지만, 능력 있고 훌륭한 프로덕트 매니저는 항상 지니고 있는 기술을 연마하고, 새롭고 더 발전된 기법을 배우려고 노력한다. 훌륭한 외과의사가 수술 기술과 기법에 대한 최신 지식을 지속적으로 학습하는 것처럼, 훌륭한 프로덕트 매니저는 항상 기술과 기법 측면에서 더 많은 것을 배워야 한다.

사람을 다루는 기술과 책임

- **팀 협업 기술** — 프로덕트 매니저는 엔지니어 및 프로덕트 디자이너와 얼마나 효과적으로 협력하고 있는가? 협력적 관계인가? 서로를 존중하는가? 프로덕트 매니저는 엔지니어와 디자이너가 작업 초기부터 참여하게 하고 고객을 직접 만나게끔 하는가? 팀이 가진 기술과 능력을 충분히 활용하는가?

- **이해관계자 협업 기술** — 프로덕트 매니저는 회사의 이해 관계자와 협업하는 일에 얼마나 능숙한가? 이해관계자는 비즈니스의 성공을 위해 제품에 헌신하는 진정한 파트너가 있다고 느끼는가? 회사의 고위 리더를 포함하여 각 이해관계자와 서로 존중하고 신뢰하는가?

- **에반젤리즘 기술** — 프로덕트 매니저는 효과적으로 제품의 비전과 전략을 공유하는가? 그리고 제품팀은 물론, 어떤 식으로든 제품에 기여하는 다양한 이해관계자와 여러 사람에게 동기를 부여하고 영감을 줄 수 있는가?

- **리더십 기술** — 프로덕트 매니저는 실제로 누구를 관리하지는 않지만 사람들에게 영감을 주고 영향을 미쳐야 하므로 리더십 기술이 중요하다. 프로덕트 매니저가 효과적인 의사소통자이자 동기 부여자인가? 팀과 이해관계자는 특히 스트레스를 받는 상황에서 프로덕트 매니저가 리더십을 발휘하기를 바라는가?

사람을 다루는 기술은 기초가 튼튼하지 않으면 PM 일을 하기 힘들다는 점에서 제품 지식과 유사하다. 그러나 프로세스 기술/기법과 마찬가지로, 훌륭한 프로덕트 매니저들은 지속적으로 대인관계 기술을 개선하고 발전시키기 위해 노력한다.

앞의 분류법은 내가 일반적으로 사용하는 기술과 기법을 집대성한 것이다. 그러나 특정한 상황에서는 회사의 문화와 산업에 따라 적절히 조정하거나 바꿔서 사용한다. 예를 들어, 신문이나 방송 같은 미디어 회사에서는 제품과 편집editorial의 관계가 특별하고도 매우 중요하다. 나는 이 관계를 분명히 짚어 설명하고 싶고, 다른 이해관계자와는 함께 묶고 싶지 않다. 즉, 제품 리더로서 이러한 기술 분류를 조정해야 한다고 생각하면, 반드시 그렇게 해야 한다.

격차 분석

제품에 관한 역량을 분류했다면, 지금부터는 평가 기법의 핵심인 격차gap 분석에 대해 알아보자. 이 방법은 관리자가 분야별 기준을 검토하여 각 역량에 두 가지 평점을 매기는 것이다.

기대치와 현재 역량 수준의 비교

첫 번째 평점은 해당 역량의 **기대치**이고, 나머지 하나는 직원의 현재 **역량 수준**의 평가다. 나는 보통 1~10점으로 평가하는데, 10점은 가장 필수적인 기술을 뜻한다. 예를 들어, '제품 발굴 기법'과 같은 기술의 기대치는 8점인데 프로덕트 매니저의 현재 역량은 4점이라면, 중요한 기술인데도 상당한 격차가 있는 것으로 분석된다. 이 경우에는 프로덕트 매니저에게 핵심 영역의 지식이나 기술을 코칭해야 한다.

참고: 보통, 프로덕트 매니저와 고위급 프로덕트 매니저와의 차이는 기술에 대한 기대치에서 알 수 있다. 예를 들어, 나는 보통 이해관계자와의 협력에 대해 일반적인 프로덕트 매니저에게는 7, 고위급 프로덕트 매니저에게는 9의 기대치를 가지고 있다.

참고: **기대**expectation 수준은 조직에서 전반적으로 정의되는 게 아니라면 항상 관리자에 의해 정해진다. **기대 수준**을 설정할 때 가장 중요한 것은 역량 등급을 결정하는 일이다. 일반적으로 프로덕트 매니저는 관리자가 평가한다. 그렇더라도 프로덕트 매니저가 스스로 자가 진단을 하지 못할 이유는 없다. 사실 나는 자가 진단을 긍정적으로 여기며 격려한다. 다만, 프로덕트 매니저가 스스로 평가한 역량과 실제 역량 평가 결과는 중요한 부분에서 차이가 있

을 수 있다는 점을 인지해야 한다. 실제 평가와 자가 진단 사이의 차이점을 전달하는 것을 불편하게 여기거나 자가 진단에만 의존하는 관리자라면, 관리자로서의 책임을 포기한 셈이다.

코칭 계획

지금까지 역량 평가와 그에 따른 격차를 분석했다면, 이제는 그중 가장 격차가 큰 분야를 찾아야 한다. 이것이 평가의 목적이다.

코칭 계획을 수립하기 위해, 처음에는 가장 상위의 세 가지 영역에 초점을 맞추려고 한다. 이 영역의 코칭이 진행된 후, 제품팀원은 그다음 중요한 영역으로 넘어갈 수 있다. 관리자로서는 제품팀원에게 각 영역의 기술 개발을 위한 코칭, 교육, 읽을 거리, 과제 등을 제공할 수 있다.

다음 장에서는, 앞에서 설명한 분류법에 있는 각 역량을 개발하기 위해 일반적으로 권장하는 코칭 계획을 공유하려 한다. 그러나 대다수의 관리자가 각 영역에서 프로덕트 매니저를 어떻게 코칭해야 하는지 알고 있으므로, 여기서 설명한 평가와 격차 분석만을 추가로 시행해 볼 것을 권한다.

또한, 특정 직원이 필요한 역량의 격차를 줄이는 데 성공했다면, 바로 이때가 한 단계 높은 역량 수준에서는 기대치가 어떻게 높아지는지 보여 주기에 가장 좋은 시점이다. 그러므로 기대치를 인지한 직원은 승진에 필요한 역량을 개발하고 보여 주기 위해 준비할 수 있다. 매주 한 번 이상은 각 팀원과 함께 코칭 계획의 진행 상황을 논의해야 한다.

평가와 성과 평가

마지막으로, 이러한 종류의 역량 평가skill assessment와 코칭 계획이 성과 평가performance review와 어떻게 관련되는지 궁금할 것이다. 성과 평가는 인력 구성을 다룬 다음 부분에서 좀 더 자세히 설명할 것이다.

일반적으로, 대부분의 기업에서 성과 평가를 실행하는 방식은 인재 개발 측면에서는 매우 비효율적이다. 슬프게도 기업은 인사 규정 준수와 급여 관리에 관심이 더 많다. 연간 평가에서 HR 부서의 요구 사항을 준수해야 할 수도 있지만, 이런 요구 사항이 각 팀원을 위한 역량 개발과 적극적이고, 지속적이며, 참여를 이끌어내는 코칭을 대체할 수 없다는 사실을 깨달아야 한다.

한 가지 주의할 점은, 직원이 승진할 준비가 되도록 하는 지속적인 코칭 노력이 실제 승진을 보장하지는 않는다는 것이다. 회사는 승진 시점에 대한 정책이 정해져 있으므로, 매니저로서 마음대로 제공할 수 없는 부분을 팀원이 기대하게 하지는 말아야 한다. 그래서 나는 "당신을 승진시키기 위해 어떠한 노력이든 기울일 것이고, 승진을 적극적으로 지지할 것이다. 하지만 승진 가능 시점이 언제인지는 장담할 수 없다"라고 말하곤 한다.

　　희망적인 면이 있다면, 여기서 설명한 대로 기술 평가와 코칭 계획을 적극적으로 관리한다면, 소방 훈련만큼이나 정신없는 연간 평가에 대비하기가 훨씬 쉬워지리라는 점이다.

코칭 계획

앞 장에서는 역량 격차를 파악하기 위한 현 시점의 팀원의 역량 수준을 평가하는 도구를 정의했다. 이번 장에서는 이러한 격차를 가진 제품 담당자를 코칭하는 방법을 설명하려 한다.

사실 이 책 자체가 이런 코칭 계획이라고 볼 수 있지만, 이 장에서는 관리자가 팀원에게 유용한 가이드와 코칭을 제공할 수 있도록 충분한 예를 들고 시사점을 알려 줄 것이다.

앞 장에서 설명한 것과 마찬가지로, 사람, 프로세스, 제품이라는 세 가지 분류를 사용하겠다. 논의되는 주제가 무엇인지 확실하지 않다면 앞 장으로 돌아가서 다시 살펴보길 바란다. 또한, '평가에 대한 장에서와 마찬가지로 여기서도 **프로덕트 매니저**의 사례를 많이 들었지만, 내용의 대부분은 프로덕트 디자이너와 기술 리더에게도 도움이 될 것이다.

제품 지식

기대치를 충족하기 위해, 신규 프로덕트 매니저가 온보딩 기간 동안 가장 많은 시간을 할애해야 하는 부분이 제품 지식product knowledge이다. 필수적인 코칭을 받으면서 하루에 서너 시간씩 적극적으로 임한다면, 일반적으로 2~3개월 만에 궤도에 오를 수 있다.

하지만 분명히 말하자면, 이 정도 수준의 제품 지식이 없다면 팀의 프로덕트 매니저로서 비즈니스에 맞는 역할을 할 수 없다. 그리고 역량의 기대치 수준에 도달하게 만드는 책임은 전적으로 관리자에게 있다.

사용자와 고객 지식

사무실 밖으로 나가서 사용자와 고객을 직접 만나는 것만큼 확실한 것은 없다. 그렇긴 해도, 동료의 지식을 활용하여 얻을 수 있는 것도 정말 많다.

이런 지식을 얻는 과정에서, 사람은 누구나 자신만의 관점을 가지고 있고 그 관점을 이해하고 가능한 한 다양한 관점을 배우려는 것임을 명심해야 한다.

회사에 사용자 연구팀user research team이 있다면(이곳은 내가 가장 좋아하는 시작점이기도 하다), 프로덕트 매니저는 이 팀과의 관계를 소중하게 여기고 구축해야 한다. 사용자 연구원user researcher은 당신에게 많은 정보를 알려줄 수 있으며, 당신이 진정으로 사용자의 문제를 공감하지 못하면 그 문제를 해결하지 못한다는 것을 안다.

다음으로, 고객 성공customer success 또는 고객 서비스customer service 팀이 있다면 그곳은 훌륭한 자원이다. 제품을 가장 좋아하는 고객은 누구인지, 가장 선호하지 않는 고객은 누구인지, 왜 그런지 알아야 한다. 고객이 제품을 어떻게 인식하는지 이해하기 위해서라도 이 팀과 충분한 시간을 보내는 것이 필요하다. 하지만 당장은 사용자와 고객에 대해 그들이 알려주는 것을 배워야 한다.

제품 마케팅product marketing은 사용자와 고객에 대한 또 다른 가치 있는 관점이므로, 프로덕트 매니저에게 역시 중요한 관계다. 또한 제품 마케팅은 더 광범위한 영업 및 마케팅 조직, 그리고 당신이 대화를 나눠야 하는 유용한 관점을 가진 사람에 대해 훌륭한 통찰을 제공할 것이다.

대부분의 회사에서 설립자 또는 CEO는 누구보다도 고객에게 더 많이 노출되기 때문에 또 다른 훌륭한 자원이 될 수 있다. 이야기해 보고 알아 두면 도움이 된다고 생각하는 고객이 누구인지 설립자에게 물어봐라. 제품을 좋아하는 고객, 싫어하는 고객만 찾을 것이 아니라, 가능한 한 많은 관점을 찾는 것이다. 이렇게 되면, 실제 사용자와 고객을 만날 준비가 되었다.

기대치 설정을 위해 참고로 알려 주자면, 내Marty가 처음 새로운 B2B 제품을 책임지게 되었을 때, 나의 관리자는 의미 있는 결정을 내리기 전에 내가 30명의 고객을 만나기를 원했다(게다가 절반은 미국인이 아니어야 한다고 주장했다). 반드시 30명이어야 하는 게 아니라, 두세 명만 만나서는 안 된다는 말이다. 나는 보통 새로운 PM이 적응하려면 적어도 15명의 고객을 만나 볼 것을 권장한다.

고객 미팅 출장에서 돌아왔을 때, 나는 아무것도 모르는 상태에서 조직의 어느 누구보다도 많이 아는 정도로 발전했다. 그리고 당시에 내가 배운 것과 만난 사람과 맺은 관계를 수년간 활용했다.

실제로 사용자와 고객과 함께하는 자리가 주어진다면, 우리가 배우기 위해 사용하는 것과는 완전히 다른 주제이지만 발굴 기법discovery technique이 필요하다. 모든 상호작용을 통해, 최소한 다음과 같은 사실을 알아내야 한다. 즉, 당신이 생각하는 고객이 그들이 맞는지, 정말 당신이 생각한 문제를 가지고 있는지, 오늘 그 문제를 어떻게 해결하고 있는지, 그들을 우리 제품으로 돌아서게 만들려면 무엇이 필요한지 등이다. 비즈니스 관계에 있는 고객과 제품 소비자 사이에는 분명한 차이가 있지만, 원칙은 두 경우 모두 동일함을 명심하라.

또한 숙련된 프로덕트 디자이너와 기술 리더가 있는 기존의 팀에 합류한다면, 그들에게서 가능한 한 많은 정보를 배워야 한다. 그리고 새로운 팀에 합류하게 된다면, 고객에 대해 학습하는 과정을 두 핵심 팀원과 함께해야 한다.

데이터 지식

일반적으로 신규 프로덕트 매니저가 역량을 향상하는 데 필요한 것으로, 다음과 같은 세 가지 유형의 데이터와 도구가 있다. 사용자가 제품을 사용하는 방식에 대한 데이터를 포함하는 사용자 분석 도구, 제품의 판매 주기 데이터와 관련한 판매 분석을 담은 도구, 그리고 시간이 지남에 따라 이러한 데이터가 어떻게 변하는지 보여 주는 데이터 웨어하우스 분석data warehouse analytics 도구가 있다.

각각의 도구에 대한 역량을 쌓는 것은 두 가지 측면에서 의미가 있다. 첫째, 각 도구를 이용하여 질문에 답하는 방법을 알아야 그 도구가 어떻게 작동하는지 배운다. 둘째, 도구의 데이터가 무엇을 알려 주려고 하는지 이해해야 한다.

데이터(도구 작동 및 데이터 의미 체계)를 빠르게 파악하기 위한 자원을 제공해 줄 사람은 보통 회사의 데이터 분석가다. 데이터 분석가는 신입 프로덕트 매니저가 관계를 맺어야 하는 또 다른 핵심적인 관계다. 하지만 전임full-time 데이터 분석가나 데이터 과학자가 제품팀에 없는 한, 이 일을 맡길 수 없다. 그들은 당신이 데이터를 가지고 스스로 문제에 답할 수 있도록 당신을 교육하고 성장시키기 위해 존재한다.

이 주제는 비즈니스 이해와 관련한 다음의 주제와 얽혀 있다. 모든 제품에는 제품의 상태를 종합적으로 설명하는 일련의 핵심 성과 지표key performance indicator, KPI가 있으며, 데이터 도구는 현재 위치를 이해하는 데 도움이 되는 한편, 비즈니스가 집중해야 할 가장 중요한 KPI를 결정할 것이다.

산업 및 도메인 지식

일반적으로, 프로덕트 매니저 역할을 맡는 사람은 해당 도메인에서는 전문가일 것으로 기대된다. 물론 이것은 개발되는 제품에 따라 다르다. 미디어 관련 제품은 개발자를 위해 만들어진 제품과 다르고, 광고 분야의 기술 제품과도 차이가 있다. 다행히도, 대부분의 경우에는 인터넷 검색만 해도 쉽게 풍부한 지식에 접근할 수 있다.

하지만 세금, 수술기기, 규제준수regulatory compliance와 같은 매우 전문화된 분야의 경우, 대개는 회사 내부에 해당 도메인 분야에서 인정받는 전문가를 별도로 두고 있으며, 프로덕트 매니저는 이들을 적극 활용한다. 이 사람을 **특임/분야 전문가**subject matter expert 혹은 **도메인 전문가**domain expert라 부른다. 프로덕트 매니저는 이들과도 좋은 협업 관계를 맺어야 한다. PM은 이런 전문가만큼 도메인에 대해 잘 알 수는 없지만, 효과적으로 참여하고 협업할 수 있도록 도메인 지식을 충분히 익혀야 한다.

광범위한 IT 기술 산업 지식 측면에서, 분석과 통찰력을 제공하는 산업 분석가가 많다.[1]

산업 지식의 핵심은 PM이 담당하는 제품과 관련이 있을 것으로 예상되는 업계 동향을 파악하는 것이다. 첫 번째 단계는 트렌드를 파악한 다음, 트렌드 또는 기술이 가능하게 하는 것과 예상되는 가능성, 또 한계가 무엇인지 이해하는 데 교육이 필요할 수도 있다.

산업 지식에는 경쟁사 분석도 포함된다. 제품 마케팅은 분석을 시작하는 데 도움이 되는 좋은 자산이지만, 프로덕트 매니저는 해당 분야의 주요 업체의 제품 및 서비스, 비전, 전략에 대해 더 깊이 이해해야 한다. 나는 프로덕트 매니저에게 경쟁사 분석을 코칭할 때, PM에게 상위 3~5개의 주요 업체를 골라 각 업체의 강점과 약점을 직접 비교, 대조하여 평가해보게 함으로써 시장에 주어진 기회를 찾아보도록 한다.

비즈니스 및 회사 지식

신규 프로덕트 매니저는 자신의 담당 비즈니스가 어떻게 작동하는지 이해하는 데 가장 많은

---

1   나는 **www.stratechery.com**의 오랜 팬이다. 프로덕트 매니저와 제품 리더에게 추천한다.

시간을 투자해야 한다. 하지만 업무에 대한 이해는 유능한 프로덕트 매니저와 그렇지 않은 매니저의 근본적인 차이점이기도 하다.

내가 프로덕트 매니저에게 이를 전달하는 한 가지 방법으로는 직접 제품의 비즈니스 모델 캔버스business model canvas를 작성하게 하는 것이다(수정된 다른 모델도 괜찮다). 이 작업은 프로덕트 매니저가 아직 이해하지 못하는 비즈니스 영역을 인식하게 하는 빠르고 쉬운 방법이다.

영업 및 마케팅 — 시장 진출

시장 진출go-to-market 전략은 모든 제품의 필수 요소이며, 우리가 개발한 제품이 어떻게 사용자와 고객의 손에 들어가는지 설명한다. 소비자용부터 기업용까지 모든 유형의 제품에 적용되지만, 대개 기업에 팔리는 것과 관련이 깊다. 제품은 담당 영업을 통한 판매 혹은 판매점reseller과 같은 간접 채널을 통해 판매되거나, 고객에게 직접적으로 판매될 수 있다.

영업과 판매 과정은 마케팅에서 시작되며, 마케팅에는 다양한 전략과 기술이 있다. 궁극적으로, 사람들이 제품의 존재를 인식하는 것으로 시작하여 적극적인 사용자와 고객이 되는 시점까지 나아가는 유입 경로가 항상 존재한다.

신규 PM은 사용자의 제품 인식부터 맛보기/테스트trial를 거쳐 실제 사용자가 되는 단계에 이르기까지 전체 유입 경로를 이해해야 한다. 이때, 유통(구매) 채널의 가능성과 한계를 이해하는 것이 특히 중요하다. 대개 제품 마케팅 담당자에게서 시장 진출 전략을 배울 수 있으니, 유용하게 활용하기 바란다.

재무 — 수익 및 비용

신규 프로덕트 매니저는 담당 제품의 재무에 대해 잘 이해해야 하며, 이는 지출 비용뿐만 아니라 수익 측면까지 포함한다.

재무의 이해는 중요하기 때문에 재무 부서에 친한 사람을 만들어 두기를 추천한다. 모든 제품에는 재무와 연관된 KPI가 있다. 먼저 해당 KPI(예를 들어, 고객 생애 가치customer life value, CLV)[2]가 무엇인지, 그 KPI의 의미가 무엇인지(예를 들어, 고객 생애 가치는 어떻게 계산되는가?) 이해해야 한다. 마지막으로, 담당 제품이 재무적인 기준에서 어디에 위치하는지 알아야 한다

---

2 [옮긴이] 고객 생애 가치 또는 CLV는 고객이 평생 동안 귀사의 비즈니스 또는 제품에 지출할 것으로 예상되는 총 금액이다.

(예를 들어, 신규 고객을 확보하는 비용에 비해 고객 생애 가치가 충분한가?).[3]

법률 — 개인정보 및 규정 준수

법무는 비즈니스의 또 다른 중요한 부분이다. 주로 개인정보보호, 보안, 규정 준수와 관련되어 있는데, 점점 윤리적인 측면이 확대되고 있다. 재무와 마찬가지로, 신규 PM은 법적 제약을 이해하는 데 도움을 주는 법률 전문가와 좋은 관계를 맺는 것이 좋은데, 이는 법률적인 부분을 빨리 이해할 뿐만 아니라 신제품 아이디어를 고려할 때도 중요하다.

비즈니스 개발 — 파트너십

오늘날 대부분의 제품에는 여러 파트너십이 포함된다. 제품 또는 서비스를 제공하는 데 사용되는 기술 분야 파트너이거나, 신규 고객을 확보하기 위한 영업 또는 마케팅 파트너일 수도 있다. 목적이 무엇이든, 대개 파트너십 계약에는 할 수 있는 일에 대한 제약이 따른다. 그러므로 프로덕트 매니저가 이러한 계약과 제약 사항을 이해하는 것이 중요하다.

추가적인 영역

앞서 설명한 영역은 모든 제품에 공통적으로 필요한 부분이지만, 회사의 특성에 따라 하나 이상의 추가적인 영역이 있다.

회사가 사업부 단위로 구성된 경우, 각각의 사업부 리더(예를 들어, 총괄 관리자general manager)는 중요한 이해관계자다. 몇 가지 예를 들어 보면, 미디어 회사에서는 편집editorial과 콘텐츠contents가 있고, 전자상거래e-commerce 회사는 상품화merchandising가 있으며, 하드웨어나 장비 회사는 제조manufacturing가 있다. 그리고 전 세계를 상대로 판매하는 회사는 국제적인 영역이 있다.

제품 운영 지식

이 주제는 정말 명확해야 하지만, 기본적인 시연 말고는 실제로 자신의 제품에 대해 모르는 프로덕트 매니저가 얼마나 많은지 모른다. 하지만 프로덕트 매니저가 신뢰를 얻으려면 자신의 제품을 전문적으로 사용할 줄 알아야 한다는 것은 분명하다.

---

3   신규 PM이 제품 유형에 따라 어떤 분석 방식이 중요한지 더 자세히 배울 수 있는 책 http://leananalyticsbook.com/을 추천한다.

소비자consumer 제품의 경우에는 일반적으로 제품 사용에 대한 전문가가 되는 것이 어렵지 않지만, 기업용 제품의 경우에 특히 도메인 지식이 부족하면 훨씬 어려울 수 있다.

제품 동작에 대한 이해를 빠르게 하기 위해서는 사용자 또는 고객 관련 문서를 모두 읽고, 관련된 교육을 모두 수강하고, 고객 서비스 직원과 이야기를 나누고, 가능하다면 매일 제품을 사용하라. 이를 **시험 사용**dogfooding이라고 한다.

제품 운영 지식을 잘 갖추고 있다면, 중요한 업계 분석가industry analyst가 당신의 제품에 대해 논의하러 회사에 방문하려 할 때, 프로덕트 매니저는 자신이 직접 브리핑을 하거나 브리핑할 사람(보통은 제품 마케팅 관리자)을 준비시키는 데 충분한 시간을 할애할 것이다.

프로세스 기술 및 기법

프로세스와 관련된 기술과 기법은 셀 수 없이 많고, 새로운 기술은 매일같이 등장한다. 프로덕트 매니저를 코칭하는 담당자의 주요 목표는 PM이 당면한 업무에 적합한 기법을 숙지하고 있는지 확인하는 것이다.

제품 발굴 기법

새로운 PM은 적어도 네 가지 유형의 제품 리스크(가치, 사용성, 구현 가능성, 실용성)를 알고, 이러한 리스크를 해결하기 위한 다양한 형태의 프로토타입과 정량적, 정성적 테스트 방법을 이해해야 한다.

이와 관련하여 많은 온라인 자료와 교육 수업이 있으며, 《인스파이어드》에서도 이러한 제품 발굴 기법에 대해 자세히 설명하고 있다.

나는 PM을 코칭할 때 일반적으로 이 책을 읽게 한 다음, 다양한 시나리오를 주고 어떻게 처리할지 설명하게 하여 기법을 이해하는지 확인한다. 리스크에 대해 적절하게 생각하고 있는지, 각 기법의 장점과 한계를 이해하는지 확인하는 것이다.

제품 최적화 기법

생산 중이고 유통량이 많은 제품의 경우, 프로덕트 매니저가 효과적인 활용법을 이해하고 알아야 하는 **제품 최적화 기법**product optimization technique이라는 중요한 기법이 있다. 이는 일반적으로 상용 도구 중 하나를 학습한 다음, 지속적인 A/B 테스트를 실행하는 것을 포함한다. 주로 제품 유입 경로를 최적화하기 위해서인데, 다른 목적으로도 사용할 수 있다.

제품 제공 기법

보통 제품 제공delivery 기법은 팀의 엔지니어가 주목하는 부분이다. 그러나 프로덕트 매니저는 사용 중인 제공 기법(예를 들어, 지속적인 배포continuous delivery)을 이해하고, 경우에 따라 출시 계획release planning처럼 더 적극적인 역할을 수행해야 한다.

예를 들어, 대규모 제품의 변경에는 병렬 배포가 필요할 수도 있다. 프로덕트 매니저는 특히 추가 엔지니어링 비용과 같이 이러한 기법에 따르는 결과가 무엇인지 파악하고 제품 제공과 관련하여 적절한 결정을 내려야 한다.

제품 개발 프로세스

엔지니어가 소프트웨어를 개발하고 제공하는 데 사용하는 개발 프로세스에 대한 결정은 엔지니어와 그들의 리더에게 달려 있다. 그러나 PM은 그 프로세스에서 역할을 수행하며, 자신이 맡을 책임이 무엇인지 이해해야 한다.

대부분의 팀은 스크럼Scrum, 칸반Kanban, XPExtreme Programming 기법 중 일부를 사용한다. 때로는 이것들을 혼합하여 사용하기도 한다.

새로운 PM이 이런 방식으로 일해 본 적이 없다면, **CSPO**Certified Scrum Product Owner 과정을 수강할 것을 권한다. 간단하고 짧은 교육 과정으로, 프로덕트 오너product owner로서의 책임을 알려 준다.

또한 대부분의 회사는 제품 백로그backlog를 관리하는 도구를 표준화하는데, 새로운 PM은 이 도구도 배워야 한다.

나는 너무 많은 프로덕트 매니저가 CSPO 교육만 받고선, 프로덕트 매니저로서 왜 실패했는지 이해하지 못하겠다고 불평하는 것을 들었다. CSPO에서 알려주는 역할과 책임도 중요하지만, 권한이 부여된 제품팀의 프로덕트 매니저가 맡은 책임에서 아주 작은 부분에 불과하다는 것을 분명히 해 두고 싶다.

사람을 다루는 기술과 책임

지금까지는 시간과 노력을 들이면 누구든 성공할 수 있는 영역(제품 지식, 공정 기술과 기법)에 대해 주로 설명했다. 그리고 이런 기본조차 갖추지 않으면 다른 것은 중요하지 않다고 생각한다. 그렇긴 하지만, 역량 있는 PM이 되느냐, 정말 효율적인 PM이 되느냐의 차이는 사람을 다루는 기술people skill에 달렸다. 제품을 개발하는 세계에서는 사람을 다루는 기술을 효과적으로 배우거나 코칭할 수 있는지를 두고 오랫동안 논쟁해 왔다. 경험상 모든 사람은 아니지만, 대부분의 사람은 사람을 다루는 기술을 크게 향상시키고 개발할 수 있다. 다만, 스스로 발전하고 싶어 해야 한다.

이러한 기술에 능숙하지 않고 개선하는 데 관심이 없다면, 관리자는 더 적합한 다른 업무를 찾아 주어야 한다.

팀 협업 기술

현대modern의 제품 관리 요점은 프로덕트 매니저, 디자이너, 엔지니어 간에 진정한 협업collaboration을 이루게 하는 것이다. 이는 프로덕트 매니저가 프로덕트 디자이너와 엔지니어의 제품에 대한 기여와 헌신을 알아주는 것에서 시작한다.

PM은 디자인과 엔지니어링에 전문가일 필요는 없다(많은 PM이 스스로 훌륭한 디자이너라고 믿지만, 대부분은 그렇지 않다). 하지만 PM은 디자이너와 엔지니어의 결과물이 PM의 성과만큼이나 필수적이라는 것을 그들이 알게끔 그들의 기여를 이해하고 이에 감사해야 한다.

다음으로, PM은 신뢰와 존중을 바탕으로 한 진정한 협업 관계를 구축해야 한다. PM 코칭에서 앞서 논의한 기본 사항을 모두 배우고 나면, 내가 하는 코칭은 대부분 협업과 관련이 있다.

내가 제품팀과 문제를 해결할 때, PM하고만 시간을 보내는 일은 거의 없다. 항상 PM, 디자이너, 기술 리더와 함께 논의한다. 다시 말하지만, 이것이 오늘날 제품을 만드는 과정의 본질이다. 이렇게 논의하면서, 나는 수많은 상호작용interaction을 본다. 그리고 나는 뭔가를 발견하면 나중에 PM을 따로 불러서, 그의 상호작용이 신뢰를 구축하는 데 도움이 되었는지, 아니면 해를 끼쳤는지 지적한다.

문제나 목표를 논의하는 한 시간짜리 회의는 일반적으로 PM을 위한 코칭 기회로 활용하기 좋다. 나머지 팀원은 어떻게 참여하는가? 문제를 해결할 권한이 있는 것처럼 행동하는가, 아니면 주문받는 사람order taker처럼 행동하는가? 디자이너와 엔지니어가 잠재적인 해결 방안에 대한 아이디어를 내는가, 아니면 PM의 제안에 대해서 문제점만 지적하는가? 이야기(예를 들어, 계획하기)하는 데만 너무 많은 시간을 쓰고, 시도(예를 들어, 프로토타이핑)하는 데 충분한 시간을 할애하지 않는가? 의견의 차이를 어떻게 해결하는가?

이해관계자 협업 기술

팀 협업 기술과 관련된 많은 핵심 부분은 이해관계자와의 협업 기술에도 적용되지만, 같은 문제를 해결하는 데 중점을 두고 매일 상호작용하는 디자이너와 엔지니어처럼 함께 일하고 있는 팀원과 신뢰 및 관계를 구축하기가 상대적으로 더 쉽다.

이해관계자의 협업에는 추가적인 역학 관계가 존재한다. 우선, 대부분의 PM은 일개 직원이지만, 대부분의 이해관계자는 회사의 임원이다. 그들은 자신의 비즈니스에 대해 매우 잘 알고 있으며, 명령을 내리는 데 익숙하다. 이런 이해관계자와 성공적인 업무 관계를 맺는 핵심은 상호 신뢰를 구축하는 것이다.

PM의 경우, 이해관계자가 생각하는 각 제약 요건이 무엇인지 이해하기 위해 시간과 노력을 투자하면서 그들과의 관계를 시작한다. 이는 앞에서 **비즈니스 및 회사 지식**을 설명할 때 논의했다. 그러나 PM은 그런 노력을 기울이고 난 후, 이해관계자가 우려하는 것이 무엇인지 이해하며 문제에 적합한 해결 방안을 찾기 위해 최선을 다할 것임을 개인적으로 설득할 필요가 있다. 어쨌든 우려할 만한 문제를 알아낼 때마다 팀이 무엇을 구축하기 전에 이해관계자와 해결 방안을 미리 살펴본다.

이해관계자와의 상호작용은 적기 때문에 이런 신뢰를 쌓는 데는 시간이 걸리고, 각 상호작용은 더 무게를 지닌다. 다시 말하자면, 제품팀과 함께 일할 때 나는 PM과 이해관계자 간의 상호작용을 관찰하고 좋은 코칭 기회를 포착하곤 한다. 신뢰를 쌓는 데 도움이 된 행동을 강화하고, 신뢰를 떨어뜨리는 행동에 대해서는 대안적인 접근법을 알려 주려고 노력한다.

에반젤리즘 기술

특히 중대형 기업은 다른 사람에게 제품을 설득시켜야 하는 경우가 많다. 이런 설득에는 팀과 이해관계자에게 당신이 해야 할 일을 이해하고 있으며 제품을 출시할 확고한 계획이 있다고 확신을 주는 것을 포함한다.

강력하고 설득력 있는 논쟁을 전개하기 위해 내가 가장 좋아하는 기술은 글로 쓴 서사 written narrative인데, 11장 서술형 보고서Written Narrative에서 자세히 살펴보겠다.

또한 나는 PM에게 프레젠테이션을 비디오로 녹화하고 전문적인 비평을 해 주는 프레젠테이션 수업을 들으라고 권한다. 개인적으로 이 수업을 두 번이나 수강했는데, 매우 귀중한 시간이었다.

리더십 기술

마지막으로, 강력한 제품 관리의 상당 부분은 실제로 리더십에 관한 것이다. PM에게는 리더십 기술이 특히 중요한데, 제품팀과 이해관계자는 PM에게 보고하지 않으므로 그들과의 관계는 설득과 리더십에 의존해야 하기 때문이다.

바꾸어 말하면, PM은 리더십을 얻어 내야 한다. 지위가 높아진다고 해서 리더십이 저절로 생기지는 않는다. 이것은 또한 진정한 리더십을 보여 준 많은 뛰어난 프로덕트 매니저만이 성공적인 제품 책임자나 CEO로 성장하는 사실로 알 수 있다.

그렇다면 이러한 리더십 기술을 어떻게 발전시킬 것인가? 전제 조건은 앞에서 언급했다. 다양한 과제(역량 계발/자기 계발)를 마치고, 필수 지식과 기술을 입증하고, 팀과 이해관계자의 신뢰와 존경을 받는다면, 이미 잘하고 있는 셈이다.

이를 넘어서서, 나는 모든 프로덕트 매니저에게 리더십을 평생에 걸쳐 갈고닦으라고 조언한다. 우리 대부분은 끔찍한 지도자라고 생각하는 사람을 떠올릴 수 있지만, 우리 중 일부만이 매우 훌륭한 리더라고 생각하는 사람을 알고 있다. 끔찍한 지도자, 훌륭한 리더를 각자 정의해 보면 훌륭한 코칭 토론이 가능할 것이다.

기술 리더 코칭

나는 기술 리더 코칭을 정말 좋아한다. 이들은 세계에서 가장 인상적인 혁신의 배후에 있는 사람이다. 기술 리더는 진행 중인 제품 발굴 과정에 참여하는 부수적인 책임을 맡은 수석(senior-level) 엔지니어다. 그리고 프로덕트 매니저와 디자이너의 핵심 파트너다.

기술 리더는 믿을 만한 제품을 만들고 제공할 뿐 아니라, 만들어진 것에도 신경 써야 한다. 그리고 구현 기술에 대해 아주 잘 알고 있어야 하고, 그 지식을 고객의 고통과 문제에 대한 직접적인 이해와 결합하면 마법이 일어난다.

실제로 엔지니어와 함께 지내다 보면, 그들 대부분이 코딩 말고는 관심이 없다는 걸 알게 될 텐데, 상관없다. 모든 엔지니어가 기술 리더가 될 필요는 없기 때문이다. 내가 가장 좋아하는 회사 중의 상당수는 엔지니어를 인터뷰할 때 이를 알아내려고 한다. 회사는 만드는 방법에 관심을 가지는 만큼 만들어진 것에도 신경 쓰는 엔지니어를 원한다. 그러나 이러한 회사도 예외는 있다. 팀 내에 이런 생각을 가진 엔지니어가 한 명도 없을 경우에는 문제가 되며, 더군다나 권한을 부여받은 팀을 원한다면 특히 큰 문제다.

내가 코칭한 많은 기술 리더는 놀랍게도 언젠가 자신의 회사를 운영하고 싶어 했다. 나는 이를 매우 적극적으로 장려하며, 기술 분야에서 성공한 많은 CEO가 엔지니어로 시작했다는 사실을 알려 준다. 이것이 그들의 목표라면, 기술 책임자가 1~2년 동안 제품 관리 역할을 수행하길 권장한다. 엔지니어링 분야로 다시 돌아가더라도 이 경험은 매우 귀중하고, 스타트업 공동 창립자 역할을 훨씬 잘 해낼 것이다.

경력의 목표가 무엇이든 간에, 기술 리더의 진정한 잠재력은 고객이 겪고 있는 어려움의 본질과 기술의 이해를 결합하는 것으로부터 발현된다.

나는 항상 기술 전문가가 가능한 한 많은 고객을 만나라고 권한다. 나 역시 흥미로운 고객을 직접 만난 후, 내가 보고 알게 된 내용에 대해 기술 리더는 어떻게 생각하는지 함께 이야기를 나누려고 노력한다.

결론은 고객 또는 비즈니스 콘텍스트를 기술 리더에게 코칭하는 데 투자하는 모든 순간을 최대한 활용하라는 것이다.

프로덕트 디자이너 코칭

프로덕트 디자이너는 굉장히 어려운 업무를 맡고 있다. 디자인 관련 기술은 정말 많으며, 프로덕트 디자이너는 모든 기술에 전문가일 필요는 없지만 상당히 광범위한 지식과 기술을 가지고 있어야 한다.

- 서비스 디자인(service design)
- 인터랙션 디자인(interaction design)
- 시각 디자인(visual design)
- 산업 디자인(industrial design)(물리적 장치를 위한 디자인)
- 프로토타이핑(prototyping)
- 사용자 조사(user research)

대부분의 성공한 프로덕트 디자이너는 프로토타이핑과 인터랙션 디자인만큼은 매우 훌륭하며, 서비스 디자인, 시각 디자인 및 사용자 연구에 대해서도 잘 알고 있어서 필요한 경우에는 관련 기술과 인맥을 활용할 수 있다.

프로덕트 디자이너는 서로 다른 전문 분야를 가지고 있어서, 디자인 관리자는 프로덕트 디자이너가 그 격차를 줄이도록 하는 데 대부분의 코칭 시간을 들일 것이다.

명심해야 할 또 다른 중요한 책임은, 디자인 관리자가 디자인에 대한 전체적인 관점(holistic view)을 유지하는 최전선이라는 것이다. 즉, 숙련된 프로덕트 디자이너가 포함된 제품팀이 많다면, 디자인 관리자는 팀을 오가며 전체적으로 그러한 경험이 작용하는지 확인해야 한다.

디자인 관리자는 매주 1:1로 디자인을 검토하면서 특히 어려운 디자인 문제를 논의하기 위해 더 광범위한 프로덕트 디자이너 그룹과 디자인 세션을 통해 전체적인 디자인 관점을 일관성 있게 지켜야 한다.

《러브드》

SVPG 파트너인 마르티나 로쳉코(Martina Lauchengco)는 SVPG 시리즈의 또 다른 책 《LOVED(러브드)》를 출판했다. 이 책은 제품 마케팅의 매우 중요한 주제에 대해 논의한다. 잘 알려졌듯이, 제품 마케팅은 제품 관리와 밀접하다. 하지만 대부분의 사람은 제품 마케팅이 급격하게 변했고, 그 어느 때보다 중요해졌다는 사실은 모른다. 다음은 곧 출시될 책에서 발췌한 내용이다.

단도직입적으로 말하겠다.

대부분의 제품 마케팅 담당자는 자신의 업무에 능숙하지 않다. 많은 일을 잘 해내지만, 변화를 만들어 내고 있는지는 항상 확신할 수 없다. 이 역할을 하는 사람의 재능 또한 고르지 못하여, 시시함과 가끔은 훌륭함 사이를 오간다는 평판에 기여하고 있다.

제품 마케팅은 출시를 위해 필요한 모든 항목의 체크리스트를 관리하거나, 제품을 관리하거나, 혹은 단순히 제품팀과 영업팀 간의 조력자(facilitator)가 되는 것이 아니다. 제품 마케팅의 전통적인 이해는 먼저 제품을 만들고 그다음 시장(market)에 내놓는다는 개념이다. 이러한 접근은 회사가 단순히 제품에 대한 설명을 제공하고 장점을 보여 주면 대중이 관심을 갖는다고 가정하기 때문에 실패한다.

훌륭한 제품 마케팅은 그 시장을 이해하는 것이 우선이다. 고객의 실제 현실에 적응(adapt)하고, 자리(position)잡아, 팔려(market) 나갈 수 있도록 시장이 알려 주는 것에 따라 가설을 압박 검증(pressure-test)한다. 고객의 언어와 경험과 니즈(needs)를 활용하여 왜 당신의 제품이 가치 있고 사랑받아야 하는지 명확하게 한다.

성공적인 제품 마케팅을 판별하는 진정한 지표는 시장 채택(market adoption)과 추진력(momentum)이다. 하지만 대부분의 사람들은 제품 마케팅을 시작하기에 적당한 시기가 언제인지, 무엇을 찾아야 하는지 모른다.

Z사의 예를 들어 보자. 실제 존재하는 회사이지만, 이름을 밝히지는 않겠다. 그러니 이와 비슷한, 당신이 아는 모든 스타트업 회사의 이야기를 떠올려 보기 바란다. 그들은 모두 합하면 수십 년간 전문 지식을 쌓은 박사들의 두뇌 집단이었다. 공신력 있는 기술 대회에서 결선 진출자로 선정된 후, 드디어 아이디어를 시장에 내놓을 때라고 결심했다.

그들의 기술은 훌륭했다. 저명한 분석가는 그 효과에 대해 썼고, 그런 것을 본 적이 없다고 강조했다. 그들은 《포춘》 100대 기업의 최고 경영진에게 시연했고, "정말 놀랍다"라는 극찬을 받았다. 이 모든 것을 바탕으로 벤처 캐피탈 투자를 받고 경쟁에 뛰어들었다.

어쩌면 그들의 기술이 인상적이라고 착각했을 수도 있다.

이러한 초기 단계 회사에서 볼 수 있듯이, 기술 창립자 중 한 명이 영업, 제품, 마케팅, 사람 관리 등 모든 분야의 리더로 일했다. 그러면서 6개월 동안 다른 회사의 경영진을 수십 명이나 만나러 다녔지만 단 한 명도 구매하지 않았다. 그래서 그들은 미팅에서 제품을 선보이는 것을 중단하고, 대신 그들이 만난 경영진에게 가장 시급한 문제가 무엇인지 물었다.

그들의 기술로 해결한 문제는 5위 안에 들지 않았으며, 경우에 따라서는 10위 안에도 포함되지 못했다. Z사가 왜 가장 중요한 문제들을 풀어 내는 것에서 시작하지 않았는지 의아할 수도 있지만, 가치 있는 무언가를 창출하는 도중에 있다고 착각하게 만드는 초기 상황이 있었지 않은가(분석가와 《포춘》 100대 기업의 최고 경영진의 극찬). 팀은 고객과의 대화와 고민 끝에 해당 제품이 적당한 재작업을 거쳐 더 민첩한 솔루션으로 전환하여, 고객이 필요로 하는 상위 문제를 해결할 수 있음을 깨달았다.

이제 그들의 신제품은 이미 시장을 점유하고 있는 성숙한 제품이 있는 수십 년간 잘 다져진 오래된 시장 영역의 틈새를 잘 파고들었다. 그들은 사용자가 훨씬 더 빨리 답을 찾을 수 있도록 사용하기 쉬운 설정(easy-to-use setup)을 만들었다. 이런 새로운 접근 방식으로 무장한 Z사는 제품이 무엇을 할 수 있는지 보여 주는 데모를 만들었다. 제품이 이미 많은 기능을 가지고 있었기 때문에 바로 시연하기로 했다. 그러나 이 때문에 그들이 무엇을 했는지, 왜 사람들이 관심을 가져야 하는지에 대해 설명하는 법을 생각하는 중요한 단계를 건너뛰었다.

적절한 맥락의 기반이 없어서, 잠재 고객은 왜 이 제품을 주의 깊게 봐야 하는지 여전히 이해할 수 없었다. Z사는 "우리가 하는 일을 더 목적에 부합하도록 제약하는 환경에 대해 말해야 합니까? 우리 제품은 기존 소프트웨어의 한 부분에만 있어서 훨씬 더 나은 성능을 제공하고 있는데, 기존 소프트웨어의 단점을 전체적으로 지적해야 합니까?"라는 질문을 스스로에게 했다. Z사는 제품을 판매하는 영업 사원을 고용하여 이러한 질문에 답하려 했다. 영업 사원을 둔 후로 영업 사원이 전화를 할 만한 목록이 더 필요했기 때문에 '수요를 창출(generate demand)'할 수 있는 사람을 고용했다. 이것은 실수였다. 전할 만한 메시지가 없으니, 영업팀은 제품의 가치를 효과를 효과적으로 전달할 수 없었다. 시장 진출(go-to-market) 팀이 늘어났는데도 상황은 거의 변하지 않았다. 한 손으로 꼽을 만큼의 고객만이 계약서에 서명했고, 이때는 거의 2년이 지났을 때였다.

새롭게 제품 마케팅 이사인 '조시(Josie)'가 들어왔다. 그녀는 분명히 초점을 맞추어서 정한 틈새 시장을 개척하여 기존의 도메인 카테고리에 제품을 배치했다. 3개월 이내에 다음과 같은 일이 일어났다.

- 백서로 기존 도메인 영역에서 작동하지 않는 항목을 명확히 설명하고, 그들이 정한 틈새 시장의 필요성을 설명했다. 저명한 분석 회사가 이 백서에 매우 흥미를 느꼈기 때문에, 해당 영역의 분석가들은 더 자세한 내용을 듣기 위한 자리를 요청했다.

- 모든 신제품에 대한 자료를 만들고, 영업 자료와 웹사이트 간의 일관성을 높여 고객이 보는 모든 곳에서 동일한 메시지를 전달했다.
- 제품팀, 영업팀과 동등하게 잘 협력하면서, 필요할 때마다 보조를 맞추어 자료를 적용하는 일을 수행했다. 곧 그녀는 그 작은 회사의 모든 사람에게 아주 가치 있는 사람으로 여겨졌다.
- 마케팅 전략을 선언하고 합의를 이끌어 냈다. 이것은 조시가 모든 일을 잘하는 사람이 아니더라도, 나머지 팀원은 마케팅에서 그들이 하고 있는 모든 일의 이면에 있는 '이유'를 알고 있다는 뜻이었다.

Z사는 마침내 훌륭한 고객과 시장 모멘텀을 얻었다. 하지만 생각보다 훨씬 느리고 고통스러운 과정이었다. 제품 마케팅을 더 일찍 도입했다면, 현 시장과의 격차를 더 빨리 발견하고 해결할 수 있었을 터였다. 대신 그들은 무의미한 일에 많은 시간, 돈, 자원을 허비했다.

마케팅은 평생 제품을 만드는 일만 하는 사람에게는 매우 난해할 것이다. 제품 마케팅은 마케팅 및 영업 업무의 중심이 되는 뼈대를 만든다. 그러므로 기술 회사인데 마케팅 담당자가 한 명뿐이라면 그 사람은 제품 마케팅 담당자가 되어야 한다. 이는 목표를 더 빨리 달성할 수 있는 방법이다. 하지만 누가 그 일을 하고, 얼마나 잘하는가가 일 자체보다 중요하다. 훌륭한 제품을 만드는 데 투자하고 있다면, 반드시 훌륭한 제품 마케팅에도 투자해야 한다.

CHAPTER

10

1:1 미팅

1:1 미팅one-on-one(일명 개인 면담)으로 알려진 코칭 기술에 대해 들어 본 적이 없다면 놀라운 일이다. 아마도 비슷한 종류를 경험해 봤을 것이다. 하지만 셀 수 없이 많은 프로덕트 매니저 및 제품 리더와 논의했던 내용으로 판단해 보자면, 이 기법이 잘 수행된 것을 경험하지 못했을 수 있다. 어쨌든 1:1 미팅은 코칭의 기초다.

나(마티)는 이 글을 쓰면서 이것을 누구에게 배웠는지, 그리고 나의 견해에 영향을 준 중요한 사람들을 떠올려 보려 했다. 세월이 많이 지나서 말하기는 어렵지만, 긴 세월 동안 나에게 가르침을 준 사람들은 직접적으로는 나의 관리자였던 사람들, 간접적으로는 곁에서 지켜보면서 배운 동료들을 포함한다. 벤 호로비츠Ben Horowitz는 간접적으로 보고 배운 경우인데, 1:1 미팅 기법에 대해 큰 인상을 안겨 주었다.

이 장은 제품팀원을 맡고 있는 관리자를 위해 쓴 것이다. 프로덕트 매니저, 디자이너, 엔지니어를 채용하고 역량을 개발하는 담당자 말이다.

효과적인 1:1 미팅의 핵심 사항

목적

1:1 미팅의 주요 목적은 제품 담당자의 역량 개발 및 개선을 돕기 위해서다. 일의 진행 상황을 보고받을 수도 있고, 일에 대해 논의할 수도 있다. 그러나 최우선적인 목적은 그 사람의 역량에 도달하게 한 다음, 더 큰 잠재력을 끌어내도록 돕는 것이다. 이 중요한 목적을 잊는다면 이 세션의 진정한 가치는 사라진다.

관계

신뢰에 의존하는 관계를 말한다. 제품 담당자(팀원)는 당신이 관리자로서 그가 잠재력을 최대한 발휘할 수 있도록 진심으로 헌신하고 있음을 이해하고 믿어야 한다. 그것이 관리자로서의 주요 업무다. 제품 담당자가 유능하고 승진한다면 당신의 책임을 다한 것이다. 마찬가지로 제품 담당자가 역량에 도달하지 못하면 실패한 것이다. 그리고 제품 담당자, 관리자가 모두 성공하려면 서로를 신뢰하고 의지해야 하며, 무엇보다도 정직하고 솔직하게 말할 수 있어야 한다.

새로운 환경에 적응하기

대부분의 새로운 제품 담당자에게는 속도를 높이는(역량에 도달하는) 데 필요한 기술과 지식을 습득하는 적응 기간onboarding이 필수적이고 중요하다.

모든 사람은 다르기 때문에, 서로 다른 경험과 지식을 일에 적용한다. 8장 '점검'에서 새로운 제품 담당자가 집중할 분야를 결정하기 위해 재빨리 역량을 재는 데 사용하는 도구에 대해 설명했다. 그러나 제품 담당자가 유능하다고 느껴질 만큼 충분한 자질을 갖출 때까지 그 사람이 팀에 해를 끼치지 않고 합리적인 결정을 내리게 하는 것은 당신의 책임이다.

일반적으로 이 기간의 밀접한 감독은 2~3개월간 지속되고, 제품 담당자가 능력이 있다고 판단되면 기존에 진행 중인 코칭보다 훨씬 더 강도 높은 코칭 관계가 된다.

주기

주기frequency는 다양한 의견이 등장하는 분야 중 하나이지만, 1:1은 일주일에 한 번, 30분 이상이어야 한다. 그리고 이 세션은 무엇보다도 중요하기 때문에 "이번 주는 건너뛰어도 괜찮을까?"라고 할 만한 회의가 아니다. 가끔 일정을 변경할 수도 있지만, 취소하지는 마라. 이 세션이 주는 메시지를 숙고하라. 적응하는 기간이라 아직 충분히 역량을 발휘하지 못하는 새로운 PM은 일주일에 2~3회 또는 심지어 매일 할 수도 있다.

관리자와 직원 간에 신뢰가 구축되면 1:1 코칭은 화상 통화로도 괜찮다. 관계를 발전시키고 정직하고 건설적인 토론을 하는 데 도움이 되는 환경을 구축하는 것이 핵심이다.

배경 공유

제품 담당자가 팀이 적합하다고 생각하는 최상의 방식으로 문제를 해결할 수 있도록 권한을 부여하려면, 리더이자 관리자로서 전략적 배경을 공유해야 한다. 즉, 올해 회사의 사명mission과 목표objective, 더 넓은 범위의 제품을 위한 제품 비전vision, 제품 전략strategy, 특정 제품팀의 팀 목표를 이해해야 한다.

이 토론은 대부분 적응 기간 중에 이루어지지만, 매 분기별로 다가오는 분기에 특정 팀의 목표를 논의해야 한다. 때로는 상당히 복잡한 논의다.

자습

제품 담당자가 스스로 학습하는 것을 대신할 만한 것은 없다. 이는 역량 쌓기의 기초이자, 적응 기간의 주요 활동이다. 제품 담당자에게 올바른 자료를 알려 주고 자료에 대한 질문에 답해 줄 수는 있지만, 스스로 익히고 이 지식을 얻기 위해 시간과 노력을 투자하는 것은 그 개인의 몫이다.

자습은 무엇을 의미하는가? 프로덕트 매니저에게는 제품을 속속들이 배우는 것을 의미한다. 사용자와 고객, 데이터, 구현 기술의 능력, 산업, 비즈니스의 다양한 차원, 특히 재무, 판매, 시장 진출, 서비스 및 법률 등을 학습하는 것이다.

제품 담당자처럼 생각하고 행동하기

스스로 학습하는 것 외에도, 코칭은 제품 담당자가 **훌륭한**strong 제품 담당자처럼 생각하고 행동하는 법을 배우도록 돕는 것이다.

제품 담당자처럼 생각한다는 것은 무엇일까? 결과outcome에 집중하는 것을 의미한다. 가치value, 사용성usability, 구현 가능성feasibility, 비즈니스 실용성viability 같은 모든 리스크를 고려하라. 비즈니스와 제품의 모든 차원에 대해 전체적으로 생각하라. 윤리적 고려 사항 또는 영향을 예상하라. 창의적으로 문제를 해결하라. 장애물 앞에서 끈기 있게 버텨라. 엔지니어링과 구현 가능한 기술을 활용하라. 디자인과 사용자 경험의 힘을 활용하라. 데이터를 활용하여 학습하고 설득력 있는 주장을 펼쳐라.

제품 담당자처럼 행동하는 것을 무엇일까? 경청하라. 협력하라. 배움을 공유하라. 전도evangelizing하라. 영감을 주어라. 신뢰를 주고 비판을 수용하라. 책임을 가져라. 알 수 없는 부분을 정리하고, 모르는 것을 인정하라. 겸손하라. 회사 전체에 걸쳐 관계를 구축하라. 개인적인 차원에서 고객을 파악하라. 선두에 서서 이끌어라.

전체를 보는 시각

이는 또한 '단편적인 사실에서 결론 도출하기connecting the dots'라고도 한다. 모든 제품 담당자가 다른 모든 제품팀이 하고 있는 최고 수준에 도달할 것으로 기대할 수 없다. 1:1 미팅의 중요한 장점 중 하나는 다양한 팀에서 어떤 활동을 하고 어떤 문제가 발생하는지 알고, 문제가 발생하거나 반복되면 가장 먼저 알아챈다는 것이다. 갈등 또는 충격이 일어날 만한 잠재적인 부분을 지적하고, 제품 담당자가 관련된 동료와 협력하여 문제를 해결하고 필요하다면 갈등을 없애기 위해 결정을 내리도록 용기를 불어넣는 것이 당신의 역할이다.

피드백 제공하기

'엄격한 사랑tough love' 또는 '과격한 솔직함radical candor'이라고도 알려진 정직하고 건설적인 피드백은 관리자로서 제공할 수 있는 가치의 주요 원천이다. 피드백은 가능한 한 자주, 그리고 가능한 시점(은밀히 논의할 수 있는 첫 번째 기회)에 이루어져야 한다. 공개적으로 칭찬하되 비판은 개인적으로 하는 것을 잊지 마라.

많은 관리자가 피드백을 수집하고 전달하는 유일한 시간이 연간 성과 평가라고 오해한다. 하지만 사실상 직간접적으로 피드백을 수집할 기회는 매일 있다. 일반적으로 제품 담당자가 직접적으로 다른 사람들과 교류하는 것을 관찰할 수 있는 기회는 충분하다.

더 나아가, 관리자라면 항상 건설적인 피드백을 구해야 한다. 제품팀의 다른 구성원에게 상호 소통에 대해 질문하고, 고위 경영진, 이해관계자 및 비즈니스 오너owner에게 그들이 받은 인상과 제안을 질문해야 한다.

건설적인 피드백을 주는 것이 어색하게 느껴지다가, 어느 정도 지나면 제2의 본성이 된다. 하지만 그때까지는 매주 도움이 되는 건설적인 피드백을 하도록 스스로를 몰아붙여라.

지속적인 개선

다행스럽게도, 제품을 만들어 내는 작업이 매우 어렵다는 것은 분명하다. 이것은 목적지가 아니라 여정이다. 25년간 제품 실무 경험을 쌓았다고 해도 계속해서 그 역량을 배우고 개선할 수 있다. 어떤 제품이든 제품을 만드는 노력에는 자체적으로 위험이 따른다. 새로운 구현 기술이 끊임없이 등장하고, 오늘의 서비스는 미래의 플랫폼이 된다. 시장은 발전하고, 고객 행동은 변한다. 기업은 성장하고, 기대치는 높아지고 있기 때문이다.

최고의 제품 리더는 얼마나 많은 사람이 승진하도록 도왔는지, 또는 점점 더 영향력 있는 제품을 만들어 내려 노력했는지, 회사의 리더가 되거나 심지어 자신의 회사를 설립했는지 여부로 성공을 가늠한다.

상반되는 예

여기서 이 장을 끝낼 수도 있지만, 자신이 이 모든 작업을 이해하고 수행한다고 생각하나 인재 개발에 실패하는 관리자를 많이 보았다. 내 경험상, 가장 일반적인 이유는 다음과 같다.

신경 쓰지 않는 관리자

직원이 역량을 개발하지 않거나 유능해지지 못하는 가장 큰 이유는 많은 관리자가 인재 개발을 좋아하지 않거나, 이를 주된 책임으로 보지 않기 때문이다. 그래서 그것은 부차적인 업무로 밀려나고, 이를 통해 직원에게 전달되는 메시지는 분명히 다음과 같다. 스스로 챙겨라.

마이크로매니징하는 관리자

구체적으로 지시를 내리고 마이크로매니징하는 것은 사실상 쉽다. 다시 말해, 수행할 작업의 목록을 주고, 실제적인 결정을 내려야 한다면 직원들을 불러모으고 당신이 결정을 내리면 된다. 이렇게 하는 것이 실망스러운 이유를 모두 나열하는 것은 이 장에서 다룰 범위를 벗어난다. 그러나 어떤 경우에서든 이런 식의 관리는 필요로 하는 인재들의 역량을 개발하지 못하며 확장 가능한 해결 방법도 아니다.

말만 하고 듣지 않는 관리자

논의할 항목에 대해 메모하여 세션을 준비하는 것은 잘못이 아니지만, 이 세션은 주로 제품 담당자를 위한 것이지, 관리자를 위한 것이 아님을 명심해야 한다. 30분 동안 계속 떠들기는 너무 쉽고, 그래서 시간이 부족할 수도 있다. 게다가 누구나 다른 방식으로 학습한다는 사실을 깨닫는 것은 중요하다. 말하지 않고 경청함으로써 배우게 될 것이다.

곤란한 피드백은 주지 않는 관리자

사실, 솔직하고 정직하고 건설적인 피드백을 주는 법을 배우는 것은 어렵다. 하지만 그렇게 하지 않으면, 직원은 우리가 원하는 만큼 빨리 성장하고 향상되지 않는다. 이는 대개 다음번 성과 평가를 검토할 때 매우 명확해지는데, 이때 직원은 부정적인 피드백을 듣고 놀란다.

분명히 말하지만, 성과 평가에서 **놀랄 일은 없어야 한다.** 지난 몇 달 동안 모든 것이 심도 있게 이미 논의되었어야 하기 때문이다. 다음 장에서 성과 평가에 대해 설명하겠지만, 성과 평가는 모든 당사자를 매우 상심하고 분노하게 만든다. 그러나 지금 당장 명심할 중요한 점은, 성과 평가가 인재를 개발하는 핵심적인 도구가 아니라는 것이다. 핵심 도구는 매주 하는 1:1 미팅이다.

불안정하거나 무능한 관리자

이 1:1 미팅 기술은 관리자로서 유능하다는 것을 전제로 한다(그렇지 않으면, 어떻게 다른 사람들이 유능해지도록 코칭할 수 있겠는가?). 자신의 기여와 가치에 대해 충분히 확신하기 때문에, 다른 사람이 잘할 때 주목받게 하는 것이 기쁘고 그들의 성공에 위협을 느끼지 않는다. 하지만 슬프게도, 어떤 이유에서든 그렇지 못한 관리자가 있다. 큰 기업에서는 제품 총책임자가, 스타트업 회사에서는 CEO가 훌륭한 프로덕트 매니저를 확보하는 책임을 진다.

앞서 말했듯이, 개인적으로 다른 사람을 코칭하고 개발하는 데 필요한 경험이 없다면, 즉시 당신을 코칭해 줄 제품 리더를 필수적으로 찾아야 한다. 이 책임을 가볍게 여겨서는 안 된다.

손을 떼지 못하는 관리자

나에게 있어서는 마지막 수단이기 때문에, 이 항목은 포함하기가 망설여진다. 하지만 지칠 줄 모르는 유능한 관리자가 한 사람을 코칭하기 위해 몇 달간 성실하게 코칭하고도 역량을 올리지 못하는 경우가 때로 있다.

모든 사람이 제품 담당자로 적격인 것은 아니라는 사실을 인식해야 한다. 내가 이런 경우를 본 것은 대개 회사에서 다른 역할을 하다가 재배치된 사람이었다. 아마도 예전에 고객이어서 제품이나 해당 도메인을 알고 있었거나, CEO를 알고 있었기 때문일 수도 있다. 그러나 그 사람은 그 역할에서 성공할 수 있는 핵심 기반이 없다.

더 나아가 제품에 관련된 프로덕트 매니저, 프로덕트 디자이너, 기술 리더는 하급자가 아님을 명심하기 바란다. 매일 해야 할 일을 다른 사람에게서 들어야 하는 사람은 제품 담당자로 적합하지 않다. 그리고 발전을 기대하기가 어렵다. 능력 있고 유능한 제품 담당자로 발전할 수 있는 사람이 필요한 것이다. 즉, 목표가 주어지면 이를 달성하기 위해 방법을 찾아내리라고 믿을 만한 사람 말이다.

이런 관점에서, 관리자로서 당신은 새로운 제품 담당자를 유능하게 만들어야 한다. 적당한 기간(보통 3~6개월) 내에 해낼 수 없다면, 그 사람이 성공할 수 있는 적합한 일을 찾도록 도울 필요가 있다.

요약

제품 리더인데 그동안 코칭에 집중하지 않았다면, 코칭이야말로 제품 리더로서 해야 할 일의 전부라는 사실을 이제라도 깨닫길 바란다. 그리고 이 책을 진실된 노력을 기울여 코칭하는 프레임워크로 사용할 수 있길 바란다.

제품 리더에게는 제품팀이 자신의 제품이며, 코칭은 훌륭한 제품을 만들어 내는 방법이다. 제품 담당자로서 이런 유형의 지속적이고 강력한 코칭을 받지 못했다면, 관리자에게 문제를 제기하고 잠재력을 이끌어 낼 수 있도록 시간을 투자할 의향이 있는지 확인하기 바란다.

제품 담당자로서 경력을 시작하면서 면접 과정에서 회사와 직무를 평가하고 있다면, (회사가 잠재력이 있고 투자할 만한 가치가 있다고 확신하는 경우) 가장 중요한 일은 채용 관리자가 이런 수준의 코칭을 제공할 의향과 능력이 있는지 확인하는 것이다.

CHAPTER

11

서술형 보고서

앞 장에서 관리자와 직원 간 1:1 코칭 세션의 중요성에 대해 설명했다. 이 기법은 제품 담당자가 자신의 잠재력을 발굴하도록 돕는 지속적인 메커니즘을 제공한다.

이 장에서는 내가 가장 좋아하는 코칭 도구로서 제품 담당자가 탁월해지는 데 도움이 되는 서술형 보고서written narrative에 대해 논의하고자 한다. 그러나 이 기술은 내가 보유하고 사용하는 다양한 코칭 기술 중에서 가장 저항이 크다는 점은 먼저 인정할 필요가 있겠다. 사실, 적지 않은 사람에게 사실상 강제로 사용하게 했다. 그 효과를 의심하는 사람은 별로 없지만, 때로 고통스러울 수 있다. 그리고 이 기법을 가장 필요로 하는 사람이 가장 많이 저항한다는 것을 알게 되었다.

제품 담당자, 특히 프로덕트 매니저는 항상 논쟁을 벌여야 한다. 사소한 일이라면 별문제 없지만, 일단 비용이 많이 들고 위험해지면(예를 들면, 큰 기능이나 프로젝트, 특히 중요한 새로운 노력이 포함된 경우) 많은 사람이 의문을 갖고 이의를 제기하는 것은 당연하다. 대개는 회사의 임원이 그렇지만, 자신의 팀을 설득하는 일부터 시작하는 경우가 많다.

내가 말하는 기법은 당신의 주장과 제안을 설명하는 이야기를 작성하는 것이다. 분명히 말하지만, 제품 사양을 말하는 것이 아니다. 제품 사양은 설득력이 없고, 만들고 싶은 것의 세부 정보를 설명하는 문서일 뿐이다. 그보다는 해결하려는 문제, 고객과 회사의 비즈니스에 가치가 있는 이유, 그 문제 해결을 위한 전략을 서술한 6쪽 분량의 문서를 작성한다. 이 이야기가 잘 완성되면, 문서를 읽은 사람은 영감을 받고 확신하게 될 것이다.

이 서술형 보고서를 운영과 혁신의 핵심으로 만든 회사가 아마존Amazon이다. 아마존은 내가 아는 회사 중 어느 곳보다도 이 기술을 철저히 받아들였다. 그들이 세계에서 가장 끊임없이 혁신하는 회사 중 하나인 것은 우연이 아니다.

사실, 제품 담당자가 몇 번의 시작 단계 미팅에서 파워포인트로 만든 프레젠테이션을 보여 주고, 손을 흔들어 주의를 집중시키고, 의미 있는 데이터를 제시하면서, 열정적이고 자신감 있게 들리게 하는 것은 어렵지 않다. 그런 후에 그 회의가 위원회committee의 설계에 따라 변질되거나, 그보다 나쁘게는, 모두가 좌절해서 그 방에서 가장 많은 월급을 받는 사람에게 의사 결정을 구하는 것을 볼 수 있다.

이런 일이 발생하면, 제품 담당자가 해야 할 과제(역량 계발/자기 계발)를 하지 않았다는 것이 분명하다. 담당자는 그 핵심 주제를 제대로 이해하지 못했다는 것이 명백하고, 그래서 논쟁은 설득력이 없다. 담당자는 다양한 관점과 제약을 충분히 고려하고 다루지 않았다.

서술형 보고서는 이런 주제를 아주 명확하게 해 준다. 이런 자리에서 제품 관련자가 나서서 허풍을 떨며, 잘 모르는 내용을 아는 척하는 것은 흔히 보는 풍경이다. 그러나 서술형 보고서는 꾸밀 수가 없다.

전 넷스케이프 엔지니어이자 오랫동안 아마존에서 일한 브래드 포터Brad Porter는 이렇게 말했다. "속도와 규모는 무기다. 그리고 아마존은 모든 사람에게 이미 그 비밀을 말했다. 단지 그것을 실행할 규율이 있느냐가 문제이지만."[1]

지난 25년간 일관되게 기술에 기반하여 혁신을 이뤄 온 아마존의 기록에도 불구하고, 내가 아는 대부분의 제품 담당자는 이러한 유형의 보고서 분석과 제안서를 작성하는 것을 피하려고 갖은 수를 쓴다. 하지만 이는 더 빨리 움직이고 더 나은 결정을 내리기 위해 할 수 있는 가장 가치 있는 일 중에 하나다.

이런 이유에서 먼저 1:1 미팅 기법을 강조한 것이다. 극소수의 제품 담당자만이 이런 서술형 보고서를 만들고, 그 논쟁의 명백한 허점을 혼자서 마주하는 훈련을 한다. 그렇지만 관

---

1 https://www.linkedin.com/pulse/beauty-amazons-6-pager-brad-porter/ 브래드 포터의 아마존 관련 링크드인 글에서 발췌

리자는 이런 과정에서 제품 담당자를 코칭할 수 있다. 몇 페이지짜리 글을 구성하고, FAQ를 통해 보충한다. 핵심 경영진과 이해관계자가 제기할지 모르는 우려와 반대를 예상하고, 이러한 반대에 대한 명확한 답변을 고려하고 작성하는 시간을 가진 다음, 이런 우려를 지닌 사람들과 함께 이러한 대응을 검토하려는 취지다. 경영진은 나중에 이 글을 읽었을 때, 당신이 문제를 예상하고 이에 대한 대응 방안을 고려했으며 과제(역량 계발/자기 계발)를 했다는 사실을 알 수 있다.

아마존에서 하듯이 의사결정 회의를 시작하기 위해 이 보고서를 활용할 수도 있다. 아니면, 여전히 파워포인트로 발표하기로 결정했더라도, 먼저 서술형 보고서를 잘 만들면 프레젠테이션을 매우 쉽게 만들 수 있고 내러티브에서 내용이 술술 흘러나올 것이다. 발표가 훨씬 더 좋아지고, 준비된 자료는 눈에 띄어 청중에게 당연히 좋은 인상을 남길 것이다.

서술형 보고서에 대해 익숙하지 않던 경력 초반에 나는 스스로 확신을 가질 필요가 있었다. 나를 안전지대에서 벗어나 변화할 수 있도록 이끌어 준 나의 매니저에게 무척 고맙다.

나는 여전히 이 기법을 자주 사용한다. 새로운 기조 연설keynote presentation을 작성할 때, 먼저 전체 내러티브를 작성하고, 내가 존경하면서 내게 솔직하게 말해 줄 사람과 논리적이고 설득력이 있을 때까지 내러티브를 검토하는 것을 반복한다. 그런 다음에야 실제 프레젠테이션 자료를 만든다.

지금까지 이 기법을 시도해 본 적이 없다면, 다음에 있을 중요한 업무에 이 기법을 꼭 사용해 보기를 바란다. 이것이 상당히 불편하다는 것을 받아들여라. 반드시 팀원과 핵심 이해관계자의 견해를 통합해라. 시간을 들여서 명확하고 간결하며 설득력 있게 만들어라. 결국에는 훨씬 더 강력한 제품 담당자가 될 것이라 확신한다.

CHAPTER

12

전략적 콘텍스트

코칭에 대한 이야기를 계속 이어가서, 이 장에서는 코칭의 다른 측면을 살펴보겠다. 즉, 제품팀 운영에 작용하는 광범위한 비즈니스 콘텍스트에서 필수적인 부분을 이해하는 것이다.

이 정보를 **전략적 콘텍스트**strategic context라고 부를 텐데, 이것은 몇 가지 중요하고 핵심적인 주제를 포함하는 것으로, 모든 주제는 여러 장에 걸쳐 자세히 논의할 것이다. 이런 주제는 모든 팀이 좋은 결정을 내리는 데 필요한 전체적인 이해로 구성한다.

제품팀이 스스로 결정할 수 있는 권한을 부여받으려면, 결정에 바탕이 되는 맥락을 갖추어야 한다. 이러한 전략적 콘텍스트는 보통 회사의 제품 리더에게서 나오지만, 제품팀, 특히 프로덕트 매니저는 이 콘텍스트를 잘 이해해야 한다. 일반적으로 조직에 합류하는 새로운 프로덕트 매니저를 위한 적응 프로그램에 전략적 콘텍스트를 포함한다.

참고: 이 장에서는 '회사'라는 용어가 더 큰 비즈니스 개체를 나타내지만, 매우 큰 회사에서는 비즈니스 단위 또는 사업부에 따라 이 전략적 콘텍스트가 각각 다를 수 있다. 예를 들어, 구글에서 유튜브YouTube 사업부와 애드워즈AdWords 사업부는 서로 다른 전략적 콘텍스트를 가지고 있다.

일반적으로 여섯 가지 유형의 전략적 콘텍스트가 있다.

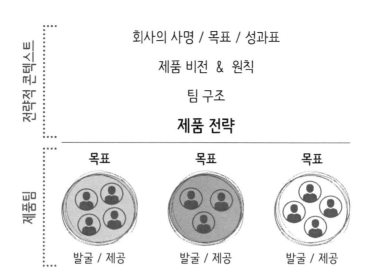

회사의 사명

간단히 말하면, 이것은 회사의 목표다. 우리가 존재하는 이유를 관련된 모든 사람에게 알린다는 뜻이다. 보통 간단한 선언문 형태인데, 회사가 시작해서 끝날 때까지는 아니더라도, 10년이상은 유지된다. 직원이 회사의 사명company mission을 모른다면, 이는 회사의 문화나 리더에게 심각한 문제가 있다는 명백한 신호다.

그러나 모든 사람이 회사의 목표를 알고 있는 것이 상식이지만, 각 개인이 어떻게 그 사명에 기여할 수 있는지 대부분은 모를 수도 있다.

회사 성과표

모든 제품과 회사에는 비즈니스의 전체적인 그림과 건전성을 이해하는 데 도움이 되는 몇 가지 핵심 성과 지표KPI가 있다. 여기에서는 **회사 성과표**company scorecard라고 하지만, 때로는 **회사 대시보드**company dashboard 또는 **건전성 메트릭스**health metrics라고 한다. 경우에 따라서는 상당히 간단하지만, 어떤 경우에는 매우 복잡할 수도 있다.

예를 들어, 양면적 특성을 갖는 시장에는 일반적으로 시장이 건전한지, 즉 양측이 동시에 가치를 가지고 균형을 유지하고 있는지 알려 주는 몇 가지 중요한 KPI가 있다.

건강하지 않은 시장의 분명한 예로, 고용주가 일자리를 게시하고 구직자가 일자리를 찾는 구직 시장이 있다고 가정해 보자. 매일 수천 명이 일자리를 찾으러 오고 있지만, 일자리가 거의 없는 경우라면, 구직자는 좌절하고 다른 곳으로 떠나려 할 것이다. 물론, 양면적인 구직 시장에서는 적어도 두 유입 경로(구직자 유치용과 고용주 유치용)가 있으며, 각 유입 경로의 핵심적인 측정 항목을 면밀히 관찰한다.

회사 성과표는 이러한 비즈니스 역학을 포착한다. 모든 지표에 초점을 맞추지는 않지만, 가장 중요하고 의미 있는 지표에 초점을 맞춘다. 이는 회사의 리더가 회사의 전반적인 건정성과 성과를 판단하는 방법이다.

회사의 목표

일단 회사 성과표를 이해하면, 올해 회사가 집중하고 있는 구체적인 목표에 대해 논의할 수 있다. 일반적으로 이사회가 함께 참여하여 고위 경영진senior leadership team이 가장 중요하게 초점을 맞춰야 하는 영역을 목표로 선택한다. 목표는 성장, 확장, 수익성 또는 고객 만족과 연관될 수 있다. 그리고 목표를 이루기 위한 각 개선 영역에는 일반적으로 회사가 달성하고자 하는 특정 비즈니스 목표(핵심 결과)가 있다. 이러한 회사의 목표는 특정 프로젝트에서 기능을 개발하여 제공하는 것 같은 **산출물**output이 아니라, **비즈니스 결과**outcomes여야 한다. 주요 결과는 거의 항상 회사 성과표에 있는 KPI와 맞아떨어진다. 이 지표가 아직 성과표에 없다면, 보통은 성과표에 추가된다.

이러한 방식으로 회사는 목표에 대한 진행 상황을 추적하고, 동시에 비즈니스 건전성에 의도하지 않은 부정적인 결과가 발생하지 않음을 보장할 수 있다.

제품 비전과 원칙

궁극적으로, 회사의 사명을 수행하는 방법은 고객을 위한 제품과 서비스를 개발하는 것이다. 제품 비전은 우리가 그렇게 하기를 바라는 방식이다. 일반적으로 제품 비전은 3년에서 10년 정도로, 우리가 만들고자 하는 미래와 그 미래가 고객의 삶을 개선시킬 수 있는 이유를 설명한다.

사명은 회사의 목표를 알려 줄 수 있지만, 이를 구현 가능하게 만드는 것은 비전이다. 제품 비전은 능력 있는 제품 담당자를 모집하기 위한 최고의 도구이기도 하다.

제품 담당자는 몇 년 동안 이 비전을 바탕으로 매일 일하므로, 비전은 영감을 주어야 한다. 그러나 우리는 아직 세부 사항을 알지 못하기 때문에 제품 비전이 너무 구체적이지 않은 것도 중요하다. Part IV에서 제품 비전에 대해 알아볼 텐데, 권한이 부여된 팀은 이런 비전을 어떻게 실체화할 것인지 알아낼 것이다.

제품 원칙은 제품을 만드는 과정에서 내리는 많은 결정에 대한 가치와 신념을 명시하여 제품 비전을 보완한다. 그래서 결정은 돌고 도는 절충trade-off을 중심으로 이루어지고, 제품 원칙은 절충할 때 우선시할 가치를 분명히 하는 데 도움이 된다. 제품팀은 이러한 원칙과 각 원칙의 이면에 있는 의미를 이해해야 한다.

팀 구조

팀 구조team topology는 각 제품팀의 책임을 설명하는데, Part V에서 자세하게 설명하겠다. 각각의 제품팀이 더 큰 그림에서 자신의 위치와 다른 팀과 연결되는 방식을 이해하는 것이 중요하다.

제품 전략

제품 전략은 무형의 목표가 더욱 구체화되기 시작하는 지점이다. 우리가 존재하는 이유, 즉 올해에 달성하려는 일련의 회사 목표가 있고, 달성하는 데 여러 해가 걸리는 제품 비전이 있으며, 각기 다른 기술과 책임을 가진 다양한 제품팀이 있다. 제품 전략은 이러한 개념과 대상을 연결한다. 제품 전략은 각 특정 제품팀이 목표를 추진, 조정하게 할 것이다. 제품 전략이 작용하는 방식은 이 책(특히, Part VI)의 주요한 주제다.

각 제품팀이 목표를 정하고 나면, 풀어야 하는 문제를 다루기 시작할 수 있다. 회사 사명, 회사 성과표, 회사 목표, 제품 비전과 원칙, 제품 전략에 의해 주어진 전략적 콘텍스트는 회사의 모든 제품팀에 적용된다는 뜻이다. 각 제품 담당자, 특히 프로덕트 매니저는 이러한 전략적 콘텍스트를 잘 이해해야 하며, 자신이 속한 팀이 공통의 목표에 어떻게 기여하고 있는지 말, 행동, 의사 결정으로 입증해야 한다.

13

오너십

앞의 여러 장에서 프로덕트 매니저의 역량을 높이기 위해 설계된 여러 코칭 도구와 기술을 살펴보았다. 이와는 달리, 이번 장과 다음 장에서는 코칭 태도와 사고방식을 분석하려 한다.

훌륭한 제품 담당자는 지식과 기술 측면에서 유능할 뿐만 아니라, 효과적인 제품 사고 방식을 가지고 있고, 결정과 의사소통을 할 때 항상 올바르게 판단한다. 이 장에서는 제품 담당자가 지녀야 하는 중요한 사고방식을 논할 것이다. 즉, 고용주owner의 사고방식 대 직원 employee의 사고방식의 차이다.

이 장이 많은 사람에게 민감한 주제를 다룬다는 사실을 미리 인정하고 싶은데, 이 주제를 논하다 보면 쉽사리 각 개인에 대한 생각들로 흘러가기 때문이다. 특히 일과 개인의 삶에 대해 다른 태도를 취하는 나라에서 성장한 사람은 더욱 그렇다. 그렇기 때문에 세계 최고의 기술 제품을 만드는 팀의 프랙티스practice와 기법technique을 공유할 뿐이라는 사실을 다시 한 번 상기시켜 주고 싶다.

대부분의 회사에서 하는 일반적인 업무 방식을 공유하려는 게 아니다(내가 이런 회사가 일하는 방식을 어떻게 생각하는지 서문에서 언급했다). 나는 모범 사례를 공유하려 한다. 또한 주관적 기준이 아닌 객관적 결과로 **최고**best를 판단하려고 한다.

이러한 경고와 함께 많은 제품 리더는 "직원이 아닌 회사의 오너처럼 생각하는 사람을 뽑고 싶다"는 말을 듣는다. 이 말은 실제로 무엇을 의미하는가? 그리고 정말 얼마나 중요한가?

제프 베조스Jeff Bezos는 1997년에 주주에게 보낸 서한에서 다음과 같이 말했다.

"우리는 다재다능하고 재능 있는 직원을 고용하고 유지하는 데 계속 집중할 것이며,
이를 위해 직원들에게 현금보다는 스톡 옵션으로 보상하는 쪽을 선택하겠습니다.
동기 부여된 직원을 회사로 끌어들이고, 그들을 얼마나 계속 회사에 남아있게
하는가가 회사의 성공에 크게 영향을 준다는 사실을 우리는 잘 알고 있습니다.
그러려면 직원은 주인처럼 생각해야 하고, 따라서 실제로 주인이어야 합니다."[1]

그는 최근에 보낸 주주 서한에서도 이 중요한 핵심을 다시 한번 반복했다.[2]

제프 베조스는 극히 중요한 것을 모두 말한 것이다. 훌륭한 관리자가 제품 담당자의 역량 개발을 위해 도와주어야 하는 가장 중요한 부분이 주인 의식owner's mindset이다.

그렇다면 '주인처럼 생각하기'라는 개념에 대해 생각해 보자. 사실, 매력적인 제품 비전과 같은 의미 있는 것에 흥미를 갖기는 어렵지 않다. 그렇다고 주인처럼 생각하지는 않는다. 그래서 나는 대부분의 주인은 미션팀처럼 행동하지만, 모든 미션팀이 주인처럼 행동하지는 않는다고 생각한다.

강력한 제품팀을 만든다는 것은 해결해야 하는 문제에 대한 **오너십**ownership을 팀에 부여하는 것이고, 그러면 팀은 그들이 맞다고 생각하는 최고의 방법으로 문제를 해결하는 능력을 갖추게 된다. 권한이 부여된 제품팀 모델은 오너처럼 생각하는 제품 담당자에게 달려 있지만, 제품 담당자가 임파워드 제품팀에 속해 있다고 해서 모두 다 오너십을 가지는 것은 아니다.

내(마티)가 기술 담당자였다가 프로덕트 매니저의 책임까지 역할 확장을 고려할 때, "왜?"라는 필연적인 질문에 대한 근거와 함께 이 개념이 나에게 어떻게 다가왔는지 기억한다.

프로덕트 매니저로서 오너처럼 생각한다는 것은 고객, 제품팀, 이해관계자 및 회사 투자자에 대한 진정한 의무와 책임을 느껴야 한다는 의미라고 들었다.

왜 그럴까? 프로덕트 매니저가 제품팀을 이끌고, 팀과 회사의 임원이 내 말과 행동으로 나를 판단하기 때문이다.

---

1 http://media.corporate-ir.net/media_files/irol/97/97664/reports/Shareholderletter97.pdf
2 https://blog.aboutamazon.com/company-news/2019-letter-to-shareholders

제품팀은 내가 팀의 디자이너와 엔지니어가 최상의 솔루션을 내놓는 데 필요한 전략적 콘텍스트를 제공할 것이라 믿고 있다고 들었다.

왜 그럴까? 팀은 소위 해결 방안의 요구 사항을 그들에게 설명하기보다는 해결해야 할 콘텍스트와 문제가 주어지면 훨씬 더 훌륭하게 일을 해내기 때문이다.

이 일을 해내려면 고객, 데이터, 비즈니스 및 산업에 대해 공부하는(말 그대로 수천 번 반복한 말처럼) '과제(역량 계발/자기 계발)를 해야' 한다고 들었다.

왜 그럴까? 디자이너와 엔지니어는 이러한 지식과 콘텍스트를 갖춘 팀원이 필요하고, 이것이 팀에 할당된 문제를 해결하는 데 직접적으로 기여할 것이기 때문이다.

어떤 장애가 발생하고 그것이 실제로 일어날 것으로 보여도, 극복할 방법을 찾아내겠다고 약속해야 한다고 들었다.

왜 그럴까? 기술 제품은 결코 쉽지 않기 때문이다. "제품이 출시되지 못하는 정당한 이유는 항상 많고, 각 장애물을 넘거나 관통하는 방법을 찾는 것은 당신의 책임이다"라는 구절을 나는 기억한다.

나의 성과는 결과로 측정될 것이라고 들었다(오늘날 다시 인기를 끌고 있는 문구이지만, 1980년대 HP에서는 말 그대로 표어였다).

왜 그럴까? 산출물과 성과를 절대 헷갈리지 않도록 주의해야 한다. 우리의 고객은 노력이나 행위가 아닌 결과에만 관심이 있기 때문이다.

성공하려면 내가 의지해야 하고 나를 의지하는 회사의 모든 사람과 관계를 구축하고 유지하기 위해 열심히 노력해야 한다는 말을 들었다.

왜 그럴까? 회사, 특히 큰 기업의 경우에는 영업력, 수익, 고객, 평판 등 자산을 보호하기 위해 일하는 사람이 많으며, 회사에서 일을 잘 수행한다는 것은 비즈니스에 적합한 해결 방안을 고안해내어 이러한 제약을 이해하고 존중한다는 의미이기 때문이다.

회사의 리더는 내가 자기 계발에 투자했다고 느끼는지(지속적으로 공부하고 제품에 대해 잘 알고 있는지), 오너처럼 생각하고 행동하고 있는지, 제품팀이 실력이 있는지 결정하기 위해 계속 나를 보고 판단할 것이라고 들었다.

왜 그럴까? 권한이 부여된 팀 모델을 가진 회사의 경영진은 프로덕트 매니저가 탄광의 카나리아라는 사실을 알기 때문이다.

일이 잘 안 풀리면 책임을 지되, 일이 잘 풀리면 팀에 공을 들여야 한다는 말도 들었다.

왜 그럴까? 좋은 리더(그리고 좋은 오너)는 그렇게 하기 때문이다.

팀에 동기를 부여하고 전도하는 것이 내 책임이라고 들었다.

왜 그럴까? 우리는 용병이 아닌 미션팀을 원하기 때문이다.

결국에, 대부분의 프로덕트 매니저가 예전에 여러 번 들어 본 것처럼, 성공을 보장할 책임은 있지만 사람들을 지시할 권한은 없다고 들었다.

왜 그럴까? 혁신은 디자인과 엔지니어링과의 진정한 협업에 달려 있기 때문이다. 보고받는 관계가 아니라 동료 관계라는 말이다(다른 이유도 있지만, 다른 장에서 다루겠다).

지금까지의 내용이 정확히 그때 했던 말 그대로는 아니지만, 꽤 비슷했다고 기억한다. 그리고 직원이 아니라 오너 직원처럼 생각하라는 관점에서 내가 코칭하는 제품 담당자에게 전달하려는 메시지와 매우 흡사하다. 이를 요약한다면, 오너처럼 생각하는 것과 직원처럼 생각하는 것은 활동activity보다는 결과에 대해 책임 지는 것이라고 말하고 싶다.

흥미롭게도, 나는 뛰어난 디자이너와 엔지니어에게는 제품 관리로 옮겨보라고 설득한다. 몇몇은 제품 관리의 길로 향하는 반면, 내가 들은 거절에 대한 가장 흔한 이유는 결과에 대한 책임(그리고 책임으로 인한 압박)을 지고 싶지 않다는 것이다. 그들의 선택을 이해하고 존중하지만, 이것이 프로덕트 매니저에게는 중요한 사고방식이라는 제프 베조스의 말에 동의한다.

(주식) 지분의 힘

오너처럼 생각하는 것에 대해 논할 때, 논의 전체가 스톡옵션 보상이라는 주제와 직접 관련이 있음을 인정하는 것이 중요하다. 스톡옵션 보상은 오너처럼 생각하는 것만이 아니라 **말 그대로** 오너가 되도록 설계되어 있다. 세계 최고의 기술 제품 회사에서 주식 옵션이나 보조금의 형태로 지분을 사용하여 오너십을 확산하는 것은 전혀 우연이 아니다.

이것이 실리콘밸리의 혁신 동력에 크게 기여한 것은 잘 알려져 있다. 많은 사람이 주식 지분이라는 말이 스타트업에만 해당된다고 생각하지만, 아마존, 구글, 넷플릭스, 애플처럼 가장 규모가 크고 최고의 제품 회사를 포함하여 모든 규모의 회사에 적용된다.

그러나 잘 알려지지 않은 사실을 말하면, 세계의 많은 지역에서 지방 세법으로 인해 지분을 나눠 주기가 어렵다. 이런 회사에서는 "그건 내 일이 아니야"라며 두려워서 억누르는 경우를 훨씬 많이 보게 된다.

핵심 직원에게 제품 성공에 대한 보상을 공유하는 데는 주식 말고 다른 방법이 있다. 가장 분명한 것이 회사 이익 공유 계획(profit-sharing plan)이다.

하지만 진정으로 핵심 인물이 오너처럼 생각하고 행동하기를 원하는 CEO라면 오너처럼 보상해 줘야 한다고 생각한다. 아무도 중요한 기여를 한 엔지니어가 고위 임원과 같은 수준의 주식을 받을 것이라고 기대하지 않지만, 회사가 실제로 잘 해낸다면 물질적인 것은 그다지 어렵지 않다.

마찬가지로, 주식 옵션을 지속적으로 유지하는 것은 중요하다. 직원이 완전히 귀속된 후에 떠나기를 원하지 않기 때문에, 매년 강력한 실적을 낸 직원에게 추가 주식을 계속 준다는 뜻이다. 지속적인 주식 옵션 전략은 최고의 직원이 완전히 회사에 귀속되기 전에 회사를 떠난다면 상당한 보상을 포기하고 떠나게 된다고 항상 느낄 것이라는 의미다. 나에게 이것은 명백한 원윈(win-win) 전략의 예다. 직원에게 매우 좋고, 회사에도 매우 좋다(따라서 회사의 주주에게도 이익이다).

당신이 관리자로서 어떤 것을 성취했든지, 나는 직원이 나와 마찬가지로 회사의 부분적인 소유자라고 말할 수 있다는 것이 항상 매우 강력함을 깨달았다. 특정한 일상적인 문제에만 집중하는 것이 아니라 장기적으로 회사를 위한 가치 창출에 대해 생각해야 한다.

CHAPTER

14

시간 관리

프로덕트 매니저가 하는 매우 중요한 작업을 완료하려면, 하루에 고스란히 네 시간은 필요하다고 나는 오랫동안 주장했다. 만약 프로덕트 디자이너나 기술 책임자가 실제로 창의적인 작업을 하는 데 시간을 보낼 수 없다면 더 큰 문제다. 따라서 이 시간 관리는 주로 프로덕트 매니저와 관련된 사안이다.

좀 더 명확하게 말하면, 이메일이나 슬랙Slack 또는 회의에 대해 말하는 것이 아니다. 우리가 해결하려고 하는 어려운 문제에 대한 해결책을 찾기 위해 노력하는 양질의 시간을 의미한다. 다른 말로는 **제품 발굴**product discovery이라고 한다.

그래도 스케줄 시간표를 보고 그 네 시간의 유일한 기회가 오후 6시부터 밤 10시까지라는 것을 알기 전까지는 그렇게 나쁘게 들리지 않는다(그래서 많은 프로덕트 매니저가 주 60시간 이상 근무하게 된다). '실제 제품 관련 업무'를 할 시간이 없다고 끊임없이 불평하면서 회의에서 회의로 급히 뛰면서 시간을 보내는 광적인 프로덕트 매니저를 보았을 것이다.

따라서 가장 일반적이고 중요한 코칭 주제 중 하나가 새로운 프로덕트 매니저가 시간을 관리하는 방법을 배우게끔 돕는 것임은 놀랍지 않다. 이 문제에 대해 코칭을 시작하면 먼저 시간을 어떻게 보내는지 살펴보게 되는데, 대부분의 경우 **프로덕트** 매니저가 제품 관리 업무가

CHAPTER 14 시간 관리 **75**

아닌 **프로젝트** 관리 업무로 대부분의 시간을 소비하고 있음을 알게 된다. 그들 스스로는 그렇게 여기지는 않지만, 나는 그들에게 실제로 무슨 일이 일어나고 있는지 지적하려고 노력한다.

왜 이런 현상이 일어날까? 부분적인 이유는, 일이 진행되는 데 꼭 필요한 업무이기 때문에(특히 긴급한 경우), 그리고 프로덕트 매니저가 본인 말고는 적당하거나 그 일을 할 수 있는 사람이 있으리라고 생각하지 않기 때문이다. 또 다른 이유로는 많은 프로덕트 매니저가 제품 관리가 실제로 무엇인지에 대해 교육받거나 코칭을 받지 않았기 때문에, 해당 업무가 해야 할 역할이라고 생각한다. 그리고 또 다른 부분적인 이유는 많은 사람이 프로젝트 관리 업무가 훨씬 명백하고 간단하여 더 편안하다고 생각하고, 또 매일 업무 목록에서 해야 할 일을 확인하고 리스트를 지워 나가는 것을 생산적으로 느낄 수도 있기 때문이다.

여기서 모든 리더십 역할(엔지니어링 관리자, 마케팅 관리자, CEO)에는 항상 일정량의 프로젝트 관리 업무가 존재한다는 사실을 인식하는 것이 중요하다. 그들은 때로로 "고양이를 떼로 모아야 한다herd the cats"(관리하기 어려운 것을 관리하려고 노력한다는 뜻). 하지만 이것이 리더십의 역할을 정의하는 것이 아니며, 프로덕트 매니저의 업무를 정의하는 것도 아니다.

프로덕트 매니저로서 최우선의 팀을 위한 기여와 책임은 엔지니어가 만들어야 하는 것이 그럴 만한 가치가 있는지 확인하는 것이다. 그것은 필수적인 결과를 가져온다. 이는 디자이너, 엔지니어와 협력하여 가치 있고 유용하며 구현 가능하고 실용성 있는 솔루션을 만들어 내야 함을 뜻한다. 이것이 바로 제품 발굴로, 하루에 꼬박 네 시간씩 들여야 하는 일이다. 나는 프로덕트 매니저가 주마다 이 시간을 보장하기 위해 부수적인 일들을 차단하고, 보호할 것을 권장한다. 그렇게 해도 여전히 다른 일을 할 수 있는 시간이 반나절이 남는다.

물론, 프로젝트 관리 업무는 사라지지 않는다. 그래서 이 문제에 대해 내가 가장 좋아하는 해답은 프로덕트 매니저가 프로젝트 관리를 맡을 수 있는 딜리버리 매니저delivery manager와 팀을 이루어 프로덕트 매니저가 자신의 업무에 집중할 수 있도록 하는 것이다. 하지만 훌륭한 매니저조차도 그러한 책임을 포기하는 것이 마음이 편치 않다고 느끼는 것 또한 사실이다.

어떤 식으로든 하루에 네 시간을 확보할 수 없다면, 두 가지 가능성이 있다. 근무 시간을 늘리거나, 결과를 내지 못해 업무에 실패하는 것이다.

어떤 사람은 더 열심히 일할 게 아니라 더 똑똑하게 일해야 한다고 주장한다. 나는 이 말에 절대적으로 동의한다. 사실 《인스파이어드》를 보면, 더 열심히 일하기보다는 더 똑똑하고 빠르게 일하는 방법이 책 내용의 전부다. 어떻게 하면 프로덕트 매니저가 더 열심히 일하기보다는 더 똑똑하게 일할 수 있는지에 대해, 나는 누구 못지않게 많은 책을 냈다. 다시 말해, 숙련된 프로덕트 매니저가 최신 기술을 사용하더라도 여전히 그 네 시간은 필요하다는 것이다.

어떤 사람은 쓸 수 있는 시간이 얼마든 그 시간을 모두 채울 정도로 항상 일은 늘어날 것이라고 주장한다. 이는 일반적으로 사실이고 제품 관리 역할에도 적용되는 말이지만, 이것은 핵심 문제가 아니다. 프로덕트 매니저가 직원이 아닌 오너처럼 생각하고 해야 할 일의 목록이 아니라 결과에 전념한다면, 실제로 의미 있는 성과를 이룰 수 있다.

나는 권한이 부여된 제품팀의 프로덕트 매니저에 대해서만 얘기하고 있음을 주목하기 바란다. '제품 관리'가 전혀 다른 역할로 여겨지는 매우 흔한 상황을 들어 보겠다.

- 당신이 딜리버리 팀의 프로덕트 **오너**라면, 나는 당신을 언급하는 것이 아니다.
- 당신이 **기능** 개발팀의 프로덕트 매니저라면, 당신의 일은 더 명확히는 프로젝트/딜리버리 매니저로 성격을 나타낼 수 있으므로, 이 또한 당신을 언급하는 것이 아니다.
- 직원수가 정말 적은 스타트업 같은 회사에서는, 일반적으로 프로젝트 관리 업무 부담도 작고 프로덕트 매니저가 감당할 문제가 아니다.

시간 관리가 항상 어렵지만, 항상 중요하다. 프로덕트 매니저를 관리하거나 코칭하는 업무를 한다면, 이것이 가장 중요한 코칭 주제가 될 것이다.

사고방식

지금까지 코칭에 관해 여러 장에 걸쳐, 현재 또는 미래의 프로덕트 매니저를 평가하는 도구를 설명하고, 먼저 유능해진 다음 모든 잠재력을 개발할 수 있도록 코칭 계획을 작성하는 방법에 대해 자세한 사례를 제공했다. 1:1 미팅의 중요성과 서술형 보고서 기법에 대해서도 논의했다. 또한, 기법과 기술뿐만 아니라 직원이 아니라 오너처럼 생각하는, 사고방식을 코칭하는 방법도 살펴보았다.

이 장에서는 마음가짐의 또 다른 측면인 사고하는 능력ability to think에 대해 다루고자 한다. 다소 토론하기 어색할 수 있지만, 유능한 프로덕트 매니저의 가장 중요한 습관이다.

'똑똑한smart' 사람을 찾는다는 관용구와 함께 사고력을 이야기하는데, 나 역시 그러했다고 인정한다. 하지만 '똑똑함'이라는 용어는 추상적이어서 문제를 모호하게 만들 수 있다.

'똑똑하다'는 말은 대개 지능을 가리킨다. 첫째, 지능과 사고가 전혀 같지 않음을 깨달을 필요가 있다. 나는 효과적으로 생각하기 위해서는(더 일반적으로, 제품 관련 경력에서 성공하려면) 일정 수준의 지능이 필요하다고 생각한다. 그러나 똑똑하지만 사고를 통해 어려운 문제를 해결하는 방법을 몰라서(또는 꺼려서) 두뇌mind를 낭비하는 사람을 수없이 봐 왔다. 둘째, 지식을 **습득**하는 것과 이를 **적용**하는 것은 별개임을 인식해야 한다. 구글같이 쉽게 접근할 수 있는 풍부한 리소스를 통해 이전보다 지식을 쉽게 습득할 수 있지만, 실제로 그 지식을 생각하고 적용하는 법을 배우는 데는 별로 도움이 되지 않는다.

사고는 왜 중요한가? 제품팀의 일은 문제를 해결하는 것이고, 사고가 그 핵심이기 때문이다.

내가 디자이너, 엔지니어와 함께 일하는 것을 매우 좋아하는 이유는(그리고 디자이너와 엔지니어를 제품 관리로 선발하려는 이유 또한) 사고가 그들이 하는 일의 핵심이기 때문이다.

그렇다, 그들은 제작자다. 하지만 사용자 경험을 디자인하거나 완성품을 만들어 낼 때, 기본적으로 문제 해결자여야 한다. 디자이너와 엔지니어는 제약이 많이 따르는 문제를 해결하는 데 능숙하다. 말 그대로 매일 하는 일이다.

마찬가지로, 프로덕트 매니저도 문제를 해결해야 한다. 사용자 경험, 또는 확장 가능한 아키텍처의 결함 없는fault-tolerant 솔루션을 설계하려는 것은 아니다. 그보다는 고객의 비즈니스, 업계, 특히 자신의 비즈니스와 관련된 제약을 해결한다. 이것은 고객이 필요로 하는 것인가? 다른 경쟁 제품보다 훨씬 나은가? 회사가 효과적으로 마케팅해서 판매할 수 있고, 만들어 낼 수 있으며, 서비스 및 지원이 가능하고, 법적 및 규제 관련 제약을 준수하는 것인가?

게다가, 기술 기반 제품과 서비스가 가진 특수한 도전 과제는 제품, 디자인, 엔지니어링이라는 세 가지 유형의 제약 조건을 동시에 해결해야 한다는 것이다. 따라서 진정한 협력이 필요하다(이는 다음 장의 주제다).

분명히 모든 직업에는 어느 정도의 사고력과 문제 해결 능력이 필요하다. 그러나 프로덕트 매니저, 디자이너, 엔지니어에게는 이 능력이 핵심이다. 사고할 때, 제품 담당자가 취약해지는 지점을 알아차리는 것은 어렵지 않다. 나는 고무적인 질문에 대한 신봉자인 동시에, 담당자가 과제(제품 관련 지식을 스스로 공부하고 습득)를 했고 문제를 우선적으로 고려하기 위해 지적 노력을 기울였다고 상정하여 질문한다. 하지만 너무 자주, 그들이 노력하지 않았다는 것을 보게 된다.

훌륭한 회사는 입사 후보자가 인터뷰 과정에서 문제를 얼마나 잘 생각하고 해결할 수 있는지 보려 한다. 문제는 응시자가 질문에 대한 답을 알고 있는지 여부가 아니다. 답을 모를 때 어떻게 하는가가 중요하다. 그렇기 때문에 비판적 사고와 문제 해결 능력이 매우 중요하다.

좋은 사고 능력을 기르는 데 내가 가장 좋아하는 기술은 앞서 설명한 서술형 보고서다. 그 장에서 나는 어려운 문제를 생각하는 데 익숙하지 않은 사람에게는 이 기술이 정말 고통스러울 수 있다고 경고했다. 하지만 이 기술이 가장 필요한 사람은 바로 그들이다. 그리고 어떤 사람이 제품 개발 관련 일을 하는 데 적합하지 않다는 것을 깨닫게 되는 지점이기도 하다.

그렇지만 그 사람이 필수적인 지능을 가지고 있고 기꺼이 노력을 기울이는 한, 어려운 문제를 생각하고 해결하는 법을 배우는 능력은 발전할 수 있다고 믿는다. 어쨌든, 관리자와 프로덕트 매니저의 적극적인 코칭과 성실한 노력이 필요하다.

팀 협업

이 장에서 제품 담당자에 대한 코칭을 이어서 설명할 텐데, 자주 오해를 받거나 과소평가되는 또 다른 중요한 기술, 즉 팀 협업team collaboration이 그 주제다.

협업은 너무나도 다양한 방식으로 자주 사용되어 의미가 퇴색된 단어다. 물론, 누구나 자신이 협력적이라고 생각한다. 스스로 비협조적이라고 생각하는 사람은 없다.

그러나 권한이 부여된 크로스펑셔널 제품팀의 콘텍스트에서 협업은 매우 구체적인 의미를 가진다. 이 콘텍스트에서의 협업은 얼마나 많은 팀 구성원이, 특히 프로덕트 매니저가 열심히 일하고 싶어 하는지를 뜻하는 것은 절대 아니다. 따라서 코칭 시 매니저가 특별히 더 집중해야 하는 중요한 영역이다.

또한 제품팀에 원격으로 일하는 직원이 있는 경우, 이러한 공동 작업에 자주 어려움을 겪으므로 원격 작업자에 대한 협업 코칭이 강화되어야 한다.

《인스파이어드》에서는 어떤 프로세스를 사용하든 강력한 제품팀의 세 가지 중요한 특성에 대해 기술한다. 첫째는 위험을 초기에 해결하는 것, 둘째는 협력하여 문제를 해결하는 것, 셋째는 결과에 대해 책임지는 것이다. 두 번째 특성인 협력하여 문제를 해결하는 것과 관련하여, 이는 프로덕트 매니저가 요구 사항을 정의하고 디자이너에게 전달하여 이러한 요구 사항을 충족하는 디자인을 만들고 이를 구현할 개발자에게 넘기는, 예전의 폭포수waterfall 프로세스가 아니다.

그렇다면 협업이란 무엇을 의미하는가? 협업이 아닌 것에 대해 이야기하는 것으로 시작해 보자.

먼저, 협업은 **합의**consensus가 아니다. 제품팀이 최선의 행동 과정에 동의하는 것은 좋지만, 이를 기대하거나 강요하지는 않는다. 오히려 우리는 제품팀의 각 구성원의 전문 지식에 의존한다. 일반적으로, 기술 리더가 특정 아키텍처가 필요하다고 느끼면 그 사람에게 결정을 맡긴다. 마찬가지로, 디자이너가 특정 사용자 경험이 필요하다고 느끼면 디자이너가 이 일을 맡는다. 때때로 갈등과 개인적 판단에 의한 결정이 있을 수 있고, 일반적으로 이를 해결하기 위해 검증한다.

둘째, 협업은 **산출물**artifact을 만들어 내는 것이 아니다. 대부분의 프로덕트 매니저는 자신의 임무가 '요구 사항'을 포착해서 문서 형태로 만들어 내는 것이라고 생각하거나, 그보다는 못해도 사용자 스토리를 작성하는 것으로 생각한다. 때때로(특히 팀원이 원격으로 일하는 경우) 산출물을 만들어야 하는 건 사실이지만, 확실히 우리가 협업하는 방식은 아니다. 사실상, 이러한 산출물은 협업을 방해하는 경우가 더 많다.

왜 그럴까? 프로덕트 매니저가 '요구 사항'이라고 선언하면, 대화는 그대로 끝나고, 토론에서 구현으로 넘어간다. 이 시점에서 디자이너는 디자인이 회사 스타일 가이드를 준수하는지 확인하기 위해 그곳에 있는 것처럼 느끼고 엔지니어는 코딩만 하는 것처럼 느껴서, 그들은 폭포수 방식으로 돌아온다.

셋째, 협업은 **타협**이 아니다. 평범한 사용자 경험, 느린 시스템 성능 및 제한된 확장성, 그리고 고객에게 전달된 가치의 의심스러움으로 끝난다면, 한 팀으로서 당신은 실패한 것이다.

그러므로 **효과가 있는**works 해결책을 찾아야 한다. 이는 여러 가지 의미가 있는데, **가치 있고**(타깃 고객이 실제로 구매하거나 사용하기로 선택할 만큼 충분히 가치 있는), **사용 가능한**(그래서 사용자가 실제로 그 가치를 경험할 수 있는), **구현 가능한**(실제로 그 가치를 실물로 만들 수 있는), 그리고 사업에 **실용적인**(그래서 회사의 다른 분야에서 솔루션을 효과적으로 마케팅, 판매 및 지원할 수 있는) 것을 말한다. 그렇게 하기 위해, 알 수 없는 부분을 정리하고, 모르는 것을 인정하고, 효과적인 솔루션을 찾는 데 집중해야 한다.

그리고 진정한 협업이 필요하다. 우리의 임무는 고객이 좋아하면서도 비즈니스에도 유효한 방식으로 문제를 해결하는 것임을 기억하라. 이것이 바로 권한을 부여받은 크로스펑셔널 제품팀으로서의 임무이며, 팀의 각 구성원은 필요한 기술을 가지고 있기 때문에 팀에 소속되어 있는 것이다. 이 모든 것은 제품 관리, 제품 디자인 및 엔지니어링 사이의 진실되고 긴밀한 협업에서 시작된다.

이렇게 일하기 위해 가장 좋은 방법은 (일반적으로 디자이너가 만든) 프로토타입을 두고 모여서 제안한 솔루션을 고려하고 토론하는 것이다. 디자이너는 사용자 경험에 대한 다양한 접근 방식을 고려할 수 있고, 엔지니어는 다양한 구현 방식의 의미와 이를 가능하게 하는 후보 기술의 가능성을 고려해 볼 수 있으며, 프로덕트 매니저는 가능성 있는 솔루션의 영향과 결과를 고려할 수 있다. (예: 개인정보 침해가 있는지, 그렇다면 이것이 판매 채널에 영향을 미치는 것일까?)

제품 발굴을 수행하는 동안, 특정 도구와 기술은 협업을 촉진할 뿐 아니라 협업의 결과인 산출물을 제공하는 데에도 사용된다. 가장 인기 있는 두 가지 예가 프로토타입과 스토리 맵이다. 프로토타입과 스토리 맵을 만들고 논의하는 행위 자체가 진정한 협업을 촉진한다. 또한 프로토타입과 스토리 맵을 꾸준히 최신 상태로 유지하면, 제품 발굴 작업 과정에서 학습한 교훈과 결정을 담은 산출물도 도출할 수 있다. 이런 도구의 진정한 이점과 목적은 협업을 촉진하는 것이다. 하지만 결과적으로 산출물을 갖는 것은 훌륭한 부수적 이점이다. 여기서 중요한 것은 협업의 본질적인 특성이지, 프로토타입이 아니다.

프로덕트 매니저와 엔지니어는 디자이너에게 일하는 방법을 알려 주는 것이 아니다. 그리고 프로덕트 매니저와 디자이너도 엔지니어에게 일하는 방법을 알려 주지 않는다. 디자이너와 엔지니어 또한 프로덕트 매니저에게 일하는 법을 알려 주기 위해 팀에 들어온 것이 아니다. 오히려 건강하고 유능한 팀에서 팀의 각 구성원은 서로가 각자의 역할에 대한 역량을 스스로 충분히 쌓고 필요로 하는 기술을 팀에 가져오기를 기대한다.

그런데 진정한 협업의 요점을 놓칠까 염려되어 다시 한번 말하지만, 디자이너는 사용성에 대해서만 책임이 있으며 엔지니어는 구현 가능성에 대해서만 책임이 있다는 뜻으로 오해하지 않길 바란다. 디자이너는 보통 사용자와 사용자의 행동에 대한 깊은 이해를 바탕으로 해결해야 하는 문제 또는 그 문제에 대한 접근 방식과 관련하여 다른 방향으로 이끄는 통찰력을 가지고 있다. 이러한 통찰력은 가치에 큰 영향을 미치고, 성능 등 다른 부분에도 간접적으로 영향을 미친다. 마찬가지로, 뛰어난 엔지니어는 할당된 문제에서 완전히 다른 솔루션으로 연결되는 기술에 대한 깊은 통찰력을 가지고 있다. 그래서 프로덕트 매니저, 디자이너, 특히 고객이 상상할 수 있었던 것보다 훨씬 나은 솔루션을 제시해 줄 때가 많다.

권한이 부여된 제품팀의 진정한 협업에서 내가 가장 사랑하는 한 가지를 선택해야 한다면, (a) 동기 부여가 되어 있고, (b) 각자의 분야에 능숙한 사람(제품 관리, 제품 디자인 및 엔지니어링)들이 프로토타입을 가지고 논의하거나 프로토타입에 대한 사용자의 반응을 볼 때 발생하는 마법과 같은 모습이다. 엔지니어는 새로운 가능성을 발견하고, 디자이너는 다른 잠재적 경험을 발견하며, 프로덕트 매니저는 판매, 재무 또는 개인정보보호에 관련한 영향에 무게를 두고 아이디어를 정리하여, 모두 함께 다양한 접근 방식을 탐색한 후 실제로 효과가 있는 방식을 찾아낸다. 이는 가치 있고, 사용 가능하며, 구현 가능하고, 실용적이다.

내 경험상, 협업이 가장 잘못되는 두 가지 상황이 있다. 첫 번째는 프로덕트 매니저가 업무 관련 지식을 충분히 습득하지 않아서, 영업, 마케팅, 재무, 법률, 개인정보보호 등 비즈니스의 다양한 측면과 제약을 알지 못하기 때문에 제품팀이 맡은 문제를 해결하는 데 정말 필요한 정보를 얻지 못하는 상황이다(일반적으로, 로드맵에서 기능을 구현하는 것으로 돌아온다는 의미다). 관리자는 제일 먼저 이 부분에 대해 프로덕트 매니저를 평가하고 역량을 갖추도록 계획을 세워야 하기 때문에, 코칭 파트의 첫 부분에서 소개한 것이다.

두 번째 상황은 오만함이다. 프로덕트 매니저가 자신이 이미 염두에 두고 있는 해결책이 최고라고 믿는다면, 그 생각이 옳을지라도 협업은 억제되고 미션팀보다는 용병팀으로 바뀔 것이다.

특히 고객에게 직접 판매할 수 있는 회사에서 또 다른 중요한 형태의 협업은 잠재 고객과 협력하여 제품이 그들의 요구를 충족시킬 수 있는지 결정하는 것이다. 기능에 대해 요구 사항을 언급하는 것은 당연하지만, 당신의 업무는 기본적인 문제와 제약을 이해하고 잠재고객과 협력하여 고객의 요구 사항을 충족하는 일반적인 솔루션이 있는지 결정하는 일이다. 이러한 협업 형태는 고객 발굴 프로그램의 핵심 기술이다.[1]

협업이란 프로덕트 매니저, 제품 디자이너 및 엔지니어가 고객 및 이해관계자와 함께 협력하여 모든 제약과 위험을 해결하는 솔루션을 마련하는 것을 뜻한다. 이런 협업을 통해 도출된 솔루션이야말로 이 책에서 반복적으로 얘기하는 고객이 좋아하면서도 비즈니스에도 유효한 솔루션이다. 강력한 제품팀의 핵심은 진정한 의미의 협업을 잘하는 것이다. 이는 기술과 사고방식의 조합이며, 관리자는 적극적인 코칭을 통해 새로 합류한 제품 담당자가 이 역량을 개발할 수 있도록 한다.

---

1 이 기술은 《인스파이어드》에 자세히 설명되어 있으며, 가장 강력하고 효과적인 제품 발굴 기술이다.

CHAPTER
17

이해관계자와의 협업

기능 개발팀feature team에 속한 사람은 이해관계자, 특히 제품 관리자와 제품 디자이너에 관해 이야기하기를 두려워한다. 이들을 독재적인 존재로 보거나 대처해야 할 장애물로 여긴다. 이것은 또한 기능 개발팀과 권한이 부여된 제품팀의 차이점을 보여 주는 매우 명확한 예다.

기능 개발팀 모델이 있는 회사에서, 기능은 일반적으로 이해관계자로부터 나오기 때문에 이해관계자는 자신을 '클라이언트'로, 제품팀을 '고용된 IT 자원'으로 여긴다. 한편, 기능 개발팀의 목적이 '사업을 지원하는' 것이라고 말하기도 한다. 반면, 권한이 있는 제품팀의 목적은 '고객이 좋아하면서도 비즈니스에 유효한 방식으로 고객에게 서비스를 제공하는 것'이다.

따라서 권한이 부여된 제품팀에서도 여전히 비즈니스와 영업을 무시할 수는 없지만, 매우 다른 관계가 형성된다. 우리의 임무는 고객과 비즈니스의 다양한 부분에 적합한 솔루션을 찾는 것이다. 제품팀의 실제적인 협업은 대부분 프로덕트 매니저, 디자이너 및 엔지니어 간에 이루어지지만, 이해관계자와의 건전한 관계도 진정한 협업을 기반으로 한다.

프로덕트 매니저는 이해관계자로부터 '요구 사항을 수집'하거나, 이해관계자에게 솔루션을 알려 주기 위해 팀에 속해 있는 것이 아니다. 오히려 훌륭한 프로덕트 매니저는 각 이해관계자가 비즈니스의 핵심 영역에 대해 책임이 있으며, 효과적인 솔루션을 찾는 데 도움을 주는 핵심 파트너라는 것을 이해한다. 일반적이고 명확한 예를 든다면, 우리가 하려는 일이 개인정보보호 또는 규정 준수와 관련하여 법적 결과가 따른다는 것이다. 법무 관련 이해관계자는 이러한 제약 사항을 이해하고 다양한 접근 방식의 적합성을 평가하는 데 도움을 주는 파트너. 다시 말하지만, 이해관계자와의 건설적이고 협력적인 관계는 과제를 마친(업무 관련 지식 습득과 관계 형성에 있어 노력을 기울인) 프로덕트 매니저에 의해 예측되므로, 조력자나 프로젝트 관리자의 형태가 아니라 이해관계자의 효과적인 파트너가 될 수 있다.

앞에서 말한 모든 것은 회사 경영진과의 협업에서는 더욱 중요하다. 일반적으로 고위직으로 올라갈수록 경영진은 고객, 브랜드, 매출, 규정 준수 등 모든 것에 더 많은 관심을 기울이기 때문에 프로덕트 매니저가 지속적으로 공부하고 역량을 쌓는 것이 더욱 중요하다.

이해관계자 및 경영진과의 협업에는 제약 조건 이해를 위해 주의 깊게 경청하고 고객과 비즈니스에 적합한 솔루션을 열심히 고민하는 것이 포함된다.

좋은 제품을 만드는 일은 결코 쉽지 않지만, 주요 이해관계자와 강력하고 협력적인 관계를 맺는다면 훨씬 즐겁다. 이 관계는 각 이해관계자의 역할, 그들이 존재하는 이유, 그들의 우려점과 그 이유, 그리고 그들이 업무적으로 성공하기 위해 필요한 것에 대해 관리자가 제품 담당자를 코칭하는 것에서 시작된다.

신뢰를 위한 기반 구축하기

오늘날 제품 관련 작업은 대인 관계가 전부다. 이것은 특히 프로덕트 매니저에게 해당된다. 공급 업체, 분석가, 언론 및 고객과 같은 외부 관련자를 제외하더라도, PM이 함께 협력해서 일해야 하는 내부 관계자 수는 여전히 많다. 제품팀에서 함께 작업하는 사람들(엔지니어, 디자이너, 데이터 분석가, 사용자 연구원, 다른 프로덕트 매니저 등)부터 모든 유형의 경영진 및 이해관계자(영업, 마케팅, 법률, 위험, 창립자, 비즈니스 관계자 등)에 이르기까지 다양하다.

오늘날 제품 조직에서 효율적인 PM이라 함은 다양한 개성을 효과적으로 다루는 능력에 달려 있다. 다른 사람의 다양한 안건을 이해하는 동시에, 자신의 안건도 함께 진척시켜야 한다. PM은 실제 필요한 순간보다 한발 앞서 행동한다면 신뢰가 쉽게 형성될 수 있음을 것을 깨닫는 코칭이 필요할 때가 있다. 이는 꾸준한 노력이 필요하다.

이런 연습을 해 보라. 즉, PM에게 정기적으로 협업하는 사람의 목록을 적게 하라. 정기적으로 필요한 정보를 주는 이해관계자를 목록에 추가하라. 다음으로, 일에서 성공적인 결과를 얻는 데 가장 중요한

3~5개의 이름에 동그라미를 친다. 마지막으로, 가장 두려워하는 한두 사람의 이름에 동그라미를 친다. 축하한다! PM이 투자해야 하는 관계의 목록을 알아냈다.

이것을 가지고 PM은 무엇을 할까? 이들을 1:1로 알아 가는 것부터 시작하라. 커피를 마시거나 점심을 먹을 때 만날 수 있다면 만나고, 그렇지 않다면 화상 통화를 잡는다. 그들의 회사 밖 관심사를 알려고 하고, 편안한 관계라면 자신의 관심사도 공유하도록 PM을 코칭하라. 지금은 진심이 되어야 할 때다. 이는 신뢰의 기반을 만드는 일이다. 모든 사람이 이런 일에 익숙하지는 않을 것이므로 강요하지는 마라. 그러나 약간의 노력을 기울이면 신뢰를 쌓는 데 큰 도움이 될 수 있음을 상기시켜라.

자신의 업무에 특히 중요한 사람들을 위해 PM은 1~2주마다 정기적 채팅을 고려해 볼 수도 있다. 여기에는 업무 관련 주제가 포함되지 않아야 한다. 대신, 시간을 들여 관계와 신뢰를 쌓아야 한다. 물론 함께 일하는 사람이 다른 도시나 국가에 있을 때 훨씬 더 어렵다. 이러한 경우 통화할 때 비업무 주제에 추가로 시간을 들여 신뢰를 쌓을 수 있다.

상호 신뢰가 있다면 상호작용이 더 원활해진다. 어느 쪽이든 개인적 감정으로 받아들이지 않으면서도 일과 관련하여 반대 입장을 표하기가 쉬워진다. 누구나 아끼는 사람과 함께 일할 때 더 즐겁다는 것은 당연하지 않은가!

CHAPTER

18

가면 증후군

나는 가면 증후군Imposter Syndrome에 대해 어느 정도 반대 의견을 가지고 있다.

우선, 여기서 정신이 쇠약해지는 질환을 가진 사람에 대해 이야기하는 것이 아님을 분명히 하고 싶다. 이런 상황에 처한 사람을 알고 있는데, 그들이 겪고 있는 심각한 수준의 불안을 설명하는 데 '가면 증후군'이라는 가벼운 용어를 사용하지 않을 것이다.

확실히 말하자면, 나는 가면 증후군이 실제로 일어난다고 믿는다. 사실, 나는 대부분의 건강한 사람(적어도 병적으로 자기중심적이지 않은 일반 사람)이 스스로를 의심하고 다른 사람에게 의견을 주장하는 데 불안감을 느낄 수 있다고 생각한다. 나(마티)는 코칭하는 사람에게 이것이 정상적이고 건전한 두려움이라고 강조하고, 나도 여전히 같은 느낌을 갖는다고 털어놓는다.

둘째, 가면 현상이 진짜로 일어나는 일이라고 인정하는 것이 중요하다. 특히 제품과 디자인 세계에서, 소셜 미디어의 사람, 기사와 책의 저자, 컨퍼런스 연사 중에 많은 사람들이, (적어도 내 개인적 견해로는) 말도 안 되는 것을 옹호하는 매우 실망스러운 일이 일어나는 모습을 자주 발견한다.

가면 증후군은 매우 건강하고 필요한 감정이며 마음의 중요한 신호라고 생각한다. 그러나 대부분의 사람은 그 신호를 오해한다. 그저 자연스러운 두려움과 불안감일 뿐이고, 모든 사람이 가지고 있으며, 단순히 걱정을 극복하고 밀어내면 된다고 생각한다.

하지만 나는 이 신호를 매우 다르게 해석한다. 지속적인 자기 계발과 역량 계발 없이 업무를 제대로 준비하지 않을 경우, 그 결과에 대해 내 마음이 나에게 보내는 경고라고 여긴다. 아무것도 모르는 듯 보이는 것에 대한 두려움은 준비하고, 공부하고, 생각하고, 쓰고, 리허설하고, 이 모든 것의 반복을 밤늦게까지 하도록 만든다.

가장 중요하게도, 아무것도 모르는 것처럼 보이는 것에 대한 두려움은 내가 사고하거나 전달하는 것에 확고하지 않다면 나에게 솔직히 말해 줄 만한 존경하거나 알고 있는 누군가에게 미리 나의 글/대화/발표를 시험해 보게끔 나를 밀어붙이기도 한다. 이런 우려가 근거 없는 것이 아님을 아는 이유는 그들이 실제로 여러 번 나를 구해 주었기 때문이다.

컨퍼런스에 가면, 가면 증후군을 앓고 있다는 경고를 심각하게 받아들이지 않은 연사가 하는 발표를 자주 듣는다. 무대 공포증을 극복하고 청중 앞에 선 것에 대해 찬사를 받아야 할까? 내 생각에 그것은 게임에 등장했다고 아이에게 트로피를 주는 것과 같다. 좀 더 일반적으로, 나는 이것을 코칭에 시간과 에너지를 바칠 만큼 직원에게 충분히 관심을 갖는 관리자와 리더가 필요한 또 다른 예라고 생각한다.

일부 프로덕트 매니저가 경영진에게나 회의에서 그다지 감동 없는 프레젠테이션을 하는 것을 볼 때마다, 나는 그 발표자가 아니라 그 사람의 관리자에게 실망한다. 왜 그 제품 담당자가 준비되었는지 확인하지 않은 것인가? 적절하고 실용적이며 솔직한 피드백을 제공했는가? 초안이나 리허설 검토를 요구했는가? 주제가 발표자의 전문 분야가 아니라면, 제품 담당자가 유용하고 솔직한 피드백을 제공할 수 있는 사람과 만나보도록 했는가? 제품 담당자가 청중 앞에서 특히 긴장하는 경우(많은 경우 그렇다), 관리자는 프로덕트 매니저에게 대중 연설에 익숙해질 수 있는 점진적으로 개선할 수 있는 몇몇 기회를 제공했는가? 아니면 제품 담당자가 프레젠테이션 교육을 수강하도록 해 주었을까?

권한이 부여된 제품팀은 그 팀에 대한 신뢰로 판단되는데, 특히 프로덕트 매니저가 경영진으로부터 얻은 신뢰가 핵심이다. 프로덕트 매니저가 경영진 앞에서 준비되어 있지 않거나 경험이 없어 보이면 그 신뢰가 약해지고 신뢰를 회복하는 데 오랜 시간이 걸린다. 또한, 이러한 인식 때문에 가장 부족한 직원의 역량이 관리자와 리더의 역량으로 비춰진다고 말하는 이유이기도 하다.

당신이 제품 담당자나 제품 리더이든 간에, 두려움을 가질 필요가 없다. 준비되지 않은 상태라는 자신의 마음이 보내는 경고를 그대로 받아들이고, 당신이 신뢰할 수 있는 사람을 찾아가서 솔직하고 전문적인 피드백을 받아 보라. 그리고 그들이 당신이 나아졌다고 만족할 때까지 반복하라.

고객 중심

이 장에서는 제품 개발에 있어 아주 중요한 고객 중심 사고와 행동을 개발하는 방법을 설명하려 한다.

CEO나 제품 담당자에게 고객에 대해 신경을 쓰고 있는지 물어보면 대개는 "물론이죠!"라며 분개해한다. 때로는 "내가 그렇지 않다는 거예요?"라며 방어적으로 답하기도 한다. 모든 사람이 고객을 엄청 신경 쓴다고 이야기한다. 그러나 실제로 회사에 가서 보면, 그들이 서비스 장애 상황이나 제품 변경으로 인해 고객이 혼란스러워하거나 불만을 터트리는 경우 어떻게 대응하는지, 또는 사용자나 고객과 실제로 만나는 경우가 드물다는 것을 쉽게 알 수 있다. 이렇듯 고객을 신경 쓴다고 주장하는 사람과 실제로 매일 관심과 마음을 쓰는 사람 사이의 차이는 쉽게 보인다.

이런 특성은 회사 문화와 매우 관련이 있으며, 물론 회사 리더의 말과 행동에 크게 영향을 받는다. 리더가 고객에 대해 진심 어린 관심을 보여 주지 않으면 제품 담당자나 그 누구도 서비스 마인드를 발전시키기가 매우 어려울 것이다. 회사가 고객에 대해 진정으로 관심을 갖는 사례를 보면, 반드시 최고 위치에 있는 사람으로부터 비롯된다.

그러나 이것이 단지 사탕발림이 아니라 회사의 핵심 가치라고 한다면, 제품 담당자가 이러한 특성을 어떻게 개발하는지에 대해 얘기해 볼 필요가 있다. 분명히 어떤 사람은 다른 사람보다 더 자연스럽게 공감하지만, 내 경험상 대부분의 사람들은 잘 모르는 사람에 대해서는 최악의 경우를 상정하는 경향이 있다. 이것의 가장 일반적인 징후는 고객이 그다지 똑똑하지 않다고 생각하는 경향이 있는 제품 담당자다.

가장 먼저 강조하고 싶은 것은 '고객'이라는 용어에 대해 매우 구체적이고 방어적으로 정의해야 한다는 것이다. 제품 담당자가 자신에게 다양한 '고객'이 있다고 생각하는 것은 가장 흔한 문제다. 실제 비용을 지불하는 고객 외에도 내부의 각 이해관계자를 고객으로 여기고, 고객 서비스팀을 고객으로 보며, CEO도 자신의 고객 중 하나로 여긴다.

나는 고객에 대한 이러한 생각이 '비즈니스를 지원하는' 역할이라는 기술팀의 오래된 역할에 대한 잔재라고 생각한다. 그러나 더 중요한 사실은(나는 개인적으로 이를 강력하게 느끼는데) 이해관계자와의 관계를 혼동할 뿐 아니라 진정한 고객의 역할을 심각하게 희석시킨다는 것이다.

그래서 나는 제품과 관련된 다양한 고객층에 대해 제품 담당자와 대화를 한다. 진정한 고객으로서 직접 제품을 대하는 사용자 외에도, 고객을 지원하기 위한 제품에서는 내부 사용자가 있을 수 있으며, 플랫폼 서비스를 사용하는 개발자가 있을 수 있다. 이 모든 사람이 가치를 제공하는 데 필요할 수 있으므로 중요하지만, 진정한 고객만큼 중요하거나 영향을 미치지는 않는다.

광고 파트너를 고객으로 보는 경향이 있는 소비자 인터넷consumer-internet 회사에서도 동일한 문제를 발견한다. 다시 한번 말하지만, 광고 파트너는 고객이 아님을 인식하는 것이 중요하다. 회사는 광고 파트너와 협력하여 진정한 고객을 위한 제품을 개발한다. 실제 고객이 제품을 좋아하지 않으면 그 시스템 혹은 서비스에 유입되지 않으므로, 회사는 실패하고 광고 파트너 또한 실패하게 된다.

나는 '고객'이라는 용어를 신성하게 여기고 싶은데, 이것이 우리가 취할 행동과 결정에 있어 고객이 기여하는 역할을 제품 담당자가 이해하는 데 도움이 된다고 믿는다.

나는 고객을 신경 쓰는 것이 실제로 무엇을 의미하는지 핵심을 찌르기 위해 스토리텔링을 활용하는 것을 좋아한다. 초기 페덱스FedEx의 웨딩드레스 이야기[1], REI의 하이킹 부츠 교체 이야기(영화 〈와일드Wild〉에서도 등장한다)[2], 그리고 《딜리버링 해피니스Delivering Happiness》(북하

---

1 https://www.informit.com/articles/article.aspx?p=28294&seqNum=4

2 https://time.com/3620359/the-true-story-behind-wild/

우스)에 실린 초기 자포스Zappos의 훌륭한 이야기를 들려주는 것을 좋아한다.[3] 또한 매주 1시간씩, 최소 3회는 고객과의 상호작용을 **지속적으로** 할 것을 권장하고, 매주 1:1 미팅 시간에 이러한 고객 상호작용에 대해 묻고, 제품 담당자가 무엇을 배웠는지 확인하는 것을 좋아한다. 또한 제품 담당자가 고객 방문에서 경험한 이야기를 나와 공유한 다음, 회사 전체에 널리 공유할 것을 권장한다. 나의 목적은 사용자와 고객에 대해 깊이 있고 개인적인 지식을 가진 제품 담당자의 명성을 확립하는 것이라고 설명한다.

고객 중심 사고를 진정으로 하고 있는지 확인하려면, 제품 담당자가 아주 어렵고 스트레스가 많은 결정을 어떻게 내리는지 보면 된다. 제품에 문제가 생겨서 고객이 아무것도 하지 못하고 있는 상황일 때(종종 '쇼스토퍼showstopper'라고 함) 제품 담당자는 어떻게 대응하는가? 평상시와 다름없는가? 아니면 제품 담당자가 긴급함(공황 상태가 아님)을 인지하고, 솔선수범하여 효과적인 솔루션을 찾아내는가?

고객 중심적인 회사에서 볼 수 있는, 내가 좋아하는 행동은 리더가 제품팀에 적극적으로 손을 뻗어 가능한 방법을 모두 동원해서 도움을 주는 것이다. 이는 팀을 마이크로매니징하지 않으면서, 그들이 중요하다는 매우 명확한 메시지를 팀에 보내는 것이다.

그러나 진심으로 고객 중심적인 회사에서 제품팀이 경영진만큼 고객 문제 해결에 우선순위를 두지 않으면 제품팀은 경영진의 신뢰를 잃을 수 있으며, 경영진이 팀의 일에 개입하게 된다. 경영진이 권한이 부여된 팀 개념을 매우 지지할 수 있지만, 권한이 부여된 팀과 고객관리 중 양자택일해야 할 경우 경영진의 결정은 아마도 후자일 것이다.

마지막으로, 나는 제품 담당자가 고객을 진정으로 좋아하고 존중하도록 독려하지만, 그가 고객에게 무엇을 만들지 묻는 것이 업무라고 생각하지 않기를 바란다. 나는 항상 고객을 대신하여 혁신하는 것이 제품팀의 업무임을 강조하고, 강력한 프로덕트 매니저가 일하는 방식과 포커스 그룹이 작동하는 방식의 차이를 설명한다.

내 경험상, 새로운 제품 담당자가 진실하고 일관된 고객 중심 사고를 갖는 인재로 발전하는 데는 1년 이상이 걸린다. 이 과정에서 판단에 실수가 있을 수 있지만, 적극적이고 건설적인 코칭을 통해 제품 담당자가 이 특성을 구현하는 방법을 체득하고 그 중요성을 나머지 제품팀 및 그 외에 전달하는 방법을 배울 수 있다.

---

3   Tony Hsieh, 《Delivering Happiness: A Path to Profits, Passion and Purpose》(New York: Hachette Book Group, 2013)

20

도덕성

이 장과 다음 장에서는 성공적인 제품팀의 특성 중 가장 어렵지만 가장 중요한 두 가지를 다룬다.

이 장에서는 도덕성integrity에 대해 설명하고, 다음 장에서는 의사결정에 대해 살펴보겠다. 이 두 주제는 서로 다르지만 서로 연관되어 있다. 권한이 있는 제품팀에서 올바른 의사결정을 내리기 위한 토대이기 때문에 먼저 도덕성을 다루겠다.

특히 권한이 부여된 제품팀의 프로덕트 매니저에게 도덕성은 고상한 목표가 아니다. 앞에서 설명했듯이, 권한이 부여된 제품팀은 경영진, 이해관계자, 고객 및 제품팀과의 신뢰를 바탕으로 한다. 나는 또한 이 신뢰가 어떻게 능력과 성격 모두에 기반을 두고 있는지 설명했다. 그리고 도덕성은 이렇게 필요한 성격의 핵심이다.

가장 먼저 인정하고 싶은 것은 도덕성을 개발하고, 입증하고, 보존하는 것이 결코 쉬운 일이 아니라는 것이다. 주변의 압력은 끊임없이 도덕성을 시험한다. CEO가 지금 긴급하게 고객에게 무언가를 만들어 전달하는 것이 매우 중요하다고 강하게 설득한 미팅을 막 마쳤다고 상상해 보라. 그러나 팀은 더 많은 시간이 절대적으로 필요한 방법에 대해 집중하고 있다. 혹은 팀이 제공한 제품이 예상한 것이 아니어서 실망하고 화가 난 고객과 함께 앉아 있다고 상상해 보라. 또는 이해관계자 중 하나가 제품 및 기술 조직에서 받은 지원 수준으로는 업무를 더 이상 수행할 수 없을 것 같아서 회사를 그만둘 것이라고 털어놓았다고 하자. 또는 비즈니스 개발 파트너 중 한 명이 당신과의 관계에 막대한 투자를 하고 있는데, 제품은 그들이 원하는 가치를 제공할 가능성이 낮다는 것을 알고 있다고 상상해 보라.

더 계속할 수 있지만, 이 정도로도 충분히 어떤 상황을 공감할 것으로 생각한다. 대부분의 제품 담당자는 이러한 상황을 경험하며 당면한 문제를 해결할 조치를 결정하는 데 어려움을 겪지만, 꾸준히 해왔던 노력을 훼방놓지 않고 또한 도덕성을 그대로 유지한다.

숙련된 관리자는 이러한 다양한 상황을 활용해 제품 담당자를 코칭할 수 있으며, 숨은 위험의 식별과 회피, 우선순위 및 더 큰 맥락의 이해, 개성의 탐색navigating the personalities 등으로 새로운 제품 담당자의 경력에 기존과는 다른 큰 차이를 만들어 줄 수 있다.

많은 주제와 마찬가지로, 권한이 부여된 제품팀의 프로덕트 매니저와 기능 개발팀의 프로덕트 매니저를 코칭할 때 이러한 과제를 해결하는 방법은 다르다. 기능 개발팀의 경우에는, 앞에서도 이야기했듯이 **프로젝트** 관리자 역할에 훨씬 가깝다. 기능 개발팀의 프로덕트/프로젝트 매니저 역할 또한 어렵고 도덕성이 중요하지만, 이 경우 프로덕트 매니저는 기본적으로 메신저 역할일 뿐이다. 요구 사항, 제약 조건 및 날짜를 제품팀에 전달하고, 우려 사항, 상태 또는 나쁜 소식을 경영진에 전달한다.

그러나 권한이 있는 제품팀의 프로덕트 매니저를 코칭하는 경우 기대치가 훨씬 더 높아진다. 고객에게 효과가 있고 비즈니스에도 적합한 솔루션을 찾아야 한다. 항상 가능하진 않지만 비즈니스에 필요한 지식과 이해, 어려운 문제에 대해 창의적인 해결책을 제시할 수 있는 능력을 가지고 있어야 한다.

내가 설명하려는 내용이 나 자신과 내가 코칭한 많은 사람에게 효과적이었다는 사실을 강조하고 싶다. 이것이 도덕성으로 향하는 유일한 방법이라고 주장하는 것이 아니다. 사실 회사의 가치와 국가의 문화에 따라 차이가 있다고 생각한다. 그러나 내 설명으로 회사에서 지속적인 도덕성을 입증하는 데 중요한 것이 무엇인지 진지하게 고려한다면, 나로서는 유용한 결과라고 할 수 있다.

제품 담당자에게 도덕성에 대해 코칭할 때 중점을 두는 세 가지 필수 행동은 신뢰성, 최선의 회사 이익, 책임이다.

신뢰성

도덕성은 제품 담당자의 말과 약속이 얼마나 진지하게 받아들여질 필요가 있는지, 제품 담당자를 설득하는 것으로 시작된다. 잘되리라고 생각해서 한 일이라도 경영진, 고객 또는 이해관계자를 잘못된 방향으로 이끌면 회사에서 그 사람의 평판은 영원히 손상을 입고 효과적인 제품팀에 필수적인 신뢰를 구축하지 못할 수 있음을 알려야 한다.

도덕성의 증명과 보존의 중심에는 **진정성 있는 약속**high-integrity commitment이라는 개념이 있다(Part VII에서 깊이 있게 다룬다).

첫째, 고객, 이해관계자, 경영진, 파트너 또는 자신의 팀에 무언가를 약속하려면, 먼저 정보에 입각한 판단을 바탕으로 확인해야 한다. 둘째, 할 수 있는 모든 일을 해서 자신이나 팀이 약속한 것을 실현한다. 이는 제품팀이 가치, 사용성, 구현 가능성 및 비즈니스 실용성의 위험을 합리적으로 고려할 수 있는 제품 발굴 기회를 충분히 갖기 전까지는 약속하지 않아야 한다는 의미다. 그리고 명확하게 말하자면, 디자이너와 엔지니어의 전문성과 경험에 의존하라는 의미이기도 하다.

더 나아가, 권한이 있는 제품팀에서는 약속한 것을 넘겨주는 것만으로는 충분하지 않다. 고객에게 건넬 제품은 실제로 작동해야 한다. 즉, 고객 또는 비즈니스 문제를 해결해야 한다. 이것이 훨씬 더 어렵다.

진정성 있는 약속을 잘 관리하는 것은 팀에 신뢰할 만한 명성을 쌓는 데 핵심이다.

최선의 회사 이익

프로덕트 매니저는 자신과 팀의 이익을 보호할 뿐만 아니라, 항상 회사의 최선의 이익을 위해 행동한다고 인식되어야 한다.

대기업, 특히 매우 정치적인 기업에서, 담당자는 개인적인 제안 또는 '지배 범위fiefdoms'를 가지고 있다고 의심된다. 그러나 제품팀이 신뢰를 얻고 권한을 부여받으려면 제품팀, 특히 프로덕트 매니저가 회사의 전반적인 목표를 이해해야 할 뿐만 아니라, 회사의 성공을 위해 모든 일에 최선을 다하는 것으로 인식되어야 한다. (중요한 여담으로, 이것이 주식을 이용한 인센티브 및 보상 계획이 효과적인 이유다. **회사**가 성공하지 않으면 **누구**도 성공하지 못한다.)

새로운 프로덕트 매니저가 한 팀의 프로덕트 매니저에 지나지 않은 상황에서, 최선의 회사 이익을 가져오고 싶다는 것을 어떻게 표현해야 할지 의문스러운 것은 당연하다. 그러나 기회는 많다. 중요한 목표 중 하나를 수행 중인 다른 제품팀을 돕거나, 고객 또는 이해관계자를 위해 맡은 업무 이상의 일을 하거나, 다른 사람들에게 공개적으로 성과를 돌려주는 것이다. 그리고 가장 일반적으로는, 스스로의 제품팀에 반드시 최적의 결정은 아니지만 분명히 고객이나 비즈니스에는 더 나은 결정을 내리는 것이다.

기능 개발팀과 권한이 부여된 제품팀의 또 다른 차이점은 팀의 참여와 헌신이다. 어떤 팀이 회사의 사명과 그것을 실현하는 데 그들의 역할을 하고 열정적으로 임하고 있는지, 경영진은 어렵지 않게 알아낸다. 기능 개발팀에서는 **프로젝트** 관리자가 마감일을 정하는 경우가 많지만, 권한을 부여받은 미션팀을 꾸리길 원한다면 **프로덕트** 매니저가 작업의 전체적인 목적을 공유해야 한다.

책임

권한이 있는 제품팀은 성과를 달성하기 위해 권한을 부여받는다. 그러나 그러한 권한 부여에는 필연적으로 결과에 대한 책임이 따른다.

그런데 책임은 실제로 무엇을 의미할까? 다행스럽게도, 결과가 실현되지 않을 때 직원이 해고당하는 것은 아니다. 권한이 있는 제품팀의 프로덕트 매니저의 책임은 실수에 대해 책임을 지려는 의지를 의미한다. 다른 사람에게 잘못이 있을 때에도, 위험을 더 잘 관리하거나 더 나은 결과를 얻기 위해 개인적으로 무엇을 할 수 있었는지 항상 묻는다.

"제품팀이 성공하면 팀원 모두가 해야 할 일을 했기 때문이지만, 실패하면 바로 프로덕트 매니저 때문이다"라는 옛말을 들어 봤을지도 모른다. 어떤 사람들은 이 말이 우습다고 하지만, 그렇지 않다.

엔지니어가 예상보다 무언가를 만들어 내는 데 훨씬 더 오랜 시간이 걸리는 경우를 생각해 보라. 이때, 프로덕트 매니저는 구현 가능성에 대한 위험을 충분히 알았는가? 엔지니어의 우려를 알고 귀 기울였는가? 제품 발굴 중에 빠르게 실현할 프로토타입을 만드는 것은 실제 비용으로 산정하지 않았을 가능성이 크다.

또는 제품을 위험에 빠뜨리는 심각한 법적 문제가 있는 것으로 판명되었다고 가정해 보라. 법적 고려 사항은 비즈니스 실용성의 핵심 구성 요소이며, 일반적으로 프로덕트 매니저가 제품을 발굴하는 동안 탐색하고 다루었을 것이다.

도덕성이 완벽을 의미하지 않음을 설명하는 것 또한 중요하다. 실수는 일어난다. 그러나 프로덕트 매니저의 경력과 명성은, 그의 약속을 전적으로 신뢰할 수 있고 최선의 회사 이익을 위해 일하고 실수에 대한 책임을 진다면 이러한 실수에도 살아남을 것이다.

CHAPTER

21

의사 결정

앞 장에서 도덕성의 중요성과 그것이 어떻게 권한이 부여된 제품팀에서 의사 결정의 기초가 되는지에 대해 설명했다. 이 장에서는 올바른 결정을 내리도록 제품팀을 코칭하는 방법에 초점을 맞출 것이다.

기능 개발팀에서 대부분의 중요한 결정은 경영진과 이해관계자에 의해 위에서 내려온다. 반대로, 권한이 있는 제품팀은 제품팀 차원에서 의사 결정을 한다.

'좋은 결정'이라고 할 때, 여기서는 논리적이고 데이터에 기반한 비즈니스 결정을 가리키는 것이 아니다. 다른 제품팀, 경영진, 이해관계자 및 고객이 동의하지는 않더라도 지지하고 이해할 만한 결정을 의미한다.

왜 이러한 모든 집단을 신경 써야 하는지 궁금할 것이다. 제품과 고객에게 옳은 일이라면 결국 모든 일이 잘될 것이라고 생각할 수 있다. 그러나 이것은 용병이 아닌 권한이 있는 **미션팀**을 위해 노력하는 경우라면, 사람과 회사의 현실과 복잡성을 무시하는 생각이다.

의사 결정은 권한이 부여된 제품팀이 말 그대로 매일 하는 일이지만, 결정을 내리는 방식은 최선과 그렇지 않은 것으로 구분된다.

첫째, 올바른 결정은 도덕성에 기반을 두고 있다는 점을 명심해야 한다. 자신이 한 약속이 신뢰할 수 있는 것으로 인식되고, 최선의 회사 이익을 위해 행동하는 것으로 신뢰받으며,

그 결과를 책임질 용의가 있다는 것이다.

둘째, 결정할 때 이루려 하는 결과를 계속 염두에 두어야 한다. 우리는 이것이 성공적인 결정, 즉 시기 적절하고 좋은 결과에 기여하는 결정임을 증명하고 싶다. 그러나 더 나아가 리더와 이해관계자가 결국 다른 선택을 했더라도 그들이 우리의 이론적 근거를 이해하고 존중해 주기를 바란다. 그리고 우리는 최종 결정이 특정 집단이 원하지 않는 방향으로 진행됐더라도 그들이 경청되고 존중받았다고 느끼도록 하고 싶다.

이 두 가지를 염두에 두고, 의사 결정과 관련하여 제품팀을 코칭하는 다섯 가지 주요 행동을 살펴본다.

적절한 규모의 의사 결정 분석

모든 결정이 똑같이 중요하거나 같은 결과를 일으키지 않는다는 점을 알아야 한다. 수정할 버그를 선택하는 것부터 어려운 문제를 해결하기 위한 최선의 접근 방식을 선택하는 것까지, 매일 결정을 내린다.

제품팀이 어떠한 결정을 내릴 때, 위험 수준과 이로 인해 발생할 수 있는 결과 수준을 고려하길 권한다. **결과**consequence란 실수를 하면 얼마나 큰 일이 벌어지는지를 뜻한다. 대부분은 실수를 하더라도 문자 그대로 몇 시간 만에 복구할 수 있다. 그러나 어떤 경우에는 그 결과가 제품이나 회사의 미래를 위험에 빠뜨릴 수도 있다. 위험과 결과의 수준에 따라 결정을 내리기 전에 반드시 수집해야 하는 중요한 정보가 있다고 느낄 수 있으며, 현재 가지고 있는 불완전한 정보를 기반으로 결정을 내리는 것이 괜찮은 경우도 있다.

결정으로 인해 영향을 받을 사람도 고려하라. 수익에 영향을 미치거나, 판매 또는 법적 문제가 생길 수도 있다. 경영진, 이해관계자 또는 고객과 같은 핵심 역할자의 지원이 필요한 경우, 그들의 우려나 제약을 끌어내어 함께 결정을 내릴 수 있어야 한다.

특히 위험하고 중차대한 상황에서 좋은 결정은 실행 계획을 세우는 것에서 시작된다. 이때, 관리자이자 코치로서의 경험은 제품팀이 올바른 방향성으로 시작하는 데 도움이 되므로 코칭 시간을 많이 들이는 지점이기도 하다.

예를 들어, 초보 프로덕트 매니저가 위험을 심각하게 과소평가하거나 과대평가하는 것은 늘 있는 일이다. 실제로 중요하지 않은 문제를 파고드는 데 너무 많은 시간을 들여서 실질적인 위험을 감수할 시간이 부족해지기도 한다.

협업 기반 의사 결정

내가 코칭한 대부분의 제품 담당자는 자신이 '담당해야 하는' 결정과 다른 사람이 '담당해야 하는' 결정을 어떻게 구분할지 어려움을 겪는다. 그리고 나는 이 사고방식을 바꾸기 위해 열심히 노력해야 한다.

앞에서, 협업이 실제로 의미하는 것을 바탕으로 제품팀을 코칭하는 것이 얼마나 중요한지에 대해 설명했다. 특정한 의사 결정에 있어서, 프로덕트 매니저가 특히 디자인/사용성 및 기술/구현 가능성에 대해 팀의 전문성과 경험에 의존하여 그들에게 맡기기를 바란다.

좋은 의사 결정은 모든 사람이 동의하는 것이 아니고(합의 모델), 대부분의 사람을 기쁘게 하는 것도 아니며(투표 모델), 또한 모든 결정을 내릴 것으로 예상되는 한 사람에게 맡기는 것도 아니다(자비로운 독재자 모델).

주로 기술적으로 가능할 것인지에 관한 것이라면, 되도록 기술 책임자에게 결정을 맡긴다. 주로 사용자 또는 고객 경험에 관한 것이라면, 가능하면 프로덕트 디자이너에게 결정을 맡긴다. 그리고 주로 비즈니스 실용성에 관한 것이라면, 관련 이해관계자와 협력하는 프로덕트 매니저에게 의존한다.

가치는 전체의 역할과 기능이 얽혀 있기 마련이라서, 가장 어려운 의사 결정은 가치와 관련된 것이다.

의견 불일치의 해결

대부분의 경우에 협업을 기반으로 의사 결정을 하지만, 여전히 의견 차이가 발생하는 상황에 직면하게 된다. 예를 들어, 기술 책임자와 프로덕트 디자이너가 문제 해결을 위한 최선의 접근 방식에 동의하지 않는다고 가정해 보자. 또는 CEO나 다른 임원이 팀 의견에 동의하지 않을 수도 있다.

자신의 업무와 고객을 진심으로 위하고 강력하며 권한이 부여된 제품팀을 가진 좋은 조직에서는 이와 같은 의견 불일치가 정상적이고 건전하다고 인식하는 것이 중요하다. 특히 결정을 내리는 데 정보가 불완전하기 때문에 각자의 의견과 판단이 중요한 역할을 한다.

예를 들어, 기술 책임자가 디자인을 보고 구현하기 어려워서 불필요하다고 여기지만 디자이너는 사용자 경험에 이 디자인이 꼭 필요하다고 생각하기 때문에, 기술 책임자와 디자이너가 서로가 동의하지 않는다고 가정해 보자. 이때, 제품팀이 테스트를 수행하는 시점과 방법을 아는 것이 매우 중요하다. 이런 상황에서 숙련된 관리자는 특정 테스트를 실행하고 필요한 데이터를 수집하기 위해 가장 저렴하고 적절한 탐색 기법을 제품팀에 코칭할 수 있다. 일반적으로는 적절한 유형의 프로토타입을 만든 다음 이 프로토타입을 사용하여 증거를 수집하거나, 증거가 어느 정도 확실해지면 통계적으로 중요한 결과를 모은다.

이와 같이 협업을 기반으로 의사 결정을 하고, 의견이 일치하지 않는 경우 테스트를 실행한다면, 프로덕트 매니저가 팀의 의견을 무시하고 밀고 나가거나, 결정을 고위 경영진에게 넘기는 상황은 발생하지 않을 것이다.

투명성

팀과 리더가 의사 결정의 근거를 함께 이해한다는 목표를 명심하고, 결정을 내리는 데 있어 투명성을 유지하는 것이 중요하다. 어느 누구도 정보에 입각하지 않은 결정을 내리거나, 중요한 우려를 무시하고 자신의 의견만을 추구하는 것을 원하지 않는다.

사소한 결정인 경우에는, 결정이 내려진 이유를 명확하고 간단하게 설명하는 것만으로도 충분하다. 중요한 결정에 대해서는, 나는 앞서 논의한 서술형 보고서를 정말 좋아한다. 특히, 예상되는 반대 의견 또는 우려 사항을 각각 설명하고 해결하는 FAQ 섹션을 좋아한다.

이 또한 코칭하기 매우 좋은 기회인데, 많은 제품 담당자가 처음에는 서술형 보고서를 작성하기가 어려워서 반대할 것임을 다시 한번 관리자들에게 말하고 싶다. 그러나 서술형 보고서는 중요한 결정을 내리는 데 타당한 이유를 보증해 주는 것이 분명하다.

반대와 실행

앞에서 말했듯이, 권한이 부여된 팀을 가진 좋은 조직에서는 테스트를 실행하고 증거를 수집한 후에도 종종 동의하지 않고 때로는 격렬하게 반대한다는 사실을 알아야 한다. 이는 나쁜 것이 아니라 미션팀이라는 분명한 표시임을 명심하라.

의견 불일치와 토론은 필요하고 좋은 것이지만, 결국에는 반대하는 것에 동의해야 할 수도 있다는 점을 팀에 강조해야 한다. 대부분의 사람은 이런 상황을 이해하고 경청되었다고 느끼고, 그들의 견해를 고려해 본 것만으로도 괜찮다고 여긴다. 그러나 이것만으로 충분하지 않다.

팀, 특히 프로덕트 매니저는 한 단계 더 나아가서 팀이 반대한 의견이라도, 내려진 결정에는 따르겠다고 동의해야 한다. 초보 프로덕트 매니저는 자신의 도덕성에 신경을 쓰기 때문에 이해하기 어려울 수 있다.

하지만 프로덕트 매니저가 동의하지 않은 사항에 대한 결정을 기술 책임자에게 위임한 상황을 경영진에게 말한다면 팀에 얼마나 독이 될지 상상해 보라. 또는 경영진이 프로덕트 매니저가 동의하지 않는 중요한 결정을 내리고, 프로덕트 매니저가 팀으로 돌아가 그 결정에 대해 불만을 토로하는 상황을 생각해 보라. 프로덕트 매니저가 고려했던 다양한 견해와 의견을 공유하고, 그 결정에 대한 이유와 그 결정을 성공시킬 수 있는 방법을 자세히 설명하는 상황과 위의 상황을 비교해 보라.

프로덕트 매니저는 자신의 개인적인 의견을 숨길 필요는 없지만, 다양한 옵션과 최종적인 결정을 내린 이유를 이해하고 있으며, 그 결정을 성공적으로 내리기 위해 할 수 있는 모든 것을 할 수 있고 할 것임을 보여 주어야 한다.

의사 결정은 특히 프로덕트 매니저가 경력을 쌓아 가면서 점점 더 어렵고 중요해지며, 결과에 영향을 미칠 만한 결정과 판단을 내리는 책임이 커짐에 따라 계속해서 발전시켜 나가야 한다. 이 주제만으로도 매주 1:1 미팅을 훌륭하고 건설적인 토론과 코칭으로 채울 수 있다.

넷스케이프의 전 CEO였던 짐 박스데일Jim Barksdale의 의사 결정을 내리는 세 가지 규칙으로 마무리하겠다. 그는 나(마티)와 그를 위해 일한 많은 다른 사람들에게 큰 영향을 미쳤다. 그의 세 가지 규칙은 다음과 같다.

1. 뱀이 보이면 죽여라.[1]
2. 죽은 뱀과 놀지 마라.
3. 모든 기회는 처음에는 뱀처럼 보인다.

---

1 '뱀'은 미국 남부 사람들의 구어체에 나오는 단어로, 내려야 하는 중요한 결정을 의미한다. 따라서 첫 번째 규칙은 문제를 파악하고 결정을 내리는 것이고, 두 번째 규칙은 계속해서 다시 돌아가서 이전 결정을 재검토하지 않는 것을 말한다(뱀이 더 이상 살아 있지 않더라도 여전히 당신을 물 수 있다). 마지막으로, 기회는 종종 어려운 문제나 결정처럼 보인다는 점을 기억하라는 의미다.

효과적인 회의

나는 한 번도 회의를 좋아해 본 적이 없다고 털어놓고 시작해야 할 것 같다. 준비가 부족하고, 서투르고, 천천히 진행되고, 내게는 더 중요하게 여겨지는 일을 할 수 없게 만들어 시간 낭비인 무수히 많은 회의에 앉아 있었던 경험 때문에 회의에 대해 편견을 가지게 되었다.

그렇긴 하지만, 전혀 다른 회의에도 참석했었다. 그 회의는 주최자가 준비되어 있고, 정보가 명확하고 논리적이었으며, 확실한 결정이 내려졌고, 회의실에 있는 모든 사람이 개인적으로 동의하지 않더라도(동의하지는 않더라도 결정되면 따른다는 것이 지극히 중요하다) 최소한 이해는 했다.

그 결과, 나는 코칭할 때 그들이 회의를 어떻게 진행하는지, 아니면 정말 회의를 열 필요가 있는지조차도 매우 특별하게 여긴다. 회의는 다른 경영진이 제품팀, 특히 프로덕트 매니저의 자질을 판단하기가 매우 쉬운 방법이기 때문이다.

이 주제에 들어가기 전에 중요한 주의 사항이 있다. 여기서는 스탠드업standup 미팅이나, 회고retro 회의나, 제품팀 구성원 간의 회의나 일상적인 상호작용에 대해 이야기하는 것이 아니다. 프로덕트 매니저와 프로덕트 디자이너가 화상 회의를 하거나 직접 만나서 프로토타입을 만든다면, 문자 그대로 만나는 동안은, 이 장의 주제가 아니라 일상적인 업무다. 여기서는 제품팀을 넘어서는 모임, 즉 이해관계자, 경영진, 파트너 또는 다른 팀의 구성원이 포함되는 회의를 뜻한다.

가장 먼저 이해해야 할 것은 회의에서 가장 힘든 점은 동시에 모두가 모여야 한다는 것이다. 다시 말해, 모든 참석자는 자신이 하고 있던 일이 무엇이든지 간에 중단하고, 직접 마주하거나 화상 회의 또는 전화를 통해 만나야 한다. 이는 쉽지 않고, 심지어 달갑지 않으므로 회의 주최자는 항상 이를 염두에 두어야 한다.

동시에 모이지 않고도 목표를 지원할 방법이 있다면, 대개는 그 편이 더 나을 것이다. 상태 업데이트 또는 새 릴리스에 대한 정보 전달이 좋은 예다.

물론 회의를 하는 데는 수만 가지 이유가 있겠지만, 실제 제품 조직에는 일반적으로 의사소통, 의사 결정 및 문제 해결의 세 가지 유형이 있다.

의사소통

주최자가 이메일과 같은 비동기 수단을 통해 보내기에는 너무 중요하거나 복잡하다고 생각하는 중요한 정보를 다룰 경우가 있다. 예를 들면, 리더가 제품 전략을 설명하기 위해 모든 사람이 총동원되는 세션이 이런 경우다.

의사 결정

두 번째 유형의 회의에는 결정이 필요하다. 일반적으로 제품팀이 스스로 결정할 수 있는 범위를 넘어선다고 판단되어 하는 의사 결정 회의다. 이는 회사의 다른 부분에 영향을 미치거나 상당한 위험이 있기 때문이다.

이 경우에 나는 서술형 보고서를 적극적으로 사용하는 것을 좋아한다. 그 문서를 이미 읽은 참석자와 회의를 하면, 미리 제공된 정보에 근거를 두어 결정을 내리면 된다.

문제 해결

세 번째 유형의 회의는 근본적으로 문제 해결을 위한 것이다. 무엇이 최선의 실행 과정인지 모를 경우다(알고 있었다면, 아마도 그것을 서술형 보고서에 기록하고 결정을 위해 제시했을 것이다). 이런 경우에도, 회의실에서 제대로 생각할 수 있다면 아주 어려운 문제도 함께 해결할 수 있다고 믿는다.

예를 들면, 서비스 중단 사태 후 사후 대책 회의처럼, 앞으로도 비슷한 문제가 재발하지 않도록 어떻게 해야 할지 아이디어를 모으는 회의가 이런 경우다.

효과적인 회의 구성

회의에 대해 제품팀을 코칭하는 방법은 다음과 같다.

목적: 먼저, 회의 주체자는 회의 목적을 명확하게 해야 한다.

참석자: 다음으로 참석자를 결정하는 것이 중요하다. 주최자는 두 개의 목록을 만들 것을 권한다. 반드시 참여해야 하는 필수 참석자 목록(참석 여부에 따라 회의 일정을 결정하게 만드는 사람)과 의무적으로 참여하지 않아도 되는 사람의 목록이다.

준비: 앞서 설명한 세 가지 유형의 회의 모두 준비가 필수적이다.

커뮤니케이션 회의의 경우, 전달할 내용이 명확한가? 이 콘텐츠를 전달할 적절한 매체가 있는가? 필요한 이미지 또는 영상이 있는가?

의사 결정 회의인 경우, 서술형 보고서가 있고 전후 사정을 이해하는 사람에게 검토받았는가?

문제 해결 회의의 경우, 참석자에게 상황이나 맥락을 어떻게 설명할 것인가? 관련 데이터를 이미 수집했는가? 나올 만한 다양한 질문에 답할 준비가 되어 있는가?

진행facilitation: 이제 준비가 되었다면, 주최자로서 효과적으로 회의를 이끌어야 한다. 진행의 성격은 회의 유형에 따라 다르다. 회의를 감시하기 위한 것이 아니라, 필요한 결정이나 해결책을 찾기 위해 그곳에 있음을 명심해야 한다.

후속 조치: 회의가 결론에 도달하면, 일반적으로 수행해야 할 몇 가지 후속 조치가 있다. 결정 사항 또는 다음 단계에 해야 할 일을 이해 당사자에게 알리는 것이 포함될 수 있지만, 비슷한 회의가 계속 반복되지 않도록 하는 것이 중요하다.

요약하자면, (a) 회의를 소집할 경우 반드시 필요한지, 모든 참석자가 참석 가능한지 확인하고, (b) 회의가 효율적이고 효과적으로 진행되고 그 목적을 달성할 수 있도록 준비해야 한다.

윤리

이 장에서는 가장 민감하면서도 잠재적으로 가장 중요한 주제인 윤리에 대해 논의해 보자.

지금까지 설명했듯, 모든 제품팀이 고려해야 하는 네 가지 큰 위험 요소는 다음과 같다.

1. 고객이 우리의 제품을 구매할 것인가, 혹은 사용할 것인가? **(가치 위험)**

2. 사용자가 사용 방법을 알아낼 수 있을까? **(사용성 위험)**

3. 우리가 그것을 만들어 낼 수 있을까? **(구현 가능성 위험)**

4. 이해관계자가 이 솔루션을 지원할 수 있을까? **(비즈니스적 실용성 위험)**

일반적으로 비즈니스 실용성을 타진하는 방법으로 윤리적 질문을 하곤 한다. 솔루션이 윤리적이지 않으면 실제로 회사를 심각한 문제에 빠뜨릴 수 있다. 그런데 실제로는 두 가지 문제가 있다. 첫째, 비즈니스 실용성 측면에서 영업, 마케팅, 재무, 법률, 규정 준수, 개인 정보 보호 등 이미 고려 사항이 너무 많고 다양해서, 윤리적인 측면을 놓치기 쉽다. 둘째, 비즈니스 실용성의 다른 영역과 달리, 윤리에 대해 명시적으로 책임을 지는 이해관계자는 없다.

그 결과, 윤리가 당연히 받아야 하는 관심을 끌지 못하는 경우가 너무 많다. 이로 인해, 윤리적 실수로 회사, 환경, 고객 및 사회에 피해가 일어나는 것을 보았다. 그래서 나는 다섯 번째 위험을 추가하여 윤리적 영향을 명시적으로 고려하라고 주장한다.

5. 우리가 이것을 만들어야 할까? **(윤리적 위험)**

윤리를 특별히 책임지는 이해관계자가 있는 진보적인 IT 기술 제품 회사로 에어비앤비 Airbnb가 있다. 나의 오랜 친구 롭 체스넛Rob Chesnut은 최근까지 최고 윤리 책임자(현재는 회사의 고문)로 근무했다.

체스넛은 변호사 공부를 하고 연방 검사로서 경력을 시작했다가, 초기에 이베이eBay의 법률 고문으로 합류했다. 그곳에서 나(마티)는 처음 그를 만났다. 그는 다양한 주요 기술 회사의 자문으로서, 최근에는 에이비앤비에서 훌륭한 경력을 쌓아 왔다.

체스넛은 실리콘밸리의 중심부에서 수십 년간 일해 왔으며, 기업이 윤리에 충분히 주의를 기울이지 않을 때 어떤 일이 일어나는지 보았다. 체스넛은 "기업과 리더가 윤리적 실패에 대한 책임을 점점 더 많이 지는 세상으로 급격하게 변화하고 있음을 리더가 인식해야 한다"라고 말한다.

이제는 기술 자체가 큰 사업이고, 기술은 오랫동안 대기업이나 공기업에 요구해 온 것과 같은 압박을 받는 대상이 되었다. 체스넛은 다음과 같이 설명한다.

"과거에는 기업에 주주라는 하나의 이해관계자("수익에 도움이 되는 일을 하라.")가 있었다. 이는 많은 기업이 분기별 재무 수치를 달성하도록 단기적으로 모든 것을 집중시키는 접근 방식이다. 또한 이것은 점점 더 비윤리적이 되고 더 많은 사람이 회사에 대한 믿음을 잃게 만드는 행동을 하게 만든다. 즉, 목표 수익을 달성하라, 그리고 당신이 만든 것이 고객, 환경, 파트너 또는 이 세상에 정말 좋은지는 걱정하지 마라. 기업이 다른 이해관계자를 인식하고 각 제품 솔루션이 해당 이해관계자에게 미치는 영향을 이해하는 것은 중요하다. 예를 들어, 에어비앤비는 투자자뿐만 아니라 직원, 게스트, 호스트, 비즈니스를 수행하는 커뮤니티처럼 다른 중요한 이해관계자의 이익을 고려한다. 이러한 이해관계자 중 하나 이상에게 부정적인 영향을 미치는 결정을 계속해서 내리는 경우, 우리의 사명에 위배되고 장기적으로 비즈니스에 피해를 입힌다."

직장에서 윤리는 어떻게 적용되는가? 윤리는 회사의 모든 구성원에게 적용되지만, 제품 팀이 새로운 제품과 서비스를 구상, 개발 및 배포하는 최전선에 있다는 것 또한 사실이다. 그러므로 일의 의미를 고려해야 하는 특별한 책임이 있다.

체스넛은 다음과 같이 설명한다.

> "우수한 제품팀은 설계 중인 솔루션이 창출할 수익뿐만 아니라
> 광범위한 이해관계자 커뮤니티에 미치는 영향을 이해해야 한다.
> 주의해야 할 신호는 다음과 같다. 제품 솔루션이 최종 고객에게 좋을까?
> 어떤 방식으로든 환경이나 커뮤니티의 제3자에 부정적인 영향을 미치는가?
> 제품에 대한 모든 이메일, 문서 및 토론이 온라인으로 게시되면 창피할까?
> 정부 규제 당국이 모든 것을 안다면 어떻게 반응할까?
> 개인 포트폴리오 브랜드의 일부로 이 제품이 자랑스러울까?"

이는 리더가 제품팀을 코칭할 때 논의해야 할 질문이다. 더 일반적으로는, 이 주제를 사람들이 모인 공식 석상에서 설명할 필요가 있다. "모든 사람이 불편한 질문을 편안하게 할 수 있는 회사를 원합니다. 이는 비참한 윤리적 실패로부터 회사를 보호하는 데 도움이 됩니다."

그렇다면 윤리적 문제를 알게 되면 어떻게 해야 할까?

제품 담당자에게 가장 어려운 상황은 윤리적 문제의 조짐을 발견했지만 어떻게 처리해야 할지 확신할 수 없는 경우다. 분명히 이는 민감하고 감정적일 것이다. 최선의 대답은 이러한 윤리적 문제가 없는 솔루션을 찾는 것이지만, 경우에 따라 그럴 수 없거나 그럴 만한 시간이 없을 수도 있다.

체스넛의 조언은 이러하다.

> "사려 깊은 방식으로 말하고 우려하는 사항을 문제 제기하라.
> 그러나 독선적으로 비난해서는 안 된다.
> 회사의 최선의 이익을 보호하는 데 신경 쓰고 있음이 분명히 전달되도록 노력하라."

그래서 나는 회사의 경제적 문제를 무시하거나 무지한 사람으로 보이지 않도록 비즈니스의 작동 원리를 깊이 이해하는 것이 중요하다는 것을 깨달았다. 이 부분은 관리자의 도움이 필요할 수 있는 상황이다.

그렇다면 근본적으로 윤리에 관심이 없다고 생각되는 회사에서 일하고 있다면 어떻게 할까? 내가 사람들에게 몸담고 있는 회사를 떠나라고 권하는 것은 드문 일이다. 그러나 업무의 윤리적 의미를 분명히 무시하는 기업에 대해서는 퇴사하도록 장려하며, 앞으로도 그럴 것이다.

체스넛의 답변은 다음과 같다.

> "자신이 일하는 곳이 자랑스럽지 않거나,
> 회사가 세상에 미치는 영향이 자랑스럽지 않거나,
> 리더십이 그 진정성을 신경 쓰지 않는다고 생각한다면,
> 다른 일자리를 찾아야 할 때다."

다행히도, 경험상 대다수의 IT 기업은 윤리에 관심을 갖고 있으며 나름의 의미 있는 방식으로 더 나은 세상을 만들기 위해 노력하고 있다. 그러나 좋은 의도조차도 의도하지 않은 결과를 초래할 수는 있다.

제품 리더로서 제품 담당자에게 윤리를 코칭하는 것이 점점 더 중요해지고 있다. 먼저 제품을 만들어야 하는지 여부에 대한 질문을 명시적으로 고려하게 하는 것부터 시작하자.[1]

---

1 롭 체스넛(Rob Chesnut)의 훌륭한 책 《Intentional Integrity: How Smart Companies Can Lead an Ethical Revolution》(New York: St. Martin's Press, 2020)을 꼭 읽어 보길 바란다.

CHAPTER

24

행복

이 장은 이상해 보일 수 있다. 팀의 행복을 책임지는 것이 관리자의 일이 아니라고 생각할 수도 있다. 그러나 기술 분야에서 일정 시간 동안 일한 사람은 형편없는 관리자 한명이 모든 팀원들을 아주 쉽사리 고통스럽게 할 수 있음을 안다. "회사가 싫어서 떠나는 것이 아니라, 관리자가 싫어서 떠난다"는 오래된 속담은 안타깝게도 매일 실현되고 있다.

나는 보통 이 주제를 '행복 코칭'이라고 부르지는 않는다. 하지만 각각의 제품 담당자(팀원)가 의미 있는 일을 하고 있고, 경력을 발전시키며, 권한이 부여된 제품팀을 효과적이고 성공적으로 이끌 수 있는 팀과 임원과의 필요한 관계를 구축한다고 느끼는지에 대해 관리자가 적어도 매주 한 번씩 관심을 갖는 것이 얼마나 중요한지 강조한다.

모든 사람이 다르다는 것을 명심해야 하고, 가장 중요한 것은 관리자가 각각 팀원에게 의미 있는 것이 무엇인지, 그리고 그들을 행복하게 하는 것이 무엇인지 충분히 이해할 수 있을 만큼 잘 아는 것이다. 이를 기반으로, 행복을 코칭하는 데는 보편적인 진리가 있다는 것을 알게 되었다.

의미 있는 일

제품 업계의 대부분의 사람은 자신이 하는 일이 의미가 있기를 바란다. 사실 관리자가 나쁘지 않다면(만약 그렇다면 이것이 가장 중요한 요소이지만), 경험상 의미 있는 일이 행복에서 가장 큰 요소이며, 심지어 보상보다도 중요하다.

그러나 제품 담당자에게 자신의 일이 어떻게, 또는 왜 의미가 있는지, 또는 자신의 작은 팀이 의미 있는 방식으로 어떻게 기여하는지는 명확하지 않다. 따라서 이를 매우 명확하고 명시적으로 논의하고, 이를 공개적으로, 또 개인적으로 자주 상기시켜 주는 것이 중요하다.

개인적인 관계

나(마티)는 항상 나를 위해 일해 주는 사람들이 나를 좋아하기를 원했다. 그러나 그들이 매우 특정한 이유로 나를 좋아해 주기를 바란다. 그들이 내가 직업적으로나 개인적으로 그들을 성공하도록 돕는 데 전념하고 있다고 믿기를 바란다. 그들이 나를 신뢰해서 내가 그들에게 정직하고, 그들의 성장에 매우 중요한 피드백을 줄 수 있기를 바란다. 그들의 경력에서 좋았던 순간으로 나와 함께 일했던 시간을 되돌아 볼 수 있으면 좋겠다.

이러한 직업상의 관계는 **개인적인** 관계를 바탕으로 한다. 직장 밖에서 가족과 친구, 관심사에 대해 이야기하고, 직원에게도 그렇게 하도록 권유한다. 나는 그들을 **사람으로서** 알아가는 것을 항상 강조한다.

그들의 열망과 그들에게 동기를 부여하는 것이 무엇인지 안다면, 나는 훨씬 더 나은 관리자이자 코치가 될 수 있다고 항상 믿는다.

개인적인 인정

많은 사람이 주변으로부터 인정받을 필요가 없다고 하지만, 나는 그 말을 믿지 않는다. 내 생각에 그들은 특정한 형태의 **대중적** 인지도를 편안하게 느끼지 못한다는 뜻이다. 그러나 내 경험상, 대부분의 사람은 (특히 그들이 존경하는 사람에게서) 자신이 가치 있다고 느끼기를 원한다.

승진, 보상 및 스톡옵션은 상대를 인정하는 분명한 방법이지만, 나는 그를 넘어서 상대의 관심사를 알고 더 자주, 더 개인적인 형태로 인정해 주는 것을 좋아한다.

- 멋진 와인 한 병
- 상대가 좋아할 것 같은 책
- 업계 컨퍼런스 또는 이벤트 티켓
- 멋진 레스토랑 상품권
- 두 사람을 위한 주말 휴가

대부분의 경우, 나는 이러한 일을 감당할 수 있는 예산이 충분했지만, 직접 비용을 지불해야 하는 회사도 있었다. 그러나 훌륭한 관리자는 자신의 직원이 일에서 보여주는 정도만큼만 자신이 훌륭하다는 것을 알고 있으므로, 직원이 가치 있다고 느끼도록 도와주는 것은 스스로에게 도움이 된다.

업무 습관

때때로 직원이 엄청난 시간 동안 일하는 것은 제품 업계에서 공공연한 일이다. 그러나 장시간 일하는 데는 근본적이고도 정반대의 두 가지 이유가 있다는 점을 지적하고 싶다. **원하기** 때문, 그리고 **필요하기** 때문이다. 코칭을 해야 하는 입장에서 이것은 매우 다른 상황이다.

많은 회사에서 엄청난 시간을 일하도록 압력을 받거나 때로는 말 그대로 강요당하기도 한다. 만약 이것이 당신 회사의 상황이라면, 당신은 미션팀이 아닌 용병팀일 가능성이 크다. 그렇다면 직원의 행복을 염려해야 한다는 이 장의 전체 주제는 당신이 신경 쓸 일이 아닐 것이다.

조금은 다른 상황을 살펴보자. 제품팀에 진정한 권한을 부여하고 있으며, 팀은 특히 의미 있고 중요한 작업을 수행하고 있다고 믿고 있다. 그들은 일에 너무 몰두해서, 시계를 올려다보니 늦은 저녁일 때가 있다. 또는 1년이라는 세월이 흐르도록 휴가를 내지 못하고 있다(많은 나라에서 그렇게 큰 문제가 아니지만, 특히 미국과 중국에서는 문제가 되고 있다).

좋은 관리자는 이런 상황을 알아채고 1:1 미팅에서 논의할 것이다. 번아웃burn out되기가 얼마나 쉬운지, 길게 보고 뛰는 것이 얼마나 중요한지, 재충전을 필요로 하는 창의적인 문제 해결법을 찾는 것이 우리의 일이라고 설명한다. 이것이 지속되는 문제라면, 진지하고 적극적인 코칭이 필요할 것이다.

때로 정말 대단하고 중요한 문제가 다가와서 팀이 큰 압박을 받게 되는 것도 사실이다. 하지만 팀 내에서 이러한 압박 속에서도 동기 부여가 이루어지면, 이 상황은 직원에게 가장 자랑스러운 성과로 바뀔 수 있다. 그러니 항상 나쁜 것만은 아니다.

다시 말하지만, 관리자는 이것이 정상이 아니라고 알려 주는 것만으로도 도움을 줄 수 있다.

모범적 행동 모델링

엄청난 시간을 일하면서도 다른 사람에게는 나를 따라 할 필요는 없다고 말하는 관리자가 많다. 이는 "내가 하는 행동이 아니라 내 말대로 하라"는 관리법이다. 그러나 당연히 직원은 최소한 관리자만큼 열심히 일해야 한다는 압박감을 느끼기 때문에, 일찍 출근해서 늦게 퇴근하고, 언제든 이메일에 답장하는 어리석은 쳇바퀴에 빠져든다.

다시 말하지만, 진정으로 직원의 행복에 관심이 있다면 당신의 행동이 말보다 더 큰 소리를 낸다는 것을 알아야 한다.

관리자는 이런 일에 민감해야 하고, 실제로 자신이 개인적으로 언제, 어떻게 재충전하는지, 언제 이메일을 보내는지, 그리고 어떻게 시간을 관리하는지에 대해 먼저 나서서 공유할 필요가 있다.

진로 계획

또한 제품 담당자가 자신의 삶에서 진정으로 행복해지기 위해서는 다른 역할이나 다른 경력을 갖게끔 도와야 할 수도 있다는 사실을 알아야 한다. 제품 담당자가 일을 수행할 수 없다면 불편하겠지만, 오히려 솔직해질 수 있다. 하지만 때로는 전혀 문제가 되지 않는다.

개인적으로 나에게 가장 어려운 상황은 내(마티)가 채용하고 코칭할 때 모범으로 삼을 만큼 이상적인 예였던 아주 훌륭한 프로덕트 매니저와 관련된 것이었다. 그는 매우 똑똑하고 사람에 대해 잘 알고 있었고 빨리 배웠기 때문에, 앞으로 훌륭한 경력을 쌓을 것은 분명했다.

하지만 나와 신뢰가 쌓인 후 어느 1:1 미팅에서 그는 자신이 스스로 일을 잘한다는 것을 알았고 진정한 영향도 미치고 있다고 느끼지만, 이 일이 자신의 인생에서 원하는 것이 아니라는 사실을 깨달았다고 말했다. 나는 훌륭한 재능을 가진 동료를 잃는 게 싫었지만, 그가 원하는 열정(소설 쓰기)을 따르라고 격려해 주었다. 결국 그렇게 했고, 낮은 확률을 넘어서 원하는 일을 하고 있다.

더 일반적으로, 관리자가 직원의 삶에서 자신의 역할이 얼마나 중요한지 인식하고 인정하도록 격려한다. 관리자는 직원의 삶을 비참하게 만들거나, 반대로 직업적, 개인적 목표를 달성하도록 도울 힘이 있다.

최고의 코치

앞 장에서 애플의 스티브 잡스, 구글의 래리와 세르게이, 아마존의 제프 베조스가 회사의 초창기에 '실리콘밸리의 코치'로 알려진 빌 캠벨이라는 사람에게 코칭을 받았다는 놀라운 사실을 공유했다.

실리콘밸리 밖의 사람은 대부분 이 사실을 모른다. 이는 캠벨이 세상의 주목을 받지 않으려 애썼기 때문이다. 그는 자신이 코칭하는 사람에게 관심이 쏠리기를 원했다.

사실 나는 2007년에 그에 대해 글을 쓰려고 했지만, 그는 관심을 받고 싶지 않다며 출판하지 말라고 부탁했다. 그가 거절한 사람은 나뿐만이 아니었다. 분명히 하자면, 진심으로 그러길 원했으나 나는 그에게 코칭을 받을 만큼의 운은 없었다. 하지만 그가 코칭했던 사람을 위해 일했기 때문에 운 좋게 그를 여러 번 만날 수 있었다.

캠벨은 몇 년 전에 세상을 떠났고, 나는 그가 코칭했던 다른 사람에게서 여전히 배우고 있다. 최근에 그가 코칭한 두 사람(구글의 전 CEO인 에릭 슈미트와 구글의 전 제품 부문 SVP인 조너선 로젠버그)은 그가 코칭한 다른 많은 사람을 인터뷰하고 그의 리더십과 코칭 원칙에 대한 책을 썼다. 그 책이 《빌 캠벨, 실리콘밸리의 위대한 코치(Trillion Dollar Coach)》(김영사)다.

빌 캠벨이라는 인물은 그가 미친 큰 영향에 의해서만 볼 수 있기 때문에, 나는 그를 설명하기가 늘 어렵다. 그러나 나는 이 책이 훌륭히 임무를 완수했다고 생각한다. 나는 이 책에서 그의 인용문을 공유하고 있다.

애플, 아마존, 구글이 매우 다른 문화를 가지고 있지만, 모두 제품의 핵심적인 역할을 이해하고 있으며, 제품팀이 훌륭한 작업을 수행할 수 있도록 권한을 부여하는 것이 핵심임을 모두 이해하고 있다.

빌 캠벨에 관한 책을 즐겁게 읽으면서 한편으로는 스스로 겸손해진다. 나는 오랫동안 제품 관련 일을 했기 때문에 다른 사람에게서 배운 것과 스스로 알아낸 것을 구별하기 어렵다. 하지만 이 책에서 가장 강조하고 있는 많은 요점을 보니, 내가 알고 있던 것보다 훨씬 많은 것을 빌 캠벨에게 빚지고 있다는 것을 깨달았다. 이제는 그가 코칭한 사람이 나를 코칭해 주었다는 것이 분명하다. 이 사실이 그 코치(빌 캠벨)를 아주 행복하게 해 줄 것이라고 생각한다.

개인적으로 나에게 큰 반향을 일으킨 《빌 캠벨, 실리콘밸리의 위대한 코치》의 마지막 요점은 다음과 같다.

> 캠벨은 자신의 영향력을 측정하는 다른 방법, 즉 자신만의 기준 같은 것이 있다고 말하곤 한다. 나는 나를 위해 일한 사람이나 내가 어떤 식으로든 도움을 준 사람을 본다. 그리고 그들 중 지금 얼마나 많은 사람이 훌륭한 리더가 되었는지 세어 본다. 이것이 내가 성공을 측정하는 방법이다.

> 나는 왜 이렇게 오랜 시간을 들여 제품 담당자를 코칭하는지, 그 이유를 자주 질문받곤 하지만, 나도 캠벨과 비슷하게(오해하지 마라. 나는 빌 캠벨과 같은 수준이라고 생각하지는 않는다) 내가 가르치거나 코칭한 사람이 훌륭한 팀과 훌륭한 제품을 계속 만들 때 자부심을 느낀다.

CHAPTER

25

리더 프로필: 리사 캐배노

리더십으로의 여정

2010년 애스크닷컴Ask.com의 엔지니어링 부사장으로 일할 때 캐배노를 처음 만났다.

캐배노는 샌터바버라 대학UC Santa Barbara에서 컴퓨터 과학을 전공했고, 처음에는 HP의 엔지니어로 기술 분야에서 경력을 시작했지만 곧 신생 애스크닷컴에 합류했다("지브스에게 물어봐Ask Jeeves"를 기억하는가?). 그 후 12년 동안 캐배노는 엔지니어링 직급을 거쳐 결국 매우 큰 글로벌 엔지니어링 조직의 CTO가 되었다.

그러나 항상 캐배노를 대표하는 것은 코칭에 대한 열정과 자신을 위해 일하는 사람과 자신을 지속적으로 향상시키는 것에 대한 열정이었다. 지난 몇 년간, 그녀는 기술 리더를 회사에서 필요로 하는 리더가 되도록 돕는 등 다른 사람을 코칭하며 경력을 쌓아 왔다.

행동하는 리더십

나는 캐배노에게 기술 리더가 권한이 부여된 팀과 조직의 숙련된 리더가 될 수 있도록 돕는 방법을 물었다.

캐배노는 다음과 같이 말했다

리더마다 코칭을 찾는 동기가 다르다. 어떤 사람은 주요 위치로 승진하길 원하고, 어떤 사람은 목표를 가로막는 장애물에 직면하고 있으며, 어떤 사람은 팀 또는 동료와 더 나은 협력 관계를 맺고 싶어 한다. 그들 모두가 힘이 미치지 않는 곳에 있는 결과를 원한다.

어떤 경우든, 강하고, 자신감 있고, 영감을 주는 리더로 변신하려면 노력과 개인적인 용기가 필요하다.

다음은 각 리더가 이렇게 전환하는 데 필요한 네 가지 핵심 기술이다.

자기 인식

이는 자신에게 솔직하고, 어떤 행동이나 특성이 자신의 방식이나 팀의 방식에 영향을 미치는지를 이해하는 것에서 시작된다. 스스로에게 물어봐라. 직장 생활 초기에는 도움이 되었을지 모르지만, 지금은 더 이상 장점이 아닌 행동은 무엇인가?

놀랍도록 흔한 예를 들어 보자. 나는 신뢰할 만한 실행력으로 명성을 쌓은 기술 임원을 자주 만난다. 그들은 꾸준히 노력했고, 약속한 것을 해냈다. 많은 경우, 그들은 제품을 만들어 내기 위해 산을 옮길 만큼의 노력을 기울여야 했고, 그들은 그렇게 했다. 그들은 신뢰할 만한 실행력으로 유명하며, 그것은 그들 정체성의 큰 부분이다.

하지만 리더는 개인적인 노력이 더 이상 확장될 수 없을 만큼 승진했고, 팀은 그들이 리더로부터 마이크로매니징되고 있다고 느낀다. 이때, 이 수준으로 끌어올린 기술이 리더를 다음 단계로 올려놓지 못한다는 것을 자각할 필요가 있다.

용기

일련의 행동으로 경력과 정체성을 구축했고 이제는 특히 다른 사람에게 의존하는 방식으로 변화해야 한다는 것을 깨달았을 때, 진정한 용기가 필요하다.

팀이 배우고 실수할 수 있는 여유를 주는 것은 용기가 필요하다. 의미 있고 정직한 피드백을 제공하려면 용기를 내야 한다. 팀을 신뢰하는 것이 자신을 신뢰하는 것보다 더 나은 결과를 얻는다고 한 단계 더 나아가 믿는 데도 용기가 필요하다. 전술적 기술을 뒤로하고 전략의 세계로 나아가려면 용기가 필요하다. 빈틈을 보이는 데도 용기가 필요하다.

예를 들어, 어떤 동료와 진정으로 협력하기 위해 고군분투하는 기술 임원이 있었다. 그들이 함께 작업했던 이전 프로젝트가 잘되지 않았기 때문이다. 이 동료가 자신을 형편없다고 생각해서, 자신이 이 동료를 피하게 되었다고 확신했다. 그러나 임원은 이 관계가 필요하다는 것을 알았고, 용기를 내어 정말 어려운 대화를 나눴다. 임원은 동료를 피해 왔다고 고백했고, 그 이유와 함께 앞으로의 파트너십에 무엇을 바라고 있는지도 털어놨다. 이렇게 자신을 드러내는 데는 용기와 연약함이 필요했고, 그것은 관계의 전환점임이 증명되었다.

용기를 가진 리더십은 불편함에도 불구하고 앞으로 나아갈 수 있는 힘이 있다.

참여 규칙

많은 리더에게, 자신의 팀을 전적으로 신뢰하는 것은 생각보다 쉽지 않다. 리더는 여전히 성공적인 결과를 궁극적으로 책임지고 있다고 생각하기 때문이다.

참여 규칙이란 팀이 일할 여지를 주기 위해 리더가 필요로 하는 가시성이 무엇인지에 대해 팀과 합의한 것이다. 리더가 신뢰하기 위해 필요한 정보는 무엇인가? 팀이 성공하려면 어떤 맥락을 이해해야 하는가? 위험과 문제를 미리 드러내거나 도움을 요청할 때 팀이 안전하다고 느끼려면 무엇이 필요한가?

이러한 참여 규칙은 일반적으로 시간이 지나면서 신뢰와 학습이 구축됨에 따라 발전하지만, 언제, 어떤 정보를 전달할지에 대해 합의를 도출하는 것이 리더와 팀이 모두 요구를 충족시킬 수 있는 효과적인 방법을 찾는 데 도움이 된다는 것을 강조할 필요가 있다.

자신을 방해하는 것

리더가 자각하고, 필요한 변화를 일으킬 만큼 개인적인 용기가 있고 참여 규칙에 동의하더라도, 오랜 습관이 깨지기 어렵다는 것은 누구나 안다. 특히 정체성과 자존감의 핵심을 건드리는 습관과 행동에 대해서는 더욱 그렇다.

사실상 우리는 리더에게 스스로를 파괴할 것을 요청하고, 변화를 약속하라고 요청한다. 실수와 퇴보가 있다는 건 알지만, 그럴 때마다 그 계기를 식별하고 더 나은 대응 방법을 모색할 것이다. 시작하고 며칠, 몇 주가 가장 어려울 것임을 안다. 그러나 하루하루 지날수록 리더는 새로운 행동에 더 쉽게 접근할 수 있다.

모든 리더의 여정은 다르지만, 리더가 진정으로 발전하기를 원하고, 남을 신뢰하는 법을 배우는 데 필요한 믿음의 도약을 할 용기가 있다면, 정말로 스스로를 변화시킬 수 있고 회사가 원하고 직원이 마땅히 그럴 만한 자격이 있다고 여기는 리더가 될 수 있다.

III

인사

Part III에서는 인사에 대한 관리자의 책임에 대해 집중적으로 살펴보겠다. 앞 장에서는 팀원의 능력을 개발하는 데 코칭의 중요성을 강조했지만, 좋은 팀원을 어떻게 찾고 채용하는지에 대해서는 논의하지 않았다. 이미 많은 전문가가 인력 구조와 채용에 대해 저술한 서적이 많기 때문에[1] 이 책에서 나는 임파워드 제품팀(프로덕트 매니저, 제품 디자이너, 고위급 선임 엔지니어/기술 리더)의 인사 관리에 집중하려고 한다. 구인(인력 모집), 인터뷰, 채용, 업무 적응 프로그램onboarding, 연간 성과 평가, 해고, 진급 등 인사에 대한 전반적인 이야기를 다룰 것이다.

인사에 대한 주제가 그다지 중요하거나 흥미롭지 않을 수도 있다. 나도 제품 리더십의 경력을 시작한 초반에는 그랬다. 하지만 인사에 대한 방식은 경쟁력 있는 제품을 만드는 기업과 그렇지 못한 기업을 아주 명확하고 핵심적으로 나누는 차이점이므로, 당신의 회사가 인사에 더 많은 관심을 갖기를 권한다.

대부분의 회사에서 인사와 관련하여 우선적으로 세 가지 문제점이 있다.

---

1 내가 가장 좋아하는 이 분야의 책은 Laszlo Bock의 《Work Rules!: Insights from Inside Google That Will Transform How You Live and Lead》(New York: Hachette Book Group, 2015)이다.

첫 번째는 제품팀의 구성원 채용 시 어떤 부분을 중점적으로 봐야 하는지에 대한 매우 근본적인 혼란이다. 대개 기업은 구글이나 아마존과 경쟁하려면 아주 뛰어나고 독보적인 사람을 채용해야 한다고 생각한다. 이것은 아주 위험한 오해다.

분명히 말하지만, 최고의 제품을 만드는 기업은 유능한 인재를 채용한 다음, 채용된 인재를 코칭하고 능력을 개발하도록 이끌어서 독보적이고 특별한 제품을 만드는 팀의 멤버로 성장시킨다.

코칭을 통해 팀을 만들어 나가기 때문에 인사와 코칭은 밀접한 관계일 수밖에 없다.

두 번째 문제는 너무 많은 기업의 리더가 인사와 채용을 동일시한다는 것이다. 인사는 더 큰 개념이며 채용으로 끝나는 게 아니기 때문에, 회사가 채용에만 집중하고 끝내면 회사에 도움이 되는 조직을 만드는 것은 힘들다.

세 번째로 짚고 넘어갈 문제는 인사는 **채용 매니저의 책임이라는 것**이다.

대부분의 회사에서 채용 매니저는 인사가 전적으로 인사팀HR의 권한이라고 믿어서, 필요하면 이력서를 보거나 면접을 진행하지만, 스스로 인사의 한 부분을 맡고 있다고만 생각하고 주도권을 가지고 있다고는 생각하지 않는다.

당연히 인사팀은 서류 작업 등 지원과 관리 작업을 도와줄 수 있지만(예를 들면 채용 공고를 올리고, 이력서를 정리하거나 채용 제안서 준비하는 일), 효과적이고 성공적인 인사의 시작은 **채용 매니저가 적극적으로 개입하고 책임을 질 필요가 있다**는 사실을 깨닫는 것이다.

무엇보다도, 이번 장에서는 채용 매니저의 개입에 대한 중요성을 꼭 인지시키고 싶다. 좀 더 일반적으로 얘기하자면, 인사라는 분야는 경쟁력 있는 제품을 만드는 기업이 다른 기업보다 확연하게 뛰어난 영역이다.

> "아마존에서의 가장 중요했고, 중요하고,
> 앞으로도 중요할 결정은 올바른 인재를 채용하는 것이다."
>
> — 제프 베조스

그리고 이러한 인사 제도로 인해 경쟁력 있는 제품을 만드는 기업은 임파워드팀 모델을 적용할 수 있다. 임파워드팀 모델은 사람이 우선인 팀 운영 모델이기 때문이다. 기업은 유능한 사람을 고용하고 그들에게 멋진 일을 할 수 있는 공간과 환경을 제공한다.

기능 개발팀 모델을 둔 회사로서는, 직원은 그저 용병일 뿐이다. 회사는 언제든 필요하면 다른 직원을 채용할 수 있거나, 여차하면 아웃소싱을 통해 일을 진행할 수 있다고 생각한다. 하지만 임파워드팀 모델의 가치를 믿는 기업은, 성공은 기업의 가치를 공유하고 제품의 비전에 대한 열정이 있는 유능한 인재를 고용하는 데 달려 있다고 믿는다. 이런 가치를 중요시하고 있다면, 인사는 단순히 필요에 의한 업무가 아닌 전략적인 기술이 되어야 한다.

기능 개발팀 방식의 회사에서 일했던 대부분의 사람은 임파워드팀 모델 회사의 인사 방식의 차이, 즉 인력 모집, 인터뷰 과정의 신중함, 신규 직원의 적응 훈련에 쏟는 시간, 그리고 제일 중요한 지속적인 코칭과 임직원의 잠재력을 끌어내려는 끊임없는 노력에 크게 놀란다. 강조하고 싶은 점은, 인사 방식에 정답이 있다는 것이 아니라, 대부분의 회사와 채용 매니저가 기존에 생각하던 것보다 훨씬 더 많은 관심과 노력이 필요하다는 것이다.

더 나아가, 인사를 다루는 기술은 회사의 성공을 위한 중요한 지표라고 볼 수 있다.

역량과 성품

자신의 팀원을 신뢰하지 못하는 리더나 관리자와 대화를 해 보면, 어떤 유형의 사람을 찾고 채용해야 하는지에 대해 대체로 매우 구식이며, 심지어 해로운 견해를 가지고 있음을 알 수 있다. 그래서 나는 이런 리더에게 인사에 대해 아주 다른 접근 방식을 시도해 보라고 제안한다.

우선, 경쟁력 있는 제품을 개발하는 팀이 '평범한 사람들'로 구성되어 있다는 말은 밖에 나가서 아무나 채용한 뒤 그들을 특별한 팀의 일원으로 탈바꿈시킬 수 있다는 뜻이 아니다. 채용되는 사람은 성공을 위한 기본적인 기술은 가지고 있어야 한다.

그러나 면접을 보러 온 사람이 어느 대학교를 나왔는지, 혹은 너무나도 모호한 개념인 '문화적 적합성'을 지니고 있는지, 그 사람이 기대 이상 능력자인지, 도메인에 대한 깊은 지식을 가지고 있는지를 너무 집요하게 보기보다는, 다음에 설명하는 부분에 집중했으면 좋겠다.

분명히 말하자면, 기대 이상의 능력치를 가진 직원은 분명히 있고, 이들은 동료에 비해 10배 이상 기여할 수 있는 능력을 보여 준다. 하지만 10배의 능력치를 가지고 있다고 해서 10배의 결과를 가져다주는 것은 아니다. 제품을 만드는 회사의 결과는 결국 제품팀이 어떻게 하느냐에 따라 달라지기 때문에, 만약 10배의 능력을 가지고 있는 직원이 해로운 행동을 하면 결국 조직에 이득은커녕 피해를 입힐 가능성이 높다.

훌륭하고 크로스펑셔널하며 권한이 부여된 제품팀의 팀원을 모집할 때 고려해야 할 특성에 대해 살펴보자.

역량

스티븐 코비Stephen Covey는 신뢰에 대해 이렇게 말했다.

> "신뢰는 역량과 성품을 기반으로 이루어진다. 역량에는 당신의 능력, 기술, 실적이 포함된다. 성품은 당신의 성실함, 동기, 인간관계를 포함한다. 둘 다 매우 중요하다."

성품에 대해서도 논하겠지만, 임파워드 제품팀을 채용할 때 먼저 봐야 할 부분은 역량이다. 고용할 사람은 역할에 맞게 엔지니어로서, 제품 디자이너로서, 혹은 프로덕트 매니저로서 필요한 기술을 보유하고 있어야 한다. 이 단계에서 많은 조직이 미래에 겪을 고난의 씨앗을 심는다.

옛 격언 중 이런 말이 있다. "A급은 A급을 고용하지만, B급은 C급을 고용한다." 그리 뛰어나지 않은 프로덕트 매니저, 디자이너 혹은 엔지니어인 관리자는 채용 후보자를 평가하기에 부적합하다. 이런 이유로 많은 회사에서 특정 업무에 맞지 않는 인력을 고용하고 마는 것이다. 또한, 채용 매니저가 경험이 부족하다면 채용된 직원을 코칭하고 역량을 개발하게 하는 방법을 모른다.[1]

일반적으로는 역량을 보고 채용이 이루어진다. 하지만 채용 매니저가 코칭을 통해 역량개발을 이끌어 낼 만한 뚝심이 있다면, 잠재력을 기반으로 채용하는 것도 나쁘지 않다. 그리고 코칭이나 역량 개발에 어려움이 있다면, 해당 직원에게 맞는 다른 업무를 찾아 줘야 한다. 이것은 채용 매니저에게 큰 시간과 노력이 드는 일이다.

인력 배치는 관리의 세 가지 주요 책임 중 하나이지만, 명확하게 말하면 역량을 보장하는 것이 가장 중요하다. 능력이 없으면 그 사람과 팀은 경영진이나 리더십의 신뢰를 기대할 수 없다. 따라서 역량 없이는 지속적인 권한이 부여되지 않는다.

---

1 다시 한번 말하지만, 이런 상황이 발생하고 있다면 필요한 제품 리더십 코칭을 제공할 수 있는 경험이 있는 사람을 찾는 게 매우 중요하다.

성품

채용 후보자가 적절한 역량이 있다고 판단되면, 대부분의 기업은 '문화적 적합성'에 집중한다. 아마도 이것은 훌륭한 조직을 구축하려 할 때 가장 위험한 개념일 것이다. 광범위한 인력 풀에서도, 기업은 문화적으로 적합하다고 보이는 사람을 제외한 사람은 모두 걸러 낸다. 물론 이것은 매우 잘못 정의된 개념이다.

많은 조직에서 문화적 적합성은 본질적으로 "우리처럼 보이고 생각하는 사람을 고용하시오"라는 의미로 쓰인다. 이는 일반적으로 최고 수준의 대학에서 기술 학위를 가진 남성을 고용한다는 의미다. 내 경험상, 의식적이거나 의도적이지 않더라도 결과는 명백해 보인다. 나는 문화적 적합성이 잘못된 목표임을 설득하고 싶다.

대부분의 사람은 역사상 가장 성공적인 스포츠 프랜차이즈가 뉴욕 양키스New York Yankees, 시카고 불스Chicago Bulls 또는 맨체스터 유나이티드Manchester United가 아니라는 사실을 모른다. 역사상 가장 성공적인 스포츠 프랜차이즈는 뉴질랜드의 올 블랙스All Blacks 국가 대표 럭비 팀이다. 그들은 감히 범접할 수 없을 만큼 타의 추종을 불허하는 기록(100년 이상)을 가지고 있다.

올 블랙스는 오래전부터 성품이 중요하다는 것을 이해했다. 따라서 팀의 선수와 코치를 평가할 때 매우 명확한 기준을 가지고 있다. '나쁜 놈은 자리가 없다는 규칙(No Assholes Rule)'이다.[2] 선수나 코치가 아주 뛰어난 실력을 가지고 있어도 '나쁜 놈'이라면 결국엔 팀 전체에 해를 끼칠 것으로 본다.

따라서 나는 문화적 적합성으로 여기는 작은 집합으로 좁혀서 많은 사람을 배제하기보다는, 범위를 크게 넓혀 상대적으로 적은 수의 나쁜 놈을 걸러 내야 한다고 주장한다.

아이러니한 점은, 신뢰하려면 역량과 성품이 꼭 필요하다는 것을 알고 있으면서도 많은 회사나 관리자는 역량은 부족해도 문화적으로 적합하다고 보이는 사람을 고용하거나, 나쁜 놈을 고용하면서 그의 역량이 뛰어나다며 정당화하곤 한다.

우리와 비슷한 사람을 고용할 때 의도치 않은 좋지 못한 결과는 그들의 생각도 대부분

---

2 올 블랙스의 팬들은 그들이 실제로 'asshole'보다 더 다채로운 단어를 사용한다는 것을 알고 있을 것이다. 그러나 그 용어가 일부 사람들에게 불쾌감을 줄 수 있기 때문에 나는 스탠퍼드 교수 밥 서턴(Bob Sutton)의 훌륭한 책에서 빌린 'asshole'이라는 용어로 대체한다. 《The No Asshole Rule: Building A Civilized Workplace and Surviving One That Isn't》(New York: Business Plus, 2007).

우리와 비슷하다는 점이다. 우리가 생각하는 방식이 나쁘다는 것이 아니라, 우리에게 정말 필요한 것은 다르게 생각하는 사람이다. 이는 팀에 다양성을 추구할 때 얻을 수 있는 가장 명백하고 즉각적인 이점 중 하나다. 여러 관점에서 문제에 접근할 수 있다면 어려운 문제를 해결할 가능성도 크게 높아진다. 따라서 자신과 같은 사람을 찾는 것보다 명확하게 자신과 다른 사람을 찾는 것이 좋다. 다른 환경에서 온 사람, 다른 방식으로 교육받은 사람, 다양한 유형의 업무 경험을 가진 사람, 다른 삶의 경험을 가진 사람 말이다.

　나는 이런 관점으로 채용 후보자를 보면 전 세계적으로 우수한 후보자를 찾을 수 있다는 것을 경험했다. 종종 그들은 회사에서 눈에 띄는 곳에 숨어 있다. 그들에게 역량이 있고 나쁜 놈이 아닌지만 확인하면 된다.

CHAPTER

27

구인(인력 모집)

대부분의 사람은 인사 단계가 소싱sourcing에서 시작된다고 생각하지만, 경쟁력 있는 제품을 만드는 회사의 인사 시스템은 적극적인 **인력 모집**recruiting에서 시작된다.

인사팀이 주도하는 채용 접근 방식에서, 채용 매니저는 직무 설명 정도는 제공하겠지만, 인사팀이 본격적으로 이력서를 제공하기(이것을 **소싱**이라고 함) 전까지는 별다른 일이 진행되지 않는다. 사실상 이 문제의 명백한 증상은 채용 매니저가 고품질의 이력서가 없다고(받지 못한다고/채용할 만한 사람이 없다고) 불평하는 것이다.

하지만 훌륭한 매니저는 반대다. 채용 매니저는 어떤 사람이 필요한지 명확하게 파악한 뒤, 스스로 발벗고 나서서 **인력을 모집**한다.

어떻게 보면 대학이나 프로 스포츠 팀과 비슷하다. 스포츠 팀의 코치는 아주 가끔은 워크온walk-on(제 발로 찾아온다는 뜻, 누군가 이력서를 회사로 직접 보내는 것과 비슷한 맥락)을 만날 수 있겠지만, 대부분의 코치는 팀에 필요한 **인재를 모집**하기 위해 적극적으로 노력한다. 잠재력 있는 후보자를 방문하고, 개인적으로 그들에 대해 알기 위해 노력하고, 원하는 인재를 팀으로 데려오기 위해 계속 설득한다.

여기서 한 가지 중요한 포인트는, 다양성을 개선하기 위해서는 **소싱**이 아닌 **인력 모집**이 가장 빠른 방법이다. 특히 채용 매니저가 **다른 생각**을 가진 사람이 모인 팀이야말로 혁신이 이루어질 수 있는 좋은 환경임을 잘 이해하고 있다면 최고의 조건이다. 우리는 일반적으로 똑같은 것을 더 갖고 싶어 하거나 필요로 하지 않는다. 다른 교육을 받고, 문제를 해결하는 데 색다른 방향성을 제시할 수 있고, 다른 인생 경험과 강점을 가진 사람이 필요하다. 훌륭한 관리자는 이 사실을 알고 있으며, 단순히 사람을 모아 집단을 만드는 게 아니라 신중한 인력 모집을 통해 **제품팀**을 구성한다.

그렇다면 도대체 어디서 이런 좋은 인력을 찾을 수 있을까? 잠재적 팀원 풀을 보유하는 것은 한 번 하고 끝나는 일이 아니라 지속적으로 수행해야 하는 일이다. 업계 컨퍼런스나 만남, 경쟁 업체, 파트너사나 고객과의 미팅, 소개나 추천, 또는 사적으로 많은 사람을 만날 것이다. 이때 더 좋은 관계를 만들고 싶은 사람과 지속적으로 연락하고 차 한잔할 수 있는 여유가 필요하다. 혹은 멘토링해 주는 관계에서 시작하여 언젠가는 함께 일하며 코칭해 줄 수 있는 관계로 발전할 수도 있다.

개인적으로 나는 좋은 후보가 관심을 보일 만한 업계 강연자를 초청해서 강연을 주최하는 것을 좋아하는데, 조직의 명성에도 도움이 된다.

또 다른 훌륭한 테크닉은 당신의 제품에 대한 열정과 헌신을 잘 보여 줄 수 있는 회사 대표 블로그를 운영하는 것이다.[1]

규모가 큰 기업에서 일하고 있다면 적절한 인재는 회사 내부에서도 찾을 수 있다. 뜻하지 않은 부서에서 굉장히 능력 있고 인정받는 직원이 스스로를 제품 담당자라고 생각하지 않는 경우를 많이 봤다. 나는 뛰어난 제품팀원을 찾고 있는 채용 매니저에게 넓게 그물을 펼치라고 말한다. 나는 뛰어난 제품팀원을 엔지니어링, 재무, 마케팅, 세일즈, 법무, 혹은 비즈니스 오너나 이해관계자 중에서도 발굴해 본 경험이 많기 때문이다.

사람들을 **빼** 려는 게 목적이 아니라, 조직 구성원이 스스로의 재능을 최대한 활용하게 한다는 측면에서 바라보아야 하므로, 나머지 조직에 대해 조심스럽게 대해야 한다.

또한 이러한 잠재적 채용 후보자의 네트워크를 개발하려면 인내심이 필요하다. 나는 어떤 사람을 채용하기 위해 몇 년간 애쓴 경험도 있다. 그 사람과의 관계를 만들기 위해 그의 경력 목표에 관심을 가지고, 프로덕트팀 역할자에 대한 기사와 책을 공유하고, 그의 목표와 그 목표를 이룰 수 있는 방법에 대해 이야기하며 공을 들였다.

예를 하나 들자면, 프로덕트 매니저의 채용을 위해 나는 기업가(기업적 마인드셋이 있는 사람)를 찾는다. 내가 찾는 유형의 사람은 언젠가 창업하려는 사람이다. 이런 사람을 찾아서

---

1   이에 대한 매우 효과적인 예로 Code as Craft 블로그(www.codeascraft.com)를 참고하라.

프로덕트 매니지먼트는 스타트업을 시작하는 데 아주 훌륭한 시작점이라는 것을 설명하고 왜 그런지 설득한다.

당신이 함께 일하는 사람을 성장시키려고 진심으로 노력하고 애정을 쏟는 훌륭한 관리자라는 명성을 얻는다면, 고용을 위해 당신에게 다가오는 사람이 더 많아질 것이다. 그렇다고 해서 당신이 정말로 **필요한** 인재를 모집하고 팀을 꾸릴 수 있다는 보증은 없다. 어떤 경우에든, 이런 개인화된 브랜드를 구축하는 것은 오랜 시간이 걸린다.

모든 관리자는 채용을 단발성 이벤트가 아닌 지속적인 활동으로 대해야 한다. 또한 관리자로서 팀원의 성장에 진심으로 관심을 가지고 챙긴다면, 이런 모습만으로도 얼마나 많은 추천서가 쏟아질지 알게 되면 놀랄 것이다. 또한 제품팀의 인재를 찾는다면 제품의 비전 자체가 가장 효과적인 채용 도구일 수 있고, 그래야만 한다. 물론 당신이 이룬 제품의 성공도 주목을 끄는 데 도움이 된다.

만약 채용을 지속적이며 우선순위가 높은 활동으로 여긴다면, 곧 건강한 네트워크를 형성하고 훌륭한 지원자들을 만날 수 있을 것이다. 당신이 새로운 직책을 채용할 때, 그리고 네트워크에 있는 사람이 경력의 전환점을 맞이했을 때, 그들을 데려올 수 있는 좋은 위치를 차지할 것이다.

채용의 우선순위를 높여라

나(크리스)는 첫 직장인 스타트업에서 프로덕트 매니저로 일할 당시, 진정한 코칭의 힘을 경험했다. 나의 일은 크게 개인적인 기여자(individual contributor)로서 일하는 것이었고, 언젠가는 프로덕트 매니지먼트 팀을 구성하리라는 기대가 있었다. 회사는 빠르게 성장했고 내가 맡은 제품은 시장에서 점점 탄력을 받고 있었다. 나는 정신없이 바빴고, 마침내 나를 도와줄 수 있는 프로덕트 매니저를 추가로 채용하는 것을 승인받았다.

나에게 할당된 업무의 양은 변함이 없었기 때문에, 나는 회사의 작은 HR팀에 채용 프로세스를 의존할 수밖에 없었다. 나는 그들과 일주일에 한두 번씩 미팅을 하고, 이력서를 검토하고, 전화 면접을 진행하곤 했지만, 이외의 과정에는 별로 신경을 쓰지 않았다. 나는 이미 할 일이 쌓여 있었고, 채용은 HR 부서에서 하는 게 당연하지 않은가?

이 기간 동안, 나는 관리자와 정기적으로 1:1 미팅을 꾸준히 했다. 그는 내게 채용이 어떻게 진행되고 있는지 물었고, 나는 유망한 이력서와 전화 인터뷰에 대해 말했다. 그리고 제품과 비즈니스에 대해 논의하며, 내가 당시에 얼마나 힘든 상황에 처해 있는지 하소연했다.

2주가 지났지만 나는 인터뷰를 진행할 후보자를 찾지 못한 상태였고, 이어지는 관리자와의 1:1 미팅에서 그는 내가 채용 외의 다른 주제에 대해서는 이야기하지 못하게 했다. 그는 나에게 새 프로덕트 매니저를 채용하는 것이 지금 가장 중요한 과제라고 분명하게 말했다. 지금으로선 다른 업무보다는 채용이 주된 업무였다. 이를 더 강조하기 위해, 그는 프로덕트 매니저의 채용이 이루어지기 전까진 최소 업무 시간의 절반 이상은 여기에 쏟아야 한다고 말했다.

정말 충격이었다. 지금 나에게 주어진 업무도 다 못할 만큼 바쁜데, 어떻게 그만큼 시간을 쏟을 수 있단 말인가? 우리는 내가 맡고 있는 모든 일을 함께 검토하여 어떤 업무를 일시적으로 중단할 수 있는지, 어떤 부분은 회사의 다른 사람이 진행할 수 있는지, 또한 어떤 부분을 그가 맡아서 할 수 있는지 얘기했다.

채용 업무를 진행할 수 있게끔 시간을 만든 뒤, 나는 그다음에 깨달은 사실로 충격을 받았다. 이렇게 많은 시간을 채용에 쏟을 방법을 몰랐던 것이다. 관리자는 내게 어떻게 하면 개인 네트워크를 발전시키고, 채용을 위한 리소스를 적극적으로 끌어모으고, 직무 설명을 수정하고, 전반적으로 채용 프로세스를 추진하는 데 (HR에 기대기보다는 스스로) 훨씬 적극적으로 할 수 있는지 가이드해 주었다.

이는 나의 경력에서 가장 기억에 남는 1:1 미팅이었다. 덕분에 직업에 대한 시야를 넓힐 수 있었고, 관리자와 새로운 차원의 신뢰 관계를 쌓을 수 있었다. 성장해야 할 부분을 깨우쳐 주었고, 진정한 리더십의 모습을 보여 주었다. 나는 긍정적인 자극을 받았고, 새로운 업무인 채용에 뛰어들었다.

이 경험은 나에게 생각하는 틀을 바꿔주었다. 단순히 새로운 방법이나 기술을 배운 것이 아니었다. 관리자의 코칭을 통해 그의 사고방식을 엿볼 수 있었고, 내가 처음으로 관리자 역할을 맡았을 때 나 역시 그러한 사고방식이 필요하다는 것을 깨달았다.

아웃소싱

이 책을 여기까지 읽은 독자라면 내가 아웃소싱에 대해 어떤 견해를 가지고 있는지 알고 있으리라 믿는다.

하지만 먼저 한 가지 확실하게 하고 싶은 것이 있다. 나는 IT 제품을 만드는 조직 내의 핵심 역할에 대한 아웃소싱을 말하는 것이다. 프로덕트 매니저, 프로덕트 디자이너, 엔지니어, 데이터 분석가와 데이터 과학자, 사용자 연구원, 그리고 이들을 관리하는 사람 말이다. 제품은 회사의 생명이고, 이러한 기술은 반드시 핵심 역량으로 가지고 있어야 한다. 고객은 이러한 제품과 서비스에 달려 있다. 이런 제품과 서비스를 아웃소싱한다면 미션팀을 만들 가능성을 죽이는 것과 같다. 반대로, 당신은 말 그대로 용병팀을 만들어 왔다.

당신은 필요한 기술을 가진 직원이 조직에 없다고 핑계를 댈 수 있다. 그렇다면 필요한 기술이 있는 사람을 고용하거나, 이미 채용된 직원이 이런 기술을 배우고 성장할 수 있도록 코칭과 교육에 투자해야 한다. 그렇지 않다면 해외에 있는 값싼 업체를 고용하여 비용을 절약할 것으로 생각할 수도 있다. 하지만 끝내 더 많은 돈을 쓰게 되거나, 비용에 비해 훨씬 낮은 성과를 얻을 것이다. 시간과 커뮤니케이션으로 발생하는 과부하를 비롯하여, 더 중요하게는 혁신을 할 수 있는 기회를 놓치기 때문에, 이는 매우 좋지 않은 투자다.

테스트 자동화나 대규모의 이전(migration) 작업과 같은 많은 작업이 필요한 일에 아웃소싱 업체를 이용하는 것은 문제가 되지 않는다. 특히, 제품의 신규 발굴과 출시를 모두 고려한다면, 작은 미션팀이 큰 규모의 용병팀보다 더 좋은 성과를 낼 것이라는 사실을 기억해라.

CHAPTER

28

면접

인사staffing와 관련한 영역 중에서, 이번 장에서는 면접 프로세스를 다룬다. 인력 모집 프로세스와 마찬가지로, 채용 매니저는 **면접 담당팀의 효과적인 면접 진행**과 **채용 후보자의 면접 과정**에 대해 책임을 져야 한다. 채용 관리자는 일부 행정과 인사부의 도움을 받을 수는 있지만, 전체적인 면접 과정에 대해 오너십을 가지고 적극적으로 관리해야 한다.

면접의 목표는 유능한 사람을 채용하는 것이며, 한 명 한 명의 채용이 (프로덕트 매니저, 프로덕트 디자이너, 기술 리더에 대해서만큼은) 팀의 평균 역량을 향상시키는 것이다.

제품팀에는 한 명 이상의 엔지니어가 있기 때문에 다양한 경험과 역량 수준을 갖추는 것은 문제가 되지 않는다. 그러나 팀당 한 명씩만 존재하는 프로덕트 매니저, 프로덕트 디자이너, 기술 리더는 높은 수준의 역량을 갖춘 사람을 확보하는 것이 중요하다. 이 역할은 주니어 직원의 몫이 아니다.

가장 흔히 보는 문제점은 면접 팀을 꾸리고 결정할 때 나타난다. 회사는 대부분 전체를 포괄하려고 노력하며, 원하는 모두가 발언권을 가질 수 있도록 한다. 그러나 이러한 접근 방식은 수준 향상에 도움이 되지 않고, 평균 역량을 점진적으로 낮춘다.

그러므로 전체를 포용하려고 노력하는 대신, 채용 관리자는 적합한 면접팀을 매우 신중하게 선택해야 한다. 각 면접관은 능력과 성품에 따라 선택되어야 한다. 채용 후보자가 함께 일하고 싶다고 생각할 수 있고, 함께 맥주 한잔 즐기고 싶을 만한 사람을 면접관으로 선택해야 한다. 면접팀 전원이 채용 요건에 대해 구체적으로 이해하고 있고 준비가 되어 있는지 꼭 확인해야 한다(채용 대상 포지션에 따라 면접을 통해 확인할 스킬과 경험이 달라지기 때문이다). 대부분의 큰 기업은 면접관 가이드라인으로 적절하거나 부적절한 질문 리스트를 제공하지만, 면접 내용 자체를 의미 있게 하는 가이드를 제공하는 경우는 드물다.

일련의 면접 과정의 목표는 모든 면접을 마치기 전에 채용 후보자에 대해 알고 싶은 내용을 모두 확인하는 것이다. 각 면접관이 다음 단계 면접관에게 풀지 못한 의문점을 전달하면 그 면접관이 이어서 확인할 수 있다. 그리고 채용 매니저나 마지막 면접관은 남은 의문점을 모두 풀 수 있도록 시간 조절을 해야 한다. 마찬가지로, 면접관에게서 특정 후보가 적합하지 않다는 피드백을 받는다면, 채용 매니저는 면접 과정을 중단하여 빨리 끝낼 수 있도록 결정해야 한다.

특별히 짚고 넘어갈 사항이 세 가지 있다.

첫째, 역량을 보고 채용하는 것과 잠재력을 보고 채용하는 것은 명확하게 다르다. 대부분은 채용할 때 대상 역할을 수행할 역량이 있는 인재를 찾는다.[1] 그런데 어떤 경우에는 잠재력을 보고 채용할 수도 있다. 아직 대단한 역량을 보여 준 것은 아니지만, 잠재력에 투자하고 싶은 인재가 있다. 대학 졸업자 대상 신입 채용이 일반적인 예다. 잠재력에 따른 채용의 경우, 채용 매니저가 면접팀에 이를 명확히 전달해야 하고, 해당 인력의 역량 개발을 위한 코칭과 투자를 분명히 이해하고 책임을 져야 한다.

잠재력을 기반으로 채용한 인재의 역량을 향상하기 위해서는 일반적인 주간 1:1 미팅뿐만 아니라 몇 개월에 걸쳐 지속되는 코칭이 필요하다. 추가로 해당 인력이 합리적인 기간 내에 역량을 보여 주지 못한다면 채용 매니저는 그의 채용 실수에 대해 책임을 져야 한다.

둘째, 이미 회사가 보유한 인재와 비슷한 사람을 채용하는 것이 목적이 아니라는 것을 면접팀에 항상 상기시켜야 한다. 혁신은 **다르게** 생각하는 사람들과의 상호작용에서 생겨난다. 따라서 다른 교육, 다른 인생 경험, 다른 문화 혹은 문제 해결에 대한 다른 접근 방식을 가진 채용 대상자를 찾아야 한다.

셋째, 많은 채용 관리자는 도메인 지식에 높은 비중을 두고 채용하는 실수를 저지른다.

---

1 면접 시 역량을 확인할 수 있는 방법에 대해서는 조프 스마트(Geoff Smart)와 랜디 스트리트(Randy Street)의 이 책을 참고하라. 《Who: The A Method for Hiring》(New York: Ballantine Books, 2008).

대부분의 직책은 (적절한 기술을 갖춘 적합한 인재를 채용한다면) 도메인을 잘 알고 있는 사람이 필요한 제품 관련 기술을 습득하는 것보다, 제품 관련 기술을 이미 가지고 있는 사람이 도메인에 대해 습득하는 것이 훨씬 더 빠르다. 사실상 많은 경우에, 너무 많은 도메인 지식을 가지고 있는 사람은 스스로를 고객이라고 생각하는 실수를 범할 확률이 높다.

내가 가장 좋아하는 면접 질문

이 질문은 면접 막바지에 하면 좋다. 준비 과정은 다음과 같다.

"이제 당신에 대해 조금은 알게 되었으니, 네 가지 필수적인 업무 역량을 알려 드리겠습니다. 당신은 프로덕트 담당자(product person)이므로, 특정 영역에서는 뛰어날 거라고 예상됩니다. 하지만 모든 역량에 대해 동등한 지식을 가지고 있지는 않을 거라고 생각됩니다. 스스로 생각하기에 가장 잘할 수 있는 역량부터 상대적으로 약한 역량순으로 나열해 주세요."

이 준비 과정은 상대방에게 긴장감을 주지 않고 편하게 해 주어야 한다. 채용 후보자는 이 질문에는 정답이 없다는 것을 이해해야 하며, 솔직한 대화를 나눌 수 있도록 해야 한다.

이제 특별한 순서 없이 네 가지 속성을 살펴보면, 나(크리스)는 다음과 같이 설명한다.

1. 실행력 — 당신은 일처리를 문제없이 진행하고, 시키지 않아도 올바른 일을 진행하며, 여러 목표를 관리합니까?
2. 창의성 — 당신은 얼마나 자주 팀에서 가장 좋거나 최고의 아이디어를 냅니까?
3. 전략 — 당신은 진행 중인 업무에 대해 더 넓은 시장 관점 혹은 비전 관점으로 바라보고 정의하여 동료와 공유합니까?
4. 성장성 — 당신은 스마트한 프로세스, 팀 관리 등을 통해 노력에 대한 결과를 증대시키는 데 얼마나 능숙합니까?

이 질문의 표면적인 가치는 채용 후보자가 평가한 스스로의 약점에 대해 어떻게 대화를 이어 나가는지 보는 것이다.

나는 제품 담당자가 스스로의 능력을 자각하고 성장할 수 있는 부분을 인정하는 역량을 매우 중요하게 생각한다(이 질문은 "당신의 약점에 대해 얘기해 주세요"의 덜 인위적이면서 조금 더 효과적인 버전이라고 볼 수 있다).

나는 이 대화를 피하려 들거나 달갑게 생각하지 않는 채용 후보자에 대해 회의적이다. 또한 스스로의 평가가 지금까지의 면접 내용에서 관찰한 부분과 상충하는 경우에도 회의적이다.

당신이 채용 매니저라면, 이 질문은 또 다른 목적이 있어야 한다. 당신이 가지고 있는 편견을 체크해 볼 수 있고, 당신과 비슷한 사람만 채용하지 않게 도움을 준다.

CHAPTER

29

채용

면접 진행 후, 조직에 알맞은 좋은 인재를 찾았길 바란다. 좋은 인재를 찾았다면, 이제 정식으로 채용하기 위해 오퍼(제안)를 준비해야 한다.

채용 과정의 상당 부분은 인사적 적합성HR compliance과 보상에 의해 좌우되지만, 채용 매니저로서 확인해야 할 몇 가지 사항이 있다.

첫째, 정말 훌륭한 인재를 찾았다면 빠르게 움직여야 한다. 24~48시간 이내에 오퍼를 제공할 수 있도록 하라. 시간을 지체하면 좋은 인재를 놓칠 수 있다. 놓치지 않더라도, 채용 후보자에게 회사가 결정을 내리는 데 어려움을 겪고 있다는 안 좋은 인상을 줄 수 있다.

둘째, 레퍼런스 체크를 진지하게 하고, **다른 사람에게 위임하지 말고 스스로 진행하라.** 레퍼런스 체크를 해 주는 사람이 있다면, 그/그녀를 다시 채용하겠는지 꼭 물어보길 바란다. 레퍼런스 체크에서 중요한 목표는 채용 후보자의 인성을 확인하는 것이다. 대부분의 사람은 면접에서만큼은 인성의 나쁜 부분을 숨길 수 있지만, 과거 고용주는 알고 있을 것이다.

레퍼런스 체크를 진행할 때 대개는 부정적인 정보를 공유하는 것을 꺼리기 때문에 충분히 얘기할 수 있는 기회와 시간을 주는 것이 중요하다. 이런 이유로 이메일로 진행하는 레퍼런스 체크로는 좋은 정보를 알아낼 수 없다. 전화나 커피 미팅이 훨씬 좋은 피드백을 받을 수 있는 방법이다.

하지만 레퍼런스 체크만으로 끝내지 않아야 한다. 인격적인 결함을 찾을 수 있는 가장 확실한 방법 중 하나는 소셜미디어에서 보이는 채용 후보자의 행동이다. 후보자의 프로필을 확인하고 타인과 어떻게 소통하는지 확인하라.[1] 예의를 갖추고 사려 깊게 소통하고 있는지, 최악의 상황을 가정하여 생각하지 않고 말을 하는지 확인해야 한다. 채용 후보자가 공공장소나 소셜미디어상에서 지속적으로 무례하게 행동한다면, 직장에서도 똑같이 행동할 가능성이 매우 높다.

공식적인 오퍼는 HR 혹은 채용 매니저가 낼 수 있지만, 중요한 부분은 채용 매니저가 직접 후보자에게 연락해야 한다. 채용을 수락하고 함께 일하기로 결정한다면, 담당자로서 **개인적으로 시간을 할애하여 후보자가 잠재력을 깨울 수 있도록 성장시키고 코칭하는 데** 최선을 다하겠다고 직접 전달해야 한다.

후보자가 뛰어난 인재라면 여러 군데에서 오퍼를 받았을 확률이 높기 때문에, 이런 경우 나는 CEO 혹은 주요 리더에게 직접 연락해서 얘기해 달라고 요청한다. 이런 행동은 채용 대상자에게 가치 있는 메시지를 전달할 수 있고, 좋은 관계로 시작하는 데 도움이 된다.

채용 오퍼 자체는 회사를 대표해서 이루어지지만, 인재를 채용하는 것은 직업적 성장에 대한 매니저로서의 책임이며, 채용되는 인재로서는 회사의 비전과 성공에 기여하겠다는 약속이다.

대부분의 채용 후보에게 자신의 편에서 자신이 성장하도록 적극적으로 노력해 주는 사람이 있다는 것은 다른 요인보다 훨씬 중요하게 작용한다. 물론, 채용 매니저는 이 공약을 이행해야 한다.

제어 범위

제어 범위(span of control)란, 한 명의 관리자에게 보고하는 후보자가 몇 명이나 되는지를 뜻한다.

대부분의 기업에 적절한 표준 범위가 있지만, 기업이 코칭과 제품 전략에 진지하게 투자하고 있다면 관리자 한 명이 담당하는 사람의 수는 달라질 수 있다. 피플 매니저(people manager)의 첫 번째 책임은 팀원을 코칭하고 성장시키는 것이다. 하지만 관리받는 사람의 유형에 따라 코칭에 필요한 시간은 매우 다양하다.

---

1   특정 나라에서는 채용 후보자의 동의가 있어야 한다.

제어 범위를 설정하는 데 있어 고려해야 할 주요 요인은 다음과 같다.

운영 책임 수준

제품 전략, 디자인 전략, 아키텍처/기술 부채 전략 등 매 순간 중요한 업무를 수행하는 중대한 운영 관련 책임이 있는 역할을 수행하고 있다면, 많은 시간을 들여야 할 것이다.

직원의 경험 수준

많은 회사에서 특정 역할에 경험이 없는 인력을 고용하여 코칭할 수밖에 없는 경우가 많다. 인재 경쟁이 치열하기 때문에, 회사에서는 엄청난 연봉을 지급하거나 검증된 역량보다는 잠재력 기반으로 채용해야 하기 때문이다.

이런 방식은 대개 문제가 없지만, 두 가지 중요한 주의 사항이 있다. 첫째, 채용 매니저는 코칭에 능숙해야 하고 필요한 시간과 노력을 들여야 한다. 둘째, 좀 더 작은 제어 범위가 필요하다. 예를 들어, 한 명의 관리자에게는 6~8명이 아닌 4~5명의 팀원이 배정되어야 한다.

관리자의 경험 수준

비슷한 맥락에서, 관리자의 경험은 적절한 제어 범위 설정에 영향을 미친다. 다른 기술과 마찬가지로 코칭 스킬도 점점 좋아질 수 있고, 스스로의 코칭에 대해 자부심이 있는 경험 많은 관리자는 팀원을 더 효율적이고 효과적으로 성장시킬 수 있다.

조직의 복잡성

마지막으로, 이것은 때로 직관에는 반대되지만, 큰 조직에서는 '단편적 사실에서 결론 도출하기'와 '조직 구석구석 관리하기'가 상당히 증가한다.

그중 일부는 단순히 종속적인 업무, 상호작용, 의사소통의 결과 때문이지만, 일부는 대규모 조직의 대인 관계 역학(일명 정치적인 관계) 때문이다.

비율

그렇다면 한 명의 관리자가 몇 명의 팀원을 관리하는 것이 적절할까?

가장 작은 통제 범위(IT 제품 기업 내)는 일반적으로 선수-코치 역할을 동시에 하면서, 최대 2~3명을 관리하는 GPM(group product manager)이다. 가장 큰 제어 범위는 일반적으로 엔지니어링 매니저로, 대개 10~15명의 다양한 수준의 엔지니어를 관리한다. 대부분은 5~7명의 팀원을 관리한다.

일부 회사는 통제 범위가 매우 넓은 수평적인 조직 구조에 자부심을 가지고 있지만, 내 경험상 이런 회사는 숙련된 인재에게(실무자조차도) 상당한 프리미엄을 지불한다. 아니면 코칭이나 인력의 성장에 대해 전혀 관심이 없다.

CHAPTER

30

원격으로 일하는 직원

일반적으로 업무를 하고 글을 쓸 때 내가 집중하는 질문은 다음과 같다. "훌륭한 기업의 모범 사례를 활용하여 지속적인 혁신의 가능성을 높일 수 있는 방법은 무엇일까?" 여러 가지 모범 사례 중, 나는 오래전부터 공동으로 일하는 제품팀의 힘이 가장 핵심이라고 생각한다.

다음 제프 베조스의 이야기는 내 경험을 잘 요약하고 있다.

"아마존의 제품팀은 명확한 임무와 특정한 목표를 가지고 있고, 크로스펑셔널하고, 헌신적이며, 함께해야 한다. 왜 그럴까? 창의력은 사람 간의 상호작용에서 나오고, 영감은 고도의 집중력에서 비롯된다. 마치 스타트업처럼, 팀은 차고에서 옹기종기 모여 실험, 반복, 대화, 토론을 하며 시도하고 또 시도해야 한다."

아마존이 IT 산업에서 가장 꾸준하게 혁신하는 기업인 것은 우연이 아니다.

이러한 이유로, 많은 회사들이 하는 질문이 바뀌었다. 그들은 "제품팀이 분산되어 있고 팀의 일부 혹은 전체가 원격으로 일하고 있는 상황에서 어떻게 모범 사례를 활용하여 혁신을 이룰 수 있습니까?"라고 묻는다.

바로 이 중요한 질문을 다루는 것이 이번 장의 주제다. 분산된 팀끼리 소통하고 일감을 관리하기 위해 사용하는 도구나 방법에 대해서는 논할 필요가 없다. 클라우드 기반 협업 도구 및 영상 기반 소통 서비스에 대해서는 잘 알고 있으리라고 생각한다. 대신, 크로스펑셔널 제품팀의 성격에 대해 더 자세히 알아보고, 팀으로서 점진적인 성장을 위해 어디에 집중해야 할지 이야기해 보자.

우선, 모든 임파워드 제품팀은 제품의 발굴과 제공delivery이라는 두 가지 주요 활동을 한다. 대개 코로케이션co-location의 마법에 대해 말할 때, 위의 베조스의 인용에서처럼 대부분 제품 발굴 과정을 말하는 것이다. 한편, 제품 제공 과정은 상대적으로 더 절충할 수 있는 대안이 있다. 물론 의사소통은 함께 앉아 있을 때 하기가 더 쉽지만, 원하지 않는 방해도 늘어날 수 있다. 전반적으로 원격으로 일하는 상황에서도 제품 제공 면에서는 코로케이션되어 있는 팀보다 훨씬 더 나은 성과를 내는 팀들을 보아 왔다.

원격 근무에 있어 가장 어려운 부분은 제품 발굴을 진행하는 것이다. 전반적인 방법과 구조는 원격으로 근무하거나 코로케이션되었을 때나 그다지 다르지 않다. 팀원은 여전히 아이디어가 샘솟고, 프로토타입을 만들어서 질적/양적으로 실제 사용자에게 테스트해 보며 빠르게 검증한다. 당연히 질적인 테스트는 얼굴을 맞대고 할 수는 없지만, 영상 기반 테스트를 늘려서 보완할 수 있다.

중요한 차이점이 프로덕트 매니저, 프로덕트 디자이너 및 기술 리더가 함께 협업하며 개발할 가치가 있는 솔루션을 찾는 역학관계에 영향을 미친다. 이때 지속적으로 보이는 세 가지 문제점이 있는데, 세 가지 중 하나라도 문제가 일어나면 혁신할 수 있는 능력에 큰 해를 끼칠 수 있다.

산출물

프로덕트 매니저와 프로덕트 디자이너를 기술 리더와 분리시키면, 곧바로 일반적인 부정적 패턴이 나타난다. 세 역할자가 함께 모여서 "이 문제를 어떻게 해결할 것인가?"를 함께 고민하기보다는, 너무도 자연스럽게 서로에게 산출물artifact을 만들게끔 강요한다. 프로덕트 디자이너는 프로덕트 매니저에게 '간단한' 요구나 제약 사항을 전달해 달라고 한다. 기술 리더는 디자이너에게 엔지니어가 기획을 시작할 수 있도록 와이어프레임wireframe을 언제쯤 줄 수 있는지 물어본다. 프로덕트 매니저는 엔지니어에게 견적이나 예상 공수를 묻는다.

곧 원격으로 일하는 프로세스는 산출물을 넘겨주는 폭포수 방식waterfall이 되어 버린다. 이런 곳에서는 혁신이 이루어지기 힘들 뿐 아니라, 전체 팀원 간에 대화의 기준이 **결과**가 아닌 **산출물**이 된다. 이렇게 산출물을 기준으로만 이야기하는 팀이 되지 않도록 지속적으로 확인하고 조심해야 한다. 팀의 세 역할자는 영상 회의로 이런 주제를 논하는 것이 효율적이지 않다고 느낄 수 있지만, "이 문제를 어떻게 해결할 것인가?"라는 주제를 항상 잊지 않는 게 중요하다.

발굴 프로세스에서의 주요 산출물은 프로토타입이다. 출시할 만한 프로토타입을 결정했다면 원격으로 일하는 엔지니어는 최신 프로토타입에 대해 아직 잘 모르고 있을 것이다. 따라서 엔지니어가 구축하는 데 필요한 구체적인 사항과 QA 테스트를 설명하는 데 시간을 할애해야 한다. 물론 이것은 가치 있고, 유용하며, 구현 가능하고, 실용적인 솔루션을 찾았다는 확신과 믿음이 있을 때 진행해야 한다.

믿음

전반적인 발굴 프로세스에서, 특히 혁신의 성공은 **심리적 안정감**이라는 개념에 달려 있다.[1] 심리적 안정감이란 제품팀의 팀원이 스스로 존중받으며 그들의 업무가 가치 있다고 느낀다는 뜻이다.

앞에서 어떻게 한 명의 나쁜 놈이 팀 전체를 망가뜨리는지에 대해 설명했다. 다행히도, 대부분의 사람들은 적어도 얼굴을 맞대고 일할 때는 나쁜 놈이 아니다. 불행하게도, 사람들이 서로 떨어져서 일할 때 직접 얼굴을 보고 이야기를 나누지 않는 경우, 정상인인 척하는 필터와 조심스러움은 사라지게 마련이다.

많은 경우에 원격으로 업무를 하면서 동료의 좋지 않은 면을 봤다고 말한다. 이때 코칭이 매우 중요해진다. 내 경험상, 대부분의 사람은 의도적으로 잔인하거나 무신경하지 않은데, 그저 사회적 신호를 알아채기 어려운 것이다. 좋은 관리자는 팀원이 온라인상에서 소통할 때 무엇을 개선할 수 있는지 코칭해 줄 수 있다.

또한, 표면적으로는 이메일이나 슬랙 앱으로 소통하는 것이 더 효율적으로 보일 수 있지

---

[1] https://rework.withgoogle.com/blog/five-keys-to-a-successful-google-team/

만, 잘못 서술된 메시지는 신뢰를 깨뜨릴 수 있고 깨진 신뢰를 복구하는 데는 많은 시간이 필요하므로 전혀 효율적이지 않다.

원격으로 일할 때는 민감한 부분은 영상 통화로 전달하는 편이 좋다. 얼굴을 맞대고 이야기하는 것보다는 못하지만, 의사소통의 필수적인 부분이자 신뢰를 생성하고 유지하는 데 매우 중요한 표정, 목소리, 보디랭귀지를 포함하고 있어서 훨씬 낫다.

시간

집에서 일하는 환경이 안정적이며 조용하고 단절되어 있는 사람은 집에서 일할 때 어려운 문제에 대해 생각할 수 있는 양질의 시간이 확보되기 때문에 훨씬 효율적이라고 느낀다. 그러나 많은 경우에, 특히 육아를 포함하여 가족을 돌볼 의무가 있는 사람은, 가정 생활의 부담에서 벗어난 사무실에서 업무를 진행하고 싶어 한다.

현실적으로는 제품팀의 모든 멤버가 집중할 수 있는 양질의 시간을 충분히 확보할 수 없다. 모든 팀원이 방해받지 않는 시간을 한 시간만 내는 것조차 어려울 수 있다.

시간 관리에 관해, 나는 융통성을 가져야 한다고 조언한다. 프로덕트 디자이너에게 어린 자녀가 있어서, 방해받지 않는 시간이 아침 일찍, 혹은 늦은 시간뿐이라고 가정해 보자. 프로덕트 매니저와 기술 리더가 이 시간에 맞출 수 있다면 훨씬 좋을 것이다.

앞에서 얘기한 세 가지 요소, 즉 산출물, 믿음, 시간이 모두 쉽지 않다는 것은 안다. 하지만 원격 팀이 예전과 같은 결과를 내고 있지 못하다면, 이 부분에 코칭을 집중해 볼 것을 추천한다. 제품팀원이 잠재적인 문제에 대해 인지한 상태에서 관리자가 이러한 문제를 방지하거나 개선할 수 있는 코칭을 제공한다면, 원격으로 일하는 팀에서도 제품 발굴을 훌륭하게 진행할 수 있을 것이다.

CHAPTER

31

온보딩

당신의 팀에 훌륭한 인재가 채용되었고 제품팀에서 함께 일할 준비가 되었다면, 우선 축하한다. 그러나 채용 매니저로서의 업무는 이제 막 시작되었다.

신입 직원의 첫 3개월은 매우 중요하며, 이 기간이 회사를 다니는 동안의 전체적인 분위기를 좌우할 것이다. 신입 직원을 위한 체크포인트는 다음과 같다.

- **첫 출근일 후.** 팀에서 한 명 이상의 미래의 친구를 만들었는가? 스스로에 대한 기대치를 알고 있는가?
- **출근 일주일 후.** 첫 주는 어땠는가? 제품팀의 모든 구성원을 개인적으로 알 수 있는 기회가 있었는가?
- **첫 급여 수령 후.** 입사 결정에 대해 무의식적으로 평가하는 것이 정상이다.
- **출근 한 달 후.** 이 시점에는 회사에 대해, 그리고 회사에서 발휘할 수 있는 스스로의 잠재력에 대해 전반적으로 이해하고 있다.
- **출근 60일 후.** 회사에 가치를 인정받을 수 있는 공개적인 성과를 보여 줬는가?

신입 직원의 첫인상에 대한 많은 평가가 생길텐데(특히 회사 내 고위 경영진에 의해), 첫인상이 긍정적이지 않으면 이를 바로잡을 기회는 많지 않다는 것을 염두에 두어야 한다.

새 직원이 아무리 유능해도 일을 알아 가는ramp-up 시기가 있다. 고객, 직원, 회사의 프로세스, 문화, 기술, 업계 동향 등을 배우는 것은 모두 앞으로 업무 속도를 내는 데 중요하다.

채용 매니저로서 가장 먼저 정립할 부분은 새 직원이 코칭을 받는 것에 거부감이 없는지 확인하는 것이다. 대부분의 사람은 그들이 성공하도록 헌신하는 매니저가 있다는 사실에 진심으로 감사한다. 하지만 코칭에 대해 위협이나 혼란을 느끼는 사람도 있다. 어떤 사람은 코칭을 받는 것이 자신에게 문제가 있거나 새 업무를 못해서라고 생각한다. 나는 심리학자는 아니지만, 신입 직원이 방어적이거나 불안해 하는 것을 알아채고 코칭 의도를 먼저 설명하는 것은 어렵지 않다. 이를 위해 나의 경력 여정을 공유하며, 어떻게 많은 사람들이 나를 도와줬는지 설명한다.

어쨌든 간에, 신뢰를 기반으로 한 관계를 맺어야 한다. 당신은 새 직원이 최선을 다할 것으로 믿고, 그는 당신이 그를 돕는 데 최선을 다할 것이라는 것을 믿어야 한다.

채용 매니저로서 나는 신입 직원의 코칭에 집중 투자해야, 나중에 일어날 수 있는 많은 어려움을 피할 수 있다는 것을 일찌감치 깨달았다. 사실 매니저로서 가장 후회하는 일은 신입 사원에게 필요한 만큼 시간과 공을 들이지 않았던 경우였다.

먼저, 신입 직원을 평가하고 이 평가를 기반으로 앞으로의 코칭 계획을 수립한다. 필요한 지식과 기술을 개발할 수 있는 시간과 기회를 반드시 제공하고, 개인적으로 역량을 확인해야 한다. 역량을 키우는 것 외에도 온보딩 기간에는 견고한 관계를 구축하는 데 집중해야 한다. 우선은 채용 매니저와 제품팀원, 그리고 그 후에는 회사의 경영진과 이해관계자와도 관계를 만들어 가야 한다. 프로덕트 매니저 역할자인 경우, 고객과 비즈니스를 깊이 이해하는 것이다. 모든 것은 이러한 기반 위에 구축된다.

프로덕트 매니저의 경우, 일반적으로 고객 방문을 포함하며, 방문 후에는 학습 내용을 이어서 설명해야 한다. 고객뿐만 아니라 출시 메커니즘(특히 영업과 마케팅에 대한)과 고객 서비스 처리 방식까지도 설명한다. 온보딩은 조직의 주요 KPI와 이것이 비즈니스에 미치는 영향과 계산 방법을 배우는 재무 조직과의 시간도 포함한다. 무엇보다도, 어떤 방식의 온보딩을 진행하든 진정한 사용자와 고객을 기반으로 진행할 것을 강력히 권고한다. 이는 엔지니어를 포함하여 모든 제품팀 구성원에게 해당된다.

신입 직원이 필요한 것을 배웠다고 생각하면, 핵심 리더와 이해관계자에게 한 사람씩 직접 소개하라. 신입 직원이 준비한 것을 강조하고, 진정한 파트너로서 협업하려는 의지를 보인다는 것을 강조하라. 그 이후 몇 개월 동안은 리더와 이해관계자에게 신입 직원이 어떻게 성장하고 있는지 알려 주고, 그들이 원하는 성장 방향에 대해 이야기해야 한다.

다시 말하지만, 리더로서 당신은 팀에서 가장 부족한 역량을 가지고 성과를 낸 직원과 동등한 수준으로 평가받음을 꼭 기억하길 바란다. 팀원이 당신의 제품이다.

APM 프로그램

대부분의 훌륭한 IT 제품 기업은 뛰어난 프로덕트 매니저를 찾기 위해 언제나 노력한다. 나는 프로덕트 매니저 자리에 뛰어난 인재를 배치하는 것이 얼마나 중요한지에 대해 여러 번 글을 썼고, 매주 만나는 임원은 항상 더 많은 프로덕트 매니저가 필요하다고 말한다.

오래전에 그렇다는 것을 깨달은 회사가 구글이다. 구글의 첫 번째 프로덕트 매니저인 마리사 메이어(Marissa Mayer)는 매우 높은 기준을 세웠고, 구글은 수년간 뛰어난 역량을 가진 프로덕트 매니저를 채용하고 성장시키는 데 힘을 쏟았다. 대부분의 사람은 구글에 아주 뛰어난 엔지니어가 있다고는 알고 있지만, 구글이 이들에 맞먹을 만큼 뛰어난 프로덕트 매니저와 디자이너를 모으기 위해 얼마나 공을 들였는지는 잘 알려지지 않았다.

초창기부터 구글은 뛰어난 프로덕트 매니저가 부족하다는 것을 깨달았고, 이를 해결하기 위해 APM(associate product manager) 프로그램을 만들었다. 때로 실리콘밸리 외부의 많은 회사에서 이 용어를 구글의 프로그램이 아니라 **초보인 주니어** 프로덕트 매니저를 지칭하는 용어로 쓰기 때문에 헷갈릴 수 있다. 하지만 여기서 말하는 프로그램은 완전히 다르므로 헷갈리지 않길 바란다.

구글은 회사 안팎에서 가장 뛰어나고 총명한 인재를 찾기 위해 열심히 노력했다. APM 프로그램에 참여하는 운좋은 신입 프로덕트 매니저는, 뛰어난 프로덕트 매니저 — 궁극적으로는 제품 리더가 되는 방법을 2년간의 코칭 프로그램을 통해 배운다. 이 프로그램의 목적은 다른 분야(비즈니스나 교육 등)에서 입증되거나 성장하고 있는 성과가 높은, 그리고/또는 잠재력이 높은 인재를 훌륭한 프로덕트 매니저가 될 수 있게끔 코칭하는 것이다.

이 프로그램은 메이어의 공이 가장 큰데, 그녀는 유망한 제품 리더를 코칭하는 데 많은 시간을 투자했다. 이 프로그램은 정말로 많은 훌륭한 인재를 배출했다. 그중 많은 사람이 구글에서 성공적인 제품과 서비스를 담당하고, 더 나아가 자신만의 회사를 이끌어 가고 있다. 같은 맥락에서, 내가 수년간 채용하고 코칭한 프로덕트 피플이 가장 자랑스럽고, 그들이 현재 IT 산업 전반에서 일하며 세계적으로 최고의 제품 조직을 이끌고 있다는 것이 행복하다.

나는 피플 매니저와 리더로서 가장 중요한 업무는 사람을 성장시키는 것이라고 배웠다. 그러므로 중소기업과 대기업에 잠재력 있는 프로덕트 매니저를 위한 APM 프로그램을 만들 것을 권한다.

오늘날, 구글 외에도 페이스북, 트위터, 링크드인, 우버, 세일스포스닷컴(Salesforce.com), 아틀레시안(Atlassian) 등 수많은 상위권 기업에서 APM 프로그램을 보유하고 있다. 어떤 기업은 매년 새 APM을 대상으로 프로그램을 시작한다. 어떤 기업은 프로그램을 순환시켜서 APM이 여러 종류의 제품을 경험할 수 있게 한다. 이러한 프로그램을 기획하는 올바른 방법은 정해져 있지 않지만, 몇 가지 원칙이 있다.

첫째, 이 프로그램은 코칭에 많은 시간을 할애할 수 있는 매우 뛰어나고 검증된 제품 리더가 있어야만 가능하다. 리더가 부사장급이고 다른 매니저를 관리하고 있는 상태라고 해도, 인재 육성에 대한 열정이 있다면 코칭에 직접 참여할 수 있도록 하라. 회사에 이런 리더가 없거나 필요한 만큼 코칭을 제공할 만한 여력이 없다면, 검증된 외부 제품 리더와 협업하는 것도 고려해 볼 수 있다. 그 결실을 보기까지는 적어도 1년은 걸린다.

둘째, 이 프로그램에 들어갈 수 있는 기준을 아주 높게 설정해야 한다. 회사에서 가장 인정받고 잠재력이 높은 인재만 받아야 한다. 모든 대화에서 가치를 이끌어 낼 수 있는 사람, 업무를 진정으로 추진하고 결과를 얻을 수 있는 사람이 필요하다.

셋째, 이 프로그램에 들어온 모든 인재는 개선시켜야 하는 역량을 선별할 수 있도록 전체적인 평가를 실시하라. 평가는 지속적으로 업데이트해야 한다.

넷째, 개인마다 1~2년짜리 코칭 계획을 수립하여 잠재력을 발굴할 수 있도록 지원해야 한다. 주에 한 번은 검증된 리더와 1:1 미팅을 해야 한다.

물론 훌륭한 제품을 만드는 주된 방법은 적극적으로 뛰어들어 좋은 제품을 발굴하고 출시하는 것이므로, 이 프로그램에서 성장한 인력을 주요 제품팀에 배치해야 한다. 배치 후에도 이 인력에게 지속적이고 심도 있는 코칭을 할 수 있어야 한다.

프로그램과 참여자가 설정한 기대치가 얼마나 가시화되고 널리 홍보되는지와 같은 회사의 문화와도 일치하는 방향으로 가길 바란다. 나는 대체적으로 차분하게 진행하는 것을 선호하며, 참여자가 스스로 동료들의 인정을 받게 한다. 이를 APM의 또 다른 장점으로 생각하라.

이 프로그램은 제품 조직의 다양성을 개선하는 데 매우 효과적이었다. 채용할 때와는 달리, 이 프로그램에 참여할 인재는 경험이 아닌 잠재력 기반으로 뽑기 때문이다.

거듭 강조하고 싶은 점은, 모든 IT 제품 기업은 훌륭한 프로덕트 매니저가 필요하고, 기업의 리더는 지속적으로 프로덕트 매니저를 찾고 유망한 인력이 잠재력을 발휘할 수 있도록 성장시키는 데 노력을 기울여야 한다는 것이다.

신입 직원 부트 캠프

SVPG 파트너인 크리스천 이디오디Christian Idiodi는 수년간 매우 **훌륭한 제품팀을 개발하여 엄청**난 명성을 쌓아 왔다. 예전에 다닌 회사에서, 그는 평범한 사람을 비범한 팀으로 지도하는 훌륭한 사례로 자신만의 새로운 신입 직원 부트 캠프를 만들었다. 나는 이디오디에게 그의 프로그램을 설명해 달라고 부탁했고, 다음은 그의 설명을 반영한 내용이다.

프로덕트 피플, 특히 프로덕트 매니저, 프로덕트 디자이너 및 기술 리더를 고용하는 것은 어렵다. 세계 최고의 프로덕트 피플은 그들을 두고 싶어 하는 회사에서 일하고 있다. 그들은 의미 있는 문제를 해결하고 혁신적인 해결책을 만들고 있다.

일반적으로, 기업은 이전의 제품 회사에서 성공을 거둔 사람을 채용하는 것을 선호한다. 그 이면에 있는 생각은 다음과 같을 것이다. "그 회사에서 잘했다면, 여기서도 잘할 수 있겠지. 그들은 이 훌륭한 제품을 출시했으므로(평판 좋고 큰 회사로 이력서를 채우고), 여기서도 그런 결과를 낼 거야."

문제는, 프로덕트 피플이 과거에 얼마나 성공했는지와는 상관없이, 새 회사에서 성공하기 위한 모든 요소를 갖추고 시작하지 않는다는 것이다. 신입 직원 오리엔테이션은 새로운 직원이 환영받는다고 느끼고 조직에 녹아드는 데는 매우 유용하지만, 어려운 결정을 내리고 동료에게서 높은 신뢰를 얻는 것과 같은 제품 담당자로서 중요한 측면을 알려 주기에는 부족하다.

예를 들어, 프로덕트 매니저는 고객, 비즈니스, 산업, 담당 제품에 대한 깊은 지식을 제공할 수 있어야 한다. 그들을 일부러 조직 안으로 끌어들이지 않는 한, 첫 출근날이나 근무한 지 한 달이 지난 후에도 이런 지식에 대해서는 알기 힘들다. 따라서 제품 담당자의 적응 과정은 조직에 대한 기여와 성공의 수준을 정한다.

나는 이런 차이를 메우고 제품 담당자의 성공을 위해 신입 직원 부트캠프를 설립했다. 10년 전, 나는 제품 책임자였고, 회사의 주요 제품의 팀원 채용을 담당하면서 이 프로그램을 시작했다. 조직 내의 제품 담당자가 실패하는 모습을 많이 보았지만, 사실 이들이 충분히 업무를 해낼 능력이 있음을 알았다. 그러나 그들의 능력으로 조직에서 성공하는 데는 뭔가 부족한 점이 있었다.

이런 상황을 보며 나는 제품 담당자가 접한 가장 중요한 문제를 고민했고, 성공을 위해 어떤 것이 필요한지 생각해 보았다.

- 의사 결정은 어떻게 이루어지는가? 과거에는 어떻게 이루어졌는가?
- 지금 당장 회사에 중요한 것은 무엇인가? 우리는 무엇을 위해 일하고 있는가?
- 어떻게 하면 사람들이 나를 믿게 할 수 있을까?
- 지금 당장 해야 하는 가장 중요한 일은 무엇인가?

이러한 질문을 염두에 두고, 입사 첫 주에 제품 담당자가 참여할 수 있는 5일짜리 부트캠프 프로그램을 만들었다.

하루 일과는 제품 담당자가 스스로의 내면을 들여다보고 앞으로 할 업무를 준비하는 개인의 성장 요소로 시작한다. 그리고 의사소통, 성격 테스트, 개인 스킬 과정에 참여하고, 진로 로드맵을 만든다. 개인적인 성장에 초점을 맞추는 것은 회사가 직원이 어떤 사람이고 그들의 성장에 관심을 갖는다는 것을 보여 준다. 이것은 "다른 승객을 돕기 전에, 자신부터 산소 마스크를 착용하라"라는 원칙을 따른다. 리더가 건강해지도록 훈련한다면, 그들에게 보고하는 팀원도 더 좋은 성장 기회를 갖게 될 것이다.

개인의 성장을 다룬 후에는, 다른 제품 교육 주제를 다룬다. 이것을 **전략적 콘텍스트**라고 한다. 이는 제품 담당자가 회사에서 이해해야 하는 가장 중요한 주제 중 하나다.

첫째 날의 주제는 고객을 이해하는 것이다. 대부분의 제품 담당자는 어떻게 '고객을 이해'할지 알고 있지만, 우리는 회사의 역사와 맥락에 맞춰 설명해 준다. 회사의 비전, 수익 모델을 공유하고, 고객 발굴과 과거의 고객에 대해 설명하고, 미래의 고객이 누가 되길 원하는지 설명한다. 나머지 기간에는 검증, 구현 및 우선순위화, 학습 및 측정 그리고 시장 출시에 대해 이야기한다. 모든 주제는 조직의 목표와 '일을 해내는' 방법에 맞춰 구체화되며, 이는 제품 담당자가 조직의 전체적인 그림에서 어떤 부분에 투입되는지 이해할 수 있는 배경을 제공한다.

이런 주제는 회사에서 중요하게 생각하는 요소와 가치에 따라 달라질 수 있지만, 제품 담당자에게 스스로 탐색해 볼 수 있는 여백을 제공하고 이를 세분화하는 과정을 통해 인력의 성공 궤적을 변화시킬 수 있다.

전략적 콘텍스트 과정을 거친 후, 각 주제와 개인적인 경험으로부터 이야기를 전달할 수 있는 제품 담당자를 초빙한다. 이 단계는 별것 아닌 듯 보일 수 있지만, 다른 제품 담당자와 관계를 맺고 신뢰를 쌓는 것은 중요하다. 초빙된 제품 담당자는 어떻게 팀에서 일을 하고, 고객과 관계를 쌓으며, 이해관계자와 협업하고, 때로는 복잡한 회사 환경에서 업무를 수행하는지에 대해 직접 이야기해 줄 수 있다.

점심 식사 후에 제품 워크숍을 진행하는데, 참가자는 오전에 배운 부분을 업무하는 것처럼 실제적으로 응용해 볼 수 있다.

앞으로 함께 일할 팀원을 초빙하여, 리더십의 지도하에 함께 습득한 스킬을 연습할 수 있는 안전한 환경을 조성한다. 이는 다른 팀원이 어떻게 일하는지 습득하는 학습 곡선을 단축시켜 팀원 모두에게 시간과 혼란을 줄여 줄 수 있다.

부트캠프는 학습과 성장의 문화를 보완한다. 제품 담당자는 부트캠프를 떠날 때 "오늘 무엇을 해야 하지?"라고 묻지 않는다. 이미 다음에 진행해야 할 일을 잘 알고 있다. 빠르게 결정을 내릴 수 있는 능력을 갖췄고, 이미 쌓은 관계를 통해 의미 있는 결과를 더 빨리 낼 수 있게 도와준다.

이것이 바로 제품 담당자에게 임파워먼트를 부여하는 방법이다. 성공을 위해 필요한 정보를 제공하고, 그들이 올바른 일을 수행할 것을 믿는 것이다.

명심할 점은, 똑똑한 제품 담당자를 고용하여 무슨 일을 할지 알려 주는 것이 아니라, 그들이 직접 고객과 비즈니스에 맞는 방식으로 어려운 문제를 해결하게 하기 위해 채용하는 것이다. 그러므로 제품 담당자에게 일반적인 신규 채용 오리엔테이션보다 훨씬 더 많이 투자해야 한다. 신입 직원의 성공과 업무에 의미를 부여하기 위해 부트캠프 운영을 고려해 보라.

33

성과 평가

내게 결정권이 주어진다면, 통과의례와 같은 연간 성과 평가는 없애 버릴 것이다. 그러나 세상에는 피할 수 없는 법적 문제나 행정적인 보상 및 지원을 위해서라도 대부분의 회사가 필수적으로 진행해야 하는 일이 있다. 나도 이런 부분은 어쩔 수 없이 최소한의 필요한 부분만 수행했다.

그러므로 채용 매니저는 연간 성과 평가가 **절대로 주요 피드백 도구가 되어서는 안 된다**는 사실을 꼭 이해해야 한다. 연간 성과 평가를 주요 피드백 도구로 사용하고 있다면, 당신은 매니저로서 완전히 실패했다고 본다.

연간 리뷰는 횟수가 너무 적고, 너무 늦다. 주요 피드백 도구는 매일 소통하지 않는다면 적어도 매주 하는 1:1 미팅이다. 그리고 1:1 미팅의 주된 목적은 관리자가 아니라 직원을 위한 것임을 잊지 말아야 한다.

따라서 연간 성과 평가 시 성과에 대한 새로운 부분surprise은 절대 있어서는 안 된다. 그렇다면 실패한 것이다.

흔하게 보는 경우가 갈등을 회피하고자 팀원에게 필요한 건설적인 비판을 피하는 관리자다. 관리자는 결국 팀원이 충분히 능력이 있지 않다고 판단하고 인사 담당자와 논의하고, 그러면 인사 담당자는 관리자에게 연간 성과 평가에 이 문제를 기록하게 한다. 팀원은 스스로가 기대에 미치지 못했다는 평가를 갑자기 알게 되고 혼란스러워한다. 이는 직원에게 불공평하며, 미리 알았다면 대개는 피할 수 있는 혼란이다.

내 밑에서 일하는 회사의 관리자에게 이런 일이 있다는 걸 알게 될 때마다, 나는 이것을 관리자의 심각한 성과 문제로 여겼다. 이는 앞으로 내가 주간 1:1 미팅의 준비 사항을 직접 체크한다는 의미이고, 직원과 성과 이슈에 관련해서 직접 논의를 한다는 것을 의미했다(피드백이 직원에게 전달되는 것을 확인하기 위해).

그리고 이와 같은 상황은 모든 사람이 매니저가 될 수 있는 것이 아니라는 사실을 분명히 보여 준다. 유능한 관리자에게 필요한 가장 기본적인 기술은 담당 직원에게 정직하고 시기 적절하며 건설적인 피드백을 제공할 수 있는 의지와 능력이다.

게다가 어떤 사람은 은유적인 비유를 잘 알아채지 못한다는 것을 기억해야 한다. 많은 경우에 관리자가 부정적인 피드백을 전달했다고 하지만, 그 직원은 심각성이나 중요성을 이해하지 못했다고 주장하곤 한다. 분명한 것은, 이 경우에 관리자는 그 문제를 **명확하게** 했어야 한다. 매주 이슈에 대해 논의하고 있다면, 처음에는 부정적인 피드백이 전달되지 않았다고 해도 다음번에 논의할 때 분명히 전달해야 한다.

성과 평가는 회사의 규정을 준수하기 위해 필요한 작업을 수행하는 것이 주된 활동이고, 주요 피드백 메커니즘은 주간 1:1 미팅을 통해 이루어짐을 분명히 해야 한다.

34

해고

피플 매니저로서 가장 어렵고 힘든 부분이 해고termination라는 것은 의심의 여지가 없다. 당연하게도, 해고를 방지하는 가장 좋은 방법은 효과적으로 구인, 인터뷰, 채용, 온보딩, 지속적인 코칭 기술을 더 발전시키는 것이고, 이는 지속적으로 진행해야 한다. 하지만 때때로 이것이 제대로 동작하진 않는 상황이 발생한다.

해고 시 가장 먼저 알아야 할 점은 문제가 있는 직원만 고려해서는 안 된다는 것이다. 문제 상황을 바로잡지 않으면, 문제와 부담을 안고 있는 나머지 제품팀원은 물론이고, 팀, 전체 제품 조직, 특히 리더와 이해관계자에게 어떤 메시지가 전달되는지 고려해야 한다.

인정 많은 고용주와 책임감 있고 신속한 행동 사이에 균형을 잡아야 한다. 이는 부분적으로는 회사의 조직문화와 국가의 고용법이 도움이 된다. 인사팀의 파트너는 규정 준수와 관련된 의무를 이해하고 준수하게끔 도와줄 것이다.

채용 면에서의 실수를 바로잡을 때 두 가지 주요 상황에 대처하는 방법과 관련하여, 나는 마음속에 명확한 경계를 그어 두었다.

가장 일반적인 첫 번째 상황은 지속적으로 코칭을 진행하는데도 직원이 업무 수행에 필요한 만큼 역량을 보여 주지 못하는 경우다. 대개 3~6개월 동안 최대한 노력하지만, 이 기간에 역량을 발휘하지 못한다면 코칭이 효과가 없다는 것을 인정한다. 분명히 말하자면, 매주 1:1 미팅에서 더딘 성장에 대해 긴급하고도 명확하게 공유하고 있었다.

하지만 때로는 일이 잘 풀리지 않는다. 내가 이 사람을 직접 고용했고 업무 능력을 더 잘 판단했어야 하므로, 이것이 부분적으로 내 잘못이라고 느낀다(혹은 다른 사람이 채용 매니저였다면 회사의 잘못이다). 이 경우, 나는 회사 내에서나 다른 회사에서 더 적합한 자리를 찾을 수 있도록 도와야 한다는 책임감을 느낀다.

다행스럽게도 덜 일반적인 두 번째 상황은 독소toxic 직원을 제거하는 일이다. '독소'라고 한 이유는 조직에 대한 신뢰를 손상시키고 다른 사람에게 무례하거나 더 심각한 행동적인 문제가 있다는 것을 의미한다. 누구에게나 때로는 나쁜 날이 오거나 개인적으로 삶에 심각한 문제가 일어날 수 있다. 그러므로 매니저로서 이것이 일시적인 상황인지, 혹은 만성적인 문제인지, 또한 직원의 행동을 통제할 의지와 능력이 있는지 잘 판단해야 한다.

다시 한번 말하지만, 잘못을 바로잡으려 노력하는 것은 3~6개월 정도가 일반적이다. 만약 문제가 지속된다면, 나머지 팀원과 조직의 심리적 안정을 보호하는 방향으로 초점을 옮겨야 한다. 이런 경우, 나는 그 직원에게 회사 내에서나 다른 회사에서 다른 업무를 찾아 주려고 노력하지 않는다. 그 직원에게 그의 행동이 팀 내의 신뢰와 문화에 미치는 영향에 대해 솔직하게 얘기한다.

두 번째 상황을 특히 어렵게 만드는 것은 이런 독소적인 행동이 유난히 훌륭한 역량과 동반되는 경우가 많아서 조직이 그의 역량을 잃을까 봐 불안해 할 수 있다는 점이다. 실제로, 나머지 팀원이 박차를 가하는 동안 역량을 가진 사람이 빠졌기 때문에 팀에 어려운 시기가 있을 수 있다. 하지만 어떤 경우든, 독이 되는 팀원은 제거해야 한다. 조직의 다른 인력이 어려운 상황에 대처하고, 그 외의 조직은 근무 분위기가 개선되어 기뻐했다.

솔직히 말하면, 채용 실수를 바로잡는 일은 결코 즐겁지 않다. 나는 여전히 누군가를 해고해야 했던 순간을 떠올리면 가슴이 답답하다. 하지만 강력한 제품을 만드는 조직을 만들고 싶다면 핵심적인 부분이다.

CHAPTER

35

승진

인사에서 해고가 가장 힘든 부분인 반면, 승진은 가장 좋아하는 부분이다.
처음 피플 매니저가 되었을 때, 나는 매니저로서 가장 가시적이고 명백한 성공의 지표가 담당하고 있는 팀원이 승진하는 것임을 알았다. 모든 회사에는 경력 단계가 있고, 직원은 주니어급에서 시니어급으로 경력을 발전시킨다. 대부분의 승진은 직종 안에서 이루진다(예를 들어, 엔지니어에서 선임 엔지니어로, 기술 리더에서 수석 엔지니어로). 그러나 직종에 종속되지 않고 승진이 이루어지기도 한다(예를 들어, 선임 프로덕트 디자이너에서 제품 디자인 매니저로).

물론, 이는 직원의 경력 목표와 열망을 이해하는 것에서 시작한다. 어떤 사람은 실무자로 남아 있고 싶지만, 존경받을 만한 수준의 능력과 책임감으로 수석급 이상으로 승진한다. 어떤 사람은 리더십을 발휘할 직책을 원하거나 자신만의 회사를 시작하려 한다. 그리고 어떤 사람은 확신이 없어서 여러 선택지를 가지고 싶어 한다.

나는 항상 이러한 경력에 대해 논하는 것을 즐기며, 일단 그 사람을 알게 되면, 그리고 무엇을 좋아하고 무엇을 잘하는지 이해하면, 그에게 맞는 다양한 기회에 대해 고민한 것을 기꺼이 나눈다. 하지만 해당 직원의 경력 목표가 무엇이든 간에, 그가 노력한다면 그 목표에 도달할 수 있도록 내가 최선을 다해 도울 것을 약속한다. 게다가, 그렇게 하는 것이 나의 일이다.

나는 개인에게 다음 경력 목표를 향한 방향성을 분명히 제시해 주는 것이 좋다. 이를 위해 새로운 역할에 필요한 역량에 비해 현재의 지식과 기술이 어떤지 평가한다. 이는 차이의 목록을 만들어 내고, 그 후에 직원이 어떻게 필요한 기술을 배우고 보여 줄 수 있는지 논의한다. 또한 직원이 스스로 자기평가를 해서 내가 한 평가와 비교해 보게 하는 것도 유용한 방법이다.

일단 그 직원이 새로운 역할에 적격이라는 것이 드러나면, 나는 그 직원의 승진을 위해 최선을 다한다. 승진에 대해 승인을 얻어야 할 사람이 있거나, 특정한 역할에 바로 자리가 나지 않을 수도 있지만, 기회가 오면 즉시 기회를 잡게끔 도와줄 것임을 솔직하게 이야기한다. 역량이 뛰어날수록 회사에 꼭 필요한 인재이며, 그런 인재가 승진하는 것이 모두에게 이익이라고 설명해 준다.

여기서, 한 가지 특별한 경우를 짚고 넘어갈 텐데, 실무자를 피플 매니저 역할로 승진시키는 것에 대해 얘기하고 싶다. 물론 이것은 상급 직책일 뿐만 아니라, 매우 다른 기술과 재능을 필요로 하는 근본적으로 다른 업무다. 그리고 직원이 이 역할에 무엇이 필요한지 이해하고, 올바른 이유로 이 역할을 원해야 한다.

IT 회사들이 이중의 경력 단계를 가지고 있는 주된 이유는 금전적인 보상이 업무를 바꾸게 할 만한 충분한 이유가 아니기 때문이다. 리더로서 나는 몇 년 전에 채용한 직원이 뛰어난 지도자로 성장한 것을 봤을 때만큼 자랑스러운 적이 없다.

톰 피터스Tom Peters가 말했듯, "리더는 팔로워를 만드는 것이 아니라, 더 많은 리더를 만든다".

인재 유출 막기

이런 옛말이 있다. "회사가 싫어서 떠나는 것이 아니라, 관리자가 싫어서 떠난다."

나(마티)는 이 말이 사실이라고 믿는다. 나도 직접 겪은 일이고(끔찍한 매니저로 인해 회사를 떠났다), 다른 사람의 경우도 수없이 봐 왔다.

어느 정도의 인력 감소는 정상적이며 심지어 건강하다. 직원의 배우자가 다른 도시에서 훌륭한 직장을 얻거나, 당신의 회사에서 몇 년을 일한 직원이 창업을 위해 떠나거나, 누군가는 은퇴를 결심할 수 있다. 하지만 정말로 잃고 싶지 않은 사람들이 지속적으로 떠난다면, 이것은 관리에 있어서 잠재적 문제의 분명한 신호다.

나는 퇴사하는 사람들이 나와 크게 상관없는 조직에 속해 있더라도, 퇴사 인터뷰(exit interview)를 항상 중요하게 생각했다. 그들이 떠나는 이유를 내가 스스로 판단하고, 관리자에게 피드백을 주고 싶어서다.

　하지만 내 경험상 직원의 경력을 진심으로 걱정하고, 그들이 마땅하게 누릴 승진을 위해 끊임없이 코칭하고 일하는 관리자는 인재 유출 문제가 없다. 오히려 이런 사람은 회사 내에서 금세 명성을 얻고, 직원이 이런 관리자와 함께 일하고 싶어서 이동을 원하는 것이 문제가 된다.

36

리더 프로필:
에이프릴 언더우드

리더십으로의 여정

에이프릴 언더우드April Underwood는 정보 시스템과 비즈니스를
전공하고, 개발자로서 경력을 시작했다. 몇 년 동안 코딩 작
업을 하다가, 트래블로시티Travelocity에 소프트웨어 엔지니어
로 입사했고, 즉시 그 당시 인터넷 업계에서 가장 영향력 있
는 회사인 야후Yahoo!와 AOL과의 파트너십을 담당했다.

엔지니어로서 일하면서 언더우드는 기술적 선택과 비즈
니스 전략 간의 연결 고리를 이해했고, 두 가지를 조정하는
데 제품 관리가 역할을 한다는 것을 발견했다.

프로덕트 관리자가 되고 싶다는 바람을 끊임없이 표현하면서 엔지니어와 비즈니스 담당
자 사이에서(트래블로시티 안에서, 그리고 파트너와도) 통역사로서 훌륭하게 역할을 수행한 결과,
언더우드는 2005년에 처음으로 PM이 되었다.

나는 언더우드를 2007년에 만났는데, 그녀는 MBA를 마친 뒤 애플에서 인턴십을 하고
구글에서 기술 기반 대외 협력 조직에서 리더십 경험을 넓혀 가고 있었다. 구글에 이어, 언더

CHAPTER 36 리더 프로필: 에이프릴 언더우드 **157**

우드는 트위터에 플랫폼 부분의 프로덕트 매니저로 합류했고, 5년에 걸쳐 회사가 150명에서 4,000명으로 성장하는 것을 지켜봤다. 그동안 언더우드는 PM팀뿐만 아니라 비즈니스 개발과 프로덕트 마케팅팀을 관리하며 역량과 기능적 전문 지식을 넓혔다. 이를 통해 제품에 기반한 기능적 전문 지식의 분야를 넘어 더 큰 규모의 팀을 이끄는 능력을 키웠으므로, 트위터에서 그녀는 더 상급의 리더십을 맡을 준비가 되었다.

2015년, 언더우드는 슬랙의 플랫폼 책임자로 합류하여 곧 제품 분야의 부사장VP of Product을 맡았고 결국 CPO로 승진하면서, 4년간 기하급수적으로 매출과 직원 수가 급증했다. 그녀는 플랫폼과 슬랙의 제품 전반을 담당했을 뿐만 아니라, 슬랙을 엔터프라이즈 소프트웨어 업계에서 돋보이게 했던 두 가지 주요 기능인 디자인과 리서치까지 담당했다.

이제 언더우드는 트위터에서의 옛 동료와 2015년에 공동 설립한 샵엔젤스#Angels에서 스타트업 기업에 투자 및 조언을 한다.

행동하는 리더십

언더우드의 경력에서 프로덕트 관리의 여러 가지 성장 경로를 볼 수 있으며, 이 역할 자체에는 셀 수 없을 만큼 많은 형태가 있다는 사실을 알 수 있다.

그녀는 다음과 같이 말했다

내 경력 초기에 닷컴 버블이 지나고 내가 실리콘밸리에서 지리적으로 떨어져 있었을 때, 내 머릿속에 각인된 전형적인 프로덕트 매니저의 모습은 기술적인 결정과 엔지니어링적인 실행과는 거리가 먼, 비즈니스 마인드를 기반으로 하는 MBA 졸업생이었다. 내가 처음 프로덕트 매니지먼트에 관심이 있다고 했을 때, MBA 학위가 필요하다는 말을 들었다. 경영대학원에 붙자마자, 그 당시 직장이었던 트래블로시티에서 원하던 PM 역할을 맡을 기회가 생겼다.

나는 PM 역할을 맡고도 MBA 과정을 멈추지 않고 진행했다. 내가 2007년에 졸업했을 때는 업계가 달라져 있었다. 시장은 변했고, 기술적인 측면을 잘 아는 PM이 중요해졌다. 예전에 엔지니어로 일한 적이 있기 때문에 준비가 잘된 상태일 거라고 기대했지만, 2007년 구글에 입사했을 때 컴퓨터공학 학위가 없기 때문에 PM이 될 수 없었다(이후에 정책이 바뀌었다). 끊임없이 넘어야 할 관문이 있었다.

그 후 13년간 제품 리더로서, 나는 몇 가지 명확한 패턴을 발견했다.

프로덕트 매니저의 전형적인 모습은 시장의 니즈에 따라 진화한다.

혁신과 기회의 핵심 동력이 기술적인 부분일 때, 기술 중심의 PM이 선호된다. 모바일이 차세대 개척지로 떠오르자, 앱스토어로 빠르게 전환할 수 있는 앱을 만들 수 있는 디자인 감성을 갖춘 PM이 귀해졌다. 혁신의 개척지가 운영(교통, 부동산, 호텔, 식료품 배달 등)으로 바뀌었을 때, 비즈니스 방향성을 제시해 줄 만한 총지배인 같은 PM이 다시금 중요해졌다.

PM의 여러 모델 중 다른 것보다 뛰어난 분야라고 할 만한 것은 없지만, 특정 모델은 특정한 역할에는 더 좋다고 할 수 있다.

슬랙에서 5년 동안 5배 이상 불어난 PM 조직을 구축하면서, 내가 모든 채용 시에 중점적으로 보았던 것들은 따로 있었다. 즉, 채용 후보자의 PM 경력의 '특성', 그들이 구축한 제품에서 얻은 주요 전문 지식, 또는 그들이 속했던 회사의 성장 단계를 살폈다. 바로 무엇이 가장 중요한지를 나 스스로 결정하도록 해서 후보군을 좁히고 각각의 역할에 맞는 PM의 타입을 정할 수 있었다.

폭넓은 기능적 지식 Functional breadth**은 제품 리더십을 넘어 회사의 리더십으로 나아가기 위한 전제 조건이다.**

최고의 제품 리더는 프로덕트를 정의하고 구축하는 데만 능하지 않으며, 타깃 고객이 왜 그 제품이 필요한지 이해하는 만큼 좋아진다는 것을 알고 있다. 플랫폼은 고객에게 가치를 제공할 뿐만 아니라, 플랫폼을 구축하는 개발자에게도 가치가 있어야 활용될 수 있다. 또한 제품은 사업의 건전성을 보존하는 여러 제약 조건하에 구축되어야 한다. 이러한 마케팅, 파트너십, 재무 및 다양한 기능에 대한 통찰력은 제품을 만드는 데 중요한 요소다.

경력을 거치며, 나는 다양한 역할을 맡았다. 때로는 새로운 기술을 배우고 싶은 나의 선택에 의해, 때로는 내가 통제할 수 없는 이유로 원하는 PM 역할을 할 수 없어서였다. 지금 프로덕트 분야 경영자로서의 경험을 되돌아보니, 이렇듯 과거에 옆길로 빠졌던 경험이 이제는 가장 가치 있는 자산이라는 것을 깨달았다. 과거의 경험 덕분에 나는 다양한 역할에 맞는 직원을 채용하고 리더를 양성하는 법을 이해할 수 있고, 조직 전반에 연결 고리를 만들 수 있다. 또한 제품은 더 큰 사명을 수행하는 것이며, 그 반대가 아니라는 것을 잊지 않게 해 준다.

IV

제품 비전과 원칙

전략적 컨텍스트	회사의 사명 / 목표 / 성과표
	제품 비전 & 원칙
	팀 구조
	제품 전략

제품팀	목표	목표	목표
	발굴 / 제공	발굴 / 제공	발굴 / 제공

대부분의 기업은 비즈니스 목적을 간략히 표현한 사훈 같은 문장을 가지고 있는데(예를 들어, "전 세계의 정보를 정리한다"), 대체적으로 이 강령은 회사의 사명을 어떻게 달성할지를 담고 있지는 않다. 이 부분이 제품 비전[1]의 중요한 역할이다.

동기를 부여하며 설득력 있는 제품 비전은 중요한 목적을 많이 담고 있기 때문에, 이보다 더 중요하거나 효율적인 제품 관련 산출물을 떠올리기는 힘들다.

- 좋은 제품 비전은 **고객에게 집중**할 수 있게 한다.
- 좋은 제품 비전은 제품을 만드는 조직의 **북극성** 같은 역할을 함으로써, 구성원이 함께 이루어야 할 목표에 대해 **공감대**를 형성한다.
- 좋은 제품 비전은 **평범한 사람이 훌륭한 제품을 만들 수 있도록 동기를 부여한다.**
- 좋은 제품 비전은 일에 의미를 부여한다. 로드맵에 나열된 기능 목록은 의미가 없다. 당신의 일이 사용자와 고객에게 어떤 긍정적인 영향을 줄 수 있는지가 의미 있다.
- 좋은 제품 비전은 현 시점에 가능한 방식으로 고객의 문제를 해결하는 데 도움이 될 수 있는 관련 **업계 동향**과 기술을 활용한다.
- 좋은 제품 비전은 기술 조직에 향후 몇 년 동안 어떤 일이 일어날지 명확하게 이해할 수 있게 해 주고, 이를 통해 니즈를 충족시킬 수 있는 **아키텍처**를 확보할 수 있게 한다.
- 제품 비전은 **팀 구조**를 결정하는 주된 요인이다.

이러한 이유 때문에, 강력한 제품 비전은 훌륭한 제품팀원을 모으는 강력한 **채용 도구**다. 또한 제품 비전은 회사 전체의 동료, 고위 경영진, 투자자, 영업 및 마케팅 직원 등에게서 필요한 도움과 지원을 받기 위해 사용할 수 있는 아주 강력한 **전파 도구**다.

물론 좋은 제품 비전은 근본적으로 설득 도구이기 때문에 어느 정도 추상적인 형식이기도 하지만, 제품 비전을 지나치게 상세하거나 규범적이지 않게 만들어야 제품팀이 비전과 설명서를 혼돈하지 않을 수 있다.

잘 도출된다면 제품 비전은 설득력 있고 동기를 부여하고 권한을 부여하여 제품팀이 비전을 현실로 실현하기 위한 힘든 과정에서 즐거우면서도 성취감을 느낄 수 있게 한다.

---

1 《인스파이어드》에서는 제품팀이 좋은 결정을 내리기 위한 도구의 관점에서 제품 비전을 다뤘다. 《임파워드》에서는 제품 리더의 관점에서의 제품 비전을 다룬다.

설득력 있는 제품 비전 만들기

그렇다면 강력하고 설득력 있는 제품 비전은 어떤 것일까?

고객 중심

제품 비전은 조직을 고객이 중요하게 생각하는 것에 계속 집중할 수 있도록 하는 중요한 도구다.

우리는 비즈니스의 성장 방향 그리고/또는 운영 비용 감소와 같은 회사의 목표를 이미 가지고 있고, 비즈니스의 건전성을 보여 주는 다양한 지표와 해결해야 하는 회사 또는 고객의 문제를 각 팀에 알려 주는 팀의 목표를 담은 대시보드를 가지고 있다.

그러므로 일반적으로 우리가 하고 있는 일이 어떻게 회사에 이익이 되는지는 알고 있지만, 그와 동시에 이 일이 결국 고객의 문제를 풀지 못한다면 전혀 도움이 되지 않는다는 것도 알고 있다. 우리의 일이 회사에 미치는 영향을 이해하는 한편, 모든 이익은 결국 고객에게 실제로 가치 있는 것을 제공하는 데에서 비롯된다는 사실을 잊지 말아야 한다. 제품이 진정 고객에게 가치가 있었다면 회사에 아주 큰 실질적인 이익을 가져다줬을 법한, 실패한 제품의 숫자는 셀 수 없을 정도로 많다.

제품 비전에 대해 이야기할 때는 반드시 사용자와 고객의 관점이어야 한다. 이는 잠재적 사용자와 고객의 삶이 어떻게 의미 있게 바뀔지 알려 주는 것이어야 한다.

특정 회사와 제품 비전을 만드는 일을 할 때, 제일 먼저 함께 일할 수 있는 아주 뛰어난 프로덕트 디자이너를 찾는다. 선임 디자이너 혹은 디자인 조직의 리더일 수도 있다. 드문 경우지만 제품 디자인팀의 조직원 중에 경험이 충분한 사람이 없다면, 제품 리더에게 제품 비전과 **비전타입**(38장에 설명되어 있음)을 함께 만들기 위해 제품 디자인 경험이 풍부한 회사를 섭외할 것을 권한다.

광범위한 제품 조직 수준에서 우리의 역할은 비전의 가능성을 어떻게 이행할지 고민하는 것이다. 그러려면 계획적인 제품 전략과 수년에 걸친 지속적인 제품 발굴 및 제공이 필요하다.

북극성

잘 만들어진 제품 비전은 프로덕트 조직의 북극성 역할을 한다. 북극성이 전 세계에 흩어진 사람을 목적지까지 안내하는 것처럼, 제품 비전은 제품팀이 조직의 어느 위치에 있든, 또는 큰 제품의 어떤 부분을 맡고 있든지 간에, 이러한 길잡이 역할을 한다.

많은 고객에게 그들의 끊임없는 요구 사항을 지원하는 다수의 제품팀을 구성할 정도로 회사가 성장하는 순간, 각 제품팀은 팀 각각의 문제와 스스로의 업무에 치여서 전체 조직의 목표를 잃어버리기 쉽다.

제품 비전은 **공통 목적**을 대표하며 더 큰 목적을 상기시켜 준다. 예를 들어, 세계에서 처음으로 전기자동차를 대량생산함으로써 어떻게 지구온난화에 대비할지 설명하는 것과 같다.

당신의 팀은 제품 비전의 한 부분만을 담당할 수 있지만, 모든 제품팀은 큰 그림을 이해할 필요가 있다.

- 궁극적으로, 최종 목표가 무엇인가?
- 우리 팀의 업무가 전체의 큰 목표에 어떻게 기여하는가?

제품팀의 모든 구성원은 위의 두 가지 중요한 질문에 대한 답을 알고 있어야 한다. 그리고 명확하게 말하자면, 각 제품팀이 개별적으로 제품 비전을 가지고 있는 것은 옳지 않다. 그렇다면 요점에서 완전히 빗나간 것이다. 제품 비전은 **공통** 목표여야 한다.

범위 및 기간

많은 회사는 포부가 없거나 의미 없는 제품 비전을 세우는 실수를 저지른다. 이것은 제품 비전이 기능 로드맵처럼 인식될 때 그렇다. 만약 팀이 제품 비전이 지향하는 것이 몇 가지 기능을 추가하는 문제라고 생각하면, 분명 매력이나 의미가 없다고 생각할 것이다.

제품 비전은 **당신이 만들고 싶은 미래**를 묘사한다. 어떻게 **고객의 삶을 개선**할 수 있는가? 이는 목표에 도달하는 방법을 설명하려는 것이 아니다. 방법은 제품 전략과 제품 발굴 단계에서 도출될 것이다. 현재로서는, 목표하는 도달점과 그것이 왜 바람직한지를 설명해야 한다.

로드맵은 이 목표점에 도달하는 데 도움이 될 수도 있다고 생각하는 기능과 프로젝트의 목록일 뿐이다. 일반적으로 제품 비전의 기간은 3년에서 10년이다. 매우 복잡한 제품이나 장치의 비전은 좀 더 긴 편에 속한다.

업계 동향을 활용하는 방법

새로운 기술로 실현 가능한 새로운 트렌드는 항상 존재한다. 물론, 잠시 반짝했다가 사라지는 유행도 있다. 제품 리더로서 어떤 것이 트렌드이고 어떤 것이 유행인지 잘 결정해야 하며, 가장 중요한 것은 당신의 고객에게 혁신적인 솔루션을 제공하는 데 어떤 트렌드를 사용할 수 있을지 결정해야 한다.

대부분의 경우, 제품 비전은 하나 이상의 주요 산업 동향을 활용한다. 이 글을 쓰는 현재 주요 기술 동향의 예를 들어 보자면, 모바일, 클라우드 컴퓨팅, 빅데이터, 머신 러닝, 증강 현실, 사물 인터넷, 에지 컴퓨팅Edge Computing 그리고 기업의 소비자화가 있다.

업계 동향은 기술 동향에만 국한되지 않는다는 사실에 주목하라. 사용자 그룹의 행동 및 구매 패턴의 변화와 같이 주의 깊게 봐야 할 동향도 있다. 5년 혹은 10년 후의 주요 트렌드가 어떻게 될지는 짐작만 할 수 있지만, 위 목록에 여러 가지 추가 사항이 있을 것이라고 확신한다. 흥미롭게도 나는 현재의 이 트렌드가 5년 혹은 10년 후에도 건재할 것이라고 거의 확신한다. 진정한 트렌드는 순식간에 흘러가 버리지 않는다.

고객은 우리가 얼마나 문제를 잘 해결하는지에만 관심이 있고, 사용하는 기술에 대해서는 관심이 없다는 것을 기억하라. 그러므로 특정 기술에 대한 확신이 있더라도 항상 기술의 목적은 고객이 만족하는 방식으로 문제를 해결하는 것임을 잊지 않아야 한다.

제품 비전의 오너십은 누구에게 있는가?

제품 책임자는 조직의 설득력 있는 제품 비전을 수립하며, 제품 비전을 수행할 수 있는 제품 전략을 만들 책임이 있다. 다시 말해, 현실은 조금 더 미묘하다.

첫째, 설득력 있는 제품 비전을 제시하기 위해 제품 책임자는 디자인 책임자와 기술 책임자와 매우 긴밀하게 협력해야 한다. 제품 비전은 고객 경험, 실현하는 기술, 비즈니스의 니즈 간의 중요한 협력 요소다. 좋은 비전을 만들기 위해서는 이 세 가지 영역 모두 최선의 노력과 재능이 필요할 것이다.

둘째, 성공하기 위해서는 CEO(혹은 매우 큰 조직이라면 사업부의 총괄 관리자)는 제품 비전에 대한 실질적인 오너십을 가져야 한다. 대개 스타트업에서는 CEO가 실질적인 제품 책임자이므로 이는 자연스러운 일이다. 하지만 다른 경우라면 제품 책임자가 CEO를 지속적으로 참여시켜 비전과 관련하여 진정한 연관성을 느낄 수 있게 해야 한다.

CEO는 이 비전을 문자 그대로 몇천 번이고 투자자, 언론 및 다른 비즈니스 리더와 수많은 잠재 고객에게 '팔아야' 하며, 사실상 매번 CEO의 역할과 평판을 걸고 있다.

CEO가 제품 비전을 만들어야 한다는 의미는 아니지만 분명 함께해야 하며, 제품 리더는 CEO가 우려하는 사항이 반영되었는지 확인해야 한다. 우수한 제품 리더는 다른 사람들이 오너십을 함께 느끼도록 돕는 데 능숙하다.

38

제품 비전 공유

설득력 있고 매력적인 제품 비전은 아낌없이 주는 선물과 같다.

제품 비전 공유

제품 비전을 전달하기 위한 최선의 방법을 찾는 일에는 시간과 노력을 들일 만한 가치가 있다. 비전의 목적은 동기 부여다. 파워포인트 프레젠테이션은 누구에게도 영감을 주지 않는다.

적어도 **비전타입**은 만드는 게 바람직한데, 보통은 비전타입을 영상으로 제작한다. 비전타입은 콘셉트(개념) 프로토타입으로, 진짜 같은 사용자 프로토타입이다(현실적으로 보이지만 완전히 속임수 같은 것이라서 쉽게 만들 수 있고, 우리가 알고 있는 방식에 제한되지 않을 수 있다는 점이 가장 중요하다).

비전타입으로 쓰이는 사용자 프로토타입과 제품 발굴에 쓰이는 사용자 프로토타입의 차이는 프로토타입이 다루는 범위다. 비전타입은 비전이 현실이 되었을 때의 세상을 묘사하는데, 3년 혹은 10년 후의 미래일 수 있다. 제품 발굴의 프로토타입은 몇 주 내로 개발할 예정인 새로운 기능이나 경험에 대해 묘사한다.

이 비전타입을 만들면, 원하는 모두에게 보여 줄(시연해 줄) 수 있다. 하지만 요즘 많은 회사에서 조금 더 공을 들여 더 멋진 자막을 입힌 영상을 만들고 있다. 이는 다양한 유형의 사용자가 어떻게 제품을 경험하는지 보여 주고, 감성적인 음악과 사려 깊은 스크립트를 사용해 더 큰 영향을 준다.

제품 비전을 전달하는 또 다른 효과적인 방법은 스토리보드인데, 영화의 개요를 잡고 공유하는 것과 비슷하다. 비전타입을 보여 주는 동영상과 마찬가지로, 스토리보드도 세부사항이 아닌 고객 경험의 감정에 중점을 둔다.

모두 제품 비전을 전달하는 것이고 제품 비전은 사용자의 관점에서 전달되어야 하기 때문에, 프로덕트 디자이너는 경험을 만드는 부분과 경험을 전달하는 가장 효과적인 방법을 찾는 데 핵심적인 역할을 해야 한다.

제품 비전 검증

《인스파이어드》에서는 제품 발굴 기술을 통해 프로덕트 아이디어를 빠르게 검증하여 제품화 가능 여부를 결정하는 방법에 대해 얘기했다.

그 이후로 자주 받은 질문이 있다. 같은 방법을 사용하여 **제품 비전**도 검증할 수 있을까?

설명하기는 까다롭지만 이것을 이해하는 것은 매우 중요한데, 이에 대한 답변은 '예'와 '아니오' 둘 다.

비전에 대한 **수요**를 검증할 수는 있다. 다시 말해, 비전이 오늘날 실현 가능하다면 우리가 가지고 있다고 생각하는 문제를 사람들이 겪고 있을까? 문제는 심각하고, 현재 가지고 있는 해결책은 충분하지 않은 게 확실하며, 고객들이 새로운 솔루션을 받아들일 준비가 되어 있을까?

우리가 검증할 수 없는 것은 **솔루션**이다. 우리도 아직 솔루션이 무엇인지 모르기 때문이다. 비전을 충족시키는 솔루션의 요소를 발굴하는 데는 수년이 걸릴 것이다.

물론, 우리가 가치 있는 문제를 해결하려 노력하고 있다는 것을 아는 것은 중요하지만, 충분하지는 않다. 고객은 기존 방식 대비 새로운 솔루션이 문제를 잘 해결했다고 생각될 때에만 구매할 것이기 때문이다.

이것이 제품 비전이 대체로 믿음의 도약leap of faith(경험적 증거가 없는 것을 믿는 것)이라고 말하는 이유다. 우리가 발굴할 솔루션이 비전을 실현할 수 있다는 것을 스스로 확신해야 한다.

인력 채용 도구인 제품 비전

훌륭한 프로덕트 종사자들은 의미 있는 일을 하고 싶어 한다. 그들은 더 큰 일을 하기를 원한다. 그들은 **용병**이 아닌 **미션팀**이 되기를 원한다.

따라서 훌륭한 직원 복지를 언급하며 채용 후보자에게 탁구대를 보여 줄 수도 있지만, 최고의 프로덕트 종사자는 무엇보다 회사의 제품 비전을 가장 중요하게 생각할 것이다. 앞에서 역량 있는 프로덕트 매니저, 프로덕트 디자이너 및 엔지니어의 고용을 위해 투자하는 것이 얼마나 중요한지 이미 논의했다.

리더로서, 비전은 당신이 가질 수 있는 가장 강력한 채용 도구 중 하나다. 비전은 매력적이어야 하고, 당신은 채용을 담당하는 리더로서 설득력 있어야 한다.

전파 수단으로서의 제품 비전

설득해야 하는 것은 잠재적 직원뿐만이 아니다. 회사의 임원, 투자자, 이해관계자, 영업 및 마케팅팀, 고객 서비스팀 및 회사 내외의 주요 영향력 있는 인사 모두가 당신이 만들려는 미래를 이해해야 한다. 당신의 비전이 잠재력을 최대한 발휘하기 위해서는 이들 모두의 도움이 크든 작든 필요하기 때문이다.

특히 제품 리더에게 또 하나 중요한 점이 있다. 에반젤리즘은 결코 끝나지 않는 업무다. 전달하려는 메시지를 같은 사람에 몇 번이고 공유해야 하고, 특정인이 어느 시점에는 설득당했지만 다음번에 또다시 설득이 필요할 수 있다는 점을 기억해야 한다.

제품 비전 공유 vs. 로드맵

일반적으로 더 큰 기업을 상대로 판매하고 판매 영업을 직접 담당하는 조직이 있는 회사에서는, 영업 조직이 현재 또는 잠재 고객에게서 프로덕트 로드맵을 공유해 줄 것을 요청받는 일이 자주 있다.

이것이 왜 필요한지 이해하는 것이 중요하다. 고객 혹은 잠재 고객은 당신의 회사에 크게 기대하고 있다는 증거다. 그들은 지금 회사의 제품을 사는 것으로 끝이 아니라 시간이 흐르고도, 보통은 수년 동안 제품을 구매한다. 그래서 고객의 입장에서는 구매하는 제품의 로드맵이 그들이 생각하는 방향과 일치하는지 확인하는 것은 전혀 이상하지 않다. 프로덕트 로드맵을 확인하는 것은 일반적인 요청 방식으로, 보통 이것이 유일한 옵션이기 때문이다.

이때 문제는, 경험 있는 프로덕트 종사자는 알고 있겠지만, 우리가 생각하는 특정 제품의 기능은 결국 근본적인 문제를 해결하지 못하고, 이에 따라 필요한 가치를 제공하지 못한다는 것이다. 그렇게 시간과 공을 들여 문제를 해결하지 못하는 기능을 출시하는 것은 피하고 싶은 낭비다. 그러므로 기능을 포함하고 있는 프로덕트 로드맵보다는 제품 비전을 공유해야 한다. 고객은 일반적으로 이런 용어를 사용하지 않지만, 그들이 원하는 것은 제품 비전이다.

제품 관리의 관점에서, 프로덕트 로드맵보다 비전을 공유하고 싶은 이유는 로드맵은 상황에 따라 변경될 수 있기 때문이다. 하지만 고객이 로드맵에 있는 약속된 제품 기능이나 성능에 따라 구매하고 싶어 한다면, 전술을 바꾸기는 매우 어려워진다.

일부 기업은 제품 비전을 기밀로 하고 공유하길 원하지 않지만, 나는 로드맵보다는 비전을 공유하는 것을 선호한다. 그리고 이것은 비전을 검증하는 데도 도움이 된다. 또한 많은 회사에서 프로덕트 로드맵을 공유하는 것이 허용되지 않는데, 이것이 미래에 대한 약속처럼 받아들여질 수 있기 때문이며, 약속한 기능을 개발하지 않을 경우 법적인 문제가 생길 수 있다.

물론 다음과 같은 구체적인 질문을 받을 때도 있다. "지금 세일스포스닷컴을 사용하는데, 우리가 구매 전에 언제쯤 이 솔루션이 그 플랫폼과 통합될 수 있습니까?" 이것은 매우 합리적인 질문이다. 당신이 통합을 진행할지 말지는 전략적인 프로덕트 결정이 될 것이고, 통합의 성격과 목적을 이해하고 이것이 일회성 특별 요청이 아닌 제품의 일반적인 전체적인 서비스 제공 측면에서 위해 필요한 기능이라고 생각한다면 대답해 줄 수 있다. 시점에 대한 약속(진정성 있는 약속)에 대해서는 Part VII에서 더 자세하게 설명하겠다.

비전에는 고집이 있어야 하지만 세부 사항에 대해서는 유연해야 하며, 비전을 공유하는 것은 좋지만 로드맵을 공유하는 것은 매우 위험하다는 것을 기억하라.

제품 비전과 아키텍처

제품을 만드는 많은 결정이 제품 비전에서 비롯된다. 기술 조직은 그들이 내리는 아키텍처 결정이 제품 비전의 목적과 맞는지 확인하기 위해 제품 비전을 공유받아야 한다.

엔지니어가 제품 비전 실현에 필요한 전체 아키텍처를 한 번의 노력으로 구축할 필요는 없다. 심지어 일반적으로는 바람직하지도 않다. 그러나 엔지니어는 최종 단계가 무엇인지 알고 목표로 가는 과정에서 아키텍처를 여러 번 수정, 재구축하는 것을 피하고 좋은 선택을 할 수 있다.

예를 들어, 어떤 제품 비전이 제품이 지금은 아니지만 궁극적으로 사용자의 경험을 개인화하는 방법에 대해 매우 정확한 예측을 할 수 있어야 함을 암시할 수 있다. 기계 학습 기능이 당장 필요한 것은 아닐지라도, 이러한 기능이 다가올 것이라는 사실만으로도 엔지니어링팀이 제품을 설계하는 방식에 실질적인 영향을 줄 수 있다.

이와 비슷하게, 팀 구조(Part V에서 설명하고 있는)도 제품 비전과 아키텍처에 의해 많은 영향을 받는다. 특히 기반 서비스를 담당하고 있는 플랫폼팀에는 더욱 그렇다. 심각한 기술적 부채로 고통받는 조직에서도 제품 비전으로 생성되는 프로덕트 아키텍처는 중요하다.

심각한 기술 부채로 인해 결국은 플랫폼을 재편성하기 위해서 리더십의 지원을 어렵게 얻었지만, 제품 비전이 없어서 새로운 플랫폼 아키텍처를 만들기 힘들어하는 조직만큼 실망스러운 것은 없다. 이러한 기술 조직은 미래에 필요한 것에 대한 아키텍처를 구축하는 것이 아니라, 미래에 무엇이 필요한지를 유추하거나, 이미 만들어진 플랫폼을 유지하는 데 필요한 기능만을 만들 수밖에 없다.

CHAPTER

39

제품 원칙과 윤리

제품 원칙은 프로덕트 관련 결정을 내릴 수 있는 가치와 신념을 명시함으로써 제품 비전을 보완한다.

팀에 동기 부여/권한 부여empower를 할 때, 팀에 풀어야 할 문제를 주고 좋은 결정을 내릴 수 있도록 콘텍스트를 제공한다. 제품 비전은 이 콘텍스트에서 큰 비중을 차지하지만, 제품 발굴과 제공 중에 문제는 항상 일어난다.

몇몇 이슈는 제품팀이 더 큰 제품 리더 그룹과 영향을 받는 이해관계자에게까지 전달할 만큼 중요할 수 있다. 그러나 일반적인 결정은 대부분 팀에 필요한 정보를 제공하여 스스로 결정하도록 진행할 수 있다. 여기에선 제품 원칙이 큰 역할을 차지한다.

많은 결정 사항은 트레이드오프trade-off(절충)와 관계가 있으며, 제품 원칙은 팀이 트레이드오프를 결정할 때 어떤 가치를 우선순위에 둘 것인지를 판단하는 데 도움을 준다. 제품팀은 이러한 원칙과 각 원칙의 이유를 이해하고 있어야 한다.

아주 일반적인 예를 들자면, 대부분 프로덕트의 간편한 사용성과 보안의 트레이드오프가 있다. 분명 사용성과 보안이라는 두 가지 가치는 고객에게 중요한 혜택이고, 두 목표가 항상 대조적인 것은 아니다. 하지만 두 목표가 대조적이라면, 제품 원칙이 도움이 된다. 더 나아가면, 빠른 성장에 집중하고 있을 때 이런 충돌이 자주 일어난다.

회사가 성장에 집중한다면 팀은 사용성 측면에 막대한 투자를 하는 반면, 보안의 중요성을 낮추는 결정을 내릴 수 있다.

많은 제품팀이 이러한 트레이드오프 결정과 맞닥뜨리게 될 것이라고 제품 리더가 예측하는 것은 어렵지 않다. 그리고 모든 상황을 예측하기는 힘들 수 있지만, 중요한 원칙을 고려하여 결정하는 것은 불가능하지 않다.

윤리와 관련된 결정도 또 하나의 좋은 예시다. 윤리적인 이슈가 될 수 있는 모든 상황을 예측할 수는 없지만, 윤리적인 결정을 내릴 때 중요하다고 믿는 원칙을 이야기할 수는 있다.

프로덕트 솔루션이 의도한 대로 사용되면 하나의 사용자 그룹에 분명한 가치를 제공하지만, 나쁜 의도로 사용되면 다른 사용자 그룹을 해할 수 있다는 사실을 알게 되었다고 하자. 그렇다면 이런 의도하지 않은 사용을 방지하는 측면에서 팀의 책임은 어떤 것이 있을까?

제품 리더가 제품 비전을 세울 때, 윤리적인 측면에서 제품팀에 되도록 많은 지침을 제공하고 비전을 보완하는 제품 원칙을 함께 준비할 것을 추천한다.[1]

---

1 제품 원칙은 《인스파이어드》에서 더 깊게 다루고 있다. 제품팀이 말하는 바에 따르면, 제품 원칙이 전략적 맥락의 일부분으로 제품 발굴 진행 시 가장 많이 사용되는 부분이며, 이 원칙과 윤리 관련 내용은 새로운 기술을, 특히 머신 러닝을 적용하는 데 있어 점점 더 중요해지고 있다.

CHAPTER

40

리더 프로필:
오드리 크레인

리더십으로의 여정

나는 오드리 크레인Audrey Crane을 1996년에 그녀가 매우 명석하고 추진력이 좋은 직원으로 인정받던 넷스케이프에서 처음 만났다. 그녀가 대학에서 수학과 연극을 전공했다고 말했을 때, 평범하지 않은 사고방식에 놀랐던 것이 기억난다.

크레인은 인터넷이 막 두각을 나타낼 때, 프로덕트와 디자인의 중심에서 일하고 있었다. 그녀는 현대 제품 디자인의 선구자였던 휴 더벌리Hugh Dubberly가 넷스케이프의 디자인을 담당하고 있을 때(더벌리는 그 전엔 애플의 디자인을 담당했다) 그에게 디자인을 배울 수 있는 행운을 누렸다.

넷스케이프 이후에 크레인은 더벌리의 디자인 회사에 들어갔고, 업계에서 가장 어려웠던 디자인 숙제를 가장 가까이에서 함께 작업할 수 있었다.

지난 10여 년간, 크레인은 디자인 맵Design Map이라는 디자인 회사에 파트너로 채용되어, 코칭을 진행하고 수백 명의 프로덕트 디자이너와 함께 일했다. 그녀는 수백 가지 애플리케이션을 디자인하는 데 기여했다.

크레인은 최근 《What CEOs Need to Know about Design(최고경영자가 디자인에 대해 알아야 할 것)》이라는 책을 출간했다.

실전에서의 리더십

크레인의 리더십 스타일은 그녀의 문장으로 가장 잘 표현될 것이다

내가 처음으로 관리했고 관리받은 경험은 극장에서였고, 나의 관리 방식은 많은 부분이 이 경험에서 비롯되었다. 대부분의 사람은 15살은 되어야 여름방학에 아르바이트를 할 수 있지만, 나는 10살쯤에 연기를 시작했고, 중학교, 고등학교, 대학교를 거쳐 졸업한 후에도 수년 동안 계속했다. 넷스케이프에서 디자인을 만나기 전까지 말이다.

경력이라고 하기엔 거리가 멀었지만, 나는 수많은 시간을 무대 위, 의상실, 무대 뒤에서 보냈고, 연출까지 했다. 이 경험이 나의 리더십의 기반을 만들었다고 확신한다.

연극 비유

연극 산출물의 기본 원리는 일터에도 딱 들어맞는다. 물론 공통의 목표를 향해 일하는 팀이 있다. 팀원은 경험, 기술, 잠재력 및 다른 팀원과 함께 조화롭게 일할 수 있는 능력에 의해 선발된다.

비전

특히 팀이 아주 다양한 기술을 보유하고 있기 때문에(배우뿐 아니라 조명, 무대 장치, 의상 디자이너, 의상 제작자, 무대 감독 등등), 연출의 업무는 미래를 위한 공통된 목표와 비전을 만드는 일이다.

목표 설정은 확실히 예술적인 열망이 있지만, 동시에 전략적이고 실용적이기까지 하다. 관객이 무엇에 반응할까? 어떤 무대의상과 세트를 만들 수 있는가? 몇 명의 연기자가 필요한가? 어떤 연극이 관객을 끌어들일 것인가?

이와 비슷하게, 나는 비전을 만들고 목표를 명확하게 한다. 나와 팀이 목표를 확정하기 전에 목표에 대해 협업한다.

나는 이러한 큰 그림의 퍼즐을 푸는 것을 사랑하고, 제약 사항을 선별하고 명시하며 조직과 고객 전반의 목표를 저울질하고 능력을 평가하며 이런 모든 문제를 푸는 방법에 대한 비전을 만드는 일을 팀과 함께 하는 것을 가장 좋아한다.

당신의 문제가 아니다

감독은 배우를 특정 역할에 캐스팅할 때, 배우가 배역을 훌륭하게 수행할 것이라고 믿고 캐스팅한다. 감독 사이에서는 아주 오래되고 확고한 '**대사 따라 읽지 않기**'라는 규칙이 있다. 대사 읽기는 감독이 배우의 대사를 읽으며 배우에게 따라 하기를 바라는 것이다.

이것은 **절대로** 하면 안 되는 일인데, 감독이 무능하여 배우에게서 원하는 연기를 끌어내지 못하거나, 배우가 할 수 있는 최선이 감독을 따라 하는 것뿐이라는 의미다. 이것은 제한된 예이지만, 만약 출연진과 제작진에게 감독이 할 수 있는 최선이 한계로 주어진다면, 썩 좋지 못한 공연이 될 것이다.

같은 맥락에서 출연진과 제작진은 감독이 전체를 보고 훌륭하게 만들 수 있다고 믿는다. 감독을 믿고 모든 것을 내던질 준비가 되어 있다면, 감독은 무슨 일이 생기든 책임을 져야 한다. 또한 감독은 무대에서 커튼콜을 할 때 함께하지 않는다(보통은). 이것은 비난을 감수하고 공로를 넘긴다는 철학은 새로운 관리 방식이 아니라는 뜻이며, 극장은 이를 잘 보여 준다.

최선을 끌어내라

목표가 주어지면, 감독의 가장 큰 책임은 **각 팀원이 제공할 수 있는 최고의 역량을 모아서 공통의 목표를 달성**하는 것이다. 감독이 팀원보다 특정한 역할에 더 숙련된 경우는 드물다. 물론 팀원의 진가를 알아보고, 지원하고, 성장시키기 위한 기본 지식은 있어야 하지만, 감독이 모든 면에서 최고일 수는 없다. 그리고 어떤 면에서는 이것이 핵심이다.

마찬가지로, 관리자로서 나는 모든 팀원이 많은 면에서 나보다 훨씬 훌륭하다고 확신한다. 나는 그들이 내가 원하는 일을 해 주길, 또 나와 같은 방식으로 일하길 바라는 것이 아니다. 오히려 나는 그들이 무엇에 열정을 가지고 있고 어떤 일에 능숙하며 타고난 것이 무엇인지를 찾는다. 그 후 비즈니스와 그 고객의 더 큰 목표를 지원하는 공통의 목표를 향해 팀의 장점을 조직한다.

나의 경력에서 가장 보람 있는 경험은 스스로 깨닫지 못한 사람의 재능과 적성을 발견하고 이끌어 내어, 그들이 재능이 있음을 믿게끔 설득하는 것이다. 그리고 팀과 함께 일하는 것은 (모두 열정적이거나 탁월한 방식으로 일할 때) 개인의 강점보다 더 큰 것에 속한다는 것을 뜻한다. 이런 팀은 소속감과 성취하는 일의 측면에서 변혁적transformational이다.

이런 맥락에서, 나는 직원으로서 마티나 휴 더벌리 같은 관리자를 위해 일할 때 가장 큰 영감을 받았다(이런 기회를 준 행운의 여신에게 감사한다). 두 사람의 공통점 중 하나는 위대함을 끌어내도록 동기 부여하는 방식이다. 같은 이유로, 그들을 위해 일하는 것은 조금 두렵기도 했다. 그들은 내가 스스로를 믿지 않는 수준까지 나를 믿어 줬다. 나는 이들을 너무도 존경하고 감탄하고 사랑했기에 그들이 나를 잘못 평가한다고 생각했지만, 기대에 부응하여 모든 것을 해낼 수 있었다!

비평

극장과 영화 모두에서, 감독은 정기적으로 피드백 노트를 준다. 조언의 주기cadence는 시간별, 장면별 또는 공연별일 수 있지만, '훌륭했다, 더 많이 보고 싶다'거나, '당신이 한 선택으로 인해 혼란스럽다'는 등 건설적인 피드백은 연출과 어떤 관계에서든 주어진다. 상호 존중과 협력은 명확하고 직접적인 피드백이 요구된다.

축하

연극과 영화의 멋진 점은 축하 행사가 있다는 것이다. 개막식이든, 폐막식이든, 종파티든, 모두 잠시 뒤로 물러서서 함께 이룬 성과를 생각한다. 나는 비즈니스에서는 축하할 기회가 너무 적다고 생각하며, 개인과 팀이 인정받을 수 있는 크고 작은 방법을 찾는다.

리더로서 재능 있는 팀원을 모으고, 그들이 흥미를 가질 만한 이야기를 제공하고, 잠재력에 도달할 수 있도록 코칭하고, 그들이 직접 특별한 것을 창조하는 것을 보는 것만큼 좋은 일은 없다.

팀 구조

회사의 사명 / 목표 / 성과표

제품 비전 & 원칙

전략적 컨텍스트

팀 구조

제품 전략

제품팀

목표

발굴 / 제공

목표

발굴 / 제공

목표

발굴 / 제공

늘날 대부분의 기술 기반 제품은 규모가 크고 복잡하다. 예외가 있긴 하지만, 제품 전체를 한 제품팀이 개발하는 일은 드물다. 대부분의 제품은 수십 혹은 수백 팀이 함께 만들어 나간다. 이는 모든 프로덕트 조직이 업무 범위를 효과적으로 나누기 위해 제품 팀을 어떻게 구성해야 할 지 고민해야 한다는 뜻이다.

《인스파이어드》와 이 책에서 제품팀의 구조화 및 범위 지정이라는 주제에 대해 서술했다. 하지만 이 주제는 팀의 권한 및 동기 부여의 수준과 아주 밀접한 관계가 있기 때문에 이번 장에서 이 주제에 대해 더 깊이 논의하고 싶다.

나는 팀의 업무 범위를 정의하는 것을 **팀 구조**team topology라고 부른다.[1] 이 용어가 더 큰 시스템의 구성 요소를 담고 있기 때문에 좋아한다.

제품 조직의 팀 구조는 아래와 같은 질문에 대한 답이 된다.

- 우리 조직에는 몇 개의 제품팀이 있어야 할까?
- 각 팀의 범위와 책임은 무엇인가?
- 각 팀이 필요로 하는 기술과 그 양은 얼마나 될까?
- 팀 간의 의존 관계는 어떤 것이 있는가?

일반적으로 구조는 **회사가 훌륭한 일을 할 수 있도록 어떻게 각 프로덕트 피플을 팀으로 구성할 수 있는지**에 대한 해답을 구하는 데 도움을 준다.

제품 리더로서 효과적인 팀 구조를 설정하는 것은 주요한 책임 중 하나다. 또한 고려해야 할 요소가 많기 때문에 가장 복잡한 일 중 하나이기도 하다. 늘 그랬지만, 원격으로 일하는 직원이 급증하면서 팀 구조에 영향을 주는 또 다른 측면의 복잡성이 더해졌다.

무엇보다도, 팀 구조 선택은 팀에 권한 부여를 지원할 수 있는 원칙에 기반하여 선택되어야 한다. 이는 팀에 주어진 문제를 풀 수 있도록 진정한 **주인 의식**을 북돋아 주고, 해결해야 하는 문제에 대한 솔루션을 제공하고 조정하는 데 **자율성**을 주며, 회사의 고객, 비즈니스, 과학 기술과 같은 요소 간의 조율을 포함한다. **조율** 자체도 복잡하며, 비즈니스 목표, 고객의 종류, 조직의 보고 구조, 기술 아키텍처, 그리고 제품 비전의 범위를 조정해야 한다.

---

1 이 용어는 매튜 스켈턴(Matthew Skelton)과 마누엘 파이스(Manuel Pais)의 책 《Team Topologies: Organizing Business and Technology Teams for Fast Flow》(IT Revolution Press, 2019)에서 만들어졌다.

또 다른 중요한 고려 사항은 제품팀 간의 의존성과 성격이다. 모든 팀 구조는 제품팀 간의 고유한 종속적인 면이 생기기 때문에 리더는 트레이드오프를 고려해야 한다.

마지막으로 팀을 안정적이고 단단하게 만들기 위해 열심히 노력하더라도, 리더는 팀 구조가 니즈와 상황이 변함에 따라 발전해야 한다는 점을 고려해야 한다.

이 장에서 다루는 주제를 고려할 때 염두에 두어야 할 점은, 팀 구조는 제품 관리, 디자인, 기술팀의 리더가 함께 결정해야 한다는 것이다. 최상의 팀 구조는 주요 제품 리더가 지닌 니즈와 균형을 맞춘 상태일 것이다.

다음 장에서 이러한 여러 가지 고려 사항을 탐구하고 이것이 권한 부여와 어떻게 연관되는지 살펴보겠다. 또한 팀 구조를 디자인하는 일반적인 패턴과 이를 사용하는 시기를 설명할 것이다.

CHAPTER

41

권한 부여를 위한 최적화

이 책의 앞부분에서, 훌륭한 일을 할 수 있도록 팀을 구성하는 방법을 설명하면서 **팀 구조**의 개념을 소개했다. 팀 구조는 팀 간의 경계를 정의하고 각 팀이 고려할 문제의 범위를 설정하기 때문에, 제품 리더가 직면하는 가장 중요한 결정 중 하나다. 그럼에도 불구하고, 많은 회사는 이를 결정할 때 많이 고민하지 않는다.

팀 구조는 저항 없는 방향을 따라 유기적으로 만들어지는 경우가 대부분이다. 기존 조직도를 따르거나, 엔지니어링 기술별로 그룹화하거나, 일부 비즈니스 오너 또는 이해관계자의 운영 책임에 따라 구성된다.

이러한 요인이 때때로 특정 팀 간의 경계를 설정하는 좋은 방법이 될 수 있지만, 그 결정은 광범위한 요인을 고려한 후에 의도적으로 이루어져야 한다. 그저 결정하기 쉽다는 이유로 팀 구조를 결정해서는 안 된다.

많은 경우에, 예전에 설정해 둔 팀 구조를 바꾸는 것을 꺼린다. 이전에 합리적으로 시작된 그룹도 지금은 팀의 권한 부여에 불필요한 의존성이나 복잡성을 만들 수 있다. 이때 리더는 팀 구조의 전체 또는 일부를 재구성하기 위해 어려운 결정을 내려야 할 수 있다. 결국, 제품 리더로서 팀 구조를 선택하는 데 따라 회사의 제품팀 권한 부여 및 강화에 큰 영향을 준다.

권한 부여를 위해 팀을 최적화하기 위해서는 서로 밀접한 관계가 있는 오너십, 자율성 및 조율, 이 세 가지 목표 사이의 균형이 필요하다.

오너십

오너십은 팀의 목적보다 더 큰 개념이다. 이는 기능, 경험, 품질, 성능 및 기술적 부채에 대한 각 팀의 모든 책임 범위를 설정한다. 각 팀은 맡은 범위에 맞는 작업을 가장 잘 해결하기 위해 필요한 트레이드오프 결정을 해야 한다. 각 제품팀이 책임져야 할 **의미 있는** 무언가가 있을 때 더 많은 권한이 부여된다.

팀의 책임 범위가 매우 좁을 때, 팀 구성원은 동기 부여를 유지하기 어려울 수 있다. 자신의 일이 더 넓은 사업 목표와 어떻게 연관되는지 이해하지 못하며, 큰 바퀴에 달린 작은 톱니바퀴처럼 느낄 수 있다. 이와는 대조적으로, 의미 있는 문제에 대해 스스로 책임 지는 팀은 더 큰 의미와의 연관성에서 동기를 부여받고 영감을 얻는다. 그들은 오너십에 대한 자부심이 강하다.

대부분의 경우, 더 큰 범위의 오너십은 임파워먼트에 좋지만, 책임 범위가 팀의 규모와 기술에 비해 너무 넓다면 어려워질 수 있다. 예를 들어, 제품 경험에 대한 오너십은 있지만 기본적인 변경만을 위해 하나 이상의 복잡한 시스템에 대한 기술적 지식이 필요한 팀을 생각해 보자. 이러한 팀은 오너십이 있는 영역에서 혁신하는 데 필요한 깊이 있는 지식을 얻기 위해 고군분투할 수 있다. 높은 수준의 **인지 부하**cognitive load는 팀의 임파워먼트에 불리하게 작용한다.

임파워먼트는 오너십의 **범위**에만 영향을 받는 것이 아니라, 오너십의 **명확성**도 요구된다. 팀이 어떤 업무를 맡고 있는지 불분명할 경우, 임파워먼트는 약화된다. 업무의 오너십이 모호해지는 경우가 종종 일어날 것으로 예상해야 하지만, 팀 구조가 좋다면 오너십 문제를 일으키기보다는 오히려 많은 문제가 해결된다.

자율성

자율성은 강력한 개념이지만, 리더십과 제품팀 모두 오해하는 경우가 많다.

자율성이 중요하다고 해서 한 팀이 다른 팀에 절대적으로 의존하지 않아야 한다는 뜻은 **아니다**. 또한, 마음대로 원하는 것을 추구할 수 있다는 뜻도 아니다.

팀에 풀어야 할 문제를 줄 때, 자율성은 그들이 적합하다고 보는 최선의 방법으로 문제를 해결할 수 있는 **통제력을 충분히 가지고 있다는 의미**다. 의존도가 너무 높은 팀 구조는 이 문제를 어렵게 만들 수 있다.

팀은 솔루션 개발에 착수하기 전에 제품 발굴 프로세스를 사용하여 다양한 옵션과 접근 방식을 고려해야 한다. 그러고 나서 팀이 내리는 결정을 신뢰하는데, 해당 팀이 솔루션을 만들기 가장 좋은 위치/상황에 있다는 것을 알기 때문이다.

모든 팀 구조는 어느 정도 팀 간에 의존성이 필요하지만, 권한을 부여하는 팀 구조는 이러한 의존성을 최소화한다. 예를 들어, 각 기술 시스템별로 팀을 엄격하게 나누는 팀 구조는 단일 팀이 고객의 문제에 대해 전체적인 해결책을 찾기 어렵게 만든다.

궁극적으로, 팀에 권한을 부여한다 함은 팀이 필요로 하는 비즈니스 **결과**를 달성할 수 있는 최선의 방법을 스스로 찾아낼 수 있도록 지원하는 것이다. 팀 자율성은 이것에 기여한다.

조율

조율이란 팀 간의 경계가 전략적 콘텍스트의 다른 측면과 얼마나 잘 맞아떨어지는지 나타낸다. 즉, 조율이 잘된 조직은 팀별 업무 수행에 대해 서로 의존도가 줄어든다. 더 빠르게 의사결정을 내릴 수 있고, 비즈니스를 이끌어낼 수 있는 결과와 더 많이 연관되어 있다. 한마디로, 조율이 잘되어 있으면 임파워먼트가 개선된다.

조율은 고려할 부분이 매우 많기 때문에, 일반적으로 팀 구조에서 가장 복잡한 특성을 보인다. 이 중에서도 가장 중요한 두 가지는 아키텍처와 비즈니스에 대한 조율이다.

먼저 아키텍처에 대한 조율을 살펴보자. 이상적으로, 아키텍처는 제품 비전에 기반하고 아키텍처의 역할은 제품 비전을 **실현**하는 것이다. 그렇다면 기술 아키텍처에 맞는 팀 구조는 제품 비전과도 자연스럽게 일치한다. 팀은 상당한 범위의 오너십을 가질 수 있으며, 중요한 제품 결정을 내릴 수 있는 자율성이 부여된다. 그러나 기술적 부채 그리고/또는 구형 시스템이 많은 회사에서는 팀의 업무와 아키텍처가 일치하지 않을 수 있다. 그들의 일은 의존성과 복잡성으로 어수선할 것이다. 간단한 작업이라도 시간이 오래 걸리고, 구현 가능한지조차 불확실하다.

비즈니스(영업 부서)와의 조율은 타 사업부들, 다양한 시장 진출 전략들, 다양한 고객 유형 또는 다양한 시장 세그먼트 등에 대응되는 조직들과 어떻게 연계해야 하는지에 관한 문제다. 다음 장에서 공감대 형성이라는 주제와 함께 더 자세히 논의하겠다.

'완벽한' 팀 구조는 결코 존재하지 않는다는 사실을 기억하라. 고려해야 할 트레이드오프(절충안)가 많지만, 가장 중요한 목표는 임파워먼트를 최적화하는 것이다. 가장 좋은 방법은 오너십, 자율성 및 조율로 팀을 운영하게 만드는 것이다.

팀 유형

S VPG는 수백 개의 IT 회사에서 팀 구조를 관찰하고 조언할 기회가 있었다. 팀 구조에 관한 상황은 모두 다르지만, 팀 구조를 최적화하여 권한을 부여하는 데 도움이 되는 모범 사례가 있다. 여기에서는 두 가지 기본적인 **유형**의 제품팀을 고려할 것이다. 즉, 다른 제품팀이 쉽게 시스템을 활용할 수 있도록 서비스를 관리하는 **플랫폼팀**, 그리고 제품 가치가 사용자와 고객에게 노출되는 서비스를 담당하는 **경험팀**을 가리킨다.

모든 팀 구조는 제품의 광범위한 전략적 콘텍스트(비즈니스 목표, 제품 비전, 전략 등)뿐만 아니라 기반이 되는 기술 아키텍처도 고려해야 한다. 이는 제품 리더와 엔지니어링 리더가 **함께** 팀 구조를 결정하는 게 매우 중요하다는 의미다.

플랫폼팀

플랫폼팀은 공통적으로 여러 팀에 영향을 주는데, 한번 구현하여 여러 곳에서 사용할 수 있는 공통 서비스를 제공하기 때문이다. 이러한 예는 다음과 같다.

- 인증 또는 권한과 같은 공유 서비스를 담당하는 플랫폼팀

- 재사용이 가능한 인터페이스 구성 요소 라이브러리를 유지 관리하는 플랫폼팀
- 개발자에게 테스트 및 릴리스 자동화를 위한 도구를 제공하는 플랫폼팀

또한 플랫폼팀은 제품에서 특히 까다롭거나 전문화된 영역을 분리하여 독립시킬 수 있기 때문에 복잡성 관리에 도움을 준다. 그 예는 다음과 같다.

- 구형 시스템과의 통합을 위해 추상화하는 플랫폼팀
- 결제 처리를 관리하는 플랫폼팀
- 고도의 전문적인 세금 계산을 관리하는 플랫폼팀

최종 고객은 물론 경영진 및 이해관계자도, 플랫폼팀이 수행하는 작업을 직접 보지 못할 수 있지만, 이런 팀이 중요하지 않다고는 생각하지 않는다.

실제로, 업계 최고의 제품 조직에서는 회사의 최고 엔지니어들이 공통의 영향력과 중요성 때문에 플랫폼팀에서 일하고 있다. 소규모 기업에서는 단일 플랫폼팀이 전체 플랫폼을 제공할 수 있다. 업계 상위의 규모 있는 IT 회사에서는 많게는 제품팀의 절반에 달하는 팀이 **플랫폼**팀이다. 더욱이, 플랫폼은 경험팀의 **인지 부하**를 감소시킨다.

덕분에 경험팀은 플랫폼 서비스의 구현 방법을 이해할 필요 없이 사용할 수 있다. 복잡한 기술에 시간을 쏟는 대신, 해결하려는 고객이나 비즈니스 문제에 에너지를 집중할 수 있다.

경험팀

경험팀은 사용자가 앱, UI, 솔루션 또는 사용자 여정의 형태로 제품을 경험하는 방법을 담당한다. 사용자는 제품을 구입하는 고객일 수도 있고, (B2B 제품의 경우) 그 고객의 직원일 수도 있다. 어떤 경우든, 실제 제품을 사용하는 사용자를 위해 제품 경험 관련 업무를 하고 있다면 이를 **고객 대면 경험팀**이라고 한다. 또한 사용자는 회사 내부에 있을 수 있고, 이들에게 필요한 고객 경험을 제공하는 것은 항상 중요하다. 이러한 내부 사용자 유형의 예로는 고객 서비스 에이전트 또는 영업점의 직원이 있다. 제품팀이 이러한 유형의 내부 직원을 대상으로 제품 경험을 연구하는 경우 이를 **고객 지원 경험팀**이라고 한다.

팀이 고객을 **대면**하든 고객을 **지원**하든, 진정한 경험팀은 제품의 이슈 발생 시 고객에게 직접적으로 영향을 미칠 것이다. 예를 들어, 내부 에이전트가 시스템이 다운되어서 고객의

질문이나 요청을 해결할 수 없을 경우, 이는 고객에게 직접적인 영향을 미치는 제품 경험이다.

플랫폼과 마찬가지로 제품 경험은 단일 팀에서 처리하거나 여러 팀으로 나눌 수 있다. 예를 들어, 경험은 사용자 유형, 시장 또는 부문, 고객의 여정 단계 또는 기타 다양한 방식으로 나눌 수 있다(더 자세한 내용은 44장의 경험팀의 역량 강화에 관한 내용에서 다룬다).

정말 많은 기업에서 각 경험팀이 전체 경험의 극히 일부를 담당하도록 팀 구조가 정해져 있다. 이런 상황에서 각 팀은 고객 경험의 작은 변화를 위해 다른 팀과 조율하지 않고는 할 수 있는 일이 없다고 느끼기 때문에 타 팀과 고군분투할 수밖에 없다.

이와는 대조적으로, 경험팀은 가능한 한 고객 경험의 양 끝단을 잇는 **전체적인 책임**이 주어질 때 가장 큰 권한을 갖는다. 이러한 팀은 상당한 오너십과 자율성을 가지고 있으며, 고객 문제를 해결하고 비즈니스 성과를 달성하는 데 미치는 영향을 쉽게 파악할 수 있다.

많은 성공적인 기업은 탄탄한 플랫폼이 경험팀을 더 넓은(전체적인) 범위의 오너십을 가질 수 있게 하는 강력한 도구라는 것을 깨달았다. 플랫폼팀은 기반 기술을 사용하는 데 필요한 부하를 줄여서 경험팀이 더 많은 고객 문제에만 집중할 수 있도록 만든다.

CHAPTER
43

플랫폼팀의 임파워먼트

앞 장에서 두 가지 주요 유형의 제품팀을 소개하고, 플랫폼팀이 경험팀을 위해 어떻게 레버리지를 창출하고 복잡성을 분리해 관리하는지 설명했다.

플랫폼팀은 서비스와 아키텍처의 기본적인 복잡성을 추상화함으로써 다른 팀의 권한 부여 수준을 높여 준다. 하지만 반대로 플랫폼팀 자체의 임파워먼트에 관한 문제는 항상 까다롭다. 경험팀의 목적은 사용자와 고객의 문제를 해결하는 것이지만, 플랫폼팀의 목적은 사실상 **경험팀이 고객의 문제를 더 잘 해결할 수 있도록 하는 것**이기 때문이다. 그러므로 플랫폼팀의 기여는 간접적이다.

이것이 플랫폼팀에 어떤 영향을 미치는지 이해하려면 플랫폼팀과 경험팀이 해야 하는 두 가지 유형의 업무를 구분하면 도움이 된다.

한편, 플랫폼팀은 그들의 목적을 할일 리스트의 맨 앞에 둔다. 그것이 그들의 주요 작업이기도 하며, 이 부분에 대해서는 잠시 후에 설명하겠다.

물론 플랫폼팀을 포함한 모든 제품팀은 목표를 달성하기 위한 주요 업무 외에도 매일 해야 하는 '시스템 운영 업무('keep-the-lights-on work'라고 표현하는데, 최소한의 불을 켜둘 수 있게 유지하는 작업이라는 뜻)를 할' 의무를 어느 정도는 가지고 있다.[1] 이것은 비즈니스를 굴러가게 하는, 매일 해야 하는 꼭 필요한 업무다. 중요한 버그 수정, 성능 문제 해결, 규정 준수 이슈와 같은 협상 불가능한 문제에 대한 중요한 기능 추가와 같은 사항을 말한다.

플랫폼팀은 평균적으로 경험팀보다 시스템 운영 업무를 더 많이 하는 것은 사실이며, 이는 그들에게 의존하는 팀들을 지원하는 일이 상대적으로 많은 업무의 특성 때문이다. 이는 플랫폼팀의 업무에서 10%일 수도, 절반에 가까울 수도 있다.

따라서 시스템 운영 업무와는 별개로, 플랫폼팀이 권한을 부여받아 플랫폼을 발전시킬 수 있는 두 가지 방법은 타 팀과 공유할 수 있는 목표를 따르거나, 하나의 제품으로서 플랫폼을 만드는 목표를 갖는 것이다.

팀 목표 공유

강력한 플랫폼팀이 주요 업무를 추진하는 가장 일반적인 방법은 팀 목표를 공유하는 것이다. 팀 목표가 공유되었다면, 플랫폼팀은 경험팀과 하나 이상의 같은 목표를 가지게 된다.

57장 '협업'에서 공유된 팀 목표의 메커니즘에 대해 논의하겠지만, 현재로서는 팀이 솔루션을 발굴하고 개발하기 위해 협력한다고 해도 된다.

때로는 협업이 매우 깊어져서 여러 팀이 하나의 팀처럼 서로 긴밀하게 협력해야 할 때도 있다. 예를 들어, CMSContent Management System 제품이라면 콘텐츠에 대한 백엔드 스토리지 및 API 연결을 관리하는 플랫폼팀과 사용자 대면 콘텐츠의 작업 흐름을 관리하는 경험팀이 있다고 가정해 보자. 지금까지는 CMS 시스템이 이미지 콘텐츠와 함께 작동했지만, 이제는 새로운 시장 확장 전략으로 인해 영상 콘텐츠를 지원해야 한다. 이때 플랫폼팀과 경험팀은 비디오를 활성화하기 위해 공통된 팀 목표를 가질 수 있다. 두 팀은 구현 방법뿐만 아니라 적절한 경험을 결정하기 위해 매우 긴밀하게 협력해야 한다.

다른 경우에는 협업이 더 세분화될 수 있다. 플랫폼팀과 경험팀은 API를 정의할 수 있는데, 이는 플랫폼팀과 경험팀 사이의 연계에 대한 약속을 표현한 것이다. 그러면 각 팀은 대부분 독립적으로 작업하여 업무를 완료할 수 있다.

---

1 어떤 회사들은 이것을 '평소처럼의 비즈니스'를 뜻하는 'BAU(Business As Usual)'라고 부르지만, 나는 이 용어를 좋아하지 않는다. 너무 많은 회사들이 그것이 제품팀이 하는 전부라고 생각하기 때문이다.

예를 들어, 전자 상거래 회사가 새로운 결제 유형을 추가한다고 하자. 플랫폼팀은 모든 결제 복잡성을 관리하여 경험팀에 API로 제공한다. 체크아웃 경험을 담당하는 제품팀은 사용자 대면 흐름을 생성하는 반면, 플랫폼팀은 백엔드 결제 프로세스와의 통합을 구현한다. 두 팀은 테스트와 출시를 위해 함께 일한다.

협업이 깊든 세분화되든, 중요한 것은 플랫폼팀이 경험팀과 동일한 전략적 콘텍스트와 목표를 가지고 있다는 점이다. 그들은 담당하는 업무가 왜 중요한지, 비즈니스에 어떤 의미가 있는지 파악하고 있다.

제품 목표로서의 플랫폼

일부 기업에서는 **제품 자체**가 플랫폼이다. 이들은 고객과 사용자(대개 개발자)가 플랫폼의 기능을 활용하여 자신만의 시스템을 스스로 구축할 수 있게 하는 **API**를 판매한다. 이것을 **대외** 플랫폼이라고 부른다.

이 경우 플랫폼이 제품이고, 그렇게 취급된다. 고객과 사용자는 소비자라기보다는 개발자일 수 있지만, 그럼에도 불구하고 그것이 진정한 제품이다.

이와 관련해서, 새롭게 뜨는 트렌드는 **내부** 플랫폼을 **대외** 플랫폼 제품처럼 관리하기 위해 노력하는 기업이 늘고 있다는 것이다.

이러한 플랫폼 제품은, 고객 수 증가, 기능 채택 또는 더 많은 고객 수익 창출(대외 플랫폼의 경우)과 같은 경험 기반 제품과 유사한 목표를 수립하는 것이 일반적이다.

제품팀, 경험팀 또는 플랫폼팀 모두 마찬가지로, 일반적인 시스템 운영 업무보다 주요 품질 문제나 성능 문제 또는 개발자 경험 문제가 있다면 이를 팀 목표로 끌어올릴 수 있다.

결론적으로, 플랫폼팀에 권한 부여를 한다는 관점에서 일반적인 시스템 운영 업무를 플랫폼을 앞서가게 하는 주요 업무와 분리한다면, 팀 목표와 임파워먼트 수준은 경험팀과 비슷해진다.

경험팀의 권한 부여

앞서 설명한 것처럼, 실사용자나 고객이 제품 가치를 어떻게 인식하는지에 대한 책임은 경험팀에 있다. 핵심은 경험팀에 전체 여정의(엔드 투 엔드) 책임이 가능한 한 많이 주어질 때 가장 큰 권한을 갖는다는 것이다.

각 팀의 오너십 범위가 영업 채널, 시장 부문, 사용자 유형 등 비즈니스(영업) 본연의 형태를 따를 때, 이런 전체적인 여정의 책임을 지게 될 가능성이 더 높다. 즉, 이것은 **고객이 공감하는 팀 구조를 만들게 된다**는 뜻이다.

다음은 고객이 공감하는 팀 구조의 몇 가지 예시다.

- 사용자 유형 또는 페르소나(예: 탑승자 팀, 운전자 팀)
- 시장 부문별(예: 전자 제품팀, 패션 팀)
- 고객 여정별(예: 온보드 팀, 보존 팀)
- 영업 채널별(예: 셀프 서비스팀, 직접 영업팀)
- 비즈니스 KPI별(예: 신규 사용자 성장 팀, 전환 팀)
- 지리별(예: 북미 팀, 아시아 태평양 팀)

이러한 공감은 경험팀이 비즈니스에 필요한 결과와 일치하는 오너십 영역을 가지고 있다는 의미다. 비즈니스 성과와 제품 작업 간에는 번역(의사소통)이 필요 없으며, 팀에는 비즈니스 문제를 직접 해결할 수 있는 자율권을 부여할 수 있다.

고객에 따라 공감하고 맞춘다는 것은 다양한 유형의 제품에 따라 다른 것들을 의미한다. 다음은 공감대 형성과 맞춤에 대한 몇 가지 예시다. 이는 전체 목록이 절대 아니며, 사례에 등장한 경험팀 구조를 구성하는 유일한 방법이 아니다. 예시는 효과가 입증된 몇 가지 일반적인 패턴으로, 팀 구조에 적용할 수 있다.

미디어 제품

잡지, 뉴스 사이트 또는 주문형 영상 서비스의 경우, 콘텐츠 섹션 또는 서브 출판물별로 경험팀을 구성할 수 있다.

모든 콘텐츠 관리 및 공통 기능은 일련의 경험팀(제품 직원의 대다수일 수 있음)에 일반화된 서비스를 제공하는 플랫폼팀이 처리한다. 그러면 각 경험팀은 각 미디어 범주(예: 스포츠, 지역 뉴스, 날씨) 또는 브랜드에 대한 전체적인 니즈를 다룬다. 경우에 따라서는 여러 유사한 카테고리는 한 팀이 책임질 수 있으며, 규모가 크거나 전문화된 경험은 자체 팀을 보유한다.

이러한 접근 방식은 다양한 고객의 요구를 충족하는 데 도움이 된다. 또한 경험팀을 기업에서 일반적으로 사용되는 다양한 카테고리별 비즈니스 목표와 시장 진출 전략에 맞춰 조정할 수 있다.

전자 상거래 제품

전자 상거래는, 특히 쇼핑 경험이 카테고리별로 크게 다를 때(예: 자동차 부품 vs. 이벤트 티켓 vs. 쥬얼리), 미디어 제품과 유사한 패턴을 따를 수 있다. 또한 제품은 탄탄한 공통 서비스 플랫폼(카탈로그 관리, 청구, 계정 관리 등)을 기반으로 구축된다. 그러면 각 카테고리에 따라 경험팀이 꾸려진다.

기업용 제품

기업용 제품은 고객군과 시장에 따라 맞춤화가 필요한 경우가 잦다(예: 제조업 vs. 금융업 vs. 소매). 이로 인해 시장 진출 전략에 매우 큰 차이가 있을 수 있다. 또한 고객의 규모에 따라서도 달라진다(예를 들어, 소상공인small and medium sized business. SMB은 웹 포털로 서비스를 제공하고, 큰 규모의 고객은 맞춤화를 위해 영업 인력 및 API가 필요하다). 때로는 고객의 규모 때문에 차이가 있다(예를 들어, SMB는 셀프 서비스 포털을 통해 도달하는 반면, 대규모 고객은 맞춤화를 위해 영업 인력 및 API가 필요하다).

이때, 그 회사와 가장 관련성이 높은 방식으로 구분하여 경험팀을 구성하는 것이 타당할 것이다. 다시 한번 강조하지만, 궁극적인 목표는 특정 고객에게 서비스를 가장 잘 제공하고 회사의 다른 부서와도 효율적으로 협력할 수 있는 형태로 경험팀을 구성하는 것이다.

마켓플레이스 제품

많은 제품은 구매자와 판매자, 운전자와 탑승자, 호텔과 손님과 같은 보완적인 목표를 가진 다양한 그룹의 사람을 연결하는 목적을 가지고 있다. 대부분의 시장은 양면적이지만, 더 많은 측면이 있을 수도 있다. 대부분의 경우, 시장 양쪽에 있는 개인의 요구는 매우 뚜렷하다. 이는 양측을 지원하려는 나머지 사업에도 해당된다.

이러한 두 가지 이유 때문에 그 마켓플레이스의 여러 측면에 해당하는 경험팀들이 구성되고, 팀 구조에 따른 권한이 부여되는 경우가 많다.

고객 지원 제품

고객 지원 제품팀은 고객 경험의 중요한 부분을 제공하는 회사 내부 직원이 사용하는 도구와 시스템을 만든다. 여기에는 고객 서비스 또는 매장 내 직원이 사용하는 시스템이 포함될 수 있다.

다시 말하지만, 팀 구조는 다양한 유형의 회사 내부 사용자의 전체적인 니즈에 맞춰 경험팀을 조율하여 임파워먼트를 촉진할 수 있다.

마지막으로 정리하자면, 팀 구조로 모든 경험팀을 한정된 시장이나 고객 규모와 같은 하나의 요소에 맞추어 조율할 필요는 없다. 일부 팀 구조는, 필요하다면 서로 다른 영역에서 여러 방향으로 조율될 수 있다.

팀 구조와 디자인

대부분의 기업은 적어도 경험팀에는 크로스펑셔널한 제품팀을 전담하는 제품 디자이너가 필요하다는 것을 이해한다. 이는 경쟁력 있는 제품에서 제품 디자인이 얼마나 중요한지 알고 있다는 것이다.

그러나 때로는 **내부 에이전시 모델(internal agency model)**이라는 모델을 선호하는 디자인 리더가 있다. 이 경우 디자인 리더는 디자이너로 구성된 서비스팀을 꾸리며, 제품팀은 제품에 어울리는 디자인을 받기 위해서는 이 디자인팀에 요청해야 한다. 이런 접근 방식은 특히 전체적인 디자인 관점을 보장하는 측면에서는 도움이 된다.

그러나 린-마누엘 미란다(Lin-Manuel Miranda)는(아론 버(Aaron Burr)를 통해), "일이 진행되는 장소에" 함께 있어야 한다고 말한다. 내부 디자인 에이전시 모델에서, 디자이너는 일반적으로 주요 결정을 내릴 때 그 '공간'에 함께 있지 않다. 그렇기에 디자이너, 궁극적으로는 사용자가 이에 대한 대가를 치러야 한다.

내부적인 서비스로 운영하기에는 디자인은 너무나 중요하다. 디자이너는 프로덕트 매니저와 기술 리더와 함께 제품팀의 필수 인력이어야 한다. 디자인 매니저는 설계 표준, 지침 및 설계 시스템 구축, 디자이너의 작업 검토, 그리고 더 광범위한 제품 디자이너 그룹과의 디자인 전략 수립 및 검토 세션 진행을 통해 전체적인 디자인을 파악하고 유지할 수 있다.

제품팀이 아닌 기능 개발팀을 운영하는 회사라면 디자이너와의 첫 만남 전에 이미 주요 결정을 내렸을 확률이 높기 때문에, 이 문제는 중요하지 않을 것이다.

팀 구조와 보고 구조

엔지니어링팀의 보고 구조가 특정한 기술을 중심으로 구성되는 것은 매우 흔하다. 예를 들어, 데이터 엔지니어, 프런트엔드(front-end) 엔지니어 및 모바일 엔지니어 그룹은 일반적으로 각각 다른 관리자에게 보고한다. 이를 통해 엔지니어링팀 관리자는 팀의 모든 엔지니어에게 그들이 필요로 하는 기술을 코칭할 수 있다.

이는 문제가 되지 않지만, 기술 리더는 그러한 보고 구조를 지닌 제품팀을 완전히 조율하고 싶을 수 있다. 예를 들어, 프런트엔드 엔지니어로만 구성된 단일 제품팀을 만드는 것이다.

이러한 접근 방식의 팀은 기술 외에는 다른 부분과 조율되어 있지 않기 때문에 임파워드 제품팀으로 성장하는 경우가 거의 없다. 이런 형태는 비즈니스에 필요한 결과에 실질적으로 기여하지 않는다.

예를 들어, 조직을 웹 팀, iOS 팀, Android 팀 및 백엔드 팀으로 나누는 팀 구조는 어떤 팀에도 멀티 채널 고객 경험을 담당할 수 있는 권한을 제공하기가 매우 어렵다.

유명한 컴퓨터 과학자 멜빈 콘웨이(Melvin Conway)는 **콘웨이의 법칙**이라고 불리는 격언을 만들었다. 이는 시스템을 설계하는 모든 조직은 결국 조직의 구조를 반영하는 설계 구조를 생성한다는 것이다. 달리 말하면 **조직 구조의 특성이 고스란히 고객에게 전달되니, 조직 구성**을 조심하라는 말이다.

크로스펑셔널팀의 가장 큰 이점 중 하나는 제품에 가장 적합하게 구성원을 결정할 수 있다는 것이다. 결국, 조직 구조가 설계 구조를 좌우할 이유는 전혀 없다.

CHAPTER

45

팀 구조와 근접성

지금까지 제품팀의 구성과 업무 범위를 정하는 방법에 대해 이야기했지만, 물리적 배치의 관점에서는 설명하지 않았다. 물리적 위치는 팀 구조를 형성할 때, 고려할 만한 중요하고 실질적인 요인이다.

팬데믹 이전에도 주요 기술 허브의 높은 생활비 및 가용 인재의 부족으로 대체 사무실 전략으로 전환하는 트렌드가 있었다. 많은 기업에서 회사 본사가 있는 지역에서 필요한 기술력을 갖춘 인력을 채용할 수 있는 실질적인 방법이 없어서 어쩔 수 없이 다른 선택지를 고민하게 된다.

다양한 선택 중 하나는 원격으로 일하는 직원을 완전히 수용하는 것이다. 이것은 어디에서든 인재를 채용할 수 있다는 것을 포함하여 여러 가지 이점이 있으며, 직원은 자신이 원하는 곳에서 살 수 있다. 다른 선택으로는 모든 사람이 같은 사무실에서 일하게 하고 싶은 기업은 가용 인력의 부족과 높은 생활비 때문에 결국 본사를 새로운 장소로 옮기는 방법이 있다.

하지만 매우 효과적이고 타협적인 방법으로 원격 사무실이 있다. 많은 기업이 전 세계의 도시에 원격 사무실을 개설하는데, 특히 엔지니어링 및 디자인 인재가 풍부한 도심지의 원격 사무실에 제품팀 인력을 채용하거나 필요에 따라 원격 직원을 보충한다. 이 모델은 지역 인재 공급망을 활용하는 동시에 사무실에서 일할 수 있다는 이점을 제공한다.

항상 그렇듯이 트레이드오프가 생기며, 이러한 원격 사무소는 조직에 추가적인 부담을 줄 수도 있다. 코칭과 관리 감독 업무를 하는 관리자에게는 특히 힘들 수 있다.

그러나 더 좋은 선택을 위해서 다양한 형태의 근접성과 구체적인 트레이드오프(절충점)에 대해 좀 더 깊이 알아보자.

팀 구성원과의 근접성

근접성은 팀 구성원이 **같은 위치에 있는지**(모두 물리적으로 함께 있는지), 또는 **완전히 분산되어 있는지**(예를 들어, 팀 구성원이 집에서 일하는 경우), 또는 섞여 있는지(예를 들어, 제품 관리자, 제품 디자이너 및 기술 리더는 함께 일하지만, 나머지 엔지니어는 집에서 근무하거나 다른 사무실에서 근무하는 경우)를 가리킨다.

특히 진정한 혁신이 절실한 팀에는 물리적으로 같은 장소에서 일하는 것은 상당한 이점이다. 제품 발굴의 역학 관계는 특히 제품 관리, 제품 디자인과 엔지니어링 담당자 간의 긴밀한 협업에 따라 달라지고, 원격에서 이러한 작업이 불가능한 것은 아니지만 훨씬 더 어렵다.

엔지니어가 다른 사무실에 있거나 원격으로 작업하는 경우, 추가적인 커뮤니케이션에 대한 부담은 대부분 기술 리더에게 있다.

고객과의 근접성

만약 인도의 소비자나 기업을 위해 서비스를 만드는 팀이라면, 인도에 기반을 두는 것은 실질적인 이점이 있다. 그렇긴 하지만, 현재 우리는 전 세계의 사용자 및 고객과 원격으로 연결할 수 있는 좋은 도구를 가지고 있다. 특히 언어 또는 문화 문제를 도와줄 사람이 그 나라에 있는 경우에는 더욱 그렇다. 따라서 프로덕트 매니저와 프로덕트 디자이너가 더 노력한다면 지리적 거리를 극복할 수 있다.

비즈니스 파트너와의 근접성

제품팀이 운영팀이나 고객 성공 팀과 같은 비즈니스의 특정 부분과 긴밀하게 협력해야 하는 경우, 고객과의 근접성과 마찬가지로 가까이 일하는 것이 좋다. 다시 말하지만, 프로덕트 매니저와 프로덕트 디자이너 중심의 추가적인 노력(예: 출장, 전화 및 영상 통화 및 추가적 지원)으로 이러한 단점을 극복할 수 있다.

관리자와의 근접성

통상적으로 제품 관리, 제품 디자인, 엔지니어링 집단의 관리자는 다양한 제품팀에 속한 개인을 관리하는데, 일반적으로 관리자는 직원이 가까이에서 근무할 때 업무를 검토하고 행동을 관찰하며 필요한 코칭을 제공하기가 쉽다.

그렇긴 하지만, 중간 규모에서 큰 규모의 조직에 있는 관리자는 다른 사무실에서 일하거나 재택근무하는 직원을 관리할 수밖에 없는 상황이다. 관리자는 피드백을 요청하고 지속적으로 핵심적인 코칭을 제공하기 위해 추가적인 노력(예: 출장, 전화 및 영상 통화, 추가적 지원)을 더해 거리를 극복할 수 있다.

다른 제품팀과의 근접성

대개 제품팀은 서로 의존하며, 크고 복잡한 문제를 해결하기 위해 협력해야 한다. 물리적으로 가까이에 있는 팀은 그러기가 더 쉽지만, 엔지니어와 프로덕트 매니저(대화 및 소통의 증가, 출장 및 **공동 작업**swarming이라고 하는 테크닉)를 중심으로 한 추가적인 노력을 통해 거리 문제를 극복할 수 있다.

고위 경영진과의 근접성

회사의 문화나 고위 임원진의 강점에 따라, 고위 임원은 제품팀과 가까이할 필요를 느낄 수 있다. 팀이 원격 사무실에 있거나 원격으로 업무 중인 경우, 프로덕트 매니저는 경영진 및 이해관계자와 필요한 관계를 수립하고 유지하기 위해 추가적인 노력을 기울여야 한다. 이 경우, 관리자는 더 비중 있는 역할을 수행해야 한다.

제품팀을 위한 최적화

위에서 다룬 각각의 근접성에는 트레이드오프가 있다는 것은 분명하다. 전반적인 원칙으로는, 관리자, 고객 또는 기타 다른 것을 최적화하는 게 아니라, **제품팀을 위한 최적화**를 위해 노력한다.

이러한 트레이드오프가 이루어지는 매우 일반적인 두 가지 상황을 살펴보자.

프로덕트 매니저와 디자이너를 본사(관리자, 임원 및 이해관계자 근처) 혹은 엔지니어와 근접한 사무실에 배치하는 선택지가 있다고 가정해 보자. 제품팀을 위한 최적화라는 원칙하에서는 프로덕트 매니저는 엔지니어와 함께 배치하는 편이 낫다. 마찬가지로, 프로덕트 매니저와 디자이너가 고객 가까이, 혹은 엔지니어 근처에 배치하도록 하는 선택지가 있다면, 이번에도 프로덕트 매니저를 엔지니어와 함께 배치할 것이다.

이것은 그저 일반적인 원칙임을 명심해야 한다. 다른 선택을 해야 하는 상황도 있을 수 있지만, 적어도 선택에 관련된 **트레이드오프**를 알고 불이익을 줄이기 위해 무엇을 할 수 있는지 알고 있어야 한다.

CHAPTER
46

팀 구조의 진화

대부분의 회사는 어떤 형태로든 이미 팀 구조가 정해져 있지만, 이것이 시작된 시점이 있을 것이다. 스타트업의 경우, 엔지니어 수가 15명 안팎을 넘어설 때 주로 팀 구조가 생겨난다.

초창기에 직원에게 주어졌던 임파워먼트가 사람이 많아지고 조율할 부분이 늘어나면서 점점 줄어들기 시작했다는 사실을 회사가 실감할 때다. 회사는 간단한 업무를 진행하고 결정을 내리는 일이 점점 더 어렵다는 것도 깨닫는다. 그래서 업무를 나눠서 해내기 위해 2~3개의 크로스펑셔널한 제품팀을 구성하기로 결정한다. 결국, 팀 구조를 재정립하는 방법으로 이 작업을 수행한다.

제품팀 모델로 성장하지 않은 대기업의 경우, 팀 구조 변화의 출발점은 대개 애자일로 전환할 때, 회사는 작고 탄탄한 팀 중심으로 조직을 구성하라는 지시를 받는다. 회사가 팀을 분할하기로 결정하는 방식이 팀 구조를 설정한다.

일부 팀 구조는 제품 비전 그리고/또는 제품 아키텍처의 주요 변화에 따라 설정된다. 어떤 이유로든, 회사가 제품의 전략적 콘텍스트를 대폭 변경한다면, 팀 구조를 다시 검토해 보는 것이 좋다. 팀 구조를 검토하는 이유와 관계없이, 오너십, 자율성 및 조율의 측면에 초점을 맞추어 팀의 권한 부여를 최적화하는 방향을 선택해야 한다.

팀 구조의 전개

초기에 설정된 팀 구조가 아무리 권한 부여에 최적화되어 있었더라도, 저절로 지속되리라는 보장은 없다. 업계의 현실은 항상 변화하며, 때로는 팀 구조의 변경을 필요로 한다. 다음은 팀 구조를 변경해야 하는 상황의 예다.

- 엔지니어링 리소스를 두 배로 늘려 시장의 다음 영역으로 확장해야 하는 제품팀
- 여러 제품팀이 함께 운영하고 있는 제품의 서비스 종료를 포함하는 새로운 전략
- 한 제품팀의 핵심 기능을 내부 플랫폼을 통해 다른 팀에 제공하는 새로운 전략
- 확장되는 시장에 대한 오퍼링을 개발하기 위한 새로운 비즈니스 목표
- 아키텍처의 대규모 리팩터링

팀 구조 위험 징후

위의 예시 중 어느 것도 조직의 팀 구조를 적극적으로 재검토해야 하는 이유가 되지 않더라도, 좋은 리더는 항상 팀 및 직원과 함께 권한 부여 측면에서 팀 구조가 제대로 된 역할을 하고 있는지 체크한다.

다음은 팀 구조에 관심을 가질 필요성이 있음을 나타내는 위험 징후다.

- 팀 간 개발자 이동이 잦다.
- 의존성/종속성 충돌을 해결하기 위해 관리자가 자주 개입한다.
- 개발자가 다른 제품팀에 의존성이 너무 높기 때문에 간단한 기능조차 출시할 수 없다고 불평한다.
- 팀의 오너십 범위가 매우 제한적이다.
- 개발자가 너무 많은 영역에서 너무 많은 복잡성을 처리해야 한다.

따라서 사전예방 차원이든, 사후대응 차원이든, 팀 구조를 다시 살펴봐야 할 상황은 분명히 존재한다.

가능한 한 기존의 제품팀을 그대로 유지하려고 노력해야 한다. 좋은 협업이 가능한 관계를 구축하는 데 전체 조직이 많이 투자한다면, 제품팀을 해체하고 팀원을 각각 다른 팀으로 재분배하는 것보다는 가능하면 기존 팀에 새로운 책임과 할 일을 주는 게 낫다.

그렇지만 어쩔 수 없이 극단적인 팀 구조의 변화가 필요할 상황이 발생할 것이다. 그저 자주 구조를 바꾸는 것은 조심해야 한다. 팀 구조를 1년에 한 번 이상 지속적으로 변경하는 경우, 문제가 있다는 신호다.

팀 구조는 직원이 매일 누구와 함께 업무를 하는지, 무엇을 작업할지, 업무 및 인간관계의 상호작용을 결정한다. 이것이 바뀌면, 자칫하면 매우 파괴적일 수 있다.

긴급하게 우선순위를 처리하기 위해 일시적으로 특정 인력을 다른 팀으로 이동시킬 때도 마찬가지로 주의가 필요하다. 이런 변화로 인해 새로운 팀과 업무에 적응해야 하기 때문에 이동하는 사람이 힘들어진다. 또한 공백을 메울 방법을 찾아야 하기 때문에 기존 팀에도 좋지 않다.

CHAPTER
47

리더 프로필:
데비 메러디스

리더십으로의 여정

나는 넷스케이프에서 데비 메러디스Debby Meredith를 처음 만났다. 그녀는 넷스케이프 브라우저를 담당하는 엔지니어링 조직을 운영하고 있었다. 메러디스는 1995년 넷스케이프가 콜라브라Collabra를 인수하면서 합류했다. 콜라브라에 대해 들어본 적이 없겠지만, 매우 훌륭한 리더가 있는 굉장한 팀이었으며, 넷스케이프에는 전례 없는 성장의 열쇠가 되었다.

미국 중서부에서 자란 메러디스는 미시간 대학에서 수학과 컴퓨터 공학을 공부했다. 그후 스탠퍼드 대학에서 컴퓨터공학을 공부하고 실리콘밸리로 건너가 소프트웨어 엔지니어가 되었고, 점차 더 큰 조직에서 엔지니어링 리더가 되었다.

넷스케이프에서 메러디스는 업계 최고의 엔지니어링 리더로 명성을 얻었다. 나중에는 벤처 투자가와 업계 동료와 네트워크로 연결되어 일했고, 엔지니어링 조직의 기준을 현저하게, 혹은 긴급하게 높이고 싶다면 무조건 찾아가야 하는 전문가로 알려졌다.

실전에서의 리더십

메러디스는 긍정적인 비즈니스 기회를 가지고 있지만 엔지니어링을 한 단계 확장해야 하거나, 여러 가지 이유로 제품을 효과적으로 출시하고 시장에 납품하는 데 어려움을 겪고 있는 기업, 주로 스타트업을 도와주는 일을 한다. 지금까지 50군데 이상의 회사와 일했고, 그들 중 다수는 오늘날 매우 성공적인 회사가 되었다.

메러디스는 서로에 대한 신뢰가 무너지고 기능 개발팀과 로드맵으로 운영되는, 실망한 리더와 불행한 엔지니어를 생각보다 자주 만난다. 그녀는 이러한 재능 있는 전문가의 신뢰를 얻고, 그들을 참여시키며, 조직을 효과적이고 확장 가능한 제품팀으로 변화시켜야 한다. 나는 그녀의 작업 전후를 보았는데, 그 변화는 극적이었다.

나는 어떻게 엔지니어링 조직을 그렇게 끊임없이 변화시킬 수 있는지 얘기해 달라고 메러디스에게 청했다.

그녀의 말은 다음과 같다

모든 회사는 다르며, 나는 회사의 모든 조직의 인력과 이야기를 나누고, 그들이 말하는 것을 듣고, 내가 상황을 개선하기 위해 무엇을 할 수 있다고 생각하는지를 듣는 것으로 시작한다. 또한 회사의 고유한 인력 역학people dynamics 및 프로세스에 대한 어려움을 이해하기 위해 조직 회의에서 소통하는 방식과 시스템적인 부분 및 회의의 결과물을 관찰하는 것도 중요하다.

이 '배우는 기간'이 끝나면, 대개 내가 집중해야 할 기본적이고 중요한 네 가지 요소를 발견한다.

문제는 윗선에서 시작된다

회사의 엔지니어링 조직이 확장 또는 출시에 어려움을 겪는 경우, 윗선에서 몇 가지 심각한 문제가 발생한 것일 수 있다. 이러한 사항을 이해하고 언급하는 것이 중요한데, 그렇지 않으면 변화가 영향을 덜 미치거나 일시적일 가능성이 매우 높다.

스타트업 창업자나 CEO 중 많은 사람이 능력 있는 엔지니어링 조직과 함께 일해 본 적이 없고, 기술의 역할과 제품 관리 및 제품 디자인의 파트너로서 엔지니어의 역할과 기여에 대해 근본적으로 오해하는 리더도 드물지 않다.

더 나아가, 많은 창업자와 CEO가 엔지니어링 조직의 도전과 성공에서 스스로가 수행하는 역할을 모르고 있다는 것을 알게 되었다. 그러므로 이 부분에 대한 교육에 집중해야 한다.

초점 및 전략

성공적인 회사를 만들고 확장하는 것은 정말 어렵고, 모든 회사는 일하는 사람의 숫자보다 하고 싶은 일의 양이 훨씬 많다. 따라서 초점을 어디에 둘지는 중요하며, 제품 전략을 통해 한정된 자원과 인력에서 최대한을 끌어낼 수 있다.

빠르게 확장 중이거나 현재 어려움을 겪고 있는 조직을 면밀히 살펴보면, 좋은 의도와는 상관없이 실질적으로 집중하는 일이나 제품 전략이 없다. 한꺼번에 너무 많은 일을 하려고 들면, 최고의 엔지니어링팀이라고 한들 분명 어려움을 겪을 것이다.

많은 경우에 있어서, 내가 투입된 것이 회사가 추구하려는 방향을 다시 정립해야 하는 중요한 사건이 된다. 내가 직접 그들을 위해 선택할 수는 없지만, 리더에게 꼭 필요한 선택을 해야 한다고 주장할 수는 있다.

신뢰 설정

직원은 회사의 마음과 영혼이다. 그리고 신뢰는 직원이 효과적으로 함께 일하면서 혼자서 일할 때 상상했던 것보다 훨씬 더 많은 것을 만들어 내고 성취할 수 있게 해 준다. 신뢰는 성공한 기업의 핵심(마술)이다.

각 조직의 기능은 회사 전체에 고유한 전문 지식을 제공한다. 최고의 제품팀에서는 엔지니어링의 고유한 가치가 우수한 제품을 제공하는 기술과 함께 지속적으로 혁신된다. 어떤 이유로든, 엔지니어링 조직이 제품을 제공(릴리즈)할 수 없는 상태라고 인지될 때, 신뢰 문제가 발생한다. 임원은 엔지니어링 조직을 신뢰하지 않고, 엔지니어는 임원을 신뢰하지 않는다. 신뢰 부족은 모든 면에서 나쁜 행동과 사기 문제를 일으키고, 대개 조직 전체의 기능이 하향 곡선을 그리게 된다.

따라서 건강하게, 지속적으로 신뢰하는 것은 조직에서 필수적이다. 신뢰를 재정립하고 유지하려면 조직의 모든 구성원, 즉 최상위 임원뿐만 아니라 엔지니어도 포함해서, 집중해야 할 초점과 전략 설정을 포함하여 어려운 작업이 많이 필요하다. 이 부분은 다음 주제로 이어진다.

약속에 따른 실행

엔지니어가 약속할 때, 그 약속을 이행하는 것이 중요하다는 것을 이해하기 위해 그들과 함께 일할 필요가 있다. 이때, 전체 조직이 이해하고 지원해야 하는 '왜', '언제', '어떻게'라는 구성 요소가 있다. 여기에는 경영진에게 언제로 약속을 하는 것이 현명한지 코칭하고, 엔지니어에게 업무를 평가하고 실행 의무를 진지하게 이행해야 하는 의무에 대해 코칭하는 것이 관련된다.

약속에 따른 실행에는 두 가지 측면이 있다.

첫째, 현재 그들의 신뢰할 수 없는 어림직작보다는 날짜를 좀 더 정확하게 예측해야 한다. 즉, 제품이 작동하고 출시되기 위해 어떤 요소가 관련되어 있는지 철저히 평가해야 한다. 이것은 어려울 수 있고, 종종 일하는 새로운 방법이나 항상 많은 연습이 필요할 수 있다. 나는 '기고, 걷고, 달리기'와 같이 처음에는 미숙하지만 점점 개선되고 발전하는 문화를 정말 좋아한다.

이는 구현 가능한 프로토타입을 제작하거나, 일부 엔지니어가 시간을 들여 무언가를 배우거나 구체화한다는 의미일 수도 있다. 어떤 방식으로 접근하든 간에, 예상 날짜가 필요한 시점에는 자신 있게 출시 날짜를 합리적으로 예측할 수 있어야 한다.

둘째, 엔지니어는 이렇게 약속하면 약속을 매우 진지하게 받아들이고 이행해야 한다. "하겠다고 말한 것을 실행한다"는 사고방식을 회사 내의 각 개인과 팀이 지키길 바란다. 어찌 되었든, 엔지니어링팀은 어떤 팀보다도 약속을 책임감 있게 이행하는 신뢰 있는 팀이어야 한다.

엔지니어링 조직의 확장이 사소한 일이 아니라는 것은 의심할 여지가 없다. 하지만 좋은 소식은 오늘날 이렇게 앞으로 나아가는 움직임과 성공적인 혁신이 일어났던 사례가 많고, 조직은 회사와 고객이 필요로 하는 제품을 자랑스럽게 전달할 수 있다는 것이다.

제품 전략

전략적 콘텍스트

회사의 사명 / 목표 / 성과표

제품 비전 & 원칙

팀 구조

제품 전략

제품팀

목표   목표   목표

발굴 / 제공   발굴 / 제공   발굴 / 제공

임파워드 제품팀은 궁극적으로 팀에 해결하기 어려운 문제를 부여하고, 이를 해결할 수 있는 자리를 제공하는 것이다. 그런데 임파워드팀이 어떤 문제를 풀어야 할지는 어떻게 결정할 수 있을까? 이 질문에 대한 답변이 제품 전략 그 자체다. 효과적인 제품 전략은 평범한 사람이 스스로 능력을 끌어내게 하고, 이를 통해 특별한 제품을 만들고 실현하는 데 필수적이다.

놀랍게도, 내가 본 대부분의 제품 조직은 제품 전략이 없다. 개발해야 하는 기능과 진행할 예정인 프로젝트가 넘치고 개발하고 있는 모든 것은 이유가 있어서 만들어지고 있지만, 제품 전략 없이 일을 하는 게 곧 드러난다.

〈사우스파크South Park〉의 '속옷 사업Underpants Business'[1] 에피소드를 시간을 내서 보라고 권하고 싶다. 믿어지지 않겠지만, 이 에피소드에서 보이는 팀의 모습을 내가 실제로 방문하는 많은 회사에서 본다. 이런 회사에서는 제품팀보다는 기능 개발팀을 운영하고 있으며, 하루 종일 기능을 개발하는 데 애쓰지만 원하는 결과에는 도달하지 못한다.

이 현상은 두 가지 결과를 초래한다. 첫째, (주로 제품 로드맵에 의존하기 때문에) 낭비되는 노력이 너무 많다. 둘째, 회사의 성과를 낼 수 있는 가장 중요한 문제들에 대해 충분히 집중하지 못한다.

왜 많은 기업에 좋은 제품 전략이 없는지 궁금할 것이다(나도 궁금하다). 그 이유에 대해 리처드 루멜트Richard Rumelt는 다음과 같이 말한다.

> "나쁜 전략은 실수로 만들어진 것이 아니라,
> 좋은 전략을 짜기 위한 노력을 적극적으로 회피한 결과다.
> 회피를 선택하는 일반적인 이유 중 하나는 선택의 고통과 어려움이다.
> 리더가 집중해야 할 가치를 선택하지 못할 때 결과적으로 나쁜 전략이 세워진다."[2]

그렇다면 제품 전략이란 무엇이며, 왜 그렇게 중요한 것일까? '전략'이란 용어는 비즈니스 전략, 시장 진출 전략, 성장 전략, 영업 전략, 검색 전략, 제공 전략 등 모든 분야에서 사용될 수 있으므로 모호하다. 전략이란 목표가 무엇이든 간에 **목표를 달성하기 위해 계획하는 방식**이

---

1   https://southpark.cc.com/clips/151040/the-underpants-business
2   리처드 루멜트(Richard Rumelt), 《Good Strategy/Bad Strategy》(Profile Books, 2017)(《전략의 거장으로부터 배우는 좋은 전략 나쁜 전략》, 센시오)에서 발췌

다. 전략은 세부 사항을 다루는 것이 아니라, 목표를 달성하기 위해 사용하는 전술이다. 전략은 전반적인 접근법이자 그 접근법의 근거다.

전략에는 여러 형태가 있지만, 이 장에서 다룰 것은 제품 전략이다. 제품 전략을 한마디로 표현하자면 다음과 같다. **현재 진행 중인 회사의 요구 사항을 충족하면서 제품 비전을 실현하려면 어떻게 해야 하는가?**

내가 만나는 많은 회사가 **목표**(예: 매출 2배 증가)도, **제품 로드맵**(전술)도 가지고 있지만, 제품 전략은 찾아볼 수 없다. 권한이 부여된 제품팀의 관점에서, 제품 **전략**은 어떤 문제를 해결해야 할지 결정하는 데, 제품 **발굴**은 실제로 문제를 해결할 수 있는 전술을 파악하는 데, 제품 **출시**는 이러한 솔루션을 구축하여 시장에 내놓는 데 도움이 된다.

그렇다면 제품 전략은 왜 이렇게 어려운 걸까?

제품 전략이 어려운 이유는 대부분의 기업에서 실행하기 쉽지 않은 네 가지 사항을 요구하기 때문이다.

1. 첫 번째는 실질적으로 중요한 것을 **선별**하는 어려운 선택을 기꺼이 해야 한다.
2. 두 번째는 **통찰력**을 생성, 식별 및 활용하는 것이 수반된다.
3. 세 번째는 통찰력을 **실행**으로 전환하는 것이 포함되어야 한다.
4. 네 번째는 적극적으로 **관리**해야 한다(마이크로매니지먼트까지는 가지 않아야 한다).

선택은 집중을 의미한다. 꼭 필요한 몇 가지 사항을 결정하는 것은 하지 않을 모든 것을 결정하는 것이다.

하지만 사무실 벽이나 스프레드시트에 50개의 주요 목표 또는 이니셔티브 목록을 작성해 놓은 회사는 매우 흔하게 볼 수 있다. 그리고 각 제품팀은 업무 시간 내내 여러 가지 해야 할 업무가 너무 많기 때문에, 정작 팀의 제품 개발에 쏟을 시간이 없다고 불평한다. 매일 해야 하는 시스템 운영 업무와 기술적 부채에 대한 대처는 말할 것도 없다. 더욱이 50가지 주요 목표나 이니셔티브 중 상당수는 정말 어려운 문제이며, 이 문제를 해결하기 위해 십여 개의 제품팀이 명확한 오너십 없이 짧은 기간 동안 사실상 제대로 문제를 해결할 수 없다.

따라서 모든 일이 똑같이 중요하거나 영향을 미치는 것은 아니라는 사실을 인정하고, 어떤 목표가 비즈니스에 중요한지 선택해야 한다.

제품 전략은 **집중**에서 비롯되지만, **통찰력**에 의해 영향을 받는다. 그리고 통찰력은 학습과 사고로부터 생성된다. 이는 데이터 분석과 고객에 대한 학습에서 비롯된다. 이러한 통찰력은 비즈니스, 역량, 새로운 지원 기술, 경쟁 환경, 시장의 발전 방식 또는 고객의 역학 관계와 관련이 있다.

무엇이 중요한지 결정하고(**집중**) 이점과 기회를 식별하기 위해 시장과 전반적인 환경을 분석한 후에는(**통찰**), 이 통찰을 실행으로 옮겨야 한다

권한이 부여된 제품팀을 만드는 데 진지한 기업에 있어서, 이는 어떤 제품팀이 어떤 목표를 추구해야 하는지를 결정하고, 해당 팀이 주어진 문제를 해결하기 위해 필요한 **전략적 콘텍스트**를 제공하는 것을 의미한다.

하지만 현실은 정적이지 않거나 예측할 수 없기 때문에 여기서 끝나지 않는다. 제품팀이 목표를 추구함에 따라 일부는 다른 팀보다 더 많은 성과를 낼 것이고, 일부는 도움이 필요하거나 중대한 장애물을 맞닥뜨리게 되며, 일부는 다른 팀과 협력해야 한다는 사실을 인지하고, 일부는 핵심 기능이 없다는 것을 깨닫는 등 수백 가지 다른 상황이 발생할 수 있다. 이런 활동을 적절히 관리하려면 서번트 리더십(섬기는 리더십)을 수행하는 똑똑하고 적극적인 리더가 있어야 한다.

나의 경력은 대부분 제품 전략을 배우는 학생의 입장이었다. 수십 년간 공부한 결과, 나는 이제 제품 전략을 나름 잘 알고 있다고 생각한다. 제품 개발에서 내가 가장 좋아하는 부분은 어려운 문제를 해결하는 것이지만(제품 발굴), 가장 중요한 기술은 제품 전략이며 분명 더 어려운 일이다.

이어지는 장에서는 제품 전략의 각 요소인 집중, 통찰력, 실행 및 관리에 대해 자세히 살펴볼 것이다. 하지만 결국 제품 전략에는 **선택, 사고, 노력**이 필요하다.

CHAPTER

48

집중

"가장 중요한 것은 중요한 것을 중요한 것으로 유지하는 것이다."

— 짐 박스데일Jim Barksdale

제품 전략에 대한 이야기를 진행하기 위해 이번 장은 **집중**에 초점을 맞추려 한다. 조직으로서 승산 있는 싸움을 선택하는 것은 중요하다. 그리고 단순히 무엇을 할지 말지를 결정하는 것이 아니라, 진정으로 영향을 줄 수 있는 **몇 가지**를 고르라는 것이다. 이것은 기업이 고객을 진정으로 신경 쓰고 있는지 여부와 마찬가지로(모두 그렇다고 믿고 있다), 조금은 모호한 주제 중 하나다. 내가 만나는 모든 회사의 리더는 이미 스스로 선택과 집중을 잘한다고 믿고 있다.

그러나 회사의 리더는 이 부분에 대해 실질적인 확인을 자주 할 필요가 있다. 그들이 매우 중요하다고 생각하는 것, 이번 분기나 올해 안에 해야 할 일은 너무 많다. 말 그대로 절대적인 개수가 많다는 뜻이다. 정말 중요한 두세 개의 목표 대신, 적어도 20~30개는 있다.

공정하게 말하자면, 왜 핵심 리더가 스스로 선택과 집중을 잘한다고 생각하는지(착각하는지) 이해한다. 이들은 이미 수없이 많은 회의를 통해 올해에 정말 하고 싶지만 할 수 없는 일들을 동의했다. 그러므로 안 된다고 말하고 희생하는 것의 의미를 이미 알고 있다고 생각한다. 이는 대부분의 리더가 뒤처지는 것에 대한 두려움과 경쟁 업체, 거래 손실, 고객 요청에 전부 대응해야 한다는 부담감과 필요성을 느끼며, 최고의, 혹은 가장 영향력 있는 것에 집중(베팅)하기보다는, 이 모든 것을 대응하기 위해 많은 베팅을 하고 있다는 것을 의미한다. 어떻게 보면 이해할 수 있는 대응 방식이다. 그러나 이런 경우, 제품 조직에서 선택과 집중이 **실제로** 의미하는 바가 무엇인지 개입하여 재설정할 필요가 있다. 내 경험에 비추어 볼 때, 많은 조직에 이러한 개입이 필요하다.

정말 중요한 것에 집중할 줄 모르는 조직이 어떤 모습인지 이야기해 보자.

몇 년 전, 판도라Pandora 음악 서비스의 임원 중 한 명이 회사 내에서 무엇을 만들지 결정하는 프로세스인 '판도라 우선순위 지정 프로세스'를 공유했다.[1] 이 프로세스는 주주가 예산이 바닥날 때까지 기능 개발팀에게서 원하는 기능을 '구매'하는 방식이었다. 나는 이 회사와 함께 일해 보진 않았지만, 이 내용을 읽자마자 회사의 제품 전략, 특히 집중을 의미하는 부분이 아예 없다는 것을 알 수 있었다. **나쁜** 제품 전략을 가지고 있다는 것이 아니라, 아예 제품 전략을 가지고 있지 않다는 뜻이다.

기능 개발팀에 대한 의존도와 진정한 제품 관리의 부재가 결합된 결과는 아주 다양하고 많은 기능 개발로 이어지지만, 혁신으로는 이어지지 않는다. 그리고 결국 회사는 피할 수 없이 쇠퇴로 이어질 것이 분명했다. 다음 몇 년간, 예상한 것처럼 회사의 상황은 점점 안 좋아졌다. 2011년 IPO가 주당 16달러에 달했던 주식은 약 8달러까지 지속적으로 하락하고, 마침내 매각되었다.[2]

나는 몇 년 동안 판도라의 사례를 **하면 안 되는 제품 제작**의 명확한 예시로 공유했다.

대부분의 기업은 이 사례와 같지는 않겠지만, 비슷한 이해관계자 중심의 로드맵 프로세스를 가지고 있으며, 사실상 기본적으로 서로 다른 비즈니스 이해관계자 간에 엔지니어링 능력을 '공정하게' 나눌 방법을 모색하고 있다. 이것은 바로 비즈니스를 위해 서비스를 제공하는 기능 개발팀의 모습이며, **비즈니스**의 상황에 맞추며 **고객**에게 서비스를 제공하기 위해 노력하는 제품팀과 다른 점이다.

이런 식으로 고객 중심이 아닌 비즈니스만을 위해 일하는 것은 제품 전략의 부재, 집중의 부재, 그리고 일반적으로 말하자면 제품 리더십의 부재를 잘 보여 주는 사례다. 솔직히

---

1 https://firstround.com/review/This-Product-Prioritization-System-Nabbed-Pandora- More-Than-70-Million-Active-Monthly-Users-with-Just-40-Engineers/

2 https://www.fool.com/investing/2019/02/05/sirius-xm-finally-ends-pandoras-misery.aspx

말하면, 이와 같은 개발 방식을 제품 책임자가 원하는 경우는 없다. 오히려 이런 식으로 일하기를 원하는 것은 대개 CEO와 이해관계자이고, 제품 책임자는 어쩔 수 없이 중간에서 퍼실리테이터 역할을 해야 한다.

이유야 어찌 됐든, 이렇게 일하는 것은 **우선순위는 정하지만 선택과 집중은 하지 않는** 기업의 사례다.

이 접근법으로는 할 일을 잔뜩 만들기는 쉽지만 결과를 만들기는 어렵다. 스티븐 번게이 Stephen Bungay는 다음과 같이 설명한다.

> "할 일을 만드는 것은 문제가 아니다. 일을 만드는 것은 사실 매우 쉽고, 이것이
> 쉽다는 사실이 진짜 문제를 풀기 어렵게 만든다. 진짜 문제는 일을 많이 하는 것이
> 아니라, 올바른/필요한 일을 하는 것이다. 의미 있는 일, 영향을 미칠 수 있는 일,
> 회사의 성공을 보장하기 위해 달성이 필요한 일을 해야 한다."[3]

이것은 리더십에서 가장 중요한 교훈 중 하나이며, 성공한 리더는 다양한 방법으로 이 사실을 배우게 된다. 나(마티)는 비교적 빠르게 이 교훈을 배웠지만 이 교훈은 마음속 깊이 새겨졌고, 이 원칙은 IT 비즈니스의 여러 측면에 적용된다는 것을 알게 됐다.

막 대학을 졸업한 뒤, 나는 소프트웨어 엔지니어로 HP의 응용 연구소에서 일하게 되었다. 사회 초년생이었던 나는 **이론**에 대해는 어느 정도 알았지만, **실행**에 대해서는 아는 것이 없었다.

그 당시 우리가 일했던 방식은 오늘날 **페어 프로그래밍**이라고 하는 프랙티스를 사용하는 것이었고, 나는 훨씬 경험이 많은 엔지니어와 짝을 이루어 소프트웨어를 '함께' 만들었다. 내가 '함께'라고 따옴표를 넣어 표현한 이유는, 사실 그가 대부분의 코드를 작성했고 나는 주로 보기만 하면서 질문했기 때문이다.

당시 저수준low-level(하드웨어, 시스템 구조와 가장 맞닿아 있고, 주로 하드웨어를 제어하는 소프트웨어로 추상화가 거의 없는 언어를 가리킨다) 시스템 소프트웨어를 개발 중이었는데, 지금도 특정 유형의 제품에서 그러하듯 성능이 가장 중요했다. 시스템과 애플리케이션은 사용할 수 없을 정도로 느렸다. 따라서 '성능 최적화'는 지속적으로 책임지고 해내야 하는 일이었다.

---

3 스티븐 번게이(Stephen Bungay), 《The Art of Action, How Leaders Close the Gaps between Plans, Actions and Results》(Nicholas Brealey, 2010).

좋은 소식은, 우리가 검토한 거의 모든 코드가 성능을 향상시키기 위해 리팩토링하는 방법을 알아내기가 어렵지 않다는 것이었다. 나는 개선할 수 있는 부분을 계속 찾아냈지만, 나와 함께 페어로 일한던 선배는 "할 수는 있지만, 안 된다"고 계속해서 말했다.

마침내 그는, "좋아, 이제 성능 개선을 시작해 보자"라고 말하며 성능 분석 도구를 사용해서 소프트웨어의 성능을 측정했다. 도구를 통해 어느 부분에서 수행하는 데 많은 시간이 걸리는지 매우 명확하게 알 수 있었다. 그는 코드를 전체적으로 개선할 수도 있지만, 그런 노력의 대부분은 전체 시스템에 **영향이 전혀 없을 것**이며, 수정하더라도 사용자가 변화를 인식하지 못할 것이라고 했다.

하지만 분석 결과를 통해 대부분 지연이 일어나고 있는 몇몇 부분을 확인할 수 있었다. 그리고 해당 부분을 개선할 수 있다면, 분명 실질적인 영향을 줄 수 있다고 판단됐다. 결국 집중해야 할 곳은 명확히 사용자가 변화를 느낄 수 있는 부분이었다.

그는 대부분의 조직에서는 모든 직원에게 "성능이 중요하다"고 말하고 그래서 모든 팀이 성능 개선을 위해 조금씩 작업하지만, 그런 작업의 대부분은 전혀 차이를 만들 수 없다고 했다. 그리고 실제로 변화를 일으킬 수 있는 몇 안 되는 부분은 안타깝게도 주목받지 못한다.

이것은 집중의 힘을 보여 주는 매우 분명한 예였지만, 일반적으로 말하자면 집중력과 제품 전략 측면에서 많은 기업에서 보이는 상황이다. 승산 있는 것을 선택하지 않고 중요한 문제에 집중하지 않기 때문에, 회사에서 일어나는 대부분의 업무는 큰 영향력을 가지지 못한다. 그리고 정말로 중요한 우선순위에 대해서는, 눈에 띄게 바뀔 만큼 충분히 주목하지 않는다.

몇 가지 중요한 문제에만 집중해야 하는 매우 현실적인 이유가 또 하나 있다. 대부분의 IT 업계 종사자는 **진행 중인 작업**work in progress, WIP **제한**에 대해 알고 있다. 특히 **칸반**Kanban과 같은 개발 프로세스를 사용하는 제품팀에서 공통적으로 사용하는 개념이다. 기본적으로 제품팀에서 한번에 작업 중인 아이템 수를 제한하면 더 많은 작업(처리량)을 수행할 수 있다는 뜻이다. 대부분의 팀은 한두 개의 아이템으로 제한한다. 이러한 제한이 없다면, 병목 현상이 누적되고 개발자는 끊임없이 콘텍스트를 전환해야 하며 결과적으로 더 적은 양의 업무를 수행하게 된다. 이는 어렵지 않은 개념이며, 대부분의 제품팀에서는 매일 이런 상황을 보고 있다.

한편 이 개념은 제품팀 수준에서도 분명히 유용하지만, 더 넓은 제품 조직의 수준에서는 절대적으로 중요하다. 조직에서 20, 30, 50개의 '높은 우선순위'의 목표, 이니셔티브 또는 프로젝트가 동시에 진행되면 동일한 문제가 발생한다.

첫째, 우선순위가 높은 이니셔티브가 20개 이상 있다면 이는 조직을 압도할 가능성이 높다. 각 팀은 고객을 돌보거나 팀의 목적을 추구하기보다는 여러 개의 이니셔티브를 동시 다발적으로 이행하느라 어려움을 겪을 것이다.

둘째, 조직, 특히 리더십 레벨에서는 높은 우선순위의 각 과제나 이니셔티브에는 비용이 발생한다. 이 비용에는 관리 시간, 의사 결정, 모니터링 및 추적, 인력 문제 등이 있어서 WIP 제한에 대한 동일한 개념이 여기에 적용된다.

결과적으로, 조직이 한 번에 몇 가지 과제에만 집중한다면 훨씬 많은 업무에서 성과를 낼 수 있을 것이다. 그러므로 정말 중요한 것 기반으로 승산이 있는 것을 선택해야 한다. 그리고 진행하려는 핵심 업무의 수를 제한해야 한다.

리처드 루멜트는 좋은 제품 전략은 선택과 집중에서 시작된다는 것을 다음과 같이 상기시켜 준다.

> "좋은 전략은 목표를 달성했을 때 좋은 결과를 불러올 수 있는
> 한 가지 또는 극소수의 핵심 목표에 에너지와 자원을 쏟는 것이다."[4]

만약 리더가 이러한 선택을 할 의향이 없거나 할 수 없다면, 제품 전략은 처음부터 망할 수밖에 없다.

다음 장에서는 집중하기로 결정한 몇 가지 중요한 문제에 대해 **통찰력**을 어떻게 식별하고 활용하는지 살펴보겠다.

---

4 리처드 루멜트(Richard Rumelt), 《Good Strategy/Bad Strategy》(Profile Books, 2017)(《전략의 거장으로부터 배우는 좋은 전략 나쁜 전략》, 센시오)에서 발췌

CHAPTER

49

통찰력

이 장에서는 제품 전략에서 가장 어렵지만 가장 좋아하는 주제, 즉 제품 전략의 기초를 제공할 만한 통찰력을 생성, 식별 및 활용하는 것에 대해 설명할 것이다.

초기 넷플릭스를 빠른 성장과 수익 창출로 이끈 고객 행동에 대한 통찰력, 초기 페이스북을 폭발적인 성장으로 이끈 신규 사용자 온보딩에 대한 통찰력, 슬랙과 세일즈포스닷컴이 기업 전체에 퍼지기 위해 활용했던 고객 실험(체험판)에 대한 통찰력 이야기를 들어 봤을 것이다.

이번 장에서는 통찰력의 출처가 어디인지, 그리고 수천 개의 다른 데이터 지점 사이에 숨어 있는 중요 포인트를 찾고 확인하는 방법에 대해 알아보려 한다. 그 전에 몇 가지 명확히 해야 할 사항이 있다. 먼저, 이러한 통찰력과 견고한 제품 전략을 찾기 위해 쉽게 따라 할 수 있는 시나리오나 프레임워크를 찾고 있다면, 그런 것을 여기서 찾지 말라고 하고 싶다.

이 책에서 계속 강조한 것처럼, 제품 전략은 진정한 노력과 생각이 필요하다. 리처드 루멜트는 이렇게 말했다.

"좋은 전략은…… '전략 관리' 도구, 매트릭스, 차트, 삼각형,

비즈니스 모델의 빈칸 채우기 같은 것에서 튀어나오지 않는다.

그 대신, 재능 있는 리더가 특정 상황에서 노력의 효과를 증대시킬 만한 한두 가지

중요한 문제를 식별한 후, 집중하여 자원을 투자하는 것이다."[1]

둘째, 제품 전략에 내가 직접 기여할 수 있었던 사례뿐 아니라 알고 있는 모든 경우에서, 좋은 제품 전략은 견고한/만반의 준비 없이는 절대 만들어질 수 없다. 샤워하다가 깨달음을 얻을 수도 있겠지만, 데이터, 고객, 실현 가능성을 열어주는 기술, 산업을 연구하는 데 많은 시간을 쏟은 후에야 가능한 일이다. 회사의 목표, 회사 스코어 카드/대시보드 및 제품 비전 등 전략적 콘텍스트가 포함된 정보는 중요한 통찰력을 위한 기반이다. 그러므로 제품 리더는 이를 과제의 일부라고 생각하고 반드시 공부해야 한다.

셋째, 이러한 통찰력은 어느 곳에서든, 누구에게서든 나올 수 있다는 것을 깨달아야 한다. 업계 분석, 영업 사원과의 대화, 새로운 기술, 겉보기에는 영향력 없는 고객의 작은 의견, 혹은 학술 논문에서도 영감을 얻을 수 있다.

그러나 전략적 콘텍스트의 이해가 없다면, 눈앞에 있어도 통찰력을 인식하지 못할 것이다. 내가 말하려는 요점은, 단편적인 사실에서 결론을 도출하는 데 도움이 될 만한 것이 무엇이 될지는 전혀 알 수 없으니, 항상 열린 마음으로 관심을 가져야 한다는 것이다.

일관되고 효과적이고 가치 있는 통찰력의 네 가지 원천이 있으며, 훌륭한 제품 리더는 깨어 있는 시간의 대부분을 다음과 같은 문제를 고민해야 한다.

정량적 통찰력

우리가 하는 일의 상당 부분, 성공적인 제품 전략의 토대를 이루는 큰 통찰력은 제품 데이터의 분석에서 나온다. 특히 비즈니스 모델, 인수 프로세스acquisition funnel, 고객 유지 요인, 영업 실행 데이터 및 기타 수백 가지 중요한 회사 상태 지표와 관련이 있다.

어떤 고객이 제품에 가장 잘 반응하는지에 대한 이론이 있다면, 이에 대한 분석을 실행하여 특정 상황에서는 당신의 제품이 매우 잘 맞다는 것을 알 수 있다. 이와 같은 고객을 더 많이 찾거나, 다른 유형의 고객군에서 이러한 역학을 재현해 볼 수도 있다.

데이터에 대한 아이디어를 얻었다면, 필요한 특정 데이터를 얻기 위해 테스트를 해봐야 한다. 이는 매우 일반적이며, 조직이 이러한 종류의 실시간 데이터 테스트를 더 빨리 실행할

---

1 리처드 루멜트(Richard Rumelt), 《Good Strategy/Bad Strategy》(Profile Books, 2017)(《전략의 거장으로부터 배우는 좋은 전략 나쁜 전략》, 센시오)에서 발췌

수록 지속적인 성공을 거둘 수 있는 가능성이 높아진다.

오늘날 제품팀은 쉬지 않고 실시간 데이터 테스트를 실행하는 것이 일반적이다. 모든 테스트에서 배우는 것이 있지만, 때때로 정말로 중요한, 잠재적 가치가 큰 통찰력을 배울 수 있다. 여기서의 핵심은 이런 배움을 발견할 만큼 충분히 사전 지식을 습득하고, 배움을 의미 있는 실행에 활용하는 것이다.

정성적 통찰력

사용자 리서치는 그 자체로 통찰력에 관한 것이다. 그러므로 나는 훌륭한 사용자 리서치 담당자가 꼭 필수적인 역할이라고 생각한다. 사용자 리서치에서 도출되는 통찰력은 정성적이기 때문에 '통계적으로 유의미'하진 않지만, 이 책에서는 통계적 의미는 신경 쓰지 말자. 정성적 통찰력은 매우 심오하고 깊이 있으며, 말 그대로 회사의 진로를 바꿀 수도 있다.

사용자 리서치 커뮤니티는 일반적으로 통찰력을 두 가지 유형으로 분류한다. 첫 번째는 **평가적**evaluative 유형이며, 이는 근본적으로 "새로운 제품 아이디어를 테스트하면서 무엇을 배웠는가? 효과가 있었는가? 효과가 없었다면 이유는 무엇인가?"를 뜻한다. 두 번째 유형의 통찰력은 **생성적**generative이다. 즉, "현재 우리가 진행하고 있지 않은 새로운 기회를 발견했는가? 그렇다면 이 기회를 잡아야 할까?"를 뜻한다.

이는 사실상 제품팀에서 흔한 혼란의 원인 중 하나다. 대부분의 경우, 제품 발굴에서의 배움은 평가적이다. 이미 해결 요청을 받은 문제가 있기 때문에 다른 문제의 해결 방법을 적극적으로 찾는 것이 아니라, 실제로 작동하는 솔루션을 찾는 데 집중하고 있다.

물론, 많은 제품 아이디어를 가지고 있고, 이러한 아이디어는 실제 사용자를 대상으로 프로토타입을 만들어 테스트하여 아이디어의 성공/실패 가능성의 주된 이유를 매우 빨리 배울 수 있다.

그러나 사용자 및 고객과 소통할 때마다 사용자에 대해 더 많은 정보를 얻을 수 있으며, 때로는 현재 조사하고 있는 기회보다 더 큰 기회를 발견할 수도 있다. 그들이 우리가 테스트하는 새로운 것을 좋아한다고 해도, 우리의 마음이 열려 있기만 하다면 이를 통해 훨씬 더 큰 기회가 있다는 것을 깨닫게 될지도 모른다. 이것이 **생성적 통찰**의 한 예다.

또는 제품팀이 특정 문제에 대해 적극적으로 제품 발굴 활동을 하고 있지 않더라도, 매주 사용자 및 고객과 시간을 보내는 팀이라면(모두들 이렇게 일하고 있지 않은가?) 해결해야 할 새롭고 잠재적으로 중요한 문제 또는 충족되지 않은 니즈를 발견한다.

너무 많은 조직이 고객에 대해 끊임없이 학습하지 않는다. 설령 하고 있어도, 도출되는 통찰력을 잘 활용할 수 있는 구조가 갖춰져 있지 않다. (일반적으로 비즈니스에 서비스를 제공하는 데 이미 부하가 걸린 기능 개발팀이 너무 많기 때문에) 학습은 너무 쉽게 무시되어 버린다.

기술적 통찰력

혁신을 가능케 하는 실행 기술enabling technologies은 끊임없이 변화하고 있으며, 때때로 신기술이 등장하여 오랫동안 지속되어 온 문제를 곧바로 해결할 수 있게 되기도 한다.

새로운 기술이라면, 이 기술을 교육받은 직원은 없을 것이다. 결국 많은 리더가 겁을 먹거나, 경험을 지닌 다른 업체와 협력해야 한다고 생각할 것이다. 하지만 그 기술이 중요하다면, 그 기술을 배워야 한다. 신기술을 배우는 것은 **빠를수록 좋다.**

좋은 소식은 신기술 습득이 그렇게 어려운 경우는 드물다는 것이다. 귀사의 훌륭한 엔지니어는 이미 그 기술을 고려하고 있을 것이며, 더 깊이 탐구할 수 있기를 바랄 것이다. 최고의 조직에서는 권한 부여된 역량 있는 엔지니어가 혁신을 가능케 하는 실행 기술을 식별하고, 능동적으로 프로토타입의 형태로 리더에게 새로운 가능성을 보여준다.

업계 통찰력

업계를 대체적으로 살펴보면 언제나 배울 점이 많다. 경쟁 구도에 있는 주변 환경뿐만 아니라, 주요 산업 동향, 업계와 관련된 다른 업계의 통찰력, 세계 다른 지역의 유사한 시장에서의 통찰력을 의미한다. 모든 분야에는 전문적인 분석가가 있고, 그중 최고라고 생각되는 분석가를 유심히 보고 따라가야 한다.

꽤 많은 숫자의 CEO가 이러한 업계 통찰력을 얻기 위해 가장 좋은 방법으로 매킨지McKinsey, 베인Bain 또는 BCG와 같은 경영 컨설팅 회사에 아웃소싱하는 편을 택했다.

나는 이 부분에 대해 여러 가지 생각이 든다. 이런 유명한 컨설팅 회사의 직원은 일반적으로 매우 훌륭하지만, 그들에게 불리하게 작용하는 두 가지 요인이 있다. 첫째, 그들은 항상 **비즈니스 전략**에 경험이 있고 집중하며, **제품 전략**에는 관심이 없다(그리고 그 차이점조차 모르는 경우가 많다). 둘째, 일반적으로 컨설팅 계약 기간은 실제 제품 전략 작업에 필요한 비즈니스를 깊은 수준까지 습득할 수 있을 만큼 충분한 시간이 아니다.

따라서 이러한 컨설팅 회사에서 도출되는 통찰력은 일반적으로 제품 리더나 제품팀은 관련이 없다고 쉽게 간과해 버린다. 부분적으로는 이들이 옳다(제공되는 통찰력은 제품과 관련이 없다). 하지만 부분적으로는 제3자(다른 업체)가 발견한 통찰력은 쉽게 무시될 수 있다는 문제도 있다.

혹시 회사가 장기적인 계약(팀에서 신뢰할 수 있는 구성원으로 자리매김할 수 있는)에 관심이 있는 소규모 회사나 개인을 찾는다면, 이것은 통찰력 측면에서 유용한 관계가 될 수 있다. 또는 이러한 관리 컨설턴트 중 한 명을 채용하여 제품 조직에 합류시킬 수 있다면, 이들은 코칭을 통해 뛰어난 제품 관리자나 제품 리더로 성장할 수 있는 가능성이 높다.

학습의 공유

훌륭한 제품 조직이라면 앞서 소개한 네 가지 유형의 통찰력이 리더십과 제품팀에게는 관심과 논의의 대상이 된다. 그러나 대규모 조직이 겪고 있는 어려움의 절반은, 적절한 시기에 올바른 사고방식을 가진 인재에게 필요한 통찰력을 전달하는 일이다.

특히 중요한 문제에 대한 제품 발굴 작업을 진행할 때 제품팀이 얼마나 많은 것을 학습하는지 주목할 만하다. 그러나 이런 배움이 제품팀에만 머무르기 쉽다. 생성된 통찰력은 공유되고 소통되어야 한다. 불행히도 대부분의 팀이 이러한 배움을 공유하는 가장 일반적인 방법은 이메일, 슬랙 또는 보고서 등 어딘가에 문서로 남겨 두는 것이다. 슬프게도, 문서 기록은 효과적이지 않다.

제품 리더 또는 디자인 리더는 가장 처음 서로 다른 팀의 배움에서 결론을 도출하고 실질적인 기회를 엿보는 사람이다. 핵심은 이러한 배움(데이터, 고객 방문, 기술 지원, 업계 분석 또는 기타 출처 등)이 여러 제품 리더에게 전달되도록 하는 것이다.

여러 방식으로 리더가 통찰력 있는 전략적 결정을 내리려고 할 때, 아쉽게도 **필요한** 데이터가 아니라 그들이 **요청하는** 데이터를 제공받는다. 이것은 매주 1:1 미팅의 중요한 이점 중 하나다. 또한 권한이 부여된 제품팀이 더 적은 관리를 필요로 하는 게 아니라 더 나은 관리를 필요로 한다는 측면의 또 다른 예시다. 좋은 배움을 얻은 리더는 배움의 내용을 유용하게 잘 사용할 만한 다른 팀에 전달해야 하고, 일반적으로 비즈니스 전체에 대한 이해도를 높일 수 있어야 한다.

내가 오랫동안 추천해 온 한 가지 실천 방법, 제품 책임자가 자신의 영역과 모든 팀으로부터 얻은 주요 배움과 통찰력을 종합하고 요약하여, 매주 또는 격주로 전체 조직에 가장 중요한 부분을 공유하는 것이다.

이 공유 세션은 몇 가지 용도로 사용된다.

첫째, 다른 제품팀과 이해관계자를 포함한 전체 조직이 제품 조직에서 매주 발생하는 배움 및 통찰력을 더 잘 이해할 수 있도록 도와준다.

둘째, 리더가 이메일로 일반적인 업무 현황을 전달받는 것이 아니라 핵심적인 통찰력을 제대로 파악할 수 있도록 보장한다.

셋째, 주요 통찰력이 가장 큰 영향을 미칠 범위를 정확히 예측하는 것은 매우 어렵기 때문에 통찰력을 폭넓게, 특히 다양한 제품팀 간에 공유하는 것이 매우 중요하다.

어떤 방법으로든, 당신은 제품 리더로서 필요한 영향력을 만들어 내기 위해 활용할 수 있는 통찰력을 파악해야 한다. 여기까지 오면서 우리는 비즈니스에 정말로 중요한 몇몇 문제에 집중하였고, 이러한 문제에 대에 눈에 띄는 변화를 위한 연결 고리(통찰력)가 무엇인지 파악했다. 이제 통찰력을 **행동**으로 옮길 준비가 됐다.

비전 피벗

이 책에서 나는 좋은 제품을 만들기 위한 방법론을 이상적이고 논리적인 순서로 정리했다. 모든 것은 동기 부여되는 제품 비전에서 시작하고, 비전을 실현할 수 있는 제품 전략을 수립한 다음, 제품팀이 그 전략을 실행한다. 그리고 많은 경우에 실제로 이런 식으로 일이 진행될 때 잘 풀린다.

하지만 매번 똑같이 일이 순차적이지는 않다는 것을 인지해야 한다. 가장 일반적인 예로는 제품 전략에 대한 작업이나 제품팀의 제품 발굴 작업 중에 모든 것을 변화시키는 통찰력을 발견하는 경우다. 이 경우에 방향을 변경하여 더 크고 좋은 기회를 잡을 수 있다는 것을 깨닫고, 고위 경영진 및 이사회와 논의한 후, 회사는 이러한 통찰력을 활용하기 위해 제품 비전을 변경하기로 결정한다.

이것을 비전 피벗(vision pivot)이라고 하는데, 이러한 비전 피벗은 수많은 기업을 살리고 훌륭한 기업을 만들어 왔다. 슬랙, 유튜브, 페이스북, 넷플릭스 등은 이런 경험을 한 기업이다.

나는 이것에 대해 설명하기가 항상 망설여진다. 우리 산업에서 매우 큰 문제는 항상 제품 조직이 제품 비전을 너무 일찍 포기하는 것이었기 때문이다. 제프 베조스가 "우리는 제품 비전을 고집할 필요가 있다"고 한 말에 나는 매우 강력하게 동의한다.

적절한 기술과 충분한 시간이 주어지고 권한이 부여된 역량 있는 제품팀이 있다면, 대부분의 제품 비전을 실현할 수 있다. 비전 피벗은 통찰력이 더 큰 기회로 이어질 때는 매우 적절하다. 그 문제가 생각했던 것보다 어렵다는 것(이는 거의 항상 그러하다)을 깨달았다고 해서 비전을 바꾸는 것은 적절하지 않다.

50

실행/행동

제품 전략에 관한 이야기를 진행하면서, 이번 장에서는 어떻게 **통찰력**을 활용하여 **행동**으로 전환하는지 이야기하려 한다.

이 시점에, 매우 적은 숫자의 중요한 문제에 **초점을 맞추고** 있고, 제품 전략에 힘을 실어 줄 만한 핵심 **통찰력**을 식별하기 위해 열심히 노력했다. 지금 이러한 통찰을 **행동**으로 옮겨야 하지만, 여기에는 두 가지 방법이 있다. 이 지점이 바로 갈림길로, 한 회사가 권한 있는 제품 팀을 구성하는 것을 진지하게 생각하고 있는지, 아니면 여전히 기능 개발팀에 중독되어 있는 지 알 수 있는 지점이다.

회사가 로드맵과 기능 개발팀을 유지하기로 하더라도, 그들이 강력한 제품 전략을 가지고 있다면 이전보다 훨씬 나은 제품을 만들 수 있다는 것은 인정한다. 확실히, 제품 전략이 없는 기능 개발팀을 보유한 대부분의 조직보다는 훨씬 나은 결과를 볼 수 있을 것이다.

여기서의 차이는 제품팀에 구축해야 할 기능 리스트를 제공하느냐, 아니면 해결해야 할 문제를 제공하느냐로 귀결된다.

대부분의 경우, 차이는 명백하다(예: 온라인 도움말 서비스에 동영상 추가 vs. 새로운 사용자 온보딩 성공률 향상). 하지만 때로는 뉘앙스의 차이일 수도 있다(예: 우리는 앱이 필요하다 vs. 사용자가 어디에서나 우리 서비스에 접속할 수 있어야 한다).

첫 번째 예시에서, 비디오를 추가하는 것은 수백 가지의 새로운 사용자 온보딩 개선 방법 중 하나에 불과할 것이다.

두 번째 예시에서는 앱을 추가하는 것이 어디에서든 액세스를 제공하는 주요 방법일 가능성이 매우 높기 때문에 차이는 미묘하지만, 목표를 달성하는 방법은 여러 가지가 있으며, 팀에 최대한 많은 자유도를 부여하여 최상의 솔루션을 스스로 제안할 수 있도록 하는 것이 목표다.

리더가 제품 전략을 수행하기 위해 필요한 기능과 프로젝트를 잘 알고 있다고 스스로 판단한다면 제품 로드맵에 요구 사항을 기입하고 관련 팀에 작업을 할당할 것이다.

그러나 리더가 제품팀이 문제에 대해 오너십을 느끼고 필요한 결과를 위한 솔루션을 발굴하며 책임 지기를 원한다면, 팀에 가능한 한 많은 자유와 오너십을 부여하여 효과적인 솔루션을 제안하도록 하는 것이 좋다.

혹시 오해할까 봐 짚고 넘어가자면, 팀에 권한을 부여한다고 해서 팀에 백지수표를 주는 것을 의미하지 않는다. 권한의 범위에는 솔루션이 기존 계약 또는 컴플라이언스 제약 조건을 위반하지 않도록 보장해야 한다는 것과 같은 제약 조건 및 콘텍스트가 항상 존재한다.

첫 번째 기능으로의 접근은 **용병팀**을 의미하고, 두 번째 문제를 부여하는 접근은 **미션팀**을 의미한다. 물론, 내가 임파워드팀 모델을 옹호하는 것은 분명하다. 나는 진심으로 임파워드팀 모델이, 특히 혁신과 필요한 결과를 도출하는 측면에서 지속적으로 더 나은 결과를 창출한다고 생각한다.

임파워드팀 모델에서, 우리의 의도는 해결해야 할 특정한 문제를 각 팀마다 제공하고, 그 문제를 팀이 해결하기 위해 최선의 방법을 결정할 수 있는 환경을 제공하는 것이다.

이러한 문제를 해결하기 위한 기법은 다양하지만, 가장 인기 있는 것은 **목표와 핵심 결과** objectives and key results를 의미하는 **OKR** 시스템이다. 해결해야 하는 고객 또는 비즈니스의 문제가 목표이며, 진행 상황을 측정하는 방법이 핵심 결과다.

앞에서 이미 **전략적 콘텍스트**의 핵심 부분으로서 **회사 목표**에 대해 논의했다. 그러나 행동을 시작하기 위해서는 **제품팀**에 **팀 목표**라고 부를 수 있는 특정한 목표를 제공해야 한다. 팀 목표(Part VII)에 대한 다음 섹션에서는 임파워드팀 모델에서 **OKR 기법**을 효과적으로 사용하는 방법에 대해 자세히 설명한다.

하지만 OKR 기법에 대해 이야기하기 전에, 실은 회사 목표를 수립하기 위해 다른 어떤 기술도 필요하지 않다는 사실을 아는 것이 중요하다. 필요한 것은, 지식이 풍부한 리더가 관련 **제품팀**과 함께 모여서 제품 전략을 포함한 **전략적** 콘텍스트를 설명한 뒤 각 팀이 해결해야 할 문제와 원하는 비즈니스 결과를 알려 주는 것이다. 팀이 적절한 지식과 기술을 가지고 있다면, 바로 업무를 수행할 수 있다.

OKR 시스템은 이러한 논의를 공식화하고 정리하는 기법이다. 하지만 이 기법도 결국은 임파워드 제품팀이 구성되어 있고, 리더가 효과적인 제품 전략을 만드는 노력을 하며, 제품팀이 해결해야 할 문제를 스스로 해결할 수 있도록 믿고 맡긴다는 전제가 있어야 효과적인 기법으로 사용될 수 있다.

어쨌든, 팀에 권한 부여를 추구한다고 해서, 팀을 신경 쓰지 않아도 최상의 결과를 바랄 수 있다는 의미가 아니다. 제품 전략을 성공시키기 위해서는 여전히 상당한 **적극적인 관리** active management가 필요하며, 이 부분에 대해 이어지는 장에서 이야기해 보자.

CHAPTER

51

관리

이제껏 조직에 정말 중요한 문제에 **집중**하고, 활용할 핵심 통찰력을 파악했으며, 이러한 통찰력을 각 제품팀의 목표라는 형태로 **실행**에 옮겼다. 이 모든 것이 해야 할 일에 필요한 준비 과정이지만, 리더가 여기에서 멈춘다면 분기 말에는 분명 실망스러운 결과가 나올 것임을 경험으로 알고 있다. 어떤 제품 전략도 현실과 처음으로 조우하면 살아남지 못하기 때문이다.

여러 가지 문제와 장애물이 발생할 것이며, 각 제품팀이 문제를 해결하고 스스로 대부분의 결정을 내리겠지만, 리더나 책임자가 장애물과 장벽을 제거하거나 다른 지원을 제공해야 하는 경우가 많을 것이다. 그럴 경우 발생할 수 있는 장애물과 문제는 다음과 같다.

- 제품팀은 계획 중 타 팀과의 의존성을 놓쳤다는 사실을 깨달았지만, 정작 의존되어 있는 그 팀은 스스로의 목표에만 몰두하고 있다.
- 제품 발굴 시기에 팀은 현재 접근이 어렵거나 알지 못하는 기술을 사용해야 한다는 것을 깨닫고 이를 신속하게 습득하고 학습해야 할 수도 있다.
- 주요 고객과 관련된 이슈가 발생하며, 조직은 고객을 가장 잘 돌볼 수 있는 방법을 선택하면서 동시에 팀 목표를 추진하기 위해 안간힘을 쓰고 있다.

- 고위 이해관계자가 주요 목표 중 하나에 영향을 미치는 문제를 제기하여, 제품팀은 신속하게 결정을 내려야 한다.

위의 예시로 이해가 된다면 좋겠다. 이 중 어느 것도 특이한 것은 없지만, 리더가 이러한 유형의 장애물을 파악하고 추적하고 해결하는 데 적극적으로 나서지 않는 한, 결과를 내는 것은 힘들다.

제품 리더는 주로 프로덕트 매니저와 매주 1:1 미팅에서 팀 진행 상황 관련 정보를 듣는다. 물론 긴급한 문제가 발생할 경우 다음 1:1 미팅까지 기다리지 말고 즉시 연락하여 상의할 수 있도록 프로덕트 매니저와 협의해 두어야 한다.

이 세션에서는 이슈나 장애물에 대해 듣고 이를 처리하는 가장 좋은 방법을 코칭할 수 있다. 경우에 따라 주요 이해관계자에게 문의거나, 엔지니어를 더 투입하거나, 다른 팀에 도움을 요청하거나, 이와 유사한 수백 가지의 이슈를 도와야 하는 것이 리더의 역할이다.

이러한 이해관계를 명령 및 제어command-and-control 관리와 혼동하지 말아야 한다. 통제권을 넘겨받아 팀에 무엇을 해야 할지 지시하는 것이 아니라, 도움 요청에 대해 응답하는 것이다. 더 정확하게는 **서번트 리더십**servant leadership으로 묘사되고, 리더는 장애물을 제거하도록 도와 달라고 요청받는 것이다.

회사에서의 모든 일상적인 급박함과 삶의 방해물로 인해, 분기 중반에 팀의 목표에 거의 진전이 없는 것을 발견하기가 너무 쉽다. 이것이 주간 1:1 미팅과 코칭이 중요한 이유다. 관리자는 제품팀이 진전을 이루고 있으며 중요한 학습이나 통찰력이 발견되거나 주요 문제가 확인될 때 이러한 지식을 통합하고 관련 팀에 배포할 수 있도록 사용자와 공유해야 한다.

코칭과 전략에 대한 관리는 같은 맥락의 양면이기 때문에 전혀 다른 책임이 될 순 없다. 다시 말하자면, 임파워드 제품팀이 있으면 관리가 필요 없는 것이 아니라 더 나은 관리가 필요하다.

CHAPTER

52

리더 프로필:
샌-린 마

리더십으로의 여정

나는 샌-린 마Shan-Lyn Ma가 뉴욕에서 빠르게 성장하고 있던 길트 그룹Gilt Group의 프로덕트 매니저를 맡고 있을 때 처음 만났다. 그 당시에도 그녀의 잠재력은 한번에 알아볼 수 있었다. 샌-린은 마케팅과 경제학을 전공했고, 스탠퍼드 대학에서 MBA를 수료한 후 스타트업에서 일하기 전에 몇 년간 야후에서 일했다. 길트에서 4년 동안 제품팀을 운영하며 경력을 쌓은 뒤, 그녀는 스타트업인 졸라Zola를 창업했다. 졸라는 온라인 결혼 정보 회사로, 7년 넘게 꾸준히 성장하고 있고, 결혼을 준비하는 커플에게 많은 사랑을 받는 서비스를 제공하고 있다. 게다가 졸라는 뉴욕에서 가장 유망하고 성장하고 있는 회사 중 하나이자, 가장 일하기 좋은 IT회사이기도 하다.

실전에서의 리더십

샌-린은 다음과 같이 말했다

세상에 없던 제품을 만드는 것만큼 즐거운 일은 없다. 이런 제품을 소개하는 순간, 그들은 "우리가 어떻게 이것 없이 살았을까?"라고 말한다. 진정한 기쁨을 가져다주는 제품, 그것을 만드는 것이 내가 영원히 하고 싶은 일이다.

공동 창업자인 노부 나가구치Nobu Nakaguchi와 내가 졸라를 창업하기로 결정했을 때, 커플의 결혼식을 돕는 것뿐만 아니라 진정으로 일하고 싶은 회사에 대한 비전도 함께 세웠다.

내가 이전 직장에서 제품을 담당할 때, 회사의 리더 중 한 명에게서 엔지니어들이 나를 너무 좋아하기 때문에 좋은 리더가 아니라는 피드백을 받았다. 그 리더는 내가 업무를 제대로 한다면 엔지니어들은 내가 압박을 가한다며 불평했을 것이라고 말했다. 이 피드백을 받고 나는 접근 방식을 바꾸려고 노력했다. 하지만 곧 이렇게 하는 것은 협업을 힘들게 하고, 신뢰를 깨뜨리며, 혁신을 방해하는 길이라는 것을 깨달았다.

노부와 나는 신뢰할 수 있는 환경에서 일하는 훌륭한 직원으로 구성된 임파워드팀으로부터 혁신이 비롯된다고 믿는다. 회사의 직원을 존중하고 가치 있게 여기는 환경을 제공한다면, 이것이 곧 고객인 결혼할 커플이 원하고 마땅히 누려야 할 유형의 경험을 제공하는 데 도움이 될 것이라고 진정으로 믿었다.

많은 창업자들이 이렇게 말하지만, 우리는 이것에 회사의 모든 것을 걸었다. 졸라의 성공을 위해서는 제공하는 제품과 경험뿐만 아니라 비즈니스 모델과 회사를 만들고 운영하는 방식까지 혁신해야 한다는 것을 깨달았다.

회사의 휴게실에는 **나쁜 사람 금지**NO ASSHOLE 포스터가 붙어 있다. 뿐만 아니라 **손가락질 금지/남 탓 금지, 정치질 금지, 장난질 금지**를 강조하는 포스터도 볼 수 있다.

우리는 혁신이 다른 관점을 찾는 것을 장려하는 환경에서 번창한다는 것을 알고 있었으므로 처음부터 모든 역할에 대해 다양성을 명시적인 목표로 삼았다. 물론 기술과 재능의 다양성도 중요했지만, 성별, 방향성, 교육, 문제 해결에 대한 접근 방식에 관해서도 다양성을 원했다. 이를 통해 혁신뿐만 아니라 사용자(결혼 예정 커플)는 각각 특성이 있고 다양한 조합이 가능하므로, 제품의 방향에 대해서도 큰 도움이 될 거라고 믿었다.

또한 우리는 협동과 속도의 가치를 중시하는 문화를 만들고 싶었다. 협동과 속도는 직관적으로 볼 때 어긋나는 것 같지만, 협동을 일찍부터 제대로 하면 좋은 결과뿐만 아니라 더 빠른 결과를 얻는다는 것을 확인했다. 그래서 우리는 중요한 결정을 내리기 전에 전사적으로 이야기를 듣고 여러 사람들의 견해를 고려했다. 이를 통해 진정 가치 있는 배움을 얻을 수 있다는 것을 알고 있기 때문에, 이 밖에도 고객에게 최대한 빨리 아이디어를 실현하여 보여 주는 것을 중요하게 생각했다.

몇 년 전, 나는 꽤 심각한 교통사고를 당했고, 이 경험은 나에게 심오한 영향을 끼쳤다. 나는 현재를 사는 법을 배웠다. 빠르게 성장하는 회사의 CEO로 사는 것은 힘들고 어렵고, 요구는 높고 늘어가지만, 나는 매일 사랑하는 일을 함께 일하고 싶은 사람들과 할 수 있고, 하루를 더 살아서 일할 수 있음에 감사한다.

팀 목표

회사의 사명 / 목표 / 성과표

제품 비전 & 원칙

팀 구조

제품 전략

전략적 콘텍스트

제품팀

| 목표 | 목표 | 목표 |

발굴 / 제공   발굴 / 제공   발굴 / 제공

나는 수년간 OKR_{objectives and key results}(목표와 핵심 결과) 기법을 전파하는 데 목소리를 높여 왔다. 하지만 OKR 기법을 적용해 본 기업들의 결과는 실망스러웠다. 실패한 결과에는 세 가지 근본적인 이유가 있다.

기능 개발팀 vs. 제품팀

회사에서 기능 개발팀을 운영하고 있다면(불행히도 대부분의 회사가 여전히 기능 개발팀을 운영하고 있다), OKR 기법은 문화적으로도 이질적일 뿐만 아니라 시간과 노력의 낭비로 이어질 것이다.

OKR 기법은 태생적으로 임파워드 제품팀이 있는 회사에서 탄생했다. 무엇보다도 OKR 자체가 **권한 부여 기술**이다. 이 기법의 핵심은 제품팀이 풀어야 할 실질적인 문제를 부여하고, 해결할 수 있는 공간을 주는 것이다. **이것은 평범한 사람이 특별한 제품을 만들 수 있게 해 주는 매우 핵심적인 요소다.**

그러나 부조화의 숨길 수 없는 징후는 회사가 팀 목표를 제시했다고 해서 권한 부여 항목에 체크했다고 생각하는 것이다. 하지만 목표만 제시할 뿐, 이전과 똑같이 출시해야 할 제품의 솔루션을 그대로, 보통은 기능 리스트가 있는 로드맵 형태나 출시 예정일이 정해진 프로젝트 형태로 팀에 전달한다.

관리자의 목표 vs. 제품팀의 목표

두 번째 문제는 크로스펑셔널한 임파워드 제품팀의 목적은 어려운 문제를 풀기 위해 함께 일한다는 것이다. 하지만 많은 회사에서 각 관리자(엔지니어, 디자이너, 프로덕트 매니저의 관리자)가 관리 **조직만의** 목표를 따로 만들고 팀원에게 그 목표를 그대로 내린다. 이는 합리적일 수도 있고, 회사의 다른 조직에는 문제가 되지 않는다.

하지만 실제 업무에서는 이런 목표를 가져간다면, 제품팀에서 크로스펑셔널한 동료와 일하고 있을 때, 각각의 팀원은 **제품팀의** 목표보다는 **개별 관리 조직**의 목표를 위해 일하고 있다는 뜻이다.

설상가상으로, 많은 기업에서는 **개인**의 목표까지 수립하려고 하기 때문에 복잡성과 가치

저하가 추가로 발생한다. 따라서 엔지니어는 관리자로부터 부여받은 목표뿐만 아니라, 개인적인 목표에도 힘써야 하는 상황이 된다.

리더십의 역할

마지막으로 가장 근본적인 문제는, OKR을 통해 가치를 달성하는 데 어려움을 겪고 있는 대다수의 기업에서는 리더십의 역할이 실질적으로 거의 없다는 것이다. 이런 리더는 팀이 일련의 목표를 스스로 수립하여 달성하게 하고, 분기 말에 어디까지 이뤘는지 보는 것이 OKR이라고 생각한다.

그들은 임파워드 제품팀과 특히 OKR 기법은 관리가 필요 없다고 생각한다. 하지만 이 책을 통해 강조하려고 노력했듯이, **더 나은 관리**가 목적이다.

왜 그렇게 많은 회사가 이 기법으로부터 그렇게 적은 가치를 얻는지가 정말 이상할 수도 있다. 대부분의 훌륭한 IT기업은 OKR 기법이나 변형 형태를 사용하고 있다는 것은 잘 알려져 있다. 그리고 이 기업이 얼마나 많은 성공을 거두었는지 또한 그렇다.

그러나 대개 상관관계와 이유를 혼동하고 있다. 성공한 기업이 OKR 기법을 사용했기 때문에 성공한 것이 아니다. 이들이 OKR 기법을 사용하는 이유는 OKR이 **임파워드 제품팀** 모델을 활용할 수 있도록 설계되었기 때문이다.

그리고 이 책에서 분명히 말하려는 것처럼, 임파워드 제품팀 모델은 IT 제품을 만드는 조직을 구축하고 운영하는 데 근본적으로 다른 접근 방식이다. 기능 개발팀, 로드맵 및 수동적인 관리자를 기반으로 움직이는 기존의 조직에 단순히 다른 문화의 기법을 사용한다고 해서 엄청난 변화가 일어나거나 성과를 기대할 수 없다.

그러므로 OKR 기법에서 실질적인 **이득**을 얻기 위해서는 다음과 같은 세 가지 전제 조건이 있다.

1. 기능 개발팀 모델에서 임파워드 제품팀 모델로 전환
2. 관리자 목표와 개별 목표 대신 팀 목표에 집중
3. 제품 전략을 실행으로 옮기기 위해 제 역할을 충실히 하는 리더

이 책의 대부분은 첫 번째 주제에 관한 것이었다. 두 번째 항목은 주로 교육으로 이루어

지며, 이번 장에서 팀 목표에 집중하는 방법이 잘 전달되기를 바란다. 세 번째 항목은 더 많은 논의가 필요하며, 앞으로 살펴볼 장들에서 효과적인 팀 목표를 위한 리더십의 역할에 대해 더 이야기할 것이다.

먼저, 팀 목표 수립을 통해 팀에 **임파워먼트**를 주입하는 방법에 대해 구체적으로 다루려고 한다. 이것이 팀 목표의 가장 중요한 이점인데도 가장 전달되지 않는 부분이다.

궁극적으로, 팀 목표의 핵심은 제품 전략을 실행하는 것이며, 여기서 전략이 행동으로 옮겨 가는 것이다. 제품팀에 권한을 부여하면서도 책임 있는 방식으로 **작업을 할당**하는 방법에 대해 논의해야 한다.

다음으로, 리더가 얼마나 야심차게 대처하길 원하는지 팀원과 공유함으로써 리스크 포트폴리오를 관리하는 방법에 대해 얘기해 볼 것이다. 중요한 것은 **야심**의 수준에 대한 문제가 아니라, 때로는 **진정성 있는 약속**이라는 것을 해야 하고, 이러한 약속/헌신이 어떻게 만들어지고 관리되는지 논의해야 한다.

팀 목표와 관련된 일반적인 오해는 단일 제품팀만이 특정 문제를 담당해야 한다는 것이다. 이와는 반대로, 대부분의 중요한 안건에는 팀 간의 **협업**이 필요하며, 몇 가지 중요한 협업의 형태에 대해 다루겠다.

어떠한 어려운 기술 기반 시도든 간에, 목표 수립 작업은 적극적으로 **관리**되어야 한다. 관리는 언제나 코칭과 서번트 리더십이 기반이 되어야 하며, 임파워먼트의 이점을 약화시키는 명령 및 제어 방식의 관리로 돌아가지 않도록 유의해야 한다.

권한 부여에는 **책임**이 함께 따르며, 이것이 실제로 무엇을 의미하는지 논의할 필요가 있다.

마지막으로, 팀 목표를 통해 진정한 가치를 실현하기 위한 가장 중요한 포인트를 짚어 보면서 위에서 다룬 모든 요소를 통틀어 살펴보자.

임파워먼트

이제 각 제품팀이 실제로 추구해야 할 행동이 무엇인지 확인했다. 다음으로는 팀의 권한 부여를 위해 업무 단위를 어떻게 할당해야 하는지 다뤄 보려 한다.

팀 목표의 본질적인 요점은 팀에 (a) 구축해야 할 기능이 아니라 **해결해야 할 문제**를 제공하고, (b) 그 **이유**를 이해하고 좋은 결정을 내리는 데 필요한 **전략적** 콘텍스트를 갖도록 함으로써 팀에 힘을 실어 주는 것이다.

팀 목표에 대해 이해해야 하는 가장 중요한 점은 무엇보다도 제품팀에게 어렵고 중요한 문제에 대한 해결책을 마련할 수 있는 환경을 제공해야 한다는 것이다. 이는 팀에 구축해야 할 기능 및 프로젝트의 우선순위 목록을 제공하는 일반적인 제품 로드맵과 매우 대조적이다. 완성된 기능이나 프로젝트가 근본적인 문제를 해결하지 못하면, 구축하도록 요청받은 것들을 모두 성공적으로 개발하고 제공했을지라도 실패하게 된다.

구축해야 할 기능이 아니라 해결해야 할 문제를 제공하기

어떤 사람은 이 차이가 그다지 큰 문제가 아니라고 믿는다. 만약 팀이 앱을 개발하도록 해야 한다면, 비즈니스와 전략적 콘텍스트를 제공하고 어떠한 앱을 개발해야 할 필요성이 있다는 것을 알아내게 하는 것이 아니라 단순하게 특정한 앱을 만들어 달라고 하는 것이다.

하지만 이 업계에서 얻은 주요 교훈 중 하나는, **일이 어떻게 할당되는지가 매우 중요하다**는 것이다. 이 말이 인기 있는 이유는 여러 가지가 있지만, 가장 중요한 것은 다음과 같다.

- 가장 적절한 솔루션을 결정하는 데 가장 적합한 담당자는 문제에 가장 가까이 있으며 필요한 기술을 갖추고 있는 **제품팀**이다.
- 우리는 원하는 **결과** 달성에 책임을 지는 팀을 원한다.
- 팀에 구축하고자 하는 기능을 알려 주고 나서 그 기능이 필요한 결과를 제공하지 못할 경우, 팀에 **책임**을 물을 수 없다.
- 팀에 해결해야 할 문제와 가장 적합한 방식으로 해결할 환경을 제공한다면, 제품팀은 문제에 대한 **오너십**을 훨씬 더 많이 지니게 될 것이다.
- 팀이 제시한 첫 번째 솔루션이 원하는 결과를 도출하지 못할 경우, 원하는 솔루션을 찾을 때까지 계속 **반복**하고/거나 대체 접근 방식을 시도해야 한다는 것을 알고 있다.

따라서 팀 목표는 목표(해결해야 할 문제)와 몇 가지 진척률 측정(핵심 결과)으로 구성된다. 각각에 대해 얘기해 보자.

여기서는 이 내용을 OKR 형식으로 제시하지만, (1) 소수의 의미 있는 목표에 초점을 맞추며, (2) 개발된 산출물이나 활동이 아닌 비즈니스 결과에 기반하여 성과를 측정한다는 점이 중요하다.

목표

물론, 구체적인 목표는 특정 제품팀이 만들고자 하는 제품의 유형과 해당 팀이 담당하는 기능 레벨로 이루어지겠지만, **좋은 목표**의 전형적인 예를 제시해 보겠다.

- 잘못된 주소로 배송되는 소포의 빈도 감소
- 당일 배송의 비율 증가
- 부적절하다고 표시된 이미지의 비율 감소
- 가입자 이탈률 감소
- 새로운 시장에서 기존 제품의 적합성 입증
- 구직자가 새 직장을 구하는 데 걸리는 시간 단축

- 이행의 운영 비용 절감
- 신규 고객 확보 비용 절감
- 고객의 인생 가치lifetime value 증대
- 고객 서비스 지원이 필요한 고객 비율 감소
- 고객 서비스 상담을 처리하는 데 소요되는 평균 시간 단축
- 성공적으로 계정을 만드는 신규 고객의 비율 증가
- 사용자가 첫 번째 월간 보고서를 작성하는 시간 단축
- 운영환경에 새 서비스 또는 업데이트된 서비스를 구축하는 데 필요한 시간 단축
- 사이트 가용성 향상

특정한 표현에 너무 집착하지 않도록 주의하라. 제품팀이 전략적 콘텍스트를 이해하고 목표를 조사할 기회를 갖게 되면, 목표를 바꾸거나, 강조점을 바꾸거나, 일반화하는 것이 더 합리적이라는 것을 발견할 수 있다. 리더와 제품팀 간 의견을 나누며 목표를 수립해 나가는 것은 정상적이고 건강한 모습이다.

위의 모든 예에서 가장 중요한 것은 예제가 **해결해야 할 문제**이지 **개발해야 할 기능**이 아니라는 점이다.

어떤 것은 **고객**의 문제이고, 어떤 것은 **비즈니스**적인 문제이지만, 각각의 경우에는 여러 가지 잠재적인 솔루션이 있다. 요점은 제품팀이 가장 적절한 솔루션을 결정하는 데 가장 적합하다는 것이다. 또한 이 예제에서의 목표는 모두 정성적이다. 양적 차원은 핵심 결과에서 논의된다.

또한 주의 깊게 볼 것은, 중요한 목표 중 많은 부분이 한 제품팀이 다른 제품팀과 협업하거나, 목표를 달성하기 위해 조직의 여러 부분과 협업해야 한다는 것이다.

이 협업은 괜찮을 뿐만 아니라 매우 의도적인 일이다. 실제로 이러한 협업은 제품팀에 비즈니스를 깊이 이해하는 프로덕트 매니저가 있는지에 달려 있다.

주요 결과

목표는 해결해야 할 문제인 반면, 핵심 결과는 성공을 어떻게 정의하는지 알려 준다. 또한 성공을 단순히 활동이나 생산물output이 아니라 **비즈니스 결과**(일명 산출물outcome)로 정의해야 한다.

팀이 팀 목표를 달성하지 못하는 두 번째 가장 일반적인 이유는 목표를 세울 때 주요 결과로서 그저 수행할 활동의 리스트 또는 제공할 기능의 목록만을 나열하게 되기 때문이다. 이제 당신도 이해하고 있겠지만, 결과물은 중요한 요점을 놓칠 것이 분명하다. 그렇지 않은 경우를 대비해서, 이것이 큰 문제인 이유는 결과물을 출시하기는 쉽지만, 근본적인 문제를 해결하지는 못하기 때문이다. 이 경우, 제품 로드맵과 관련된 예전 문제로 되돌아간다.

일반적으로 말해서, 각 목표는 2~4개의 핵심 결과가 있기를 바란다. 첫 번째 핵심 결과가 일반적으로 가장 주된 측정값이 된다. 그런 다음 품질을 측정하는 수단으로 한두 개의 **핵심 결과**(가드레일 또는 **백스톱 키 결과**라고도 함)를 두어 주된 핵심 결과가 다른 것을 손상시켜 달성되지 않도록 보장한다.

예를 들어, 다음 목표를 가지고 있다고 가정해 보자.

- 잘못된 주소로 배송되는 소포의 빈도 감소

그렇다면 주된 핵심 결과는 아마도 잘못된 주소로 배송되는 소포의 비율일 것이다. 그러나 이 결과가 주문과 이행 과정에 부담을 주어 달성된다면, 비율은 줄일 수 있겠지만 배달 자체의 절대적인 수를 크게 줄일 수도 있고 배달 비용을 크게 증가시킬 수도 있다. 둘 다 비즈니스적으로는 도움이 되지 않을 것이다. 따라서 다음과 같은 방법으로 잠재적인 주요 결과를 측정할 수 있다.

- 잘못된 주소로 배송되는 소포의 빈도 감소
- 이와 함께, 총 배송량이 지속적으로 증가하도록 보장
- 이와 함께, 배송 비용이 증가하지 않도록 보장

이러한 핵심 결과는 특정 KPI를 의미하지만, 정확한 기댓값이나 시간 제약은 아직 없다. 이러한 값은 **팀이 스스로 정해야 하기 때문**이다. 우리가 팀에 시간 제약을 포함하여 성공에 대한 명확한 척도를 제공한다면, 팀원은 임파워드팀에서 원하는 일에 대한 **오너십**을 느끼지 못할 것이다. 따라서 실제 양적 숫자는 팀이 스스로 정해야 한다.

또한 성공 또는 KPI에 대한 가장 적절한 측정치가 아직 명확하지 않은 경우도 있다는 점을 유념해야 한다. 특히 이전에는 다뤄보지 않은 문제인 경우에는 더욱 그렇다. 이 경우, 팀은 역학 관계와 최선의 접근 방식을 더 잘 이해하기 위해 시간이 필요할 수 있다.

여기서 더 중요한 요점은 최고의 팀 목표는 리더와 팀의 주고받는 대화에서 나온다는 점

이다. 목표에 대해 조사 및 고려하는 과정에서 서로 다른 핵심 결과 또는 수정된 목표를 제시할 수 있는 새롭고 더 나은 접근 방식을 종종 발견할 수 있다. 무엇보다도 이렇게 팀과 대화를 주고받으며 더 나은 결과를 찾는 것이 리더의 일이다. 리더로서 수동적인 팀을 원하면 안 된다. 팀이 적극적으로 참여하고 토론하지 않는다면, 팀에 그들의 생각과 이유를 분명하게 물어봐야 한다.

팀이 '주객이 전도된' 결정을 내리지 않도록 주의해야 한다. 때때로 팀이 가장 **의미 있는** 것을 측정하려기보다는 측정하기 **쉬운** 것으로 핵심 결과를 정의하려는 유혹에 빠지게 된다는 말이다.

전략적 콘텍스트 공유

제품팀에 어려운 문제를 해결할 수 있는 공간을 제공하려면, 동시에 팀에 좋은 결정을 내리는 데 필요한 콘텍스트를 제공해야 한다. 제품팀에 전략적인 상황, 특히 제품 비전과 제품 전략을 공유해야 하는 데는 다음과 같은 네 가지 주요한 이유가 있다.

첫째, 팀이 궁극적인 목표와 왜 이것이 해결해야 할 중요한 문제인지 깊이 이해해야 한다.

둘째, 팀이 통찰력을 통해, 그들이 어떻게 주요 문제를 해결하는 데 각각 기여할 수 있는지 스스로 생각해 보도록 해야 한다.

셋째, 팀이 다가오는 일의 함축적인 의미를 곰곰이 생각할 수 있어야 한다. 당장 눈에 띄지 않는 의존성이 있거나, 습득해야 할 기술이나 기법이 있을 수 있다.

넷째, 팀이 특정 문제를 풀어 나갈 때 특별히 동기가 부여되고 관심을 가지는 것은 긍정적이다. 팀이 스스로 원하고 관심 있는 문제를 부여받을 수 있도록 매번 조정해 줄 수는 없지만, 최대한 원하는 문제를 풀 수 있게 노력할 수는 있다.

이러한 원칙을 염두에 둔다면, 이제 특정 제품팀에 목표를 할당할 준비가 되었다.

CHAPTER

54

목표 할당

팀 목표가 팀에 동기를 부여하기 위한 것이라는 임파워먼트의 원칙을 염두에 두고, 우리는 제품팀을 업무에 투입할 준비가 됐다. 이제 제품팀에 목표를 할당하는 메커니즘을 생각해 보자.

제품팀에 목표 할당하기

팀 목표에 대한 매우 일반적인 오해 중 하나를 명확히 짚고 넘어가자면, **어떤 제품팀에서 어떤 문제를 해결해야 할지 결정하는 것은 리더의 책임이다.**

많은 회사는 제품팀들이 그들 자신의 목표를 스스로 세우도록 내버려 두는 것이 좋은 아이디어라고 생각하지만, 조직의 방향성이 부족하여 성취된 게 거의 없다고 불평할 때 놀란다. 그리고 이것이 **팀**이 아니라 명백한 **리더십**의 잘못이라는 점을 지적하고 싶다.

더 명확하게는, 제품팀에 목표를 할당하는 이유는 제품 전략을 실행하는 것이다. 제품 전략은 그 자체로 어떤 문제를 해결할지 결정하는 것이다. 제품팀에 목표를 할당하는 것은 하향식top-down인 동시에 상향식bottom-up 프로세스이며, 반복 작업이 필요한 경우가 많다.

이러한 목표 할당은 제품 전략과 팀 구조(팀 범위 지정)의 기능이다. 다시 말해, 전략은 우리가 해결해야 할 문제를 알려 주고, 팀 구조는 각 문제를 해결하기 위해 어떤 팀이 가장 적합한지 암시한다.

팀이 자발적으로 목표를 추구하는 것은 좋은 일이고 팀의 의사를 수용하기 위해 노력하지만, **조직은 전체 조직의 목표를 최대한 많이 수용하도록 보장**해야 하기 때문에 항상 모든 팀이 원하는 것을 수용할 수는 없다는 것을 팀에도 분명히 전달해야 한다. 그래서 어떤 팀이 특정한 목표를 수행하기를 원하더라도, 최종 결정은 리더에게 달려 있다.

이를 이해해 주길 바라지만, 권력이나 제어에 대한 문제가 아니고 관리자가 자신의 일을 하는 것의 문제다. 누군가는 주어진 목표와 모든 팀을 전체적으로 살펴야 한다.

핵심 결과 결정하기

일단 팀이 특정 목표를 수행하도록 요청받으면, 가장 먼저 해야 할 일은 적절한 핵심 결과가 무엇이어야 하는지, 그리고 그들이 성취할 수 있다고 생각하는 것이 무엇인지 정리하는 것이다.

그 팀이 이전에 해당 분야의 업무를 수행한 적이 있다면, 이미 합리적인 감각을 가지고 있을 것이다. 그러나 이 문제를 처음 맡은 경우, 환경을 학습하고 기준을 수립하기 위해 데이터 수집을 시작하고, 가능성이 무엇인지 파악하는 데 시간이 걸릴 수 있다. 이런 경우에는, 팀이 과도한 분석에 의해 마비 상태에 빠지지 않고 문제에 뛰어들 수 있도록 유도하고, 새로운 일을 함께 진행하면서 훨씬 더 많은 것을 배우게 될 것이며, 아직 모르는 것을 배우며 일하고 있기 때문에 당연히 처음에는 자신감이 떨어지리라는 것을 이해하고 있어야 한다.

또한 팀은 해결책을 도출할 때 얼마나 야심차거나 보수적이어야 하는지에 대한 리더십의 지침이 필요하다. 다음 장에서 이 주제에 대해 더 자세히 설명하겠지만, 지금으로서는 리더가 팀이 해결책을 얼마나 적극적으로(안전한 솔루션 혹은 세상에 없던 완전히 새로운 솔루션) 추구하기를 바라는지에 대한 지침을 제공하는 것이 중요하다는 정도로 말하고 싶다.

그러나 팀은 두 가지 목표를 수행하도록 요구받고, 경영진은 이 팀이 달성하려는 주요 결과가 한 해 동안 필요한 사업 성과를 충분히 달성하지 못할 것 같다면 어떻게 해야 할까? 이 경우, 리더는 팀에 두 가지 목표가 아닌 하나의 목표를 추구하라고 요구하거나, 다른 팀과 문제 중 하나에 대해서 협력하도록 요청할 수 있다.

가장 중요한 것은 리더가 결과에 대한 오너십을 제품팀이 느끼기를 바란다면, 핵심 결과는 **팀이 스스로 정해야 한다**는 것이다.

조율

리더가 제품팀과 협력하여 어떤 제품팀이 어떤 문제를 담당할지 결정한 후에는 제품팀과 더 넓은 조직이 같은 곳을 바라보도록 **조율**해야 한다.

예를 들어, 새로운 유형의 고객이 지닌 요구를 충족시키기 위해 중요하면서 새로운 제품을 시장에 출시하기 위해 노력하고 있다고 가정해 보자. 경험팀을 지원하는 데 필요한 작업을 수행하기 위해 필요한 플랫폼팀의 업무가 조율되어야 한다.

마찬가지로, 판매와 마케팅의 업무도 적절히 조율되고 연계되도록 해야 한다. 영업팀과 마케팅팀이 다른 시장을 바라보거나 새로운 시장에 준비되지 않은 것이 조율되지 않은 경우의 예시다.

필수 업무 수행

리더와 제품팀 모두가 팀 목표만이 제품팀이 책임지는 유일한 업무가 아니라는 점을 명심해야 한다. 목표가 가장 중요한 작업일 수도 있지만, 그 밖에도 중요한 문제를 해결하고, 고객 문제에 대응하고, 다른 팀에 대한 지원, 기술적 부채 해결 작업 등을 포함하는 이른바 '시스템 운영' 업무는 항상 존재한다. 시간이 지남에 따라, 팀은 지속적인 운영 비용이 어느 정도인지 더 잘 이해한다. 경우에 따라서는 이러한 지속적인 작업이 팀을 완전히 소모시키는 시점에 이를 수 있다. 이 경우 리더는 팀을 점진적으로 확장시키거나, 운영과 같은 간접적인 작업을 넘어서는 어떤 것도 기대하지 말거나, 혹은 목표 외의 간접적 부담을 줄일 수 있는 방법을 모색해야 한다.

다음 챕터에서는 팀 목표의 가장 중요한 요소 중 하나인, 솔루션을 모색하는 데 있어 팀이 얼마나 **야심차게** 임해야 하는가에 대해 알아보자.

장기 목표

집중력과 통찰력을 바탕으로 강력한 제품 전략을 수립하고, 제품팀이 작업은 어렵지만 의미 있는 영향을 미칠 수 있는 중요한 고객 및 비즈니스 문제에 대해 연구하고 있다면, 많은 경우에 목표가 여러 분기에 걸쳐 있다는 것을 인지해야 한다.

그러나 이것은 종종 혼란을 야기한다.

첫째, 장기적인 목표와 장기적인 핵심 결과를 구별하는 것이 중요하다. 여러 분기 동안 지속되는 **목표**를 갖는 것은 조금도 이상하거나 문제가 되지 않는다. 좋은 예로는 플랫폼 작업(일반적으로 1~3년 정도 걸리는) 또는 고객 이탈로 인한 감소 또는 제품/시장의 적합성 확립과 같은 주요 제품 과제가 있다. 조금 더 복잡해지는 부분은 **핵심 결과**다. 일부 **활동**을 핵심 결과로 나열하는 것이라면 아주 쉬울 것이다(활동의 예로는 '분기 말까지 코드 작성 완료'). 하지만 이것은 비즈니스적 효과를 가져온 결과물(outcome)이 아니고 추가 기능 같은 산출물(output)이기 때문에 우리가 원하는 것이 아니다. 요점은 실질적인 비즈니스 **결과**를 보여 주는 것이다.

이러한 장기 목표의 주요 결과를 처리하는 일반적이고 선호되는 방법은 작업을 중간 **제품 결과**(product result)로 나누는 것이다. 예를 들어, 6명의 참조 가능한 고객을 제품/시장에 맞게 전환하는 것이 목표라고 가정해 보자. 이는 매우 강력한 비즈니스 결과이며, 향후 매출에 대한 가장 중요한 지표 중 하나다. 문제는 제품을 배포하여 고객이 제품을 사용하고 참고할 수 있을 때까지는 2~3분기 정도의 시간이 걸릴 수 있다는 점이다.

그러면 의미 있는 진전을 이루고 있다는 것을 1분기에 어떻게 알 수 있을까? 한 가지 가능성은 이번 분기에 두 개의 레퍼런스만 얻는다는 목표를 가지는 것이다. 만약 그마저 달성하지 못하면, 이에 대한 선행 지표를 찾을 수 있다. 예를 들어, 좋은 핵심 결과로 8명의 잠재 고객이 **구속력이 없는 구매 의향서**에 서명하게 하는 것이다.[1] 실제로 제품을 구입한 것보다는 좋지 않지만, 강력한 순항 지표이며 비즈니스적으로 의미가 있다.

---

1 이 기법은 《인스파이어드》에 기술되어 있다.

CHAPTER

55

야심

각 제품팀에 해결해야 할 하나 이상의 특정 문제를 주었지만, 아직 필요한 콘텍스트를 제공하지는 않았다. 리더가 팀에 문제 해결을 요청할 때, 발굴 작업에서 기준으로 삼아야 할 **야망/야심** 수준을 명확히 하는 것이 중요하다.

팀이 리스크는 낮지만 보상도 낮은 '확실한 것'에 초점을 맞춰야 하는가, 아니면 실질적이고 극적인 개선을 위해 노력해야 하는가? 팀 목표를 이해하는 유용한 방법 중 하나는 리더가 일종의 베팅을 한다고 생각하는 것이다. 어떤 것은 낮은 리스크, 어떤 것은 높은 리스크, 그리고 어떤 것은 그 사이에 있다.

리더는 주로 사람에게 내기를 걸지만, 새로운 기술, 시장 상황 및 고객 행동 변화, 제품 전략 뒤에 숨어 있는 통찰력 강화 등에도 베팅할 수 있다.

이후 살펴보겠지만, 매우 중요한 문제나 목표가 있다면 리더는 여러 팀이 각자 나름대로 문제를 해결하도록 선택할 수도 있다. 어떤 팀은 리스크가 적고 빠른 방식, 어떤 팀은 더 야심차지만 리스크가 높은 방식을 택할 수 있다.

야망의 수준은 노력의 수준이나 위기감과 혼동하지 않아야 한다. 직업 윤리와 위기감은 문화로부터 비롯된다. 또한 회사의 재정 상황에 따라 바뀌기 쉽지만, 여기서는 다루지 않겠다.

저위험/저수익 솔루션을 추구하는 팀은 고위험/고수익 솔루션을 추구하는 팀과는 매우 다른 제품을 개발할 것이다. 제품 발굴 작업의 성격이 다르고 사용하는 기술도 다를 수 있다.

또한 야망 수준을 **진정성 있는 약속**(다음에 논의할 것이다)과 혼동하지 않는 것도 중요하다. 이 두 개는 관련이 있지만, 약속commitment은 그 자체로 특별하고 매우 중요한 개념이다.

사실 이것은 리스크 관리의 관한 것이다. 비즈니스를 지속하기에는 너무 높은 이탈률처럼 매우 어렵고 중요한 문제를 안고 있는 경우, 경험 많은 리더는 다양한 각도와 위험 수준에서 이 문제를 다루기를 원할 것이다. 저위험/저수익 솔루션을 찾아가는 팀이 서넛 있을 수도 있지만, 이 솔루션만으로는 부족할까 걱정스럽다. 그래서 리더는 동일한 문제에 좀 더 야심 있게(고위험/고수익) 접근하는 몇몇 팀을 추가로 둘 것이다.

어떤 사람은 야망의 수준을 **루프샷**roof shot이나 **문샷**moon shot이라고 지칭한다. **루프샷**은 보수적이고 위험도가 낮으면서도 가시적인 결과를 추구하도록 요청받는 팀을 말한다. 최적화 작업이 여기에 적합하다. 반면에, 문샷은 성능의 10배 향상처럼 매우 야심찬 결과를 요청받는 것이다. 리스크가 클 것으로 예상되지만 불가능하지 않고, 진지한 시도를 할 수 있는 팀 입지도 있다. 물론 위험 부담이 크지만, 잠재적으로 높은 보상을 받을 수 있다.

문샷의 요점은 팀이 규모가 작고 안전한 최적화 이상을 생각하도록 독려하고, 문제 해결 방법을 다시 한번 생각해 보고 돌파구를 찾기 위해 시도하는 것이다. 그리고 몇몇 회사는 목표 달성에 루프샷 80% 확률 대 문샷 20% 확률처럼 목표의 신뢰도를 함께 붙이는 것을 선호한다. 이런 기법은 원하는 수준의 야망을 팀에 전달하는 데 유용하다. 그러나 리스크 포트폴리오 관리의 측면에서, 중간 수준의 야심도 있을 수 있고, 있어야 한다는 것을 명심해야 한다.

라스베이거스에서 전문적인 포커 플레이어가 1달러 또는 1만 달러의 내기만 할 수 있다는 말을 들었다고 생각해 보라. 이렇게 제한해 버리면 상황에 따라 다양한 액수로 베팅하는 능력을 심각하게 망가트릴 것이다.

요점은 리더가 잠재적인 위험과 보상의 포트폴리오를 관리해야 한다는 것이다. 같은 목표를 위해 다른 팀보다 더 야심차게 다가가는 특정 팀을 운영할 수도 있다.

핵심 성과와 관련된 야망의 수준이 어떻든 간에, 조직 전체에 이를 명확히 전달해야 한다. 특히 어떤 문제가 매우 높은 신뢰도와 확률로 결과를 낼 것이라고 잘못 추측하는 일이 없어야 한다.

CHAPTER

56

약속

어떤 목표가 성공할지, 어느 정도까지 성공할지 확신할 수 없다. 팀이 추구하는 야망의 정도를 바꿀 수 있지만, 대부분의 목표는 수행 전까지는 결과를 알 수 없다. 결과가 확실하지 않을 수 있음에도 불구하고 팀이 진정성 있는 약속이라는 것을 해야 할 때도 분명 있다.

진정성 있는 약속

내가 지금 하려는 말을 좋아하는 사람은 없지만, 상업 제품 업계에 대해 이 부분을 아직 모르고 있다면, 이제는 알아야 한다.

> 모든 비즈니스에서는 중요한 것을 정해진 마감일까지
> 반드시 해내야 하는 경우가 종종 있다.

마감일은 주요 산업 박람회가 정한 기한일 수도 있고, 계약에 따라 파트너가 정한 기한일 수도 있고, 납세일이나 휴일로 인한 달력 기반 기한일 수도 있고, 구매 광고 캠페인으로 인한 마케팅 기한일 수도 있다. 리더가 관리 및 명령 제어 모델(특히 옛날 방식의 기능 로드맵과 날짜 기반 프로젝트 출시일)에 끌리는 주된 이유 중 하나는 중요한 일이 언제 일어날지 알아야 할 필요성 때문이다. 따라서 임파워드팀으로 성장하기 위한 주요 조건 중 하나는 필요로 할 때 완료 날짜와 산출물을 제공할 수 있어야 한다는 것이다. 즉, 로드맵 시대의 불확실한 일정이 아닌(무엇을 위해 헌신하고 있는지 이해하지 못했기 때문에), **리더가 믿을 수 있는 완료 날짜**를 말한다.

기본적인 스타일의 애자일 프로세스Agile process에 익숙하다면, 높은 신뢰도의 날짜를 정하는 것이 불가능하지는 않더라도 매우 어렵다는 것을 알고 있을 것이다. 그러나 제품 출시와 병행하여 제품을 발굴하는 모델에 익숙하다면, 회사에서 필요한 제품 발굴 작업이 끝날 때까지(대개는 며칠이 걸린다) 기다릴 용의가 있는 한, 매우 신뢰할 만한 날짜를 정하는 것은 어렵지 않다.

기업이 이러한 날짜 중심의 약속을 너무 많이 하면 이는 대개 심각한 문제의 징조이지만, 나는 항상 제품팀에 비즈니스를 운영할 때는 어느 정도의 진정성 있는 약속이 필요하다는 것을 설명하려고 한다.

이런 대외적인 약속이 없더라도 다른 제품팀에 의존하는 경우는 있다. 플랫폼팀이 개발 중인 새로운 기능에 의존하는 경우를 예로 들 수 있다.

플랫폼팀의 변화에 따른 사소한 의존성은 대부분 시스템 운영 업무로 간주되지만, 경우에 따라서는 더 중요한 작업이 필요할 수도 있고, 이를 높은 수준의 진정성 있는 약속으로 여길 수 있다.

제품팀이 하는 모든 작업이 OKR이 될 필요가 없는 것처럼, 모든 의존적인 일이 높은 신뢰성을 보장할 필요는 없다는 점 또한 기억해야 한다. 대부분의 타 팀과의 의존성은 그렇지 않은 경우가 많다. 진정성 있는 약속은 중요한 대외적 약속이나 매우 중요하고 실질적인 대내적 약속이 있는 상황을 위한 것이다.

결과물

이렇게 약속한 경우, 팀이 약속을 이행할 수 있는지 매우 확신해야 한다. 제품팀에 진정성 있는 약속이 요구되면, 그 약속을 꼼꼼히 조사해야 한다. 여기에는 일반적으로 제품팀(특히 프로덕트 매니저, 프로덕트 디자이너 및 기술 책임자)이 솔루션의 **가치, 사용성, 구현 가능성** 및 **실용성** 여부를 판단할 수 있도록 해당 약속에 대한 충분한 제품 발굴 작업을 수행해야 한다. 이를 위해서는 엔지니어가 산출물을 생산하는 데 필요한 작업의 범위를 이해하도록 하기 위해 구현 가능성 프로토타입과 같은 빠른 프로토타입을 만드는 작업이 포함된다.

일단 제품팀이 솔루션을 충분히 이해한다고 판단되면, 이러한 약속(구현 가능성)을 이행하는 데 얼마나 걸리는지, 그리고 이 솔루션이 고객(가치 및 가용성)과 회사(실용성)에 적합한지 여부를 매우 신뢰할 만한 정도로 추정할 수 있다.

플랫폼팀의 약속에 의존하는 경험팀이라면(플랫폼팀이 구축할 API 또는 새로운 서비스를 제공해야 하는 경우), 플랫폼팀은 목표와 주요 결과를 경험팀으로부터 넘겨받을 수 있다.

가장 중요한 것은, 진정성 있는 약속의 경우에 약속한 실제 결과물을 핵심 결과와는 독립적으로 기록하고 추적해야 한다는 점이다.

진정성 있는 약속의 추적

진정성 있는 약속은 특별하게 취급된다. 그 팀이 얼마나 야심이 있어야 하는지를 기반으로 이야기하지 않는다. 약속의 결과는 양자택일이다. 팀은 약속한 것을 전달할 수 있거나, 전달하지 못한다. 그리고 진정성 있는 약속을 하는 팀은 반드시 약속한 산출물을 만들어 내거나, 문제가 일어날 조짐이 보이자마자 빨리 항복하고 도움을 요청해야 한다.

게다가, 일반적으로 이러한 진정성 있는 약속은 명확하게 추적한다. 일부 기업에서는 진정성 있는 약속 자체가 CTO 명성의 연장선상에 있기 때문에 CTO가 진정성 있는 약속에 개인적으로 동의해야 한다.

이 책에서 여러 번 언급했듯이, 임파워드 제품팀은 신뢰에 기반을 두고 있으며, 진정성 있는 약속은 제품팀이 리더십으로 신뢰를 얻을 수 있는 중요한 방법 중 하나다. 따라서 진정성 있는 약속 날짜를 제시하라는 요청을 받을 때, 팀은 이 약속을 이행할 수 있고 산출물을 제공할 수 있는지 전체적으로 확인해야 한다.

마지막 주의 사항을 얘기하자면, 진정성 있는 약속과 산출물은 원칙이 아니라, 예외 상황으로 취급해야 한다. 그렇지 않으면 이는 파국으로 치달을 수 있으며, 곧 팀원의 목표는 개발할 기능의 리스트와 약속한 날짜 목록에 불과한, 조금 수정된 로드맵에 지나지 않을 것이다.

협업

여러 형태의 협업은 필수적이지만, 제품 조직이 팀 자율성과 권한 부여를 위해 최적화하는 과정에서 혼동을 일으킨다. 여기서는 공유된 팀 목표와 공통 목표라는 두 가지 구체적인 협업 유형을 살펴보자.

공유된 팀 목표

협업의 가장 기본적인 첫 번째 형태는 여러 팀이 동일한 팀 목표를 공유하는, **공유된 팀 목표**의 개념이다. 중요한 목표를 향해 달리는 경우, 목표를 여러 팀이 공유하는 것은 자주 관찰된다. 이는 특히 규모가 큰 회사 이니셔티브의 경우라면 흔하며, 이는 많은 제품팀의 도움을 필요로 할 만큼 큰 문제일 것이다.

가장 간단한 예는 경험 제품팀이 새로운 기능을 개발하기 위해서 플랫폼팀이 하나 이상의 새로운 서비스를 제공해야 할 것으로 예상될 때, 경험 제품팀과 플랫폼팀이 동일한 목표를 가지고 있는 경우다. 이 경우, 팀은 서로 간단한 형태의 데이터 송수신 규격을 주고받을 수 있도록 API 형태로 협력한 다음, 양쪽 모두 각자 맡은 부분을 해내고 다시 테스트와 출시를 위해 협력한다.

공유된 팀 목표의 또 다른 형태는 여러 팀이 재능을 일시적으로 결합하여 특별히 어려운 문제를 해결하는 것이다. 특히 다양한 기법을 사용해야 하는 문제에 대해, 여러 팀을 하나로 묶음으로써 효과적인 솔루션을 신속하게 마련하는 데 필요한 지식과 시너지가 생성될 수 있다.

어떤 상황에서는 팀이 '합숙swarm'이라고 하는 형태로 며칠 또는 일주일 동안 같은 공간에 모여서 공동 작업을 하게 되는데, 특히 어려운 문제에 대한 발굴과 개발 작업을 함께 깊이 탐구하는 강렬하고 고도의 협력을 끌어내는 기법이다.

공통 목표

또 다른 형태의 협업은 **공통 목표**를 갖는 것이다. 즉, 여러 팀이 동일한 문제를 풀도록 요청받지만 각 팀은 각자의 방식으로 진행하는 것이다.

이렇게 하는 진짜 이유는 리스크 관리 때문이다. 집중과 통찰력을 기반으로 한 견고한 제품 전략을 가지고 있지만, 이 전략은 여전히 실행되어야 의미가 있으며, 때로 매우 어려운 문제를 해결해야 한다. 만약 그 문제가 특히 어렵다면, 어떤 접근 방식이 원하는 결과를 낳을지 알 수 없다.

이 경우, 여러 팀에 동일한 문제를 해결하도록 요청할 수 있고, 그중 적어도 한 팀이 필요한 영향력을 미치기를 기대할 수 있다. 물론, 문제를 할당받은 모든 팀이 긍정적인 영향을 가져온다면 훨씬 좋겠지만, 그럴 가능성은 매우 낮다.

좋은 예로, 너무 많은 고객이 서비스를 떠나는 가입자 이탈이 집중해야 할 영역이라고 해 보자. 물론 이 문제를 해결할 수 있는 방법은 여러 가지가 있으며, 여러 팀이 여러 각도에서 이 문제를 해결해 보도록 하는 것이 리스크를 완화하는 좋은 방법이다.[1]

이 경우에 업무 간에 충돌이 없도록 소통이 필요하겠지만, 통상 각 팀은 팀 고유의 시선과 각도에서 자신이 보유한 코드와 기술을 바탕으로 문제를 해결한다. 따라서 이러한 접근법은 대개 독립적이며, 팀 고유의 업무 문화로 누적된다.

---

1 나는 팀이 어렵고 매우 중요한 문제를 맞닥뜨릴 때는 여러 접근 방식을 추구해 보라고 장려한다. 제품 발굴 분야의 코치인 테레사 토레스(Teresa Torres)가 개발한 '기회 해결 방안 나무(opportunity solution trees)'는 중요한 문제를 해결하기 위한 다양한 접근 방식을 식별하고 평가하는 데 유용한 기술이다.

공통 목표와 관련하여 자주 발생하는 의문점 중 하나는, 여러 팀이 동시에 변경 사항을 반영하는 와중에 어떻게 특정 진행 상황을 특정 팀에 귀속시킬 수 있는가 하는 것이다. 이를 **제품 속성 문제**라고 하며, 이에 대한 두 가지 일반적인 접근 방식은 59장 '의무'에서 논의할 것이다.

고차원적인 시각으로 볼 때, 여러 팀이 같은 목표를 동시에 추구하는 것이 정상적이고 현명하다는 것이다. 자율성이나 커뮤니케이션의 명목으로 공유되거나 공통된 목표를 회피하는 기업은 가장 어렵고 중요한 문제를 해결하는 능력이 제한된 것이다.

CHAPTER

58

관리

팀 목표에 관련된 이야기를 계속 진행하며, 다시 한번 강조하고 싶은 점은, 일단 제품팀이 분기별 팀 목표를 가지고 이를 달성하려 노력하고 있더라도, 적극적인 관리는 여전히 필요하다.

제품 전략은 제품 리더가 지속적으로 추적과 관리를 해야 하고, 팀 목표는 제품팀이 지속적으로 추적, 관리를 해야 한다.

필수 업무 수행

팀 목표는 제품팀이 책임지는 유일한 작업이 아니라는 것을 잊지 말아야 한다. 제품팀의 주요 업무에는 앞에서 논의한 '시스템 운영 업무'가 있다. 이런 필수적인 작업이 불어날 경우 팀 목표는 크게 진전될 수 없기 때문에, 진행 중인 작업의 형태와 양을 계속 지켜봐야 한다.

주 단위 추적

핵심은 제품팀이 팀 목표와 관련한 진행 상황을 적극적으로 관리하고 있는지 확인하는 것이다. 진척 상황을 관리하지 않으면 몇 주나 몇 달이 지나도 아무런 진전이 없을 가능성이 매우 크다.

제품팀은 최소 일주일에 한 번은 팀이 얼마만큼 진전됐는지, 앞으로 예상되는 일정 및 도움이 필요한 부분에 대해 논의하며 진행 상황을 최대한 파악해야 한다. 이러한 주간 팀 목표 체크인은 팀이 스스로 진행 상황을 추적하고 관리하는 데 사용하는 핵심 메커니즘이다. 이 체크인은 자체 미팅에서 수행되거나, 일주일에 한 번 스탠드업 미팅(팀 내부 업무 공유를 위한 짧은 회의, 짧게 끝내기 위해 서서 진행한다는 의미에서 스탠드업이라고 한다)에 포함될 수 있다. 간혹 이런 자리에서 갈등이나 문제 해결을 위해 리더의 조율이 필요한 문제를 제기하기도 한다.

궤도 유지하기

발생한 문제를 처리하는 데는 두 가지 핵심 사항이 있다. 먼저, 프로덕트 매니저는 담당 관리자에게 명확하게 중요한 문제와 이슈를 전달하여 관리자가 필요한 도움을 줄 수 있도록 해야 한다. 둘째로, 제품팀의 각 구성원은 스스로 성장하기 위해 코칭을 받아야 한다. 그리고 이 코칭의 일부로 그 구성원이 직면한 목표와 관련된 문제를 다룰 수 있다.

아직 경험이 많지 않은 제품팀의 경우, 관리자는 팀이 목표를 달성하고 있는지 확인하기 위해 질문하고 코칭에 능동적으로 임해야 한다. 팀이 경영진의 도움이 필요하다면, 이러한 요구를 빨리 제안할수록 경영진은 시기적절하고 효과적인 방법으로 도와줄 수 있다. 또한 팀의 진정성 있는 약속 이행 건에 문제가 있을 경우, 더 빠르게 경영진에게 알려야 할 의무가 있다.

마찬가지로, 다른 제품팀을 비롯하여 다른 팀에 의존하는 경우에 의존성은 주의 깊게 관리하고 추적되어야 한다. 다른 팀에 의존하는 경우(팀의 진정성 있는 약속이든, 일반적인 시스템 운영 업무든 상관없이), 팀은 이를 염두에 두고 의존하는 팀에 맞춰 작업이 완료되도록 해야 한다.

동료 돕기

임파워드 제품팀은 제품팀 스스로를 최적화하는 반면, 다른 제품팀 동료를 돕는 것도 중요하게 여기고, 또한 다른 팀으로부터 도움을 받을 상황이 발생한다는 것을 인지해야 한다.

최고의 제품팀은 IT 회사의 특성상 하나의 팀만으로 성공할 수 없으며, 모두 성공하거나, 모두 실패하는 것임을 잘 알고 있다. 때로는 우리 팀에는 최선의 선택이 아니더라도, 고객과 조직 전반에 가장 이익이 되는 업무를 해야만 하는 상황도 있음을 이해한다.

59

의무

임 파워먼트와 뗄 수 없는 동반자는 **의무**accountability다. 제품팀에는 할당된 문제와 함께 해결책을 찾을 수 있는 환경과 시간이 주어지지만, 이러한 권한 부여에는 책임과 의무가 따른다.

그렇다면 팀이 목표를 전혀 달성하지 못할 경우, 무슨 일이 일어날까?

가장 먼저 명심해야 할 것은 의무가 야망과 직결된다는 점이다. 팀이 매우 야심차게(예: 문샷) 개발을 진행하도록 요청받았고 그 시도가 바람직한 결과를 만들어 내지 못했다면, 그것은 대체로 예상할 수 있는 일이다.

하지만 팀이 보수적이도록(예: 루프샷) 요구받거나, 더 중요하게는 **진정성 있는 약속**을 요청받았지만 결과물을 전달하지 못했다면, 여기에서 의무가 작용된다. 조직 전체뿐만 아니라 각 제품팀도 지속적으로 성장하고 개선되어야 한다. 이러한 사례는 훌륭한 학습 기회로 활용할 수 있다.

팀이 팀 목표에서 크게 실패할 경우, 팀이 운영 중단같이 큰 장애 상황을 처리하는 것과 동일한 방식으로 이 문제를 처리하는 것이 낫다. 실패로 인해 영향을 받은 모든 제품팀의 동료와 함께 실패의 근본 원인이 무엇인지 토론하고 설명하는 시간을 가져 보자. 팀이 다르게 시도해 볼 수 있었다고 생각하거나, 했어야 한다고 생각하는 바를 살펴보게 한다. 처음 문제가 생겼을 때 경영진과 바로 공유했다면 도움을 받을 수 있었을까? 아니면 그들에게 의존하던 제품팀이 다른 방식을 생각해 보거나 도움을 줄 수도 있었을까?

이러한 교훈은 팀의 관리자에게도 적용된다. 놓쳐 버린 징조가 있었는가? 미리 제공하면 좋았을 코칭이 있었는가? 경영진 측에서 먼저 물어봤어야 할 질문은 없었는가?

이러한 **팀 목표 사후 분석**은 팀으로서는 즐겁지 않지만, 대개는 매우 건설적이고 도움이 된다. 실패를 동료에게 인정하는 것이 당혹스러운가? 가끔은 그럴 수 있다. 하지만 이는 우리 모두가 지속적으로 배우고 성장하기 위해 필요한 피드백의 일부다.

핵심 결과의 속성

여러 팀이 동일한 문제를 해결하기 위해 노력하고/거나(목표), 하나 이상의 성공 척도(핵심 결과)를 공유하는 것은 전혀 이상한 일이 아니다. 사실, 이것은 매우 강력한 전략이 될 수 있다.

하지만 이 경우에 매일 많은 변화가 생긴다면, 어떤 팀이 어떤 변화를 돕고, 어떤 팀이 해가 되고, 어떤 변화가 실질적인 성과를 내는지 알 수 없다면, 여러 팀 중 어떤 팀에 결과에 대한 책임을 물을 수 있는지 의문이 들 것이다.

이는 **제품 속성 문제**로 알려져 있는데, 일반적으로 이를 해결할 수 있는 두 가지 방법이 있다. 첫째, 서비스의 트래픽(사용자 수) 량이 충분할 때 시도해 볼 수 있는 A/B 테스트다. 이는 특정한 한 팀이 기여한 일을 회사 전체의 나머지 다른 팀이 진행하는 모든 것(예: 마케팅 프로그램)과 격리시키는 것이다.

둘째, 특정 주요 결과에 대한 다양한 기여도를 채널 또는 소스별로 나누는 것으로, **분할 기법 (slicing)**[1]이라고 한다. 예를 들어, 구인 구직 서비스 개발 회사(구직 지원의 수를 늘리는 데 모든 노력을 쏟는)에서 세 종류의 제품팀이 있다고 하자. 여러 채널 간에 입사 지원 수를 분할할 수 있다.

- 모바일팀: 모바일 알림으로 받은 입사 지원
- 검색팀: 검색 결과로 알게 된 입사 지원
- 추천팀: 추천 채널을 통한 입사 지원

분할 기법은 A/B 테스트를 실행하는 것보다 개념적으로 간단하며, 팀은 더 좁게 정의된 목표에 대한 통제감을 선호하지만, 이는 영향력이 더 직접적이지만 일반적으로는 정확하거나 예측 가능하지 않다. 예를 들어, 동일한 사용자가 하나 이상의 채널을 이용하는 경우가 많다.

분할 기법이 항상 가능한 것은 아니며, 때로는 여러 가지 영향을 주는 요인들이 작용하기 때문이다 (예: 많은 요인이 가입자 이탈에 영향을 미침). 반면에, A/B 테스트는 합리적인 시간 내에 신뢰할 수 있는 결과를 산출해 낼 수 있는 트래픽이 충분히 확보되어야 한다.

---

1   이 용어는 내 친구이자 OKR 코치인 필리페 카스트로(Felipe Castro)가 만들었다.

CHAPTER

60

전체적인 시각에서의 목표

제품팀의 업무를 관리하고 할당할 수 있는 방법이 필요하고, 권한을 부여하고 제품 전략을 실행할 수 있는 방식으로 이 작업을 수행해야 한다. 이것이 팀 목표의 목적이다.

임파워드 제품팀 모델을 운영하며 유능한 리더를 보유하고 있다면(이것은 두 가지 매우 이상적인 가정이다), 이는 상당히 간단하다. 다음은 효과적인 팀 목표 수립을 위해 가장 중요한 10가지 핵심 사항이다.

1. 가장 중요한 것은 팀에 해결할 문제를 할당하고 문제를 풀 수 있는 환경을 제공하여 스스로 업무를 실행할 수 있도록 권한을 부여하는 것이다. 팀이 올바른 결정을 내리기 위해서는 전략적 상황, 특히 제품 전략을 공유해야 한다.

2. 제품팀은 특정한 목표를 달성하기 위해 자발적으로 노력하는 것을 좋아하고, 가능한 한 팀이 원하는 것을 수용하여 문제에 대한 의욕과 열정을 활용하려 한다. 하지만 비즈니스에 필요한 다른 부분도 확실히 챙겨야 하기 때문에 항상 팀이 원하는 것을 지원해줄 수는 없다.

3. 진행할 목표를 선택하고, 궁극적으로 각 목표를 어떤 팀이 가져갈지 결정하는 것은 **제품 리더십의 명확한 책임이다.** 그러나 **핵심 결과는 팀에서 스스로 도출**되도록 하는 것은 임파워먼트에 있어 매우 중요하다.

4. 핵심 결과에 대해 팀과 리더 사이에서 왔다 갔다 하며 조율하는 것은 당연하다. 리더가 팀이 핵심 결과로 무엇을 제안하는지 의심하거나 의문을 제기하는 것이 아니라, 어떤 투자가 노력과 리스크에 대비해 가치가 있는지 판단하는 것이다. 예를 들어, 팀이 A라는 목표를 가져간다면 특정한 중요 KPI를 개선하는 데 미미하게 기여할 것으로 생각한다고 가정해 보자. 리더는 그 팀이 중요하다고 생각하는 한 가지 목표에만 집중하게끔 하는 것을 고려하거나, 다른 팀에 A목표를 맡기거나 목표를 달성하는 데 도움을 요청할 수도 있다.

5. 여러 팀에 동일한 목표를 할당하는 것도 문제가 되지 않는다. 각 팀은 자체적인 관점 및 기술 영역으로 문제를 해결한다. 사실, 어려운 제품 문제의 경우에는 이렇게 하는 것이 매우 효과적이다. 어려운 문제에 대해서는 모든 팀이 동일한 수준의 진척을 이뤄내지는 못할 것으로 예상하며, 각 팀이 제품 발굴 작업에 깊이 몰두할 때 무엇을 배울지 예측하기 힘들다.

6. 마찬가지로, 여러 팀이 동일한 팀 목표에 대해 **협업**하도록 요청하는 것은 전혀 문제가 안 된다. 여러 팀이 협력하도록 하는 것은 드문 일이 아니다. 특히 해결하려는 문제가 여러 가지 기술을 필요로 하는 경우에는 더욱 그렇다. 플랫폼팀과 경험팀이 어려운 문제에 대해 협업할 것을 요청받는 것은 일반적인 협업 상황 중 하나다.

7. 제품팀이 핵심 결과를 도출하기 위해서는 회사가 그들에게 원하는 야망의 수준을 이해시키는 것이 중요하다. 회사는 팀이 매우 의욕적이기를 원할 때(일명 **문샷**), 보수적이기를 원할 때(일명 **루프샷**), 그리고 **진정성 있는 약속**을 할 필요가 있을 때를 명확히 전달해야 한다.

8. 제품팀은 제대로 작동하는 솔루션을 찾을 수 있는 권한이 부여되어 있고 핵심 결과를 결정할 수 있는 상황에만 결과물에 대해 책임질 수 있다.

9. 제품 리더는 팀 목표가 매우 중요하긴 하지만, 제품팀의 업무는 팀 목표뿐만이 아니라는 것을 이해해야 한다. 모든 팀에는 어느 정도 진행 중인 '시스템 운영 업무' 활동이 있다. 여기에는 중요한 버그 수정, 고객 요청 처리 등이 포함된다.

10. 일반적으로 팀 목표는 분기마다 작성되거나 업데이트된다. 이를 통해 팀이 실질적인 업무를 진행할 시간은 충분히 확보되지만, 비즈니스가 변화에 적응할 수 있는 시간은 충분하지 않다. 간혹 분기 중 팀 목표가 바뀌어야 하는 상황이 있을 수 있지만, 원칙보다는 예외로 처리하는 것이 좋다.

이 모든 것을 균형감 있게 유지하려면, 풍부한 지식을 가진 리더가 제품과 함께 앉아 전략적인 콘텍스트를 설명해 주는 것이 기본적으로 필요하다. 그런 다음에서야 팀이 해결해야 할 문제와 성공의 척도를 전달해 줘야 한다.

이 작업을 수행하기 위해 OKR과 같은 형식적인 기법을 사용하는지 여부는 중요하지 않다. 핵심은 목표에 관한 대화를 나누고, 리더가 필요한 코칭을 제공하고, 제품팀이 가장 적합하다고 생각하는 방식으로 문제를 해결할 수 있는 환경을 제공하는 것이다.

61

리더 프로필:
크리스티나 워드케

리더십으로의 여정

나는 2003년에 크리스티나 워드케Christina Wodtke를 처음 만났는데, 초기 야후에서 디자인팀을 운영하고 있었다. 워드케는 미대에서 사진을 공부했고 몇몇 초기 인터넷 관련 팀과 함께 제품 디자인 작업을 배웠다. 그 후에는 제품과 디자인 리더로서 링크드인LinkedIn, 마이스페이스MySpace 및 징가Zynga에서 경력을 넓혔다.

그녀는 어디에서 일하든, 그녀와 함께 일하게 된 운이 좋은 동료를 성장시키기 위해 헌신적인 코칭을 하는 것으로 유명했다. 그래서 나는 그녀가 스탠퍼드 대학에서 인간과 컴퓨터의 상호작용과 제품 디자인을 가르치는 교수진에 합류하기로 결정했을 때, 그녀가 진정한 소명을 발견했다고 느꼈다. 또한 워드케는 주로 OKR에 관한 대중적인 저서와 리더십 및 팀 권한 부여에 관한 책을 포함하여 훌륭한 임파워드 제품팀 주제에 대한 책을 여러 권 출판했다.[1]

그래서 나는 항상 그녀에게 동질감을 느꼈다.

---

1 크리스티나 워드케(Christina Wodtke), 《과격한 집중(Radical Focus)》(Cucina Media LLC, 2015) 및 《스스로 관리하는 팀(The Team That Managed Itself)》(Cucina Media LLC, 2019)이 좋은 예다.

실전 리더십

워드케는 매우 뛰어난 리더에게서 제품과 디자인을 직접 배울 수 있어서 매우 운이 좋았다. 그들은 그녀에게 임파워드팀의 진정한 힘을 보여 주었다.

그녀는 다음과 같이 말했다

나는 인터넷이 아직 초창기였던 2002년에 야후에 입사했다. 당시 야후는 매우 빠르게 성장하던 영향력 있는 IT 회사였다. 나는 검색팀의 첫 디자이너였고, 아주 운이 좋게도 아이린 오Irene Au와 함께 일하게 되었다. 오는 넷스케이프에서 프로덕트 디자이너를 맡았고, 야후에서 디자인팀을 꾸렸으며, 나중에 구글에서도 디자인팀을 만들었다.

오는 나에게 잠재력이 있다고 믿었고, 내가 IT 분야에서 관리 경험을 가지고 있지 않았는데도(배고픈 예술가 시절에 레스토랑 매니저로 일했던 경험은 있다), 오는 내게 많은 조언과 멘토링을 해 주었고 내가 관리자로서 첫 직원을 담당하게 해 주었다.

하지만 그녀의 진정한 가르침은 그녀를 위해 일하는 모든 사람에게 권한을 부여하고 성장시키는 모습을 지켜보는 것이었다. 그녀는 내게 필요한 롤 모델이 되어 주었다. 강하지만 항상 친절한 사람이었다. 그녀는 나에게 공감과 권위 중 하나를 선택할 필요가 없다고 가르쳐 주었다.

곧, 또 다른 매우 영향력 있는 사람이 내 경력에 중요한 역할을 했다. 제프 와이너Jeff Weiner는 야후에서 검색 사업을 운영했고, 이후 링크드인(공교롭게도 내가 프로덕트 매니저로 일했을 당시)에 입사해 12년 가까이 링크드인의 CEO를 맡고 있다.

와이너는 처음에 리더십 역할을 시도해 보라고 나를 격려해 준 사람이었다. 그는 나를 검색 디자인팀에 소속된 20명 이상의 직원을 관리하게 했다. 하룻밤 사이에, 나는 전에 해 본 것보다 훨씬 더 많은 사람들의 관리자가 되어 있었다.

난 확실히 나 자신을 의심하고 있었다. 나는 당시 맡고 있었던 두 사람을 관리하는 것이 편했는데, 새로운 자리는 꽤 심각한 리더십 역할로 발전할 가능성이 높았고, 스스로 이 일을 해낼 수 있을지 전혀 확신이 서지 않았다.

그 순간을 절대 잊지 못한다. 와이너와 나는 카페에 앉아 있었고, 나는 그에게 더 나은 누군가를 찾아보라고 말했다. 그는 "당신이 이 일을 할 수 있다는 걸 알아요"라고 말했다. 그가 나를 진심으로 믿었기에 나 역시 나 자신을 믿어야만 했다.

야후가 특히 검색 분야에서 급속 성장하던 기간에, 나는 곧 단순한 관리자가 아니라 상당히 큰 그룹의 관리자가 되어 있었다. 나에게 보고하는 9명의 관리자에게 총 80명이 보고했다.

나는 좋은 디자인을 만들어 낼 만한 환경을 고안하기 위해서는 제품 디자인을 그만둬야 한다는 사실을 깨달았다. 나는 스스로 관리할 수 있는 팀을 설계해야 했다. 매우 큰 범위의 다양한 디자인 기술을 아우르는 큰 그룹이었기에, 내가 이 모든 분야에서 전문가가 될 수 있는 방법은 없었다. 설상 그럴 수 있다고 해도, 모든 것을 챙길 시간이 없었다. 잠잘 시간을 확보하고 싶다면, 팀을 믿고 의지하는 방법밖에는 없다는 것을 그때 깨달았다.

나에게 보고하는 관리자와 첫 회의를 할 때, 한 명이 나에게 어떠한 문제의 처리 방법에 대해 질문했다. 정확히 어떤 문제였는지 기억은 안 나지만, 나는 그에게 해야 하는 일이 무엇이라고 생각하는지 물어봤다. 그는 제안했고, 나는 "좋습니다. 그렇게 합시다"라고 얘기했다. 그 순간 힘과 권한은 내게서 우리로 옮겨 갔다. 그때부터, 회의는 누구나 어떤 문제든 가져올 수 있는 장소였고, 모두 한 팀으로서 주어진 문제를 해결하려고 했다. 그 이후로 나는 지속적으로 개인이 모인 그룹에서 팀을 구성해 왔다. 팀은 개인으로서는 할 수 없는 기적을 일으킬 수 있다.

마지막으로, 야후에서 내가 팀을 보는 방식을 바꿔준 사람을 언급하려 한다. 켄 노턴Ken Norton도 와이너를 위해 일했고, 노턴은 야후의 쇼핑팀에서 제품 관리를 했다. 노턴은 구글에서 오랫동안 매우 성공적으로 제품 경력을 쌓았고, 그 후 구글 벤처스에서 일했다.

노턴을 만나기 전까지, 내게 프로덕트 매니저는 디자이너가 일을 끝낼 수 있도록 내가 항상 쫓아내야 했던 사람이었다. 실제 제품 관리를 가까이에서 본 것은 노턴을 통해서가 처음이었고, 노턴은 제품팀이 필요로 하고 당연히 받을 자격이 있는 좋은 프로덕트 매니저에 대한 기준을 마련해 주었다. 노턴은 제품과 디자인은 항상 동반자여야 하고, 서로를 존중하는 것으로부터 시작된다는 사실을 가르쳐 주었다. 제품과 디자인은 함께 있을 때 더 좋다.

나는 훌륭한 프로덕트 매니저를 만난 적이 없는 디자이너를 많이 알고 있지만, 그런 사람을 만나면 그 전으로는 돌아가고 싶지 않을 것이라고 확신한다.

나는 오, 와이너, 노턴에게서 배운 리더십에 대해 진심으로 감사하고, 그들에게 배운 많은 것은 이후의 나의 경력에 큰 도움이 되었다. 가장 중요한 건, 이들에게서 받은 나눔 덕분에 나도 항상 다른 사람의 삶과 경력에 투자하여 내가 받은 감사함을 나누려고 노력한다.

사례 연구

회사와 제품 조직이 그들이 내린 결정을 한 이유를 제대로 이해하려면 꽤 많은 콘텍스트를 알아야 한다. 그래서 이 사례 연구 부분은 매우 상세하다.

이 책의 개념, 특히 팀 구조, 제품 전략 및 팀 목표에 대해 이미 확실하게 이해하고 있다면, 이 부분은 대충 읽고 건너뛰어도 된다. 그러나 이 사례의 세부 사항을 이해하려는 노력이 가치 있다고 생각하기를 바란다. 중요하지만 어려운 이러한 개념이 급속한 성장, 규모 및 기술적 부채 등의 문제로 어려움을 겪고 있는 실제 조직에서 어떻게 작동하는지 확인할 수 있다.

평범한 사람으로 구성된 회사가 어떻게 놀라운 성과를 거둘 수 있었는지 자세한 사례도 볼 수 있다.

이 사례 연구는 구인 구직 서비스를 개발하는 회사에 대한 나의 경험을 기반으로 한 것이다. 규모의 문제를 다루는 성장 단계 회사의 대표적인 예라고 생각해서 이 회사를 선택했다. 이 회사는 또한 엔터프라이즈 비즈니스 요소와 초기 단계의 스타트업 요소를 가지고 있다. 그래서 이 사례가 대부분의 회사에 적용된다고 생각한다.

나는 일자리 관련 서비스를 다루는 회사를 즐겨 활용한다. 그런 회사는 한쪽(고용주)은 기업, 다른 쪽(구직자)은 소비자에게 판매되고, 양쪽을 모두 지원하는 내부 플랫폼을 가지고 있기 때문이다.

그러나 두 가지 중요한 주의 사항이 있다.

첫째, 이 예는 (지금으로부터 몇 년 전의) 특정한 시점의 회사 모습을 보여 준다. 내가 직면한 상황에 영향을 미친 이력이 분명히 있지만, 이 사례 연구에서는 그 상황이 미리 주어진 것으로 가정한다.

둘째, 실제 사례를 기반으로 하겠지만, 이번 분기에는 발생하지 않은, 그러나 자주 발생할 수 있는 몇 가지 복잡한 상황을 추가했고, 실제로 이 회사에서 발생하기도 했다. 이러한 상황이 처리된 방식을 설명하는 것이 도움이 된다고 생각한다. 그래서 이 사례 연구에서는 모든 일이 같은 분기에 일어난 것으로 하겠다.

이 사례 연구에서 실제 어느 회사인지 알 수 있는 이름이나 정보를 알려 주지는 않을 것이다. 사례가 정말 유용하려면 좋은 점, 나쁜 점, 추한 점을 공유해야 하는데, 알다시피 대부분의 회사는 일이 잘 풀리더라도 좋은 것 말고는 공유하고 싶어 하지 않는다.

사례 연구 대상으로 구직 서비스marketplace를 선택한 이유는, 전 세계적으로 유사한 서비스가 많고, 여러 비슷한 서비스와 함께 일한 경험이 많기 때문이다. 모든 상황이 정말 독특하지만, 대부분의 중요한 역학 관계는 그렇게 다르지 않다는 것을 발견했다. 이것은 내가 솔직할 수 있고, 개인적으로 누군가를 힘들게 할 우려가 없다는 자신감을 갖게 해 준다.

많은 일이 벌어지고 있고 난잡해 보일 수도 있는데, 이는 단순히 현실을 반영한 것으로, 실제로는 대부분의 회사, 매우 성공한 회사에서도 마찬가지로 벌어지는 일이라는 것을 알게 될 것이다.

마지막으로, 사례 연구를 이상적인 상황으로 혼동하지 마라. 다르게 할 수 있고 더 나은 일도 많지만, 사례 연구의 요점은 실제로 무엇이 행해졌고 왜 그랬는지를 보여 주는 것이다.

다음 예시가 당신이 추후 유사한 문제에 직면할 때 마음에 새기고 싶은 고려 사항의 유형과 당신이 발휘해야 할 리더십의 유형을 이해하게 해 줄 것이다.

CHAPTER
62

회사의 배경

이 사례를 이해하려면, 이 회사의 비즈니스를 매우 잘 이해해야 한다. 한쪽은 고용주 employer, 다른 한쪽에는 구직자가 있는, 전형적으로 양면적인two-side 시장 말이다.

고용주 측에서는, 중소기업의 개인 채용 매니저부터 중견 기업에 이르기까지 다양한 기업에 채용 공고를 판매한다. 이 회사는 전담 HR 부서가 있는 대기업의 관심을 받았지만, 이 시점에 제품은 아직 대기업을 대상으로 설계되지 않았거나 그 시장에 적합하지 않았다. 구직자 측에서는, 주로 전문직(일명 화이트칼라) 일자리를 위해 적극적으로 새로운 일자리를 찾는 사람에게 초점을 맞추었다. 특히 이들은 시간제 또는 임시 근로자가 아니다.[1]

이 사례 연구는 회사가 설립된 지 5년이 지났을 때의 이야기다. 연간 매출은 약 4,500만 달러로 연간 약 30%씩 성장하고 있다. 그들은 이익이 발생하는 지점에 가까워졌지만 성장에 집중하려 한다. 회사에는 약 230명(제품/엔지니어링 95명, 영업 45명, 마케팅 17명, 고객 성공 33명, IT 10명, G&A 30명)이 있다. 경영진으로는 CEO, CFO, 영업 책임자CRO, 마케팅 책임자CMO가 있었다. 물론 제품 책임자CPO와 기술 책임자CTO도 있었으며, 앞으로 이 두 책임자에 대해 살펴보게 될 것이다. 이 정도 규모의 회사라면, 대기업의 경우 일반적인 사업부의 규모다.

---

1 비즈니스의 역학 측면에서 여기서는 단순화했다. 특히, 구직 시장에는 적극적인 구직자(지금 구직자)와 소극적인 구직자(더 나은 일이 생기면 알아본다)가 공존하기 때문이다. 그들은 서로 다른 요구를 가지고 있기 때문에 구직자, 고용주 각각을 이해하고 식별하는 것은 가치 있는 일이다.

회사의 목표

매년 이사회는 회사의 연간 목표를 설정한다. 경영 전략, 경쟁 환경 및 잠재적 투자 수준에 대해 경영진과 이사회 구성원이 심사숙고하고 충분한 토론도 한다. 이사회는 추가 자본을 조달하거나, 다른 금융 수단을 사용하거나, 회사가 잠재적으로는 성장을 희생시키거나, 그 외에 어떤 것이든 현금흐름을 좋게 하는 데 집중해야 한다고 결정할 수 있다.

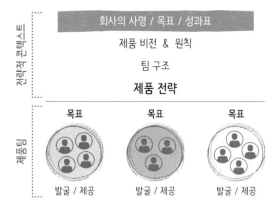

이 해에 전체적인 회사의 방침은 핵심적인 사업을 지속적으로 성장시키고 개선하자는 것이었는데, 이는 고용주가 일자리를 채우고 구직자가 일자리를 찾을 수 있도록 돕기 위해, 훌륭한 성장률로 사업을 지속적으로 성장시킨다는 목표에 집중하자는 것이다.

그리고 추가로, 회사는 대기업 대상으로 시장 범위를 넓힐 수 있는 확장할 만한 유망한 기회가 있다고 판단하고,[1] 이 시장에 더 나은 서비스를 제공하기 위해 회사의 제품과 시장 진출 역량을 확대하는 방안을 모색하려 한다. 그들은 추가적인 제품팀(6명 추가)과 기업별 영업, 마케팅 및 고객 성공을 담당하는 직원(11명 추가)에 자금을 지원하여 투자 수준을 높이기로 결정했다. 이사회는 초기에 대기업 진출이 잘되면, 다음 해에 더 큰 규모로 투자할 것으로 기대한다고 설명했다.

다시 한번 말하지만, 이러한 회사 목표는 이사회의 지원과 승인을 받은 고위 경영진에게서 나온 것이다. 여기에서는 OKR 형식으로 제시되어 있지만, 중요한 것은 ⑴ 그들이 몇몇 의미 있는 목표에 초점을 맞추고, ⑵ 비즈니스 결과를 기반으로 성과를 측정한다는 것이다.

목표 1: 핵심 비즈니스를 계속 성장시켜라.

- 핵심 결과 지표 1: 핵심 비즈니스 수익을 25% 이상 늘린다.
- 핵심 결과 지표 2: 연간 고용주 이탈률을 6%에서 5% 이하로 줄인다.
- 핵심 결과 지표 3: 구직자 성공률을 23%에서 최소 27%로 높인다.

목표 2: 대기업 규모의 회사에 검증된 공급 업체로서 회사를 확립한다.

- 핵심 결과 지표 1: 기준으로 삼을 수 있는 6개 이상 대기업 규모의 회사 고용주를 발굴하여 제품/시장 적합성을 입증한다.

---

1   이 회사는 적어도 2년 동안 여러 기업으로부터 다양한 문의를 받았다. 주로 이전 회사에서 이 서비스를 사용했고, 새로운 회사에서 사용하는 것보다 나은 솔루션이 될 것이라고 믿었던 HR 직원이 한 문의였다.

CHAPTER
64

제품 비전 및 원칙

회사는 강력하고 설득력 있는 제품 비전과 원칙을 가지고 있지만, 어느 회사인지 분명하게 짐작할 수 있기 때문에 여기서는 공유하지 않겠다.

하지만 이 회사는 고객이 자신의 능력에 맞는 최고의 직업을 찾도록 돕고, 고용주가 원하는 직책에 맞는 훌륭한 후보자를 찾도록 도우려는 열망에서 설립되었다고 정도는 말할 수 있다. 쉽게 말해, 이 회사는 고용주의 반복적인 채용 업무에 성패가 달려 있다. 그리고 회사의 단기 혜택과 고객의 장기 이익이 상쇄되는 결정에 직면했을 때, 고객에게 유리한 방향으로 결정을 내리는 것을 보았다. 나는 그 가치와 원칙이 의사 결정에서 여러 번 작용하는 것을 보았기 때문에, 적어도 빈말은 아니라고 확신했다.

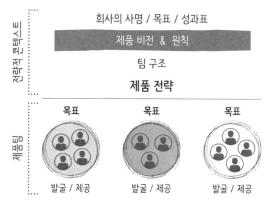

가장 중요한 것은 제품 관리, 엔지니어링 및 디자인 분야의 리더와 제품팀 구성원이 팀 목표를 결정하고 일을 추진할 때, 제품 비전, 제품 원칙, 특히 제품 전략을 염두에 두고 있다는 점이다.

팀 구조

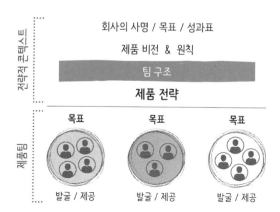

분기 초에 회사에는 엔지니어 60명, 제품 관리자 12명[1], 제품 디자이너 10명, 사용자 연구원 2명, 데이터 분석가 3명으로 구성된 16개의 제품팀이 있었다. CPO에 보고하는 제품 관리 책임자 2명 (고용주 1명, 구직자 1명)과 사용자 경험 디자인 책임자 1명, CTO에 보고하는 엔지니어링 책임자 3명(고용주, 구직자 및 플랫폼 영역 각 1명)이 있다.

팀 구조의 개요

고용주와 구직자에 각각 초점을 맞춘 두 가지 유형의 경험팀이 있는데, 두 유형의 고객에 맞게 구성되었다. 또한 경험팀이 개발해 낸 내부 플랫폼에 약 3분의 1의 자원을 할애하고 있다.

---

1   16개 제품팀이 있었지만, 제품 관리자는 12명뿐이었다. 이에 대해서는 다음에 설명되어 있다.

고용주팀	구직자팀
● 고용주 홈　　● 고용주 커뮤니케이션	● 구직자 홈/개인화　　● 입사 지원
● 채용 도구　　● 엔터프라이즈 도구 (새로 구성된 팀)	● 채용 공고 검색　　● 구직자 커뮤니케이션
● 프리미엄 서비스	● 채용 추천　　● 모바일 앱

플랫폼팀		
● 공통 서비스(Shared Services)	● 데이터 및 통계	● 도구
● 결제 및 청구	● 인프라	

고용주팀

- 고용주 홈
- 채용 도구
- 프리미엄 서비스
- 고용주 커뮤니케이션
- 엔터프라이즈 도구(새로 구성된 팀)

구직자팀

- 구직자 홈/개인화
- 채용 공고 검색
- 채용 추천
- 입사 지원
- 구직자 커뮤니케이션
- 모바일 앱

플랫폼팀

- 공통 서비스
- 결제 및 청구

- 데이터 및 통계
- 인프라
- 도구

고용주 조직

고용주 조직은 채용 관리자 및 HR 부서의 요구 사항을 충족시키는 일을 한다. 현재, 첫 채용 공고는 무료이지만 추가 공고 또는 추천 채용 정보를 포함한 고급 서비스를 사용하려면 등재 및 판촉 비용이 드는 수익 모델을 제공한다.

다음은 실제 제품팀과 각 팀이 담당한 업무에 대한 설명이다.[2]

고용주 홈 — 이 팀은 고용주를 위한 대시보드를 담당하는데, 다양한 리뷰로 현재 채용 공고와 지원서를 보여 준다. 이 팀은 또한 채용 정보를 게시하고, 채용 정보가 자연 검색 결과SEO에 의해 표시되는 기능을 제공한다.

채용 도구 — HR 부서가 있는 고용주를 위해 많은 채용 정보를 시스템에 등록 및 관리하고 지원, 인터뷰 및 의사 결정의 과정을 관리할 수 있는 고급 기능이 있다. 또한 이 팀은 특정한 속성을 가진 구직자를 시장에서 검색한 다음, 모집자가 지원할 때까지 기다리지 않고 구직자에게 연락할 수 있는 방법을 제공한다.

프리미엄 서비스 — 고용주는 비어 있는 자리를 더 빨리 채우거나 지원자 유입을 증가시킬 수 있도록 설계된 몇 가지 선택적 서비스를 제공한다. 이러한 프리미엄 서비스에는 이메일, 추천 채용 목록 등재 등의 작업을 포함한다.

고용주 커뮤니케이션 — 이 팀은 특히 이메일, 문자 및 알림을 포함하여 게시한 채용의 현 상태와 관련하여 고용주와 지속적으로 커뮤니케이션하는 다양한 채널을 관리한다. 직업 정보처럼 실제 업무와 관련되거나 고용주가 추가 채용 정보를 게시하도록 하는 마케팅 관련 내용 또한 포함된다. 이 팀은 또한 일자리를 게시하는 채널을 찾고 있는 신규 고용주 고객(SEO와 SEM)을 끌어들이는 온라인 채용 업무를 담당하기도 한다.

엔터프라이즈 도구(새로 구성된 팀) — 회사가 대기업의 채용을 지원하는 방향으로 추진하기 위해, 대규모 지원자 추적 시스템ATS과의 통합처럼 대기업을 위한 몇몇 특화된 기능

---

2 명확하게 말하면 '제품'은 채용 시장이며 16개 제품팀 각각은 이 대형 제품의 하위 부분 집합을 담당한다.

이 필요하다고 생각한다. 이 팀은 기업 고용주를 만족시키기 위해 필요한 것을 파악하여 구현해 내는 데 중점을 둔다.[3]

구직자 조직

구직자 조직은 일자리를 찾고 있는 사람을 돕는 데 집중한다.

구직자 홈 — 이 팀은 웹 및 기본 모바일 앱에서 구직자에게 핵심 경험을 제공한다. 구직자가 현재 관심 있어 하는 채용 정보의 대시보드, 채용 지원 상태 및 적합한 일자리 제안 등이 해당된다.

일자리 검색 — 이 팀은 구직자가 직업 속성을 기반으로 일자리 시장을 검색할 수 있는 서비스를 제공한다.

일자리 추천 — 이 팀은 검색 기록, 구직자 프로필 정보로 수집된 데이터를 활용하여 추천 일자리를 만들어 낸다.

입사 지원 — 이 팀은 구직자가 특정한 채용 공고에 지원할 수 있도록 한다. 이를 위해 특정한 일자리에 필요한 직업 고유 정보와 결합하는 등, 이미 제공된 정보를 수집하여 보여 준다.

구직자 커뮤니케이션 — 이 팀은 이메일, 문자 및 알림을 포함하여 구직자와의 다양한 커뮤니케이션 채널을 다룬다. 이는 단순업무적(지원자 현황 파악)이면서도 마케팅적인 활동(추가 공고에 구직자가 다시 지원하도록 장려)이다. 이 팀은 또한 새로운 구직자(SEM과 SEO)의 온라인 모집을 담당한다.

모바일 앱 — 이 팀은 구직자에게 iOS및 Android에 각기 특화된 모바일 사용 환경을 제공한다. 또한, 웹 경험과 모바일 경험을 모두 동등하게 유지하기 위해 구직자 홈Seeker Home 과 매우 긴밀하게 협력한다.[4]

---

3 이 팀은 대표 고객 발굴, 시장 진출 고려 사항, 영업 개시를 지원하는 자료에 대한 이해와 준비를 위한 착수 측면에서 수행해야 할 중요한 작업이 너무 많았기 때문에 팀에 제품 마케팅 담당자를 정규직으로 포함시켰다. 이 결정은 매우 중요했다. 대상 고객 세그먼트(segment)에 좀 더 구체적인 메시지를 전달하거나 새로운 사업이 중요한 모든 제품에 훌륭한 사례로 여겨졌다. 《LOVED》라는 책은 이와 같은 상황에서 제품의 시장 출시 성공을 위해 필요한 사항을 꺼낼 때, 제품 마케팅이 특히 중요해지는 시나리오에 대해 깊이 있게 다룬다.

4 이 일이 진행될 때 많은 회사는 특별 전담 '네이티브 모바일 앱' 팀을 둔다. 당시 iOS 및 안드로이드 네이티브 앱 개발에 대한 교육을 받은 엔지니어는 거의 없었기 때문이다. 1년 정도 안에 이 일은 다른 구직자팀, 특히 구직자 홈팀으로 이관되었는데, 이는 일반적으로 훨씬 더 좋은 해결책이다.

플랫폼 조직

플랫폼 조직은 고용주 및 구직자팀이 각자의 고객에게 효율적으로 서비스를 제공할 수 있도록 돕는다. 신뢰할 수 있는 안정적인 플랫폼을 제공함으로써 경험팀은 사용자와 고객을 위한 가치 측면에서 혁신에 집중할 수 있고, 낮은 수준의 서비스를 걱정할 필요가 없다.

공통 서비스 — 서로 다른 팀 간에 잠재적으로 중복된 작업이 진행되고 있음을 인식될 때마다, 공통 서비스팀은 다양한 팀의 요구 사항을 충족하는 단일 솔루션을 제공하기 위해 노력한다. 여기에는 인증, 기본 설정 관리 및 기타 여러 유사한 기능과 같은 서비스가 포함된다. 공통 서비스팀은 고용주 및 구직자팀의 생산성을 높이기 위해 일한다.

결제 및 청구 — 이 팀은 반복 결제, 할인, 프로모션 및 다양한 결제 방법을 포함한 모든 금융 거래를 처리한다. 이 팀은 적은 인원으로 경험이 풍부하며 하는 일이 매우 복잡하지만, 다른 팀이 이 서비스를 사용하기 위해 복잡한 내용을 이해할 필요가 없다는 것이 장점이다.

데이터 및 통계 — 회사의 많은 부분은 제품팀을 시작으로 재무, 마케팅, 영업 및 회사 리더십을 포함하여 시장 활동 통계에 의존한다. 이 팀은 고용주 및 구직자 대시보드에 보이는 통계 인프라뿐만 아니라 각 회사가 스스로 통계를 추출하는 기능을 제공한다.

인프라 — 인프라팀은 기술 인프라가 비즈니스 요구 사항을 충족할 수 있는지 확인하는 책임이 있다. 따라서 그들은 주요 기술적 부채 문제를 주도하고, 제품팀의 엔지니어가 규모 및 성능 문제를 극복하도록 지원했다.

도구 — 도구팀은 고용주, 구직자 및 플랫폼과 같은 모든 제품팀이 생산성을 높이고 안정적인 시스템을 생성할 수 있도록 도구와 서비스를 제공한다. 여기에는 사이트 모니터링 서비스, 테스트 및 릴리스 자동화DevOps 도구, 기타 생산성 및 팀 공동 작업 도구가 포함된다.

CHAPTER

66

제품 전략

회사 목표가 분명해지고 제품 비전과 원칙이 수립되었다면, 제품 조직의 리더(이 경우 CPO, CTO 및 관리자)는 회사 목표를 달성하기 위해 제품 전략을 수정해야 한다.

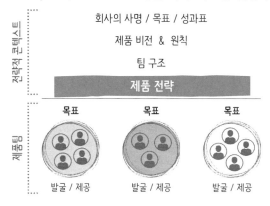

전략적 콘텍스트

회사의 사명 / 목표 / 성과표

제품 비전 & 원칙

팀 구조

제품 전략

제품팀

| 목표 | 목표 | 목표 |

발굴 / 제공   발굴 / 제공   발굴 / 제공

이사회가 이번 해에 기대하는 모든 일을 해낼 수 있는 방법을 찾는다는 보장은 없다. 제품 리더가 찾아낸 방법이 타당하지 않다고 판단하면, 리더는 자금을 늘리거나 기대치를 줄이는 것을 고려하거나 두 가지를 혼합하여 CEO에게 이 문제를 다시 제기해야 한다. 그러나 그 사실을 알리기 전에 제품팀과 긴밀히 협력하여 **무엇을 할 수 있는지** 판단해야 한다.

그리고 회사의 목표는 연간인 반면, 제품팀의 목표는 분기별이라는 점도 유의해야 한다. 따라서 제품 리더와 제품팀은 진행 상황, 직면한 장애물, 새로운 학습 및 새로운 통찰력, 발견된 새로운 기회에 따라 유연하게 추진 과정을 조정할 수 있다.

제품 전략에 대한 큰 그림을 다시 상기해 보자. 제품 전략은 정말 중요한 몇 개의 목표에 집중하는 것으로 시작된다. 그런 다음, 회사 목표에 실질적인 영향을 미치기 위해 활용할 수 있는 통찰을 찾을 것이다. 그 후에는 통찰을 **행동**action으로 매핑한다. 즉, 각 제품팀이 성취할 하나 이상의 목표를 식별하는 것을 의미한다. 마지막으로 관리자는 적극적으로 목표에 대한 **진행 상황을 추적**하고 장애물을 제거하고 제품팀을 지원하기 위해 조율할 필요가 있다.

집중

회사의 리더는 그해에 두 가지의 회사 목표를 확인했다. 하나는 핵심 비즈니스를 지속적으로 성장시키는 것이고, 다른 하나는 새롭게 확장된 제품을 개발하는 것이다.

이 상황에서 회사의 고위 경영진은 회사 목표를 두 가지 핵심 목표로만 좁혀서, 집중할 수 있도록 매우 많은 도움을 주었다. 리더가 훨씬 더 크고 많은 목표를 가지고 있다면, 제품 전략은 그 목록을 좁히는 것으로 시작해야 할 것이다.

새로운 것을 추진할 수 있는 기회는 모든 회사에게 열려 있다. 하지만 이 회사는 지사 확대와 경영진을 위한 추가 서비스(예: 조회 서비스 및 약물 의존 검사 서비스)를 논의한 끝에 이를 올해 목표에서 제외하기로 하였다.

이런 맥락에는 새로운 비즈니스 기회를 추구하는 것이 핵심 비즈니스의 작동을 방해하면 안 된다는 지침이 포함되어 있다는 점에 주목해야 한다.

통찰

성장하는 핵심 비즈니스 목표

회사의 첫 목표는 핵심 비즈니스 성장과 관련이 있다. 이 회사가 기대하는 비즈니스 결과는 25% 성장이며, 물론 이러한 성장을 달성하기 위한 여러 전략이 있다. 그러나 리더는 현재 제품을 최적화하는 것만으로 5~10% 이상 성장할 수 없다는 것을 알고 있다.

이 업계는 자체 성장organic growth이 여전히 일어나고 있지만, 현재 몇몇 새로운 경쟁자가 있어서 업계의 자체 성장에 의존하고 싶지 않다. 그들은 고객(고용주와 구직자 모두)을 그 어느 때보다 더 만족시켜야 하고, 또한 밖으로 나가서 새로운 고객을 더 확보해야 한다고 믿는다.

제품 전략을 잡는 일의 핵심에는 주요 시장의 상태를 알려 주는 KPI와 사용자 리서치에서 얻은 교훈에 대한 검토 및 토론이 포함된다.

이 사례를 살펴보면, 고용주가 일자리를 빨리 채우고 싶어 한다는 것을 알고 있지만, 고용주 회사의 채용 관리자에게 **자격을 갖춘 후보자**를 제공하고 있는지 확실히 하고 싶다. 고용주는 지원서를 받지 못할 때 분명히 실망하고, 지원서가 너무 적으면 결정이 늦어지고 좌절한다. 그 정도는 잘 알려져 있었다.

그러나 잘 모르는 것이 있는데, 데이터 분석이 동기가 되어 사용자 리서치를 해 보니, 한 채용 공고에 너무 많은 사람이 지원하는 경우 그 자체가 문제를 일으킨다는 사실을 알게 되었다. 고용주가 채용 결정을 내리는 데 시간이 너무 오래 걸리기 때문이다. 더욱이, 너무 많은 사람이 지원했다는 사실은 구직자에게 채용되기 힘들겠다는 실망을 남긴다.

데이터 분석에 따르면 **최소 8개, 많아도 25개 이하** 정도의 지원서를 받을 때, 자리가 가장 빨리 채워지고 채용 관리자가 가장 만족한다는 사실을 알아냈다. 이 수치를 바탕으로, 고용주 채용 공고 중 28%가 지원서를 너무 적게 받고, 7%가 너무 많이 받는다는 사실을 알게 되었다. 그렇게 나쁘게 들리지는 않지만, 가장 매력적인 일자리는 너무 많은 지원자를 받아 많은 구직자를 실망시키기 때문에 생각보다 더 좋지 않다. 일단 채용 공고가 자격을 갖춘 지원자를 충분히 확보한다면, 알고리즘이 지원자를 더 유망한 직업으로 안내할 수 있을까?

그들은 특히 너무 적은 지원서를 받는 것이 고용주의 이탈과 직접적인 관련이 있다고 믿는다. 또한 이것이 구직자 만족도와 직접적인 관련이 있다고 믿는다. 특히 자신이 매우 관심 있는 일자리에 신이 나서 지원하고도 결과에 대해 답을 듣지 못한 지원자의 경우 더욱 그렇다.

따라서 다음 분기 또는 2분기(진행 상황에 따라 다르지만)에 대한 전략적 주안점으로, 고용주팀은 적절한 자격을 갖춘 지원서가 최소 8개 이상이 되는 채용 공고의 비율을 높이고, 25개 이상의 지원서를 받는 채용 공고 수를 줄이는 방안을 강구하길 원한다. 이것이 고용주 이탈을 줄이면서 고용주 한 명당 더 많은 채용 공고를 내게 하고, 구직자에게 더 성공적인 답을 주게 될 것이라고 믿는다.

구직자의 관점에서는 일자리를 구할 필요가 있다. 시간은 계속 흘러간다. 그들에게 딱 맞는 일자리를 찾고 직업을 선택하고 싶어 하지만, 이것은 주로 빠르게 서로 짝을 찾는 작업이다.

그들은 구직자가 구직 서비스를 사용하는 첫 48시간 동안 적어도 하나 이상의 지원서를 제출하지 않으면 구직자가 돌아올 가능성이 매우 낮다는 것을 데이터를 통해 알고 있다. 또한 등록한 구직자의 27%만이 하나 이상의 신청서를 제출한다. 또한 구직 활동을 위해 모바일 기반 앱을 다운로드하는 구직자(32%)와 그렇지 않은 구직자(15%)의 경우, 구직 성공에 상당히 차이가 난다는 것을 데이터를 통해 알고 있다.

첫 번째 통찰은 놀랍지 않지만(구직자가 참여하는 데 48시간밖에 걸리지 않음), 두 번째 통찰은 놀라웠다. 시스템 등록은 지원서 제출과 관련된 구직자의 정보 등록 작업이 상당 부분을 차지하는데, 왜 그렇게 많은 사람이 등록 과정을 성공적으로 마치고도 일자리에 전혀 지원하지 않는지 이해하려고 애썼다.

따라서 다음 분기의 두 번째 전략적 주안점으로, 회사는 구직자팀이 더 많은 구직자가 짝을 찾고, 특히 막 등록한 사람을 위해 등록 후 첫 48시간 안에 적어도 하나의 신청서를 제출하게 하는 방법을 찾고 싶어 한다.

기업 고용주 목표

두 번째 회사 목표는 매우 간단하다. 쉽지는 않지만, 명확하다. 그들은 신제품팀을 갖게 될 것이며, 그 팀은 회사 목표에 따라 명확한 과제를 하게 될 것이다.

그들은 핵심 비즈니스에 관한 많은 가정이 이 신제품에는 맞지 않을 수 있다는 것을 알고 있다. 기업에 판매하는 것이 채용 관리자에게 직접 판매하는 것과는 상당한 차이가 있기 때문이다. 따라서 그들은 제품/시장 적합성을 확인하는 것으로 시작하여 이 목표에 접근하려고 한다. 또한 제품/시장 적합성을 추진할 때 팀이 다른 일로 초점이 흐려지지 않기를 원한다. 팀이 신제품을 담당하면 앞으로 나아가기가 너무나 쉽기 때문이다. 새 팀의 일이 간단한 반면, 새 팀이 수행해야 하는 작업 중 일부가 다른 여러 팀에 영향을 미칠 것으로 예상한다.

기업에 맞는 제품/시장 적합성을 입증하는 것은 1년 내내 새로운 계획을 세우는 일이며, 여러 다른 팀, 전부는 아니더라도 대부분의 고용주 조직 팀, 적어도 구직자 조직 구직 앱 팀, 그리고 플랫폼 조직 팀 대부분의 변경 및 지원이 필요할 것이다. 따라서 해당 팀이 이 일을 지원하는 것을 목표로 삼고 있는지 확인해야 한다.

플랫폼 재구축 목표

회사의 두 목표가 대부분의 제품 작업을 주도하지만, 또 다른 목표는 회사 임원이나 이사회가 아닌 제품 리더로부터 비롯된다.

이 조직은 지난 몇 년 동안 비즈니스의 급속한 성장으로 인해 매우 많은 기술적 부채로 어려움을 겪고 있었다. 지난해 엔지니어링 조직은 현대적인 AWS 기반, 마이크로 서비스 기반 개발 모델로 조직을 변모시키기 위한 2개년 계획을 제안했다. 이 계획에는 20개의 주요 시스템 구성 요소가 열거되어 있으며, 2년 동안 매 분기별로 이러한 구성 요소를 의도적으로 정해진 순서로 바꿔 나갈 것을 제안했다.

엔지니어링팀은 다른 작업을 일시 중지하거나 중단할 의향이 있다면 더 짧은 시간 내에 이러한 플랫폼 재구성 작업을 수행해 낼 수 있다고 믿었다. 그러나 이로 인해 이 기간 동안 비즈니스에 지속적으로 새로운 기능을 추가할 수 없게 될 것이다.

따라서 이는 비즈니스에 너무 위험한 것으로 여겨졌고, 대신 2년간 인프라를 전략적으로 재구축하기 위한 점진적 계획을 결정했다. 이번 분기는 이 계획의 4분의 3 지점이다. 이 작업의 대부분은 플랫폼 제품팀에 맡길 것으로 예상되었다.

실행

리더는 이러한 통찰을 실행에 옮길 준비가 되어 있다. 즉, 실행이란 팀이 해결해야 할 문제를 해결하기 위해 노력하는 것을 의미한다.

그들은 단순히 각 제품팀에 문제를 할당할 수 있지만, 이것이 몇 가지 중요한 정보를 놓칠 수도 있다는 것을 알고 있다. 문제와 통찰은 이해하는 한편, 각 팀이 사용할 수 있는 기술과 다양한 문제에 대한 아이디어와 열정은 알 수 없다.

따라서 다음 단계는 분기별 팀 목표 논의를 더 광범위한 제품 조직으로 확장하는 것이다. 리더는 제품팀이 이러한 주제를 어떻게 가장 잘 다룰 것인지 생각하길 바란다. 그러므로 제품 리더는 제품팀 구성원에게 제품 전략 논의를 위한 만남의 자리를 요청한다.[1]

이 기간에 제품 총책임자는 모든 사람에게 회사 목표를 업데이트한 다음, 제품 전략 관련 업무로 넘어가서 관련 데이터, 특히 통찰을 공유하는 것으로 시작한다. 리더는 이 세 가지 목표를 지원하기 위해 해결해야 하는 한두 가지 문제를 안고 각 제품팀에 접근할 것이라

---

[1] 이 회사에서는 제품팀의 모든 구성원이 이 전략 브리핑에 참석하도록 권장했다. 일부 회사에서는 제품 관리자, 제품 디자이너 및 기술 리더에게만 요구하는 반면, 어떤 회사에서는 제품 관리자만 참석한다. 이것은 일부는 문화적 차이, 부분적으로는 조직의 규모와 이들이 모두 같은 사무실에 있는지 여부에 따라 달라진다. 이 회사에서 모든 엔지니어는 아니지만 대부분의 엔지니어가 참석하도록 하는 이유는 엔지니어가 혁신에서 수행하는 역할을 크게 믿었기 때문이다.

고 설명한다. 그러나 한편으로는 도움이 될 수 있다고 생각하는 문제와 아이디어 및 기술을 팀이 미리 구상해 보기를 원한다.[2]

리더는 모든 사람이 같은 일을 하고 싶다면, 세 가지 목표를 모두 해내기 위해 최선을 다해야 하기 때문에 이것은 당연히 효과가 없을 것이라고 팀에 설명한다. 그러나 리더는 제품팀이 목표 달성을 위해 해결해야 하는 문제에 대해 낙관적이라면, 가능한 한 그러한 욕구를 수용하여 맡길 용의가 있다고 설명한다.

이 프로세스는 반드시 하향식top-down과 상향식bottom-up을 조합해야만 한다는 것에 주목하라. 팀은 회사 목표와 제품 전략을 제공받고(하향식), 모두 목표 달성에 기여하기 위해 할 수 있는 일을 고려하도록 요청받는다(상향식). 이는 가능한 한 많은 회사 목표를 완료할 수 있도록 리더십과 함께 시작된다. 그러나 핵심 결과는 항상 상향식으로 나온다.

관리

다음 장에서는 각 제품팀에 있어서 팀 목표가 실제로 달성된 지점을 살펴볼 것이다. 그러나 도착 지점에 도달하기 위해 처리해야 하는 많은 장애물과 과제를 설명하지 않고 이러한 결과를 공유하는 것은 오해의 소지가 있을 수 있다.

그렇기에 발생한 주요 장애물과 이러한 장애물을 처리하는 방법을 소개하겠다.

- 특정 팀(이 사례에서는 고용주 홈팀)에 너무 많은 일이 몰렸다. 리더가 내놓은 두 가지 솔루션은 일부 업무를 다른 팀으로 이관하거나, 한 명 이상의 엔지니어를 추가하는 것이었다. 그들은 결국 그중 일부를 실행했다.
- 가장 일반적인 장애물은 한 팀이 다른 팀에 대한 의존성을 확인하고 해당 분기에 필요한 것을 얻을 수 있는지 여부를 알아야 할 때였다. 이것은 분기 계획을 수립할 때뿐만 아니라, 팀이 업무에 더 심도 있게 업무를 수행하던 분기에 여러 번 발생했다. 대부분 플랫폼팀에 의존했지만, 예를 들어 고용주팀에 대한 변경은 구직자팀에서도 변화가 있어야 했다. 각각의 경우에, 관리자는 관련 당사자와 직접 대화하여 종속성을 수용할 수

---

[2] 더 명확하게 말하면, 모든 팀이 모든 목표에 기여할 것으로 기대하지는 않는다. 어떤 목표는 다른 팀과 더 관련이 있기 때문이다. 그러나 각 팀이 특정 팀 목표와 일반적인 회사 목표를 위해 무엇을 도울 수 있는지 살펴보고, 그럴 가능성이 높은 기회를 포착하면 이를 알려 주길 바란다.

있는지 여부와 시기를 확인해야 했다. 대부분의 경우 약간의 타협하여 당사자 모두를 만족시킬 수 있었다.[3]

- 고용주 홈팀은 목표를 달성하기 위해 제품 마케팅에서 SEO 도움이 많이 필요하다는 사실을 알게 되었다. 관리자는 해당 분기에 SEO 담당자를 이 팀에 포함시켰다. 그들은 새로운 구직자 채널에 대한 데이터를 분석해 보니, SEO에서 더 잘할 수 있다면 좀 더 자격을 갖춘 구직자를 끌어들이고 결과적으로 성공률을 높일 수 있다고 믿었다.

- 인프라팀은 이전 분기와 마찬가지로 기술적 부채를 해결하는 플랫폼 재구축 계획을 공유했지만, 한 팀(엔터프라이즈팀)은 그들이 해야 하는 중요한 분야의 일 때문에 타이밍이 좋지 않음을 깨달았다. 인프라팀은 작업 낭비를 피하기 위해 그 분기에 계획된 해당 모듈을 마침내 변경했다.

- 공유 서비스팀은 다양한 사용자 경험팀을 지원하기 위해 수행해야 하는 매우 긴 업무 목록을 만들었다. 다른 팀에서 들어오는 모든 요청의 우선순위를 정하는 데 도움이 필요했다. 이는 우선순위에 대한 지침을 제공하여 일부 해결되었다. 하지만 어떤 경우에는, 사용자 경험팀이 필요한 소프트웨어를 직접 작성한 다음, 공유 서비스팀의 승인을 받아 해당 코드를 플랫폼에 반영하는 것이 가장 효과적이었다.

---

3 다만, 사용자 경험팀이 분기 내에 일을 끝낼 수 있도록, 플랫폼팀이 필요한 것을 조기에 제공하겠다고 약속하지 못하는 경우도 있었다. 이 경우 사용자 경험팀은 다음 분기까지 솔루션을 제공할 수 없었다.

CHAPTER

67

제품팀의 목표

다음 내용은 제품 리더와 제품팀 간의 협의 결과와 다른 팀에 대한 의존성을 알았을 때 팀들 간의 절충안이다. 어떤 경우에는 팀이 최초에 세운 목표가 문제 없었지만, 다른 경우에는 회사의 연간 목표 달성에 기여도를 높일 수 있는 방향으로 관리자와 반복적인 논의를 하기도 한다.[1] 이 논의는 각 목표에 대한 도전적인 기대치의 수준을 합의하는 작업이기도 하다.

팀 목표는 제품팀이 작업하는 모든 것을 포함하는 것이 아님을 기억하라. 모든 팀에는 다른 작업, 특히 '시스템 운영' 업무 및 불가피하게 발생하는 다양한 문제가 있다. 팀 목표에 회사 목표 달성을 위해 해야 하는 중요한 일을 포함하려 한다. 이러한 목표는 해결책이 아니라 **해결해야 할 문제**를 의미한다. 팀은 가능성 있는 솔루션을 발굴하여 시도하고 동작할 것으로 판단되는 솔루션을 추진할 것이다. 이것이 바로 **임파워드팀**이 의미하는 것이다.

또한 여러 팀이 동일한 문제를 해결하는 과제를 할당받기도 한다는 것에 주목하라. 대부분의 경우, 이러한 문제는 해결해야 하는 가장 중요한 문제였기 때문에 **공통의 목표**로 삼

---

1 서로 주고받는 결론 없는 논쟁이 정상이라는 뜻이다. 중요한 결정 중 어떤 것은 리더에게서 나오고 또 어떤 것은 팀에서 나온다는 사실이 반영된 현상이다.

앗고, 따라서 여러 팀이 해당 영역과 관련된 문제를 해결하도록 요청받았다. 이것은 제품 전략의 결과로 괜찮은 상황이며, 그와 같이 특별한 경우에 적절하다고 주장할 수 있다. 하지만 굳이 그럴 필요도 없다는 점에 유의하기 바란다.[2]

이러한 공통 목표를 통해 팀은 긴밀하게 소통하고 협력해야 하며, 경영진은 필요한 경우에 단편적인 것들을 연결하여 결론을 내는 데 도움을 주어야 하는데, 이는 주로 코칭을 진행하는 중에 발생한다.

회사의 대시보드

다음은 제품 전략과 관련된 KPI를 포함하는 회사의 대시보드의 주요 지표다.

고용주: 고용주의 성공률 향상

(60일 채용 공고 게시 주기 동안 성공한 채용 비율)

- 현재 고용주 성공률: 37%
- 자격을 갖춘 채용 지원이 8개 미만인 채용 공고 비율: 39%
- 자격을 갖춘 채용 지원이 25개 이상인 채용 공고 비율: 7%
- 지원자 수가 8개에서 25개 사이인 채용 공고 비율: 54%
- 계정당 평균 채용 공고 수: 5.9
- 연간 고용주 이탈률: 6%

구직자: 구직자의 성공률 향상

(60일 구직 기간 동안 성공적으로 일자리를 찾은 구직자의 비율)

- 현재 구직자 성공률: 평균 23%
- 처음 48시간 동안 1개 이상의 지원서를 제출한 등록된 구직자 비율: 27%
- 앱 사용자의 구직 성공률: 32%
- 앱을 활용하지 않는 사용자의 구직 성공률 : 15%
- 구직당 평균 채용 지원 수: 3.2

---

2 달리 언급하지 않더라도 모든 핵심 결과 지표는 열망이 담겨 있다. 구체적인 야망의 수준에 대해 뒤에서 다룰 것이다.

고용주 조직

고용주 홈 — 이 팀은 채용 공고를 만드는 동안, 채용 관리자에게 지능형 추천을 할 수 있는 충분한 과거 채용 공고 및 구직자 데이터를 가지고 있다고 믿었다. 이는 성공적인 공고를 게시할 가능성을 크게 높일 것이다.

목표: 추천을 통해 고용주의 성공률을 개선한다.

- 핵심 결과 지표: 고용주 성공률을 37%에서 39%로 높인다.
- 핵심 결과 지표: 8개 이상, 25개 미만으로 적절하게 지원한 채용 공고를 54%에서 58%로 늘린다.

채용 도구 — 이 팀은 새로운 대기업 관련 목표에 크게 영향을 받을 것으로 예상했고, 그래서 새로운 시장을 개척할 때 기본적으로 새로운 엔터프라이즈 도구팀과 함께 작업할 것을 제안했다. 그들은 새로운 시장인 기업의 요구에 부응하기 위해, 채용 도구를 개선하는 데 필요한 모든 일을 할 것이다. 이는 엔터프라이즈 도구팀과 함께 공유하는 팀 목표다.[3]

목표(엔터프라이즈 도구팀과 공유함)

- 핵심 결과 지표(엔터프라이즈 도구팀과 공유함)

프리미엄 서비스 — 이 팀은 특정 서비스가 모든 고용주 게시물에 제공되어야 한다는, 위험하지만 잠재적으로 중요한 가설을 제시했다. 그들은 이러한 기능이 더 성공적인 채용 공고를 생성하고, 고객의 이탈이 줄어들고 전체적으로 총수익이 증가할 것이라는 근거를 가지고 있었기 때문에 이것을 믿었다. 그들은 일련의 표적 테스트를 실행하여 이 가설을 추진해 보자고 제안했다. 그들은 이탈률이 감소하기까지 시간이 걸리겠지만, 고용주의 성공률 증가는 예측 가능해야 한다고 기대한다.

목표: 프리미엄 서비스를 통해 고용주의 성공률을 개선한다.

- 핵심 결과 지표: (테스트 집단 대상) 고용주 성공률을 37%에서 40%로 개선한다.
- 핵심 결과 지표: (테스트 집단 대상) 수익에 영향이 없거나 긍정적인 영향을 준 항목을 식별한다.

---

3 이것은 여러 팀에게 할당된 팀 공통 목표의 예다. 채용 도구팀은 팀의 공통 목표를 달성하기 위해 채용 도구팀 및 두 플랫폼팀과 긴밀히 협력할 것이다.

고용주 커뮤니케이션 — 이 팀은 새로운 CRM 모범 사례를 활용하여 채용 매니저 및 채용 관리자와의 소통을 좀 더 효율적으로 개선하여 채용 관리자가 지원자 간의 업무를 신속하게 종결할 수 있다고 믿었다.

목표: 대화와 소통을 통해 고용주의 성공률을 개선한다.

- 핵심 결과 지표: 고용주 성공률을 37%에서 40%로 개선한다.
- 핵심 결과 지표: 8개보다 많고 25개보다 적은 지원서를 받은 채용 공고 비율을 54%에서 56%로 늘린다.[4]

엔터프라이즈 도구(새로 구성된 팀) — 이 팀은 대기업 목표를 위한 계획과 실행을 주도하고 필요에 따라 다른 팀과 협력했다. 그들의 의도는 영업 조직에서 이미 확인한 8명의 잠재 기업 고객과 함께 고객 발굴 프로그램을 즉시 시작하는 것이었다. 그들의 의도는 이러한 초기 잠재 고객을 활용하여 이 새로운 시장에 적합한 제품/시장을 발굴하고 서비스를 제공하는 것이다.

목표: 대기업에 적합한 제품/시장을 보여 준다.

- 핵심 결과 지표: 최소 8명의 고객 발굴 프로그램 고객에게 구매 의향서에 서명하도록 한다.[5]

구직자 조직

구직자 홈 — 이 팀은 과거 데이터를 활용하여 구직자의 홈 대시보드에 지능적인 개인화 기능을 도입하여 구직자를 더 적합한 직업으로 안내할 수 있다고 믿었다. 이것은 채용 추천팀과 **공유하는 팀 목표**다.

목표: 추천을 통해 구직자의 성공률을 개선한다.

- 핵심 결과 지표: 구직자 성공률을 23%에서 25%로 높인다.
- 핵심 결과 지표: 첫 48시간 내에 첫 지원 비율을 27%에서 30%로 늘린다.

---

4 팀의 어떤 변화가 어떤 영향을 끼쳤는지 알 수 있었던 방법을 이해하고 싶다면 59장 '핵심 결과의 속성' 글상자 부분을 참고하라.

5 궁극적으로 이 엔터프라이즈 도구팀의 성공 척도는 초기 기업(enterprise)용 제품 제공을 위해 최소 6명의 참조 고객을 개발하는 것이다. 그러나 리더와 팀은 단일 분기 이상(희망컨대 2분기 미만이 되길) 긴 시간이 소요될 것으로 예상되었다. 문제는 이 비즈니스 결과를 실제로 진전시키기 위해 대신할 만한 좋은 분기 KPI가 무엇이냐는 것이었다. 최소 8명의 고객이 구매 의향서에 서명한다면 이 중 일부 고객이 제품이 준비되었을 때 실제로 구매할 것으로 예상하는 것이 타당하다고 생각하여, 이 고객 개발 프로그램에 적극적으로 참여하기로 결정했다. 이는 제품에 대한 약속을 이행하는 팀에 의해 성패가 좌우되는 부분이다.

채용 공고 검색 — 이 팀은 검색 패러다임을 확장할 수 있으며, 구직자가 희망하는 자리를 설정하면 검색 기능이 새로운 게시물을 지속적으로 스캔하여 일치하는 것이 포착되면 즉시 알림을 받을 수 있었다.

목표: 검색을 통해 구직자의 성공률을 개선한다.

- 핵심 결과 지표: 구직자 성공률을 23%에서 25%로 높인다.
- 핵심 결과 지표: 채용 공고 검색 결과로부터 지원하는 비율을 0%에서 3%로 높인다.

채용 추천 — 이 팀은 추천 품질을 개선하고 구직자가 지원 자격이 있다는 것을 알지 못했던 일자리를 찾도록 도울 수 있다고 믿었다. 이것은 구직자 홈팀과 공유된 팀 목표다.

목표: 추천을 통해 구직자의 성공률을 개선한다.

- 핵심 결과 지표: 구직자 성공률을 23%에서 25%로 높인다.
- 핵심 결과 지표: 추천 결과로부터 지원하는 비율을 3%에서 5%로 늘린다.

입사 지원 — 이 팀은 지원 프로세스를 훨씬 더 지능적으로 만들겠다는 목표를 설정했다. 구직자가 어떤 직업에 지원하면, 언제, 어떤 기기에서든 쉽고 빠르게 다른 곳에도 지원할 수 있게 만들려고 한다.

목표: 입사 지원 시스템을 통해 구직자의 성공률을 향상시킨다.

- 핵심 결과 지표: 구직자 성공률을 23%에서 25%로 높인다.
- 핵심 결과 지표: 지원 접수 건수를 평균 3.2건에서 4건으로 늘린다.

구직자 커뮤니케이션 — 이 팀은 '처음 48시간'이라는 개념을 주제로 채택하고 이 기간 동안 적어도 첫 번째 신청서가 제출될 때까지 더 풍부하고 시기 적절한 사용자 경험을 가진 일련의 실험을 계획했다.

목표: 커뮤니케이션을 통해 구직자의 성공률을 개선한다.

- 핵심 결과 지표: 구직자 성공률을 23%에서 25%로 높인다.
- 핵심 결과 지표: 첫 48시간 동안 첫 지원을 하는 비율을 27%에서 30%로 늘린다.

모바일 앱 — 이 팀은 더 많은 참여를 유도하기 위해 실시간 알림에 초점을 맞추겠다고 제안했다. 처음 48시간뿐만 아니라 새로운 잠재적으로 적합한 일자리가 포착되면 바로 구직자에게 알려 주는 방식이다.

목표: 앱을 통해 구직자의 성공률을 개선한다.

- 핵심 결과 지표: 앱 사용자의 검색 성공률을 32%에서 35%로 높인다.
- 핵심 결과 지표: 앱을 설치하고 처음 앱을 사용하는 구직자의 비율을 17%에서 20%로 높인다.
- 핵심 결과 지표: 앱 스토어에서 30일 동안의 앱 평점을 3.0에서 3.5로 올린다.

플랫폼 조직

플랫폼팀은 주로 고용주, 구직자 경험팀이 목표를 달성하도록 돕는 역할이므로, 그 분기의 플랫폼팀 목표는 대부분 다른 팀의 목표를 지원하는 것임에 주목하라.

공통 서비스 — 여러 팀이 알림을 받아야 한다고 믿었기 때문에 공통 서비스팀은 필요한 서비스를 지원하기 위해 최선을 다했다.

목표: 사용자 경험팀을 지원하는 데 필요한 기술을 제공한다.

- 진정성 있는 약속: 알림 시스템 1.0 버전 제공[6]

결제 및 청구 — 엔터프라이즈 도구팀은 결제 및 청구팀에 거래 전용 결제 대신 기업의 조건에 따라 월별 결제 계정을 설정하는 데 필요한 지원을 제공하도록 요청했다. 이것은 엔터프라이즈 도구팀과 공유하는 팀 목표다.

목표: 기업에 적합한 제품/시장을 입증한다.

- 핵심 결과 지표(이어받은 엔터프라이즈 도구팀의 핵심 결과)

데이터 및 통계 — 엔터프라이즈 도구팀은 데이터 및 통계팀에 전사적 보고가 가능하고, 각각 고유 계정을 가진 여러 사용자(채용 관리자)가 있는 회사에 대한 집계, 통계를 지원해 달라고 요청했다. 이것은 엔터프라이즈 도구팀과 공유하는 팀 목표임을 주목하라.

목표: 기업에 적합한 제품/시장을 입증한다.

- 핵심 결과 지표(이어받은 엔터프라이즈 도구팀의 핵심 결과)

---

6 이것이 일반적인 '시스템 운영 업무'보다는 진정성 있는 약속, 그렇지 않다면 공유된 팀 목표에 의존하는 이유인지 의심스러울 것이다. 우리는 미미한 의존성(항상 많은 경우)이 아닌, 주요 결과물에 대해 진정성 있는 약속을 할 뿐이다. 공유된 팀 목표가 아닌 이유는 팀이 이미 알림 서비스가 필요하다고 논의하고 결정했기 때문에 실제로 언제 사용할 수 있는지가 해결해야 하는 더 중요한 문제였다.

인프라 — 이 팀은 상당한 기술적 부채 문제를 해결하기 위해 2년 동안 플랫폼을 다시 구축하는 중이었다. 새로운 엔터프라이즈 시장의 등장으로, 팀은 ATS 통합 작업이 새로운 인프라를 기반으로 이루어질 수 있도록 작업 순서 조정을 제안하게 되었다. 이 새로운 인프라는 훨씬 더 빠를 뿐만 아니라, 나중에 다시 구현해야 하는 부담도 줄일 수 있어야 한다.

목표: 주요한 기술적 부채를 해결하는 플랫폼 재구축 작업을 지속한다.[7]

- 진정성 있는 약속: 네 개의 주요 시스템 구성 요소를 새로운 아키텍처로 완전히 이동하는 동시에 모든 팀이 플랫폼을 재구축하는 동안 계속 일을 진행할 수 있어야 한다.[8]

도구 — 이 팀은 엔터프라이즈 통합 요구 사항을 처리하기 위해 유연하고 실시간으로 가능한 모니터링에 집중해 달라는 요청을 받았다.

목표: 기업에 적합한 제품/시장을 입증한다.

- 핵심 결과 지표(이어받은 엔터프라이즈 도구팀의 핵심 결과)

야망의 수준

야심찬 핵심 성과를 이루어 내기 위해서는, 해당 분기의 핵심 결과에 대해 팀이 얼마나 열망을 가지고 있는지 명확하게 이해하는 것이 중요하다.

이것으로 종종 회사 문화가 드러난다. 일부 회사는 팀이 매우 야심적이도록 권장하고(문샷), 어떤 회사는 팀이 매우 보수적이기를 원한다(루프샷). 일부는 팀에 핵심 결과 지표에 대해 어느 정도 확신을 갖고 있는지 예상해 달라고 요청한다(예를 들어, "핵심 결과 지표의 신뢰도는 70% 수준입니다.").

이 회사에서 리더는 주관적인 용어를 사용하여 팀에 원하는 야망의 수준을 설명했다. 일반적으로 이 회사의 리더는 팀이 보수적이어서는 원하는 결과를 얻을 수 없다고 믿었기 때문에, 팀이 보수적이기보다는 야망을 갖기를 원했다.

---

7 기술 부채를 해결하는 목표는 2년에 걸친 계획이기 때문에 여기서는 분기마다 적용되는 목표의 한 예다. 따라서 이것은 지속적이고 다년간의 목표를 보여 주지만, 모든 분기는 아니더라도 분기마다 의미 있는 진전을 보여 준다.

8 진정성 있는 약속은 약속보다는 핵심 결과일 수 있지만, 더 현대적인 플랫폼으로 전환할 때 속도, 안정성, 확장성, 성능 및 내결함성 향상을 정량화하는 것은 소프트웨어업계에서 매우 어려운 문제다. 그렇기 때문에 기술 부채를 해결하면서 진정성 있는 비즈니스를 동시에 이룬다는 것은 매우 어려울뿐더러 시도하라고 권장하지도 않는다. 하지만 나는 리더들에게 사업을 계속하고 싶다면 반드시 기술 부채를 해결해야만 한다고 강조한다.

사업 성과

이 모든 것이 실제로 어떻게 이루어졌는지 궁금한 사람을 위해, 분기별 결과와 약 1년 후에 관찰한 것을 정리해 보겠다.

8개에서 25개 사이의 지원을 더 많이 확보하려는 노력은 실제로 성과를 거두었다. 이는 이미 충분한 수의 구직자가 지원한 채용 공고에 지원함으로써 낭비되던 구직자를 다른 채용에 지원하도록 확산시킨 결과였다. 분기 말에 회사는 '채용 성공률' KPI를 37%에서 41%로 높였지만, 가장 좋은 소식은 이 수치가 계속 늘어나서 45%로 연말에 마감했다는 것이다. 그 결과, 고용주 이탈이 6%에서 5.1%로 감소했다.

앞에서 보았듯이, 회사는 성공할 수 있기를 바라며 다양한 각도에서 이러한 문제를 파헤쳐 나갔다. 가장 큰 영향을 미친 접근 방식은 채용 추천팀이 사용했다. 구직자가 자신이 지원할 자격이 있는지 알아채지 못했던 일자리 중 시스템이 자격을 갖춘 것으로 보이는 일자리를 선별하여 보여 준 것뿐이었다. 이는 즉각적인 영향을 미쳤을 뿐만 아니라 최소 2년 동안 계속 개선되었다.

구직자 측면에서는 시스템에 계정을 처음 만들고 첫 지원을 제공하는 작동 흐름을 근본적으로 완전히 바꾸었다. 주로 첫 지원서 제출을 훨씬 더 쉽게 하고 계정을 생성하는 프로세스와 통합함으로써 처음 48시간 내에 신청서를 제출한 구직자의 비율을 27%에서 42%로 크게 높일 수 있었다.

모바일 앱에 대한 투자도 가치가 있음이 입증되었으며, 다음 분기에는 더 많은 구직자가 앱을 설치하도록 제품 마케팅에 노력을 기울였다.

기업 판매를 위한 제품/시장 적합성을 달성하려는 목표를 위해 6명의 참조 고객을 확보하는 데 2분기가 걸렸지만, 그 결과 회사는 직접 판매 채널을 갖게 되었다. 그러나 회사는 온라인을 통한 직접 판매에서 채용 관리자에게 영업하고, 직접 판매 영업 담당자 통해 HR 조직을 대상으로 판매하는 형태로 이동하려면 예상했던 것보다 훨씬 더 큰 변화가 필요하다는 사실을 발견했다. 보안 및 액세스 제어, 데이터 및 통계, 결제 및 청구를 포함하여 필요한 기반을 적절한 수준으로 끌어올리는 데 1년 가까운 시간이 걸렸다.

제품팀에 직접 물어본다면, 가장 좋아하는 결과는 재구축을 통한 플랫폼의 발전이라고 말할 것이다. 결국, 2년이 걸렸지만 훨씬 더 빠르게 움직이고 제품 개발 업무에 더 잘 적응할 수 있는 시스템 능력을 갖게 되었다.

대부분의 플랫폼팀에는 기술 책임자가 담당하는 플랫폼 제품 관리자가 있었다. 인프라, 도구 및 공통 서비스 같은 일부 팀의 경우, 이것은 문제가 되지 않았다. 그러나 결제 및 청구, 데이터 및 통계팀의 경우에는 비즈니스 복잡성과 제약이 기술 리더 본연의 업무를 억누르고 있었기 때문에, 회사는 그해 후반에 이러한 팀에 플랫폼 제품 관리자를 추가했다.

일부 제품팀이 다른 팀보다 더 많은 성공을 거두었지만, 이 회사의 직원, 리더 및 투자자는 전반적으로 회사가 발전한 것에 더 만족했으며, 요구했던 혁신 수준에 도달했다고 인정받았다. 그 후로 몇 년 동안 성장했기 때문에 할 일이 여전히 많았지만, 실질적인 발전을 이루었다.

리더가 회사의 경영진과 이해관계자에게 매우 개방적이고 모든 사안에 대해 투명했기 때문에, 몇몇 리더는 이러한 기술 제품이 만들어지는 과정, 특히 어려운 문제를 해결하는 데 필요했던 고수준의 실험에 대해 공유했고, 그들이 매우 고마워했다고 나에게 알려 주었다.

CHAPTER

69

핵심 교훈

이 사례를 끝까지 함께 읽었다면, 강력한 제품을 만드는 조직이 실제로 어떤 모습인지 조금 더 구체적으로 머릿속에 그릴 수 있을 것이라고 생각한다.

빠르게 성장하면서 겪은 스트레스와 어려움을 극복한 실제 회사의 사례에서 찾아낸 다음 10가지 사항이 교훈이 되길 바란다.

1. 팀 구조에서 제품 전략, 팀 목표, 해당 분기에 발생한 문제와 장애물을 적극적으로 해결하기 위해 제품 리더가 수행해야 하는 중요한 역할.

2. 집중과 통찰에 기반한 진정한 제품 전략의 중요성. 제품 전략은 각 제품팀이 해결해야 하는 문제를 말한다. 이를 아는 리더는 영향력이 큰 몇 가지 통찰을 중심으로 전략을 수립하고, 대부분의 조직에 이러한 문제를 해결하도록 요청했다. 전략이 좋다면 결과가 좋을 수 있지만, 전략이 적절하지 못하면 결코 결과는 좋을 수 없다.

3. 제품팀뿐만 아니라 제품 리더의 적극적인 팀 목표 관리의 중요성. 팀이 목표를 달성하지 못하면 삶이 방해가 되는 일이 생기고 곧 시간이 순식간에 지나가 충분한 성과를 거두지 못하게 된다.

4. 미션팀을 만드는 것과 팀에 자발적으로 결정할 권한을 부여하는 것의 가치. 진정한 혁

신은, 고객과 회사에 실질적인 변화를 가져올 수 있는 어려운 문제를 해결할 수 있도록 임파워드팀이 열정을 가지고 일한 직접적인 결과였다.

5. 알 수 있는 것과 알 수 없는 것의 한계. 이러한 리더는 어떤 아이디어가 실제로 결실을 맺고 결실을 맺지 않을지 예상할 방법이 없다는 것을 알고 있었다. 그들은 현실에 대처할 수 있는 계획을 세웠다.

6. 모든 시도가 성과를 거둘 수 없다는 것을 알면서 베팅을 하는 위험 관리 요소. 이러한 리더는 데이터를 통한 통찰이 얼마나 강력한지, 특정한 사람과 팀에 대해 얼마나 확신하는지, 팀이 영향력을 발휘할 수 있는 능력에 얼마나 확신하는지에 따라 베팅했다.

7. 팀 구조가 통찰을 행동으로 전환하는 데 미치는 영향. 팀의 구조가 다르면 부여된 임무가 달라지고, 결과도 차이가 난다. 더 좋을 수도, 나쁠 수도 있지만 확실히 다르다. 이 구조에는 몇 가지 분명한 장점이 있지만, 한계도 있다.

8. 리더와 제품팀 사이에 부분적으로 하향식, 상향식으로 필요한 것 주고받기give and take. 리더는 자신이 강점을 갖고 있다고 느끼는 부분에 대해 적극적으로 팀을 도와주거나 개입하는 등 책임을 포기하지 않았지만, 팀에 동기를 부여하는 데 도움이 되고 싶다는 의지가 깔려 있었다.

9. 모든 제품팀과 광범위한 전략적 콘텍스트를 공유하는 것의 중요성. 제품팀이 올바른 결정을 내리려면 전체적인 그림을 이해하고 제품 비전과 제품 전략, 특히 제품 전략 이면에 있는 통찰을 이해해야 한다.

10. 불확실성은 골치 아프고 장담할 수 없다. 그러나 똑똑한 리더는 팀을 신뢰하고 불확실성을 수용하여 위험을 적절히 관리하기 때문에 일이 제대로 돌아가게 만드는 방법을 찾아낸다.

모든 기업은 시장의 위치가 다르고, 팀이 가진 재능이 다르며, 서로 다른 기술력과 회사 문화를 가진, 고유한 상황에 있음을 이해해야 한다. 구인 구직 서비스 개발 업계에 진입한 이 회사에서 무엇이 잘되었다고 해서 그것이 당신의 회사에서도 잘 돌아가는 것은 아니다. 다만, 이 사례는 마음속에 담고 싶은 여러 유형의 고려 사항과 팀에 필요한 리더십 유형을 생각해 내는 뛰어난 감각을 갖게 해 줄 것이다.

70

리더 프로필:
주디 기번스

리더십으로의 여정

주디 기번스Judy Gibbons는 런던 경영대학원에서 공부하고 나와 같은 회사(휴렛 패커드)에서 같은 시기에 경력을 시작했다. 그녀는 PC 시대에 HP에 다시 합류하여 제품 관리 및 제품 마케팅을 배웠다. 기번스는 영국에 거주했고 나는 실리콘밸리에 거주했지만, 우리는 친구가 되었고 그 이후로 그녀의 일을 지켜보면서 리더십을 알게 되었다.

기번스는 HP에서 애플로 옮겨 제품 개발, 제품 관리 및 기술 선도로 7년을 보내고, 마이크로소프트로 옮겨 10년 동안 글로벌 소비자 인터넷 비즈니스MSN를 구축하고 이끌었다. 마이크로소프에서 나온 후 기번스는 스타트업에 자문 및 투자를 시작했고, 최고경영자 수준부터 혁신이 필요하다는 사실을 깨달은 여러 회사에서 이사 겸 회장으로 일하기 시작했다.

기번스는 여러 경력을 통해 기술 기반 비즈니스의 거의 모든 측면을 경험하고 매우 빠르게 성장하는 여러 비즈니스를 이끌면서 교훈을 쌓았다.

행동하는 리더십

그녀는 다음과 같이 말했다

경력 초기에 나는 운이 좋게도 영국과 실리콘밸리에 있는 HP에서 처음에는 시스템 엔지니어로 일한 후 제품 관리자로 일할 수 있었다.

빌 휴렛Bill Hewlett과 데이브 패커드Dave Packard는 **HP 방식**the HP way에 담겨 있는 매우 강력한 가치 기반 문화와 운영 원칙을 만들었다. 여기에는 "일에 적합한 사람을 채용하고, 그들을 신뢰하여, 목표를 달성할 수 있는 최상의 경로를 찾을 수 있는 자유를 주고, 그러한 일을 가능하게 하는 보상을 공유한다면 최고의 결과가 따라온다고 믿는다"라는 내용이 포함되어 있다. 이것은 "항상 자신보다 똑똑한 사람을 고용하라", "직원에게 권한을 부여하라", "고객 가치 중심으로 생각하라"와 같은 행동 지침으로 해석되었다.

또한, HP는 오늘날의 목표와 핵심 결과의 기반이 되는 **목표 중심 관리**management by objectives를 적용한 선구자였다. 그곳에서 보낸 7년의 세월은 직장 생활 내내 나를 지탱해 준 엄청난 교훈을 제공해 주었다.

협업 및 권한 부여의 문화와 함께 강한 가치를 가지고 있지 않은 조직을 볼 때마다, 이들이 훌륭한 고객 경험과 비즈니스 가치를 제공하기 위해 고군분투할 것이라는 사실을 안다. 기술은 많은 것을 가능하게 하지만, 고객의 요구를 충족시키지 못하면 비즈니스의 요구 또한 충족시키지 못한다.

HP 이후에는 애플에 합류했다. 그곳에서 스티브 잡스는 기술력으로 달성할 수 있는 것에 대해 설득력 있는 비전을 명확하게 제시하는 동시에, 고객 경험에 집착하는 것의 중요성과 힘을 매우 효과적으로 보여 주었다.

애플의 제품팀은 다양해서, 제품 디자인은 물론 기술을 효과적으로 결합하여, 비범한 방식으로 혁신을 이끌어 낼 수 있는 제품 관리자 및 개발자가 있었다. 다음으로 마이크로소프트로 자리를 옮겨, 소비자 인터넷 서비스인 MSN을 시작했다. 이 제품은 지속적으로 업데이트되는 콘텐츠를 제공하는 새로운 플랫폼인 웹 제품이었다. 물론 이것은 새로운 비즈니스 모델이었다. 결과적으로 제품팀은 뉴스 기자, 프로듀서 및 광고 전문가가 합류하여 더 다양해졌다.

하지만 분명한 비전, 불가능을 가능하게 만드는 창의력, 고객으로부터 배운 내용, 지속적인 반복이라는 요구는 여전히 같았다.

오늘날 다양성이 많이 언급되지만, 제품팀에서만큼 중요하지는 않을 것이다. 창의적이고 열정적인 사람에게 아이디어를 탐구하는 자유를 주면 위대한 일이 일어날 수 있다.

독창적인 아이디어를 내기 위해서는 창의력이 필요한데, 이는 비판받고 평가받고 정교하게 다듬어져야 한다. 가장 잠재적인 가치를 지닌 것에 집중하기 전에 다양한 가능성을 탐색해야 한다. 그리고 이러한 다양한 행동을 결합하고 유연한 방식으로 전환할 수 있는 제품팀은 현재의 세상에서 성공하는 데 가장 적합하다.

마이크로소프트를 떠나, 기술 스타트업 회사에 투자하는 선도적인 벤처캐피털인 액셀 파트너스Accel Partners에 입사했다. 창업가가 되려는 사람이 하는 수백 건의 발표를 들었는데, 창업팀에 기술 또는 제품 리더가 없는 경우가 그렇게 많은 것에 놀랐다. 많은 사람이 제품 개발을 아웃소싱할 계획이라고 말했고, 이는 어떻게 훌륭한 기술 기반 제품과 비즈니스가 만들어지는지 전혀 이해하지 못하고 있음을 분명히 보여 주었다.

나는 지난 10년 동안 다양한 조직의 이사회에서 일했으며, 그중 상당수는 '디지털 전환digital transformation' 과정에 참여했다. 이러한 노력의 결과는 고객에게 매력적인 디지털 경험을 제공하는 것이어야 하며, 이를 위해서는 임파워드 제품팀이 필요하다.

이와 같은 환경을 조성하기 위해 리더는 명확하고 설득력 있는 목적과 비전, 즉 조직이 달성하려는 목표와 이유를 수립하고 전달해야 한다. 그리고 최고경영자부터 시작해서 고객이 누구인지, 무엇을 원하는지, 어떻게 행동하는지 등 고객에게 집착해야 한다. 솔루션을 개발하려면 유능한 프로덕트 매니저가 이끄는 고도로 집중되고 효과적인 크로스펑셔널 팀이 있어야 하며, 그 팀은 제품 비전을 이행할 권한과 자유가 있어야 한다. 이는 명확한 목표, 책임, 지속적인 상호작용 및 지속적인 학습을 의미한다.

리더는 기대치를 설정하고 불가피한 한계를 인정하여 거버넌스를 수립해야 하지만, 전진을 막는 장벽을 제거해야 하며, 필요한 도구와 리소스로 팀을 지원해야 한다. 그 후 리더는 팀이 스스로 나아가도록 비켜 줘야 한다. 이러한 일의 방식, 가치 및 행동을 채택하기 위해 고위 리더십의 지원이 핵심적으로 필요하다.

마티는 많은 회사가 팀에 권한과 자율성을 부여하기보다 지휘 통제식 리더십을 선호하는 이유를 나에게 물었다.

나는 이것이 선호인지, 혹은 의식적인 것인지 모르겠다. 많은 경우, 이는 리더가 아는 유일한 모델인 것처럼 보인다. 나는 그런 리더십 방식을 바꾸기가 매우 어렵다는 것을 알고 있으며, 그러려면 올바른 문화와 가치를 창출하기 위한 강력한 리더십과 지속적이고 헌신적인 노력을 통해야만 한다. 리더는 경쟁 의식을 허물고 효과적인 크로스펑셔널 협업을 가능하게 하고 지원하는 새로운 작업 방식을 확립해야 한다.

이사회의 구성원으로서, 나는 이러한 원칙과 가치의 중요성을 고위 리더에게 이해시키고 제품팀에 권한과 자유를 주어야 한다고 강조한다. 이렇게 하지 않으면 목표 달성을 위해 진척은 거의 없고, 엄청난 좌절감을 맛보게 된다. 이는 필연적으로 엄청난 노력과 비용을 들여 조직에 투입한 핵심 디지털 인재가 더 가치 있는 곳을 찾아 회사를 떠날 것이라는 의미다.

비즈니스 협업

강력한 제품 리더와 임파워드 제품팀이 필요하지만, 대개 이것만으로는 충분하지 않다. 제품을 만들어 내는 일은 더 광범위한 회사 환경에서 종합적으로 이루어지기 때문이다. 나머지 주요 경영진과 비즈니스의 다른 주요 영역을 대표하는 다양한 이해관계자와 마찬가지로, CEO도 중요하다.

그러나 비즈니스에서 다른 영역의 관계자와 필요한 업무 관계를 구축하는 것은 또 다른 어려움이 따른다. 훨씬 더 많은 세심함과 미묘한 차이를 알아야 하기 때문이다.

현재 당신의 회사는 **비즈니스를 지원하기 위해 존재하는 기능팀**을 구성하고 운영하는 데 매우 익숙하고, 이제는 비즈니스에 적합한 방식으로 **고객에게 의미 있는 서비스를 제공**하기 위해 존재하는 임파워드 제품팀으로 교체하려 한다. 이는 실제로 제품 조직이 **보조적인** subservient 모델에서 **협업**collaborative 모델로 탈바꿈해야 한다는 뜻이다.

매우 인간적인 차원에서, 당신은 고위 경영진에게 평범한 사람(실무자)으로 구성된 팀이 코칭을 통해 비범한 팀으로 변모했으니 기존과는 다르게 생각해 달라고 부탁하는 것이다. 이는 특히 비즈니스의 다른 영역에 영향을 미치므로 매우 중요한 변화다. 이런 생각의 변화가 어떤 영향을 미치는지, 당신이 제품 리더로서 마인드셋과 책임의 변화를 회사에 어떻게 전파할 수 있을지에 대해 논의해 보자.

제품 리더의 역할

제품팀이 **보조적인** 기능 개발팀 모델에서 **협력적인** 임파워드 제품팀 모델로 탈바꿈하는 것은 특히 제품 조직과 다른 비즈니스 리더 간의 **신뢰**에서 시작된다. 그리고 그 신뢰의 핵심은 **제품 리더**, 즉 제품 최고 책임자다.

신뢰감을 불어 넣고, CEO와 다른 주요 경영진의 신뢰를 받는 훌륭한 제품 최고 책임자가 없으면, 이는 매우 길고 어려운 길이 될 것이다.

여기에는 당신의 조직에서는 사실이 아닐 수 있는 커다란 가정이 있다. 제품 리더는 일반적으로 조직의 다른 주요 경영진 및 이해관계자와 동일한 위치의 동료라고 가정한다. 일반적으로 기술 기반 제품 회사에서는 그렇다. 그러나 일부 인터넷 이전의 오래된 기업에서는 제품 리더가 CIO, CTO 또는 개별 비즈니스 아래 위치에 묻혀 있다(보조적인 기능 개발팀 모델의 명확한 징후다). 이런 경우, 영업 담당 수석 부사장이나 최고 마케팅 책임자 또는 최고 재무 책임자와 제품 책임자가 협력적인 관계를 맺는 것이 훨씬 어렵다.

이것이 왜 중요할까? 경영진은 필요한 경험과 지식이 있지 않은 것 같은 하급 부하 직원보다는, 동료를 신뢰하는 것이 훨씬 쉽기 때문이다.

어떤 경우든 제품 리더는 CEO(또는 큰 회사의 경우, 총괄 관리자) 및 기타 주요 경영진과 직접적인 관계를 맺어야 한다. 일반적으로 영업, 마케팅, 서비스, 재무, 법률 및 비즈니스 개발 책임자인데, 이 목록은 회사마다 다르다. 이러한 관계의 기본은 제품 리더가 비즈니스를 깊이 이해하고 있으며, 제공된 솔루션이 비즈니스의 다양한 측면에서 작동하도록 보장하기 위해 최선을 다하고 있음을 경영진이 믿어야 한다는 것이다.

이것은 제품 리더의 중요한 무기이자 자산이다. 이것 말고도 다음의 세 가지 관점에서 제품 리더를 평가해 볼 수 있다.

1. 사업 실적
2. 제품 전략
3. 제품팀

사업 실적

궁극적으로 회사는 오로지 **비즈니스 결과**, 즉 사업 실적을 보여 줌으로써 임파워드팀 모델로 변경하도록 동기를 부여할 수 있다.

회사가 팀 모델을 변경하려는 이유는 이전의 방식이 원하는 결과를 보여 주지 않았기 때문일 가능성이 높다. 따라서 제품 조직이 결과를 내는 것이 중요하다. 그러기 위해서는 조직이 계획적으로 한곳에 집중한 제품 전략을 가지고 제품팀이 결과에 대해 권한을 부여받고 결과에 책임지는 것이 중요하다.

제품 전략

기능팀은 비즈니스의 다양한 요청을 충족하는 것 말고는 특별한 제품 전략이 없다.

회사가 제품 전략을 갖게 된다면 이 전략을 경영진과 공유하는 것이 중요하다. 이 전략은 한 방향으로 집중해야 하는 이유와 일에 대한 의사 결정의 기준을 알려 주기 때문이다.

가장 중요한 통찰은 주요 경영진 또는 이해관계자가 처음으로 발견하는 경우가 많고, 이러한 경우 통찰의 출처를 그대로 인정하는 것이 중요하다. 이러한 통찰을 지속적으로 찾고 활용하도록 장려하는 문화를 구축해야 한다.

제품팀

임파워드 제품팀 모델의 회사는 제품팀에서 실질적이고 중요한 일이 진행된다는 것을 안다. 그리고 비즈니스의 어려운 문제를 해결할 수 있는 능력은 팀원, 특히 프로덕트 매니저에 의해 크게 좌우됨을 이해한다. 따라서 회사는 프로덕트 매니저를 평가하게 되고, 간접적으로 제품 리더의 능력이 평가된다. 반복해서 하는 말이지만, 제품 리더는 자신이 이끌고 있는 프로덕트 매니저 중에서 가장 능력이 없는 프로덕트 매니저의 능력만큼 평가받는다.

그러므로 제품 리더는 신입 직원이 적응하는 기간에, 신입 직원(대부분 신제품 관리자와 관련된)이 주요 경영진과 상호작용하기 전에 역할에 대한 공부와 필요 역량을 쌓으려는 노력을 했는지 확인하고 고객과 비즈니스를 진정으로 이해하도록 해야 한다. 고객에 대한 깊은 이해가 없다면 신뢰가 생길 수 없다.

그런 다음 제품 리더는 신입 직원을 핵심 경영진에게 직접 소개해야 한다. 이때, 당신이 신입 직원의 지식과 능력을 개인적으로 보증하는 것이므로, 당신의 명성도 같은 선상에 있음을 인정하는 것임을 알아야 한다.

알다시피, 모든 것이 강력한 제품 리더를 확보하는 데 달려 있다. 준비가 안 된 사람에게 이런 핵심 역할을 맡기는 실수를 하지 마라. 어쩔 수 없이 준비되지 않은 사람이 역할을 맡아야 한다면, 입증된 제품 리더에게 심도 있는 코칭을 받게 해야 한다.

이해관계자 관리 vs. 협업

이 책에서 '이해관계자 관리'라는 주제에 대해 많이 언급하지 않았다. 이는 이 용어가 기능팀의 특성을 가진 조직에서 많이 지니는 사고방식이며, 임파워드 제품팀의 경우에는 그렇게 많이 나타나지 않기 때문이다. 오해하지 마라. 임파워드 제품팀이 이해관계자에게 주의를 기울일 필요가 없다는 말이 아니다. 이해관계자는 다른 협업 관계다.

기능팀 모델에서 기능팀은 비즈니스를 지원하기 위해 존재한다. '비즈니스'는 한 명 이상의 이해관계자로 대표되며, 이 비즈니스는 기능팀이 너무 많은 요청을 받지 않을 수 있도록 '관리'해야 하는 대상이다.

대부분의 기능팀에서 프로덕트 매니저는 이해관계자와 연관된 일을 가장 두려워한다. 기능팀의 프로덕트 매니저는 다양한 이해관계자를 모두 행복하게 만들 수 없다고 생각한다. 이해관계자의 요청을 충족시키기 위한 시간이나 사람이 충분하지 않고, 때로는 이해관계자의 요청이 앞뒤가 맞지 않는다. 다시 말하지만, 임파워드 제품팀이 이러한 이해관계자를 무시할 수 있다거나 무시해야 한다고 제안하는 것은 아니라, 근본적으로 다른 관계에서 바라봐야 한다. 이들과의 유대 관계는 훨씬 더 건설적이고 혁신에 도움이 된다.

임파워드 제품팀에서 팀은 **고객이 좋아하고 비즈니스가 가능한 제품으로 고객에게 서비스를 제공**한다. 이해관계자는 고객의 문제를 해결하는 솔루션을 만들기 위해 협력해야 하는 파트너다(특히 솔루션이 가치 있고 사용 가능하며 구현 가능하며 실용적임을 의미함). 특히 이해관계자는 **실용성**을 돕는다.

예를 들어, 회사 변호사와 함께 법적 제약과 이를 해결할 수 있는 다양한 방법에 대해 논의해야 할 수도 있다. 고객이 아무리 솔루션을 좋아하더라도 그것이 합법적이지 않다면 제품은 세상에 나갈 수 없다.

이해관계자를 무엇을 만들어야 하는지 알려 주는 '클라이언트'나 팀이 '관리해야 하는 대상'으로 볼 것이 아니라, 문제 해결 솔루션을 찾을 수 있도록 현재의 제약을 이해하는 데 도움을 주는 파트너를 확보한 것임을 명심하라.

대행사 모델

디자인 대행사든 개발 대행사든 관계없이, 디자인 서비스 또는 개발 서비스를 제공하는 대행사(agency)가 있다.

그렇게 생각하지 않을 수도 있지만, 기능팀은 보통 대행사 모델과 매우 유사하다. 기능팀은 인소싱이고, 대행사 모델은 아웃소싱이라는 것 외에는 동일하다.

대행사에는 일반적으로 '프로덕트 매니저'라는 직함을 가진 사람은 없지만 '고객과의 관계를 관리'하는 '현장 관리자'가 있다. 기능팀이 이해관계자를 위해서만 헌신하는 경우와 비슷하다고 볼 수 있다.

디자인과 개발을 위해 대행사를 사용하는 회사가 기능팀과 동일한 문제를 가지고 있다는 것은 놀라운 일이 아니다. 이 경우 소속 직원은 단순히 용병처럼 느끼는 것이 아니라 말 그대로 용병이다.

내 경험에 따르면, 기능팀과 마찬가지로 대행사 직원들은 더 많은 역량이 있고, 기능팀이 싫어하는 것만큼이나 자신들의 모델을 좋아하지 않는다. 하지만 현실은 '고객'이 말하는 대로 기능을 만들어내지 않으면 고객은 다른 대행사로 바꿀 것이다.

고객에게 임파워드 제품팀의 서비스를 제공하려는 대행사가 몇 군데 있고, 나는 그 노력과 열정에 박수를 보낸다. 그러나 안타깝게도 이는 해당 고객과 대행사 사이에 놀라울 만큼 높은 수준의 신뢰를 가질 때 가능한 일이다.

한 가지 더 관찰할 수 있는 것은, 설계, 개발 대행사의 사람은 업무의 특성상 다양한 분야의 많은 유형의 제품을 봐 왔기 때문에 대행사에서 종종 괜찮은 채용 후보자를 찾을 수 있다.

그러나 임파워드 제품팀으로의 이동은 큰 문화의 변화가 수반됨을 깨달아야 한다. 대부분의 경우 대행사 출신의 직원은 기능팀이 실패하는 동일한 문제점을 가지고 있다. "이제 고객(갑)이 되었어요!"라며 흥분해서 말하는 사람이 많다. 나는 이들에게 이런 사고방식으로 임한다면 중요한 핵심을 놓치고 있다고 지적한다.

CHAPTER
73

통찰 및 학습 공유하기

어려운 문제를 해결하기 위해 노력하는 임파워드 제품팀에서 우리가 사용하는 발굴 기술은 자주 통찰을 만들어 낸다.

우리는 거의 매주 사용자 및 고객과 만나 제품 아이디어를 테스트한다. 고객의 상황과 니즈를 더 깊이 파고든다. 제품 사용과 아이디어에 대한 라이브 데이터 테스트로부터 얻은 데이터를 분석한다. 새롭고 더 나은 방법으로 직면한 문제를 해결하는 데 도움이 될 만한 새로운 기술을 지속적으로 조사하고 탐구한다. 관련된 동향이 있는지 확인하기 위해 업계 데이터와 학습을 통해 추적한다. 또한 제품 마케팅, 영업, 재무, 고객 성공과 같은 회사 내의 다른 영역 담당자로부터 이러한 통찰을 지속적으로 찾는다.

중요하거나 잠재적으로 관련이 있을 만한 통찰을 배우면 이러한 학습 내용을 이 사업과 연관된 일을 하는 동료와 공유해야 한다. 여기에는 몇 가지 이유가 있다.

첫째, 통찰이 그들에게도 도움이 될 수 있다. 둘째, 그들만의 시각으로 그 데이터를 보는 동안 추가적으로 통찰이 떠오를 수 있다. 셋째, 통찰을 더 잘 활용하기 위해 역학 관계를 설명하는 데 학습한 정보가 도움이 될 수 있다. 넷째, 시제품을 발굴하는 과정에서 잘못된 반응을 보이는 것과 시장에서 제품이 실패하는 것 사이의 차이를 배우는 것 또한 중요하기 때문이다.

제품 발굴 과정에서의 '실패'는 실질적인 실패가 아니라 매우 빠르고 적은 비용으로 배우는 것이다. 실제 시장에서 '실패'를 학습한다는 것은 일반적으로 매우 느리고 비용이 많이 든다. 큰 회사일수록 이 차이를 잘 이해하기를 바란다. 시장에서의 실패를 완전히 피할 수는 없지만, 그 빈도를 크게 줄일 수는 있다. 그렇기 때문에 숨김 없이 관대하게 공유할 수 있는 관계가 필요하다. 통찰과 배운 내용을 공유함으로써 동일한 공감대로 여정을 함께하는 비즈니스 파트너를 얻게 된다.

나는 주요 비즈니스 리더를 사용자 또는 고객 테스트에 초대하는 것을 좋아한다. 조직 전체에 걸쳐 학습한 핵심 내용을 공유하면서 동작하는 아이디어와 함께 그렇지 않은 아이디어를 공유하기를 적극적으로 권한다. 그리고 핵심 리더 또는 경영진에게서 얻은 통찰이 혁신이나 실질적인 진전에 중요한 것으로 판명되면 그 공로를 인정해 준다. 내가 일한 회사에서는 전체 회의에서 다른 사람의 공헌을 치하할 때 명예 프로덕트 매니저DEPUTY PRODUCT MANAGER 배지를 만들어서 달아 주기도 했다.

학습으로 얻은 통찰이 인정되고 양방향으로 공유되는지 꼭 확인해야 한다.

CHAPTER
74

시스템 운영 업무

이 책의 대부분은 훌륭한 팀이 고객이 좋아하고 비즈니스도 동작하는 방식으로 어려운 문제를 해결하는 방법에 관한 것이다. 그러나 모든 팀이 일정량의 '시스템 운영' 업무를 수행해야 한다는 것도 사실이다.

사업을 할 때, 사업이 지속되기 위해 항상 타협할 수 없는 어떠한 일을 해야 한다. 일반적인 예는 다음과 같다.

- 중요한 버그 수정
- 법무 문제 해결(예: 개인정보보호와 관련된 새로운 법률)
- 변화하는 통계 요구 사항을 처리하기 위해 사소한 변경 사항의 수용
- 사용 분석 수집을 위한 도구 추가

이들 중 어느 것도 매력적이지는 않고, 대개는 다른 일들에 비해 상대적으로 사소하다. 이러한 일감들은 팀의 목적(예: 중요한 버그 수정 또는 분석 도구 수정)을 위해 처리하거나 법무 담당자(예: 새로운 규정 준수 문제) 또는 재무 파트너(예: 통계 데이터 요구)의 요청에 의한 것이다.

프로덕트 매니저는 사업 유지를 위해 관리해야 하는 시스템 운영 업무를 이해하고 필요한 데이터를 수집하고 할일 목록에 이 일감을 밀어넣어야 할 책임이 있다. 일반적으로는 이

런 시스템 운영 업무는 제품 발굴 과정을 수행할 필요가 없다. 제품 발굴을 진행해야 한다면, 시스템 운영 업무가 아닌 일반적인 제품 관련 업무로 봐야 할 것이다.

그렇다면 이것이 비즈니스와의 협업과는 어떤 연관이 있을까? 이러한 시스템 운영 업무는 하나 이상의 비즈니스 파트너에게서 발생한다. 그들은 스스로의 니즈를 충족시키는 최선의 방법을 모를 수도 있지만, 일반적으로 그 니즈를 날카롭게 인식하고 필요한 콘텍스트를 제공할 수 있다. 제품팀이 이러한 문제를 처리할 수 없는 경우, 비즈니스 파트너는 실제로 곤경에 빠져서 일이 긴박해질 수 있다.

시스템 운영 업무의 강도가 너무 높아 제품팀의 목표를 향한 작업에 지장을 주게 된다면, 회사의 상위 제품 리더에게까지 보고되어야 하는 심각한 문제다.

좀 더 일반적으로, 경영주와 주요 이해관계자는 새로운 수익 창출 방법, 새로운 서비스, 새로운 기능 등 새로운 기회를 포착하기 쉽다. 그리고 그들과 좋은 관계를 유지하고 있다면, 그들은 이러한 기회를 당신에게 줘어 줄 것이다.

여기에서 더 나아가, 비즈니스 파트너에게 제품 전략과 한 방향으로 집중하는 것의 중요성에 대해 지속적으로 상기시키고 전파할 수 있어야 한다. 대부분의 경우, 전달받는 새로운 기회가 나쁜 기회는 아니지만 하나에 집중하지 않는다면 결국 가장 중요한 기회를 온전히 잡지 못할 수 있다.

눈여겨봐야 할 또 다른 부분은, 때때로 비즈니스 리더가 사소한 기능을 해결하기 위한 목적으로 제품팀을 활용하려는 경우다. 이런 일이 너무 많이 발생하면 중요한 제품 관련 작업을 수행할 수 없으며, 이해관계자의 니즈를 충족시키기 위한 기능팀으로 돌아간다.

CHAPTER

75

에반젤리즘

특히 중대형 기업에서 훌륭한 제품 리더의 중요한 역할은 **에반젤리즘**evangelism이다. 이러한 맥락에서 에반젤리즘은 조직 내부에 대한 마케팅(예: 제품 마케팅, 마케팅 및 영업)을 의미한다.

이 경우에는 조직원의 구매를 유도하는 것이 아니다. 우리가 추진하고 있는 목표나 제품이 매우 중요한 일이며, 관심을 갖고 실체로 만드는 데 기여해 달라고 설득하는 것이다.

제품팀, 경영진, 핵심 이해관계자 및 투자자에게 제안하는 내용의 가치를 전달하는 데 도움이 되는 10가지 기술을 소개한다.

1. 프로토타입을 사용하라. 많은 사람의 경우, 파워포인트 프레젠테이션으로는 어림도 없다. 그들에게 프로토타입을 보여 주어라. 신기루에 지나지 않더라도 사실적으로 보이는 고품질의 프로토타입이어야 한다. 이것은 제품 아이디어를 설득하는 데 가장 효과적인 단일 기술이라고 할 수 있다.

2. 불편한 부분을 공유하라. 고객이 불편해 하는, 해결하려는 부분을 보여 주어라. 고객이 말한 인용문이나 인터뷰 비디오를 공유하면 매우 효과적이다. 이는 내가 개발자나 경영진을 사용자 테스트에 데려가는 것을 좋아하는 이유이기도 하다. 많은 경우에 고객의 말을 듣고 불편해 하는 부분을 목격하기만 하면 된다.

3. 비전을 공유하라. 사람들은 당신이 오늘 무엇을 하고 있는지 알고 싶은 것이 아니라, 당신이 어디로 가고 있는지 궁금해 한다. 제품 비전은 3~10년 후에 이루고 싶은 위치를 보여 준다.

4. 학습한 내용을 공유하라. 앞에서 설명한 것처럼, 팀이 매주 제품 발굴 작업을 수행할 때 데이터와 사용자 및 고객에게서 자주 학습하고 통찰을 얻을 수 있다. 잘된 부분뿐만 아니라 문제도 공유하라. 솔루션을 찾는 데 도움을 받을 수 있는 필요한 정보를 청중에게 제공하라.

5. 공로를 아낌없이 나누고 공유하라. 팀, 경영진 및 주요 이해관계자가 당신의 제품이 아닌 그들의 제품으로 여기도록 만들어라. 반면에 일이 잘되지 않을 때는 앞으로 나서서 실수에 대해 책임을 지고 실수에서 배우고 있음을 사람들에게 보여 주어라. 당신을 존경할 것이다.

6. 훌륭한 데모를 보여 주는 방법을 배워라. 특히 경영진과 이해관계자에게 우리는 제품 작동 방법을 가르치는 것이 아니며, 그들이 제품을 사용할 수 있는지 테스트하려는 게 아니다. 우리는 그들에게 가치를 보여 주려고 노력하고 있다. 데모는 교육이나 테스트가 아니라 판매의 한 형태다. 잘하도록 하자.

7. 자기 계발을 하라. 팀, 경영진 및 이해관계자는 당신이 말하는 모든 것에 대해 잘 알고 있다고 믿게 되면 당신을 따를 가능성이 훨씬 높다. 사용자와 고객, 데이터, 비즈니스 및 시장에 대한 전문가가 되어라.

8. 진정으로 흥미와 열정을 가져야 한다. 당신이 제품에 열광적이지 않다면, 맡고 있는 일이나 역할을 변경하여 이 문제를 해결해야 한다.

9. 열정을 보이는 법을 배워라. 특정 업무에 진심으로 흥미가 있다고 가정할 때, 많은 제품 리더가 열정을 보여 주는 것을 잘 못하거나 불편해 한다. 이것은 중요하다. 절대적으로 진실하되, 당신이 진정으로 열정적이고 흥미를 가지고 있다는 것을 보여 주어라. 열정은 전염성이 있다.

10. 제품팀과 시간을 보내라. 팀의 모든 프로덕트 매니저, 제품 디자이너 및 개발자와 얼굴을 맞대는 시간이 없다면 당신의 눈에서 열정을 느낄 수 없다. 제품팀의 모든 구성원과의 대화에 몇 분이라도 할애하면 동기 부여 수준이 크게 향상된다. 그들에게 시간을 들일 가치가 있다.

에반젤리즘은 결코 멈출 수 없다. 에반젤리즘을 멈추는 순간, 일은 이상한 방향으로 흘러가기 시작한다. 경영진은 초조해 할 것이다. 엔지니어는 자신이 작업하는 이유를 모른다고 주장할 것이다. 사람들에게 이미 충분한 에반젤리즘을 전달했다고 믿고 멈추는 순간, 이러한 부정적인 변화가 생겨난다.

경험 많은 제품 리더라면 에반젤리즘은 항상 부족하고, 충분히 많이 전파할 수 없다는 것을 이해한다. 기법을 바꾸고, 예시로 인용하는 고객을 다양화하고, 프로토타입을 계속 업데이트할 수 있지만, 에반젤리즘은 항상 변함없어야 한다.

CHAPTER

76

리더 프로필:
아비드 라리자데 더건

리더십으로의 여정

이베이에서 제품을 운영하던 2001년에 아비드 라리자데 더건Avid Larizadeh Duggan을 처음 만났다. 넷스케이프에서 일했던 친구로부터 전화를 받았는데, 뛰어난 제품 전문가가 될 것이라고 확신하는 친구가 있으니 자신을 믿고 이 사람을 채용하라고 했다. 나는 그를 믿었고, 그가 옳았다.

더건은 엔지니어링을 공부했지만 제품에 대해 배우고 싶어 했다. 이베이의 제품 조직을 통해 성장한 후 그녀는 하버드에서 MBA를 취득했다. 그 후 벤처 캐피털(주로 구글벤처스)와 선도적인 기술 제품 회사를 오갔다. 가장 최근에는 코발트 뮤직Kobalt Music에서 근무했다. 그 과정에서, 그녀는 여러 훌륭한 제품 회사에 투자하고 조언했으며 코드닷오알지Code. org(여성과 소수 민족이 코딩을 배우도록 돕는 조직)의 리더였다.

기술과 그 밖의 것에 대한 그녀의 공헌으로 인해, 최근 대영 제국 훈장OBE을 수상했다.

행동하는 리더십

더건은 다음과 같이 말했다

혁신이 주도하는 맥락에서 나의 리더십 철학은 ①신뢰와 안전, ②자유와 자율성, ③문화와 목적의 세 가지 주요 요소로 단순화할 수 있다.

신뢰와 안전

리더는 모든 답을 가지고 있는 것이 아니지만 올바른 질문을 해야 하며, 더 중요한 것은 올바른 질문이 나올 수 있는 환경을 만드는 것이다.

그렇게 하려면 리더는 팀이 안전함을 느끼게 해야 한다. 이런 환경에서는 가장 똑똑한 사람이란 없으며, 신뢰가 확립되고, 협업이 자연스러우며, 솔직한 것이 안전하기 때문에 상충되는 아이디어가 있어도 편안하다.

팀은 동료 및 리더와 의견이 일치하지 않을 때에도 안전함을 느껴야 한다. 실패는 반복 과정의 일부이기 때문에, 실패를 두려워하지 않는 환경이 조성되어야 한다. 그것이 바로 좋은 아이디어가 훌륭한 아이디어로 되는 방법이다.

한 시점에서의 성공보다는 성장 사고방식을 치하하고 지속적인 학습을 장려하며 아는 체하는 사람을 거부하는 환경을 말한다. 동료 안에서 최고를 이끌어 냄으로써 자신에게서 최고를 찾을 수 있다.

자유와 자율성

혁신이 핵심이고, 데이터가 회사 안팎으로 자유롭게 흐르며, 변화가 끊임없는 디지털 세상에서 업무는 본질적으로 점점 더 복잡해지고 변화무쌍하며 형식이 없어졌다.

결과적으로, 조직은 파트너와 고객처럼 내외부 전반에 걸쳐 다양한 기술을 가진 사람과 의견을 나누고 협업을 장려하는 시스템으로 나아가기 위해, 오로지 부서의 다른 사람과 상호작용하게 만드는 전통적인 계층 구조를 허물어야 한다.

따라서 리더는 훌륭한 사람을 한데 모으고, 협업을 통해 아이디어를 창출하고, 실행할 수 있는 더 큰 자유를 제공하는 데 집중해야 한다. 해야 할 일과 그 이유를 명확히 한 다음, 팀이 그 방법을 결정하도록 해야 한다. 그렇게 한다면 상황을 이해하고, 팀을 안내하고, 팀이 곤경에 처했을 때 장애물을 제거할 수 있을 것이다.

이것은 프로덕트 매니저의 역할과 유사하다. 팀원 및 이해관계자 등 다른 역할자와 서로 협력하여 일하고, 팀을 이끌고, 선한 영향을 주고, 동기를 부여하고, 신뢰해야 한다.

리더는 팀이 동기 부여되었고, 그들이 하려는 목적이 무엇인지 알 것이다. 팀을 코칭하고 안전한 환경에서 성장하도록 도울 것이다. 그리고 추가적인 정보, 더 나은 도구, 효율성을 가지고 팀에 힘을 실어 주기 위해 팀 내부와 외부를 연결해 줄 것이다. 또한, 빠르게 실험하고 반복하는 데 필요한 데이터와 학습을 기반으로 정보에 입각한 결정을 내릴 수 있도록 자율성을 보장한다. 이는 끊임없는 변화로 혼란스러운 세상을 명확히 보게 해 줄 것이다.

문화와 목적

문화가 혁신과 성과를 주도하기 때문에, 좋은 리더는 문화와 목적에 중점을 둔다. 조직의 가장 큰 자본은 **사람**이다.

혁신을 위해서는 자율성과 일의 의미가 필요하다. 고객, 파트너를 포함한 조직 내부 및 외부의 모든 사람이 조직의 성장을 위해 무엇을 하고 있는지 확실히 알 수 있도록, 리더가 목적을 정의하는 것이 중요합니다.

이러한 목적은 직원의 유형, 사용한 프로세스, 심지어 사무실 공간 설계 방식까지 회사의 일상적인 운영의 모든 측면에 일관성 있게 반영될 뿐만 아니라, 메시지가 전달되는 방식에서도 명확하고 일관되게 전달되어야 한다.

기존 회사의 혁신

나는 이러한 원칙을 스타트업과 기존 기업에 적용했다. 기존 기업은 더 이상 혁신가가 아니기 때문에 훨씬 더 어렵다. 그들은 구닥다리 기술과 복잡한 프로세스로 어려움을 겪고 있으며, 오랫동안 그 위치에 있었기 때문에 선도적인 시장 지위가 안전하다는 믿음에 안주하곤 한다. 그들은 자신이 혁신할 수 있는 속도를 과대평가한다.

여기에서 리더의 역할이 회사의 생존에 매우 중요해진다. 고위 지도자가 위험의 본질과 긴급성을 이해하지 않는 한, 변화가 필요한데도 특히 이것이 수익성에 단기적으로 부정적 영향을 미칠 경우에 조직에 변화로 발생하는 스트레스를 주지 않으려고 한다. 이는 기존 기업이 지속적으로 혁신하려면 팀의 업무 방식, 사용되는 기술, 필요한 기술, 회사의 문화, 결과적으로 리더의 사고방식에 있어서 급격한 변화가 필요함을 보여 준다.

그들은 신뢰를 시작으로 이러한 원칙을 실천으로 옮겨야 한다. 팀이 리더를 신뢰하면 처음부터 제대로 하지 못한 결과를 두려워하지 않기 때문에 기꺼이 변화를 일으킬 것이다.

대부분의 혁신은 경영진이나 이사회가 아닌 최전선에 있는 사람에게서 나오기 때문에 이러한 신뢰는 양방향으로 진행되어야 하며, 리더는 팀이 자율적으로 운영할 수 있도록 권한을 부여해야 한다. 그리고 결정적으로 팀은 왜 변화의 격변을 겪는지, 무엇이 끝이고 목적인지 이해해야 한다. 그들은 자신보다 더 큰 무언가에 의해 동기를 부여받아야 한다.

일단 기존 기업이 미래가 중요하고 지속적인 혁신에 달려 있다는 것을 깨닫고도 혁신할 힘이 없다고 생각할 때는, 두 가지 옵션이 있다. 회사는 인수를 통해 혁신할 수도 있고, 아니면 자체 인력을 통해 혁신을 배울 수 있다.

자체 인력을 통해 혁신하려면 지금까지 논의한 기술, 문화, 방법 및 리더십에 대한 변화가 필요하다. 그리고 이것은 어렵고 시간이 많이 걸리며 상당한 투자와 집중적인 헌신이 필요하다. 따라서 기존 기업, 특히 구식 기업의 경우 인수를 통해 혁신하는 것이 더 쉽다고 생각하는 경우가 많다. 문제는 인수로 인한 이점을 실현하기 위해서는 모기업의 업무와 깊숙이 통합해야 한다는 것이다. 그 모기업이 리더십, 문화, 기술 및 권한 부여에 마찬가지로 변화를 주지 않는다면, 그들은 자신의 인력, 혁신에서 벗어나 있던 인수된 팀, 혁신적인 제품이 쇠퇴하고, 만족했던 고객은 더 이상 그렇게 만족하지 않고 회사는 시작 지점으로 다시 돌아간다.

이것이 내가 기업 리더가 필요한 변화를 주도하는 데 자신의 역할을 깨닫도록 하기 위해 많은 시간과 노력을 기울이는 이유다.

인스파이어드, 임파워드
그리고 트랜스폼드

훌륭한 팀은 영감을 받고inspired, 자율성에 대한 권한을 부여받은empowered,
평범한 사람으로 구성된다.

그들은 가치 있고, 유용하고, 실용적이고, 구현 가능한 솔루션을 발견하기 위해 아이디어를 신속하게 평가하기 위한 생각과 기술에 대해 **영감을 얻는다.** 그들은 고객이 좋아하는 형태로 어려운 문제를 해결하면서도 비즈니스를 위해 일할 수 있는 **권한을 부여받았다.** 탁월한 결과를 내는 임파워드팀은 특별한 직원을 채용해 달라고 요구하지 않는다. 임파워드팀에는 동료와 회사의 다른 사람과 신뢰를 쌓을 수 있는, 유능하고 성격 좋은 사람이 필요하다.

또한 진정한 임파워드팀은 제품 리더십, 특히 제품 비전 및 제품 전략에서 비롯되는 전략적 콘텍스트와 지속적인 코칭을 통한 경영진의 적극적인 지원이 필요하다.

임파워드팀이 있다고 해서 혁신할 수 있다는 보장은 없지만, 성공 확률을 크게 향상시킬 수는 있다.

CHAPTER

77

의미 있는 전환

필연적으로 최고의 기업이 일하는 방식으로 일하기 위해 무엇이 필요한지 범위와 규모를 파악하면, 현재 일하는 방식에서 미래에 일하고 싶은 방식으로 어떻게 변화해야 할지에 대한 의문이 생기게 된다. 이것은 본질적으로 전환transformation의 문제다.

임파워드 제품팀으로 전환한다는 것은 **실제로 어떤 의미인가?** 전환의 전제조건은 일반적으로 IT 기술의 역할을 비즈니스를 수행하는 데 필요한 비용이 아닌 비즈니스의 핵심 원동력으로 CEO와 고위 리더가 이해하게 하는 것이다. 이러한 이해 없이는 성공 가능성이 낮다. 반대로 고위 경영진이 이것이 왜 필수적인지 이해하고 필요한 조치를 기꺼이 취한다면 제대로 착수할 수 있다.

큰 그림으로 보자면, 다음의 세 가지를 단계적으로 적용해야 한다.

첫째, 훌륭한 제품 리더를 확보해야 한다. 그렇지 않으면 제품팀에 필요한 사람을 모으고 좋은 방향으로 이끌 수 없고, 견고한 제품 전략을 갖출 수 없으며, 리더와 이해관계자의 신뢰를 얻지 못할 것이다. 그래서 이것은 첫 번째이자 가장 중요한 단계이며, 이 책의 주요 주제인 이유이기도 하다.

둘째, 훌륭한 제품 리더에게 **임파워드 제품팀**에 필요한 사람을 모집하고 그들을 향상시킬 수 있는 능력을 제공해야 한다. 이것은 프로덕트 매니저의 수준을 높이는 것을 의미하지만, 그 이상일 수 있다. 한번에 모든 팀의 수준을 올릴 필요는 없다. 제품팀에 권한을 부여하기 전에 작업을 수행할 능력이 있는 사람으로 팀이 구성되어 있는지 확인하면 된다.

셋째, 임파워드 제품팀 모델로 일할 준비가 된 제품팀의 경우 **비즈니스와의 관계를 재정의**해야 한다. 기능 개발팀 모델에서는 이해관계자가 주도권을 가지고 있으며, 개발팀은 비즈니스를 단순히 지원하는 역할을 수행했다. 이제 임파워드 제품팀 모델에서는 팀과 비즈니스가 진정한 파트너가 되는 것임을 명심하라. 고객이 좋아하면서도 비즈니스에도 유효한 솔루션을 만들기 위해 협업해야 한다.

이 변화는 조직에서 리더와 상호 거래하는 것을 의미한다. 그들에게 전적으로 믿어 달라며 큰 신뢰를 요구하고 있다는 것을 알아야 한다. 그들은 이전의 작업 방식이 그다지 효과적이지 않았기 때문에 적어도 새로운 방식을 시도해 볼 의향이 있다.

특히 규모가 큰 조직의 경우, 이러한 변화가 재무, HR, 영업, 마케팅 및 비즈니스의 모든 측면에 어떤 영향을 미치는지에 대해 할 이야기는 많지만, 이는 다른 책의 주제로 남겨 놓겠다.

전환의 비용

임파워드 제품팀과 기능 개발팀에 대한 전체 주제의 가장 큰 아이러니는 일반적으로 기능 개발팀에 들어가는 비용보다 임파워드 제품팀에 소요되는 비용이 훨씬 적다는 것이다.

사실 기능 개발팀을 운영하는 대기업보다 더한 낭비는 없다. 특히 그 회사가 엔지니어링의 상당 부분을 다른 회사에 아웃소싱한 경우가 그렇다.

수천만 달러의 연간 계약으로 수천 명의 아웃소싱 엔지니어 조직을 운영하는 크고 오래된 회사를 찾는 것은 드문 일이 아니다. 이것이야 말로 용병팀이라는 말 그대로의 정의와 정확하게 일치하는 형태다.

회사는 엔지니어를 직접 채용할 때의 부담되는 비용을 고려했을 때 전체적으로 비용을 절감하고 있다고 생각한다. 하지만 결국 이런 아웃소싱 방식으로는 많은 수의 엔지니어를 관리할 사람은 물론이거니와 더 많은 엔지니어가 필요하다는 사실을 깨닫지 못한다.

사실은 훨씬 더 작은 규모의 진정한 미션팀은 일반적으로 훨씬 더 크고 훨씬 비용이 많이 드는 용병팀의 성과를 거뜬히 능가할 것이다.

아웃소싱 모델에서는 비용 절감 이외에도 전환이 거의 일어나지 않는데, 당신의 회사의 미래는 전환에 달려 있다는 것을 꼭 기억하길 바란다.

일반적으로 권한이 부여 된 제품팀에서 필요한 더 높은 수준의 인재에게 1인당 더 많은 비용을 지불하지만 인력 수는 상당히 줄어들 것이고 관리하는 데 드는 간접비(overhead)도 크게 줄어든다.

나는 이 주장에 회의적인 CFO를 여러 명 만났는데, 그렇다면 이 모델에 대한 테스트를 해 보라고 간단히 제안한다. 테스트할 비즈니스 영역을 선택하고 다음 몇 분기 동안 임파워드 제품팀 모델의 비용과 비즈니스 결과를 현재의 기능팀 모델과 비교해 보라고 말이다.

78

전환의 실행

이 제까지 의미 있는 전환에 필요한 요소들에 대해 논의했는데, 이러한 전환을 거친 훌륭한 제품 조직이 어떤 모습인지 궁금할 것이다.

이에 답하기 위해, 나는 SVPG 파트너 존 무어Jon Moore가 《가디언》에서 경험한 것을 바탕으로 했던 이야기를 공유하려고 한다. 이 이야기는 내가 목격한 것 중에 가장 인상적인 변화다.

무어는 다음과 같이 말했다

2007년 6월, IT 기술 업계는 완전히 바뀌었다. 스티브 잡스는 기능이 제한적이지만 감각적인 면에서 뛰어난 아이폰iPhone을 공개했다. 영국 《가디언》 신문과 마찬가지로 모든 기업에 혁명적인 변화의 시기였다. 당시 편집국장 앨런 러스브리저Alan Rusbridger의 책임하에 있었는데, 세계에서 디지털적으로 가장 야심찬 신문이었을 것이다.

그러나 동시에 위기에 처해 있었다. 200년 만에 처음으로 《가디언》의 미래는 불투명했다. 광고는 곤두박질치고 있었고, 다른 수입원은 더 새롭고 나은, 디지털을 우선하는 경쟁자로 대체되는 과정에 있었다.

전 세계의 신문이 온라인 구독 모델로 전환하기 시작하면서, 《가디언》은 대안으로 야심차지만 잠재적으로 위험한 온라인 무료를 유지하는 전략을 선택했다. "벽을 쌓으면 좋은 일이 없다"는 메시지가 조직 전체에 전달되었다.

이 결정은 기존에 종이 신문을 유료로 구독하던 고객이 다양한 무료 온라인 콘텐츠로 이동함에 따라, 콘텐츠 배포까지의 기간을 상당히 단축시키는 장점이 있더라도 유료 서비스를 유지한다면 《가디언》의 진보적인 편집 콘텐츠는 유료라는 벽에 막혀 고객에게 도달하지 못하고 죽을 것이라는 믿음에 기초했다. 그것은 어느 정도 중요한 결정이었고, 나는 진보적이면서도 작은 메아리가 결코 세상을 바꿀 수 없을 것이라고 믿었지만 진심으로 그들을 지지했다. 먼저 원하는 곳에 도달하고, 나중에 수익을 창출하라.

이 상황에, 나는 전통적인 미디어 중에 가장 인상적인 제품 및 기술 조직에 들어가게 되었다. 야심찬 스타트업, 구글, 마이크로소프트를 떠난 많은 동료가 나처럼 잘 알려진 다른 미디어 조직을 확장시키고 있었다. 모두가 세계에서 가장 흥미롭고 중요한 미디어 브랜드 중 하나인 《가디언》의 수명을 보장하겠다는 깊은 열망을 공유했다.

그러나 똑똑한 기술자의 급격한 유입은 문화적 혼란을 야기했다. 《가디언》은 오래된 신문사로서 정체성을 위협받고 있었고, 빠르게 전환하는 다른 조직과 마찬가지로 일하는 환경은 혼란스럽고, 말썽이 발생했다.

오랫동안 근무한 언론인과 편집진은 새로운 동료에 대해 잘 알지 못했다. 우리의 일하는 방식은 이질적이고, 변화를 만들려는 욕구는 위협적이었으며, 항상 공개적으로 논의되지는 않았지만 일의 동기에 대해 자주 의문을 제기했다.

나는 즉각적으로 모바일 전략을 만들고 실행하는 임무를 맡았다. 흥미진진한 시기에 대단한 도전이었다. 당시 디지털 부서 리더인 마이크 브래컨Mike Bracken(영국 정부에서 제품 관리를 크게 발전시켰음)은 중요한 역량을 가진 인재로 구성된 팀을 만들었다.

이 팀에 들어가자마자, 나는 애플과 긴밀히 협력하면서 조직의 첫 번째 아이폰 앱 개발을 진두지휘했다. 우리의 소규모 팀은 당시 혁신적인 터치 스크린을 최대한 활용하기 위해 열심히 노력했고, 그 덕분에 처음부터 사진에 특별한 관심을 기울였다. 우리의 혁신적인 아이폰 기반 기술은 가장 중요하고 인기 있는 콘텐츠를 앱을 열 때 별도의 요청 없이 콘텐츠를 즉시 다운로드하게 했다. 2007년에 자주 그랬듯이, 신호 강도가 약하거나 없는 경우에도 앱이 항상 유용하게 사용되기를 원했기 때문이다. 이 기능만으로도 많은 사람에게 놀라움을 주었다.

앱스토어에 올라간 순간부터 성공했다. 몇 주 동안 수십만 건이 다운로드되었고, 그 후에도 수백만 건이나 더 다운로드되었다. 새로운 해외 고객이 상당한 비율을 차지했는데, 애플의 새로운 앱스토어 생태계가 전 세계적으로 접근하기 쉬운 데 힘입었다. 《가디언》의 세계적인 저널리즘과 결합된 애플리케이션 품질은 고객 피드백에서 빛을 발했다. 그 덕분에 애플은 우리를 소개함으로써, 지역과 전 세계를 대상으로 일관된 마케팅 캠페인을 할 수 있게 되어 기뻐했다.

대부분의 경쟁자가 본질적으로 경험 많은 RSS 리더를 염두에 둔 앱을 출시했지만, 우리는 터치 스크린 형식의 무수한 새로운 가능성을 수용하기 위해 열심히 노력했다. 애플로서는 애플 생태계에 참여하는 것만으로는 결코 충분하지 않았다. 그들이 진정으로 찾는 것은 실제 고객 경험을 발전시키는 데 애플의 진가가 충분히 드러나게 해 주는 파트너다.

앱을 만들고 운영하는 일과 함께 수석 PM으로서, 나는 진정으로 성공하기 위해 편집팀과 기술팀 사이의 갈등을 해소해야 했다.

당신의 진실성과 동기가 의심받을 때만큼 에반젤리즘이 중요한 순간이 없다. 그러나 사실상 기술로 변화시킬 가치가 있는 모든 것은 일반적으로 현재를 유지하려는 힘에 큰 도전을 받게 될 것이며, 이 경우에도 다르지 않았다.

수개월 동안 수석 편집 관리자와 수많은 회의와 쇼케이스를 하면서, 나는 성공하면 내가 하는 일이 "당신의 놀라운 콘텐츠를 보게 될 더 많은 눈과 우리가 수익을 창출할 수 있는 더 많은 눈"을 창출하게 될 것이라는 강한 믿음을 전달했다. 나의 일은 새롭게 떠오르는 유통 채널을 최대한 활용하는 것이었다. 그러기 위해서는 의심할 여지가 없는 세계적 수준의 콘텐츠를 선보일 세계적 수준의 제품을 만들어야 한다고 생각했다.

임기 초기에 성공을 어느 정도 거둔 후, IT 기술 업계가 다시 바뀌었다. 2010년 1월 말, 스티브 잡스는 애플의 새로운 태블릿인 아이패드를 공식적으로 발표한 것이다.

다음 날, 쿠퍼티노(애플 본사)에서 전화를 받았다. "잡스는 여러분이 아이폰으로 한 일을 좋아했습니다"라는 말을 들었다. "아이패드용으로 같은 앱을 만들어 주셨으면 합니다. 덧붙이자면 잡스는 공개 행사 무대에서 자신이 좋아하는 앱으로 선보이려고 합니다."

분명 좋은 소식이었지만, "3월 마지막 주까지 앱이 만들어져야 합니다"라고도 했다. 최종 검토를 위해 앱을 제출하는 데 7주가 조금 넘는 기간이 주어졌다. 이것이 큰 문제였는데, 훨씬 많은 기능을 추가했고 제품을 다시 설계했던 것이다.

처음부터 가장 큰 위험은 사업 타당성이었다. 하루이틀의 집중적인 탐색 작업을 마친 후, 아이폰 앱과 동일한 수준으로 우수하게 만들기가 불가능하다는 것이 분명해졌다. 시간이 절대적으로 충분하지 않았다. 제품의 품질은 더할 나위 없이 신성불가침의 영역이었기 때문에 또 다른 제품을 만들어야 했다. 더군다나 빨리 말이다.

어디부터 살펴보아야 할지 정확히 알고 있었다. 나는 이전에 아이폰용 앱을 출시하면서 사진을 전면 중앙에 배치하기로 결정했다. 이 새로운 터치 스크린 장치가 세계에서 가장 인상적이고 값비싼 디지털 액자라는 것이 명백했기 때문이다. 정성적, 정량적 데이터가 좋은 결정을 내렸음을 증명해 주었다. 사진 콘텐츠는 일관되게 가장 인기가 많았고, 사용 빈도를 높이는 데 도움이 되었으며, 지속적으로 긍정적인 고객 피드백을 주었다.

더 이상 증거를 수집할 시간이 없었다. 새로운 앱은 특히 뉴스 사진에 초점을 맞추게 될 것이고, 주어진 일정에 맞추어 범위를 '얇게 분할'하려 했다. 우리는 소규모의 임파워드 제품팀(5명: 프로덕트 매니저, 디자이너, 엔지니어 3명)이 있었다.

가능한 한 빨리 만들 수 있는 것에 집중해야 했다. 그런 다음 빠른 반복을 통해 가능한 한 좋은 결과를 만들어 내려고 했다. 이런 방식으로, 며칠 만에 화이트보드의 아이디어가 고객 프로토타입으로 만들어졌다. 매일같이 세계의 중요한 행사를 알리는 사진을 선별하여 제공하는 콘셉트다. 사진 뒤에 숨겨진 이야기와 사진이 촬영된 방법을 강조하여 몇 가지 세부 사항도 포함했다.

사진에 대한 세부 정보를 포함함으로써 아주 큰 후원을 받을 수 있었고, 수익을 올릴 수 있다는 것을 미리 증명했다. 이 사진은 시간이 흐르면서 세계에서 가장 매력적인 사진으로 구성된 놀라운 라이브러리가 될 것이다. 제대로 한다면 세계 최초이자 최고의 디지털 '커피 테이블' 앱(커피 탁자에 놓아 두는, 그림과 사진이 많은 호화로운 대형 서적 콘셉트)을 만들 수 있을 거라고 생각했다.

나는 장인 정신을 가진 로저 투스Roger Tooth가 이끌고 있는 《가디언》의 사진 팀과 친구가 될 정도로 가까워져야 했다. 그는 믿을 수 없을 정도로 인내심이 많았고, 성공 가능성이 제한된 프로젝트에 시간과 자원을 기꺼이 쏟았다.

시간이 너무 촉박하여 일이 빠르게 진행될 수밖에 없었다. 나와 디자이너가 프로토타입을 반복해서 만드는 데 집중하는 동안, 3명으로 구성된 엔지니어링팀은 일관되고 안정적으로 콘텐츠를 제공하기 위해 시스템과 서비스를 만드는 방법에 대해 기본적인 세부 사항을 파악했다.

또 다른 문제는 하드웨어가 없다는 사실이었다. 아이패드를 보았지만 만져 볼 기회는 없었다(시간이 조금 지나면 쿠퍼티노에서 제공해 주겠지만, 이 일이 성공하려면 코드를 미리 완성해 두어야 했다). 그래서 판지와 노트북 화면을 창의적으로 사용해 아이패드처럼 보이게 만들어서 하드웨어와 소프트웨어 모두를 동시에 프로토타입으로 만드는 재미도 있었다. 이는 기본적인 부분이었지만 엄청나게 빠르게 실험을 반복할 수 있게 해 주었다.

가치, 구현 가능성 및 사용 편의성 위험에 대한 걱정이 줄어들기 시작하면서 큰 걱정거리가 하나 남아 있었다. 바로 비즈니스 실용성, 즉 사업성이다. 그때까지 고위 이해관계자 중 극소수만이 이 일에 대해 알고, 진행 사항을 확인하고 있었다. 쉽지는 않았지만, 초기에 의도적으로 내린 결정이었다. 나는 이 기회를 활용하려면 아주 빨리 움직여야 했기 때문에 기술 책임자와 러스브리저와 합의했다. 나머지 이해관계자들에게 나중에 이 일에 대해 사과를 해야 하겠지만 말이다.

제품이 점점 더 모양새를 갖추기 시작하고 나 스스로도 자신감이 생겼을 때, 이해관계자들에게 알리고 사과할 시간이 왔다. 사실 러스브리저는 내가 더 많은 편집장급 인력을 참여시키지 못했다는 것을 염려했지만, 프로토타입을 본 후에는 우리에 대한 지지가 흔들리지 않았다.

또한 나는 사진팀장으로부터 강한 지지를 받았다. 로저 투스가 그의 예술에 대해 얼마나 열정적이고 지식이 풍부한지, 함께 이야기하고 매우 감명받았다. 존경심에 대한 표현으로 그에 대한 짧은 동영상을 앱에 넣었다.

기술의 힘을 오랫동안 믿어 온 러스브리저는 최고위급에게 작업을 완전히 공개해야 할 때라고 생각하고 그룹 이사회에 나를 참여시켰다. 그 방에는 영국 미디어와 기술의 위대함과 훌륭함을 대표하는 사람들이 모여 있었다. 특히 친근한 얼굴이 하나 있었다. 애플과 마이크로소프트의 전 임원이었던 주디 기번스였다.

나는 이전에 벤처 자금을 지원하는 스타트업에서 기번스와 함께 일한 적이 있는데, 당시에는 나의 훌륭한 외부 멘토였다. 쇼케이스가 끝나자 그녀는 승인을 위한 분위기를 조성하는 말로 즉시 응답했다. "정말 훌륭하고 놀랍네요. 어떻게 그렇게 빨리 일이 돌아가게 할 수 있었나요?" 그 말을 회의 석상에서 하자, 나머지 회의는 순조롭게 진행되었다. 다음 날 승인을 받고 앱을 애플에 보냈다.

예상대로, 나는 애플로부터 아무런 답을 듣지 못했다(그들과의 대화는 종종 어두운 골목에 대고 소리 치는 것처럼 느껴질 수 있다). 그러나 2주 후 스티브 잡스가 무대에 올랐을 때, 발표는 빠르게 흘러 자신이 가장 좋아하는 아이패드 앱에 대해 설명했다. 그러면서 그는 유명한 많은 미국 브랜드를 건너뛰었다.

스티브 잡스는 말했다 "우리는 많은 뉴스 앱을 가지고 있습니다. **뉴욕타임스, 타임, 월스트리트 저널, USA 투데이.**" 그런 후 잠시 멈추고 한 걸음 뒤로 물러서서 무대에 나타난 가디언 아이위트니스Guardian Eyewitness의 거대한 화면을 보기 위해 몸을 돌렸다. "이것은 정말 멋진 앱입니다"라며 그는 계속해서 말했다. "가디언 아이위트니스. 이 앱은 텍스트가 아닌 사진으로 그날을 보여 줍니다. 그리고 정말 좋습니다."

기술에 관심이 있는 전 세계의 거의 모든 사람이 그 방송을 보고 있었는데, 정말 거대한 청중이었다. 이 발표에 힘입어 우리의 아이패드용 앱의 사용량은 아이폰과 비슷한 방향성을 보였다. 하지만 아이패드의 기본 하드웨어 판매량 감소로 인해 결과적으로 사용량은 작았지만, 여러 면에서 개선되었다.

멋지고, 가족 친화적인 사진 콘텐츠의 성질 덕에, 자연스럽게 아이패드의 혁명적인 화면 기술을 보여 줄 수 있는 완벽한 앱을 우리 자신도 모르게 만들어 낸 것이다. 그 결과 애플은 모든 초기 아이패드 마케팅 캠페인에서 우리의 앱을 더욱 적극적으로 사용했다. 그리고 대부분의 판매 기간 동안, 아이패드 판매량과 아이위트니스 앱의 사용량이 거의 1:1에 가까운 관계였음을 알아냈다.

혁신적이고 몰입도 높은 디지털 경험과 결합된 양질의 사진 저널리즘이 수백만 명의 새로운 《가디언》 소비자를 낳았다는 것을 입증했다. 그러나 더 중요한 것은 《가디언》이 기사 편집뿐만 아니라 디지털 방식으로 세상을 이끌 수 있다는 사실을 증명했다는 것이다. 《가디언》은 지속적으로 수익을 창출하고, 매우 중요한 진보를 이루어 냈으며, 여러 세대를 아우르고, 강력하고 전 세계를 향해 진보적인 목소리를 낼 수 있는 미디어가 된 것이다. 이것이 오래오래 지속되기를 빈다.

79

트랜스폼드

SVPG 파트너 리아 히크먼Lea Hickman은 SVPG 시리즈의 또 다른 책인 《트랜스폼드》를 출판했고, 그녀의 책은 매우 어렵지만 중요한 전환이라는 주제를 다룬다. 아래에서 리아가 책을 쓴 동기와 책에서 다루는 주제를 설명한다.

시중에는 디지털 전환에 관련된 책이 많고, 의미 있는 전환을 시도하고도 실패한 조직이 훨씬 더 많다. 히크먼의 책은 왜 그것과는 다르며, 그 책을 통해 어떠한 성공을 기대할 수 있을까?

많은 회사와 협력하고 어도비Adobe에서 기술 역사상 가장 유명하고 재정적으로 성공적인 혁신을 직접 경험해 보니, 모든 회사가 혁신에 완전히 전념하는 것은 아니라는 것을 말할 수 있다. 사실 대부분은 필요한 변화를 시도하려 하지 않는다.

대부분의 조직은 고객에게 가치를 만들고 전달하는 방법보다는 제품 개발 방법으로만 좁혀서 집중한다. 일부 '디지털 전환' 그룹으로 분리하거나 개발자에게 애자일 방법을 채택하는 것으로 전환을 시도한다.

예를 들어 보자. 25년 넘게 제품을 개발하는 일을 한 후 실리콘밸리 프로덕트 그룹에 합류했을 때, 전 세계의 여러 제품 조직과 협력하면서 다양한 행동 패턴을 보는 것은 매우 놀라운 경험이었다. 경우에 따라서는 진정한 결과를 이끌어 내는 방식을 알고, 제품 조직을 운영하는 월드클래스 제품 리더와 함께 일하기도 했다. 그들의 리더는 제품 조직을 이끌고, 관리하고, 코칭하고 회사 전체의 동료와 효과적으로 파트너 관계를 맺을 수 있었다.

그러나 어떤 조직에서는 제품 리더가 제품의 메커니즘을 알고 있었지만, 필요한 결과를 이끌어 내고 조직의 다른 부서에 영향을 끼칠 수 있는 팀을 구성할 능력이 없었다. 그들은 주로 기술팀으로 여겨졌고, 필요한(때로는 그다지 필요하지 않은) 비용으로 생각했다.

이러한 업무의 가장 어려운 부분은 앞으로 일어날 가능성이 있는 일을 예측할 수 있다는 것이다. 그렇다, 그들은 점진적으로 개선되지만 잠재력이 완전히 실현되지는 않는다. 이러한 조직은 근본적인 변화가 필요했다.

회사가 제품 조직의 기준을 높이고 싶다면 제품에 대해 다르게 생각해야 한다. 제품을 기술 조직(더 나쁘게는 IT 조직)의 일부로 보지 말고, 고유한 조직으로 생각해야 한다. 나는 권력 구조나 조직 구조에 대해 말하는 것이 아니다. 제품이 조직의 나머지 부분을 위한 기능을 찍어 내는 공장이 아니라, 어떻게 조직의 가치 동인이 되어야 하는지에 대해 이야기하는 것이다.

이러한 유형의 조직에 참여하여 배운 또 다른 교훈은 경영진이 이 제품 운영 모델에 참여하지 않으면 성공적인 전환 가능성이 희박하다는 것이다. 경영진이 제품 조직을 이해하고 참여하여 서로 소통할 수 있는 언어를 갖는 것이 매우 중요하다는 사실을 알게 되었다.

나는 또한 경영진의 주요 특징도 관찰한다. 어떤 경영진은 필요한 변화를 주도할 수 있는 기술과 개성을 가지고 있지만, 어떤 경영진은 그렇지 않다. 리더의 행동은 조직이 진정한 제품 문화로 변모하는 능력을 만들거나 깨뜨릴 수 있다.

내가 일하고 있는 실리콘밸리 제품 그룹을 생각할 때 가장 자랑스럽게 생각하는 것은 우리가 실제 세계에서 활동하고 있다는 사실이다. 이는 학문적인 것도 아니고 이론도 아니다. 우리는 잘 아는 것에 집중한다. 모두 수십 년 동안 제품을 만들어 왔다. 모두 성공과 실패를 겪었고, 조직의 실무자이자 고위 리더로 활동했으며, 앞으로 얘기하게 될 주요 변화를 겪어 왔다.

이 책은 효과적인 전환의 많은 도전과 함정을 헤쳐 나가는 데 도움을 주기 위한 것이다. 이 책은 직설적이고 솔직하다. 나의 모든 고객에게 말했듯, 내가 하려는 말이 마음에 들지 않을 수도 있지만, 솔직하게 당신이 들을 필요가 있다고 믿는 것을 말할 것이다. 마티는 내 경력 초기에 그것을 가르쳐 주었다. 그는 또한 어도비에서 큰 전환을 겪고 있을 때 어디에서도 듣기 힘든 소중한 피드백을 해 주었다. 그것은 회사 전체를 전환시키기 위해 필요한 변화를 만드는 데 기초가 되었다.

CHAPTER

80

가장 중요한 것

"임파워드 엔지니어는 회사가 가지고 있어야 하는 가장 중요한 단일 자산이다."

— 빌 캠벨

임파워드 팀을 향한 여정에서 이 책 전체에서 마음에 새기고 싶은 개념을 하나만 선택해야 한다면, 그것은 **임파워드 엔지니어**라는 아이디어일 것이다.

물론 제품팀에서 비범한 제품이 나오기 때문에 그게 전부라는 말은 아니다. 그러나 이것이 가장 중요한 단 하나의 재료라고 생각한다는 말이다.

나는 임파워드 엔지니어 개념을 중심으로 이 책의 대부분을 구성할 수 있었다. 혁신을 위한 최고의 단일 원천은 엔지니어라고 설명했다(새로운 일을 가능하게 하는 기술을 매일 사용하고 있으므로 지금 가능한 일을 파악할 수 있는 최상의 위치에 있기 때문이다).

제품 비전은 엔지니어를 유치하고 영감을 주기 위한 것이다. 제품 전략은 엔지니어가 가장 중요한 문제를 해결하고 있다고 확신을 주기 위한 것이다. 팀 목표는 엔지니어에게 해결해야 할 문제와 노력해야 할 결과에 대한 명확하게 설명해 준다.

제품 관리자와 제품 디자이너는 각각 비즈니스 실용성과 고객 경험에 대한 중요한 제약을 알려 준다. 사용자 연구user research와 데이터 과학은 엔지니어에게 중요한 통찰력을 선사한다.

명확하게 말하면, 엔지니어가 해결 방안을 **어떻게 코딩할** 것인지 결정하게 하는 것이 권한 부여를 의미하지 않는다. 물론, 솔루션을 **어떻게 구현할** 것인지 결정해야 하지만 말이다. 엔지니어가 **아키텍처를 결정하는** 것도 권한 부여를 의미하지 않는다. 물론 **아키텍처도 결정**할 수 있어야 한다.

엔지니어의 권한 부여는 엔지니어에게 **해결할 문제**와 **전략적 콘텍스트**를 제공하고 기술을 활용하여 **문제에 대한 최상의 솔루션**을 찾을 수 있음을 의미한다.

엔지니어에게 권한을 부여했는지 여부를 쉽게 알 수 있는 방법이 있다. 엔지니어가 스프린트 계획 회의sprint planning meeting에서 제품 아이디어를 처음 본다면 분명 기능 개발팀이고, 엔지니어에게 의미 있는 권한이 없다는 것이다. 엔지니어를 사용하여 코딩만 하는 경우, 엔지니어 가치의 절반만 얻을 수 있다.

이쯤 되면 이 점이 분명해지겠지만, 강력한 기술력을 갖춘 제품 회사는 엔지니어를 아웃소싱하는 것이 아니라 CEO를 아웃소싱하길 바란다.

최고의 기술 회사는 이를 이해한다. 그들은 모두 한 가지 이유로 이중화된 경력패스 체계dual-track career ladder를 가지고 있다. 그들의 최고 엔지니어는 일반적으로 부사장급으로 보상받는다.

엔지니어는 회사가 미션팀으로 운영되는지, 용병팀으로 운영되는지 알 수 있는 가장 쉬운 방법이다. 엔지니어를 받들어 모시라는 것이 아니다. 그들도 우리와 같은 평범한 사람이다. 그러나 그들을 필요로 하는 제품팀의 일류 구성원처럼 대할 것을 권한다.

당신이 매일 사용하고 사랑하는 혁신적인 기술을 생각해 보라. 기술 혁신은 임파워드팀에서 일하는 임파워드 엔지니어로부터 비롯되었을 가능성이 높다.

많은 경우에, 프로덕트 매니저에게 이렇게 얘기한다면 대부분 "우리 엔지니어는 코딩에만 관심이 있어요"라며 동의하지 않을 것이다. 이것은 임파워드팀을 이해하지 못하는 사람의 가장 일반적인 변명이다. 나는 이 말을 수없이 들었는데, 대부분 프로덕트 매니저나 제품 디자이너에게 엔지니어가 제품 발굴 작업에 참여하지 않는 이유를 물을 때 가장 많이 들었다.

가장 먼저 인정해야 할 것은 때때로 이것이 사실이며, 이 상황에 대해서는 나중에 언급하겠다. 하지만 내 경험상 이것은 예외적인 경우다. 반대 의견을 들을 때마다 나는 엔지니어와 직접 대화하고 싶다고 요청한다. 엔지니어가 말하는 것과 전혀 다른 경우가 많기 때문이다. 실제로 엔지니어로부터 듣는 가장 일반적인 불만은 너무 늦어질 때까지 제품 발굴 등의 논의에 포함되지 않다가, 그 결과에 대해 어쩔 수 없이 받아들이고 일을 처리해야 한다는 것이다.

사실 일반적으로 일어나는 상황은, 프로덕트 매니저는 엔지니어가 회의에 참여하기보다는 코딩에 시간을 쓰길 원하는 경우가 많다. 따라서 이 경우 지나치게 열성적인 프로덕트 매니저, 특히 프로덕트 매니저라기보다는 프로젝트 관리자처럼 생각하는 것이 문제이며, 듣고 싶은 말만 듣거나 심지어 물어보는 것조차 신경 쓰지 않는 경우다.

하지만 때로 엔지니어는 제품 발굴에 별로 관심이 없다고 말한다. 그들은 코딩을 선호하며 '무엇이든' 잘 구현하고 있다. 이 경우 엔지니어가 마지막으로 고객을 직접 방문했던 것이 언제인지 알려 달라고 하면, 대개 '아주 오래전'과 '전혀' 중 하나로 대답한다.

그러나 위에서 말했듯이, 때로는 엔지니어 중 누구도 코딩 이외의 작업을 하고 싶지 않을 수 있다. 이 경우, 나의 논의 대상은 엔지니어링 책임자에게 넘어가며, 당신에게 미션팀이 아닌 용병팀만 있다고 말한다. 그리고 엔지니어 채용에 대한 기준을 높여야 하는 이유를 설명한다. 적어도 각 제품팀에 최소한 한 명의 진정한 기술 책임자가 필요하며, 제품 발굴은 기술 책임자의 큰 책임 중 하나다.

제품 리더로서 다른 무엇보다도 이렇게 임파워드 엔지니어에 집중한다면, 기술 혁신과 임파워드 제품팀으로 나아가며, 결국은 지속적인 혁신의 기회를 스스로 만드는 데 크게 진일보하게 될 것이다.

81

목적지

다시 상기해 보면, 회사에서 자주 직면하는 상황을 묘사하면서 이 책을 시작했다. 조직 전환에 필요한 작업에 대해 모두 살펴본 지금, 이 전환이라는 과정이 당신을 원하는 곳으로 데려다주길 희망하는 마음에서 이번에는 전체적인 목록을 다시 살펴보겠다.

IT팀의 역할

당신의 회사는 비즈니스를 만들어 내는 데 IT 기술이 매우 중요하고 필수적인 역할을 한다는 것과 회사가 고객에게 제공하는 경험을 이해하고 있다.

잠재적으로 관련이 있다고 생각되는 새로운 기술이 등장하면 즉시 엔지니어를 지정하여 기술을 배우게 하고, 지금 바로 가능한 방식이 있다면 고객의 문제를 해결하는 데 도움이 될 수 있는 방법을 적극적으로 고려한다.

이는 운영 효율화를 위해 기술을 활용하는 것 이상으로 높은 곳으로 데려다 줄 수 있다. 기술을 통해 가능한 일을 재고하고 기존 비즈니스의 모든 측면을 다시 상상해 볼 수 있음을 이해한다. 프로덕트 매니저, 제품 디자이너, 엔지니어 및 데이터 과학자를 비즈니스의 핵심으로 본다. 경영진을 아웃소싱하는 것 이전에 IT 팀을 아웃소싱하는 것을 고려하지 않을 것이다.

코칭

당신은 코칭 문화를 개발하고 수용했다. 제품팀의 모든 구성원에게 각자의 잠재력을 발휘할 수 있도록 최선을 다하는 관리자가 한 명 이상 있다. 유능하고 좋은 성격을 가진 평범한 사람이 뛰어난 제품팀의 일원으로 성장할 수 있는 회사라는 명성을 쌓았다.

인력 관리

채용 관리자는 후보자를 모집하고 훌륭한 인터뷰 및 채용 프로세스를 확고히 하고, 이렇게 채용된 새로운 직원이 조직에 빠르게 적응할 수 있도록 안내, 교육하고, 그들이 성공했는지 확인할 책임이 있음을 알고 있다. 훌륭한 인력 배치는 관리자의 핵심 역량이 되었다.

제품 비전

고객에게 의미 있는 공통의 목적으로 조직 전체의 다양한 제품팀을 결속시키는 고무적이고 설득력 있는 제품 비전을 가지고 있다. 이 비전을 완전히 실현하는 데는 3~10년이 걸릴 수 있지만 분기별로 이 비전을 지속적으로 발전시키고 있다.

팀 구조

권한 부여 및 자율성을 최적화하도록 팀 구조를 설계했다. 제품팀원은 더 큰 전체 중에 의미 있는 한 조각이라는 인식을 넘어서 진정한 오너십을 느끼고, 더 큰 문제를 해결하기 위해 다른 팀의 동료와 언제, 어떻게 협력할지 이해한다.

제품 전략

가장 중요한 목표에 초점을 맞추고, 데이터에서 얻은 통찰력과 고객과의 지속적인 상호작용에 기반한 제품 전략을 실행하고 있다. 그 결과, 팀이 해결해야 하는 가장 영향력 있는 문제를 알고 있다.

팀 목표

해결해야 할 문제는 팀 목표를 가진 특정 제품팀에 할당된다. 그런 다음 이러한 팀은 제품 **발굴** 기술을 사용하여 실제로 문제를 해결할 수 있는 전략을 파악하고, 제품 **딜리버리** 과정을 통해 해당 솔루션을 구축하여 시장에 출시한다.

비즈니스와의 관계

오늘날 제품팀과 비즈니스 리더 및 이해관계자는 상호 존중과 진정한 협업을 해야 하는 관계가 되었다. 제품팀은 이해관계자와 긴밀히 협력하여 고객이 좋아하면서도 비즈니스에도 유효한 솔루션을 만들어 낸다. 팀과 이해관계자는 이를 이해하고 수용한다.

임파워드팀

가장 중요하게도, 제품팀은 해결하도록 요청받은 문제에 대해 최상의 솔루션을 제시할 권한이 있으며 결과에 책임을 진다.

엔지니어는 고객의 문제를 더 잘 해결하기 위해 새로운 방법으로 새로운 기술을 적용하려고 끊임없이 노력하고 있다. 디자이너는 없어서는 안 될 사용자 경험을 고객에게 제공하기 위해 지속적으로 노력한다. 프로덕트 매니저는 솔루션의 가치와 생존/실용성을 책임진다.

팀은 의미 있는 문제를 해결하기 위해 숙련된 동료와 협력하여 일하는 것에 영감을 얻고 자랑스러워한다. 그들은 주인 의식을 가지고 있으며, 고객과 회사에 끊임없는 열정과 기여로 성공을 만들어 낸다.

회사가 여기까지 설명한 상태로 유지하는 것은 여전히 쉽지 않다. 항상 고객을 탐내는 강력한 경쟁자가 있을 것이기 때문이다. 하지만 이제는 고객을 대신하여 지속적으로 혁신함으로써, 단순히 경쟁자의 공격을 막을 뿐 아니라 성장하고 번창할 준비가 되었다.

마무리하며

제대로 된 코칭을 받아 보지 못한 운이 없었던 많은 제품 리더가 상황을 개선시키는 데 도움이 되는 자원을 갖게 되기를, 그리고 이를 활용해서 직원의 수준을 높일 수 있기를 진정으로 바란다.

그 외에도 다음 세대의 리더가 이 글을 읽고, 직원과 회사에게 자격이 있는 리더가 되기 위해 무엇을 해야 하는지 이해하기를 바란다.

여러분 모두가 뛰어난 제품 리더가 되기를 바란다.

자신의 재능을 잘 활용할 줄 아는 회사에서 일하게 되기를 바란다.

마지막으로, 여러분의 재능과 에너지를 선한 목적으로 사용하기 바란다.

찾아보기